Master of Business Administration

University of St. Gallen

W0310175

Annually, consulting is a
Top 5 industry employer of
our graduates in Germany
and Switzerland

Find more data and stories
on our website

mba.unisg.ch

EQUIS ACCREDITED
AACSB ACCREDITED
ASSOCIATION OF MBAS ACCREDITED

e-fellows.net
wissen

inkl. E-Book

Perspektive Unternehmensberatung 2023
kostenlos als E-Book herunterladen – so geht's!

Noch nicht bei e-fellows.net registriert?

1. Kostenlos anmelden unter www.community.e-fellows.net/cv/register
2. Registrierung aktivieren durch Klick auf Link in E-Mail
3. Link unten freirubbeln und aufrufen
4. Bei e-fellows.net einloggen
5. Format wählen (EPUB, MOBI, PDF)
6. Download startet automatisch

Bereits bei e-fellows.net registriert?

1. Link unten freirubbeln und aufrufen
2. Bei e-fellows.net einloggen
3. Format wählen (EPUB, MOBI, PDF)
4. Download startet automatisch

9 783946 706816

ISBN 978-3-946706-81-6 Preis 19,90 Euro

Perspektive Unternehmensberatung 2023

Fallstudien, Branchenüberblick
und Erfahrungsberichte zum Einstieg
ins Consulting

e-fellows.net
wissen

Stand: August 2022

Verlag: e-fellows.net GmbH & Co. KG

Reihenherausgeber: Dr. Michael Hies

Bandherausgeber: Prof. Dr. Thomas Fritz,
thomas.fritz@gmx.de

Redaktion und Koordination: Pia Anhäupl,
perspektive-unternehmensberatung@e-fellows.net

Layout: Punkt 8 | Braunwald + Walter GbR,
www.punkt8-berlin.de

Satz und Illustration: Lesotre®/Conceptual Brand
Creation, www.lesotre.de

Druck und Bindung: Neografia, 03655 Martin, Slowakei

Printed in Slovakia
August 2022

Bildnachweis: Titelbild: D. Berkmann – stock.adobe.com;
S. 9: Thomas Fritz; S. 17: Coloures-Pic – Fotolia.com;
S. 41: Rido – Fotolia.com; S. 67: VRD – Fotolia.com;
S. 127: raywoo – Fotolia.com; S. 129: ICE-Illustration –
Deutsche Bahn AG; S. 232 und 233: e-fellows.net; S. 235:
alphaspirit – Fotolia.com; S. 257: .shock – Fotolia.com;
Fotos auf den Seiten 11–16 sowie 236–255 stammen von
den jeweiligen Autoren:innen; Fotos und Anzeigen ab S. 257
stammen von den entsprechenden Unternehmen; sämtliche
Grafiken und Illustrationen wurden umgesetzt von Yvonne
Hagenbach (Lesotre®/Conceptual Brand Creation).

Dieses Werk einschließlich aller seiner Teile ist urheberrechtlich geschützt. Jede Verwertung außerhalb der engen Grenzen des Urheberrechtsgesetzes ist ohne Zustimmung des Herausgebers unzulässig und strafbar. Das gilt insbesondere für Vervielfältigungen, Übersetzungen, Mikroverfilmungen sowie die Einspeicherung und Verarbeitung in elektronischen Systemen.

Die Inhalte dieses Buches wurden mit Sorgfalt recherchiert. Gleichwohl übernimmt der Herausgeber keine Gewähr für die Richtigkeit und Vollständigkeit der in diesem Buch befindlichen Informationen.

ISBN-13: 978-3-946706-81-6

© 2022 e-fellows.net GmbH & Co. KG
Franziskanerstraße 14, 81669 München
Telefon: +49 89 23232-300, Fax: +49 89 23232-222
www.e-fellows.net, info@e-fellows.net

Inhalt

e-fellows.net
Das Online-Stipendium und Karrierenetzwerk

Seit über 20 Jahren unterstützt e-fellows.net Studierende und Promovierende mit einem Stipendium und bringt sie ihrem Traumjob näher. Mentoringprogramme, Karriereveranstaltungen sowie Angebote für Praktika und Einstiegsjobs bieten einen direkten Draht in die Wirtschaft und garantieren den mühelosen Karrierestart. Zudem sind e-fellows.net-Stipendiat:innen dank kostenfreier Abos von Zeitungen und Zeitschriften, Zugriff auf fachspezifische Datenbanken und Fachbücher frei Haus immer einen Schritt voraus. In der exklusiven Online-Community und bei regelmäßigen Treffen in zahlreichen Unistädten tauschen sich Studierende untereinander aus. Jetzt informieren: www.e-fellows.net/Stipendiat-werden

e-fellows.net wissen
Die Buchreihe von e-fellows.net

Mit dieser Buchreihe informiert e-fellows.net über attraktive Berufsbilder und interessante Weiterbildungen, darunter das LL.M.-Studium, Berufsperspektiven für Jurist:innen, MINT-Frauen und Informatiker:innen sowie die Tätigkeit in einer Unternehmensberatung, im Investment Banking oder im Asset Management. Die Bücher bieten wertvolle Expertentipps und einen fundierten Überblick über die jeweilige Branche. Persönliche Erfahrungsberichte und ausführliche Unternehmensporträts potenzieller Arbeitgeber helfen bei der eigenen Entscheidungsfindung. Weitere Informationen zu den einzelnen Titeln der Reihe **e-fellows.net** wissen finden Sie auf den Seiten 334–335.

Vorwort

Ein Ratgeber für angehende Consultants
Was hätte ich vor rund 25 Jahren für ein Buch wie dieses gegeben? Damals bin ich mit dem Schwarz-Weiß-Ausdruck des einzig verfügbaren Beispiel-Case in der Hand zu meinen Vorstellungsgesprächen bei McKinsey in Düsseldorf gefahren. Auch wenn es bei mir vor gut 25 Jahren geklappt hat: Ein Buch wie *Perspektive Unternehmensberatung* bietet denjenigen, die sich heute für einen Einstieg ins Consulting interessieren, eine viel bessere Hilfestellung.

Hier finden Sie wertvolle Informationen und Tipps zu allen Themen rund ums Consulting: Zur Entscheidung zwischen der Strategieberatung, einer spezialisierten Boutiqueberatung oder dem Inhouse Consulting. Zu Insider-Berichten über den Arbeitsalltag in der Beratung. Und zur Vorbereitung auf die Auswahlgespräche für Praktika oder den Festeinstieg.

Die Gründe für das ungebrochene Interesse an der Beratung sind vielfältig: Die einen reizen die inhaltliche Abwechslung und die spannenden Kolleg:innen, andere wollen wesentliches Handwerkszeug für eine spätere Gründung erwerben, wieder andere sehen in der Beratung das ideale Karrieresprungbrett. Demgegenüber stehen Erzählungen von viel Reiserei, langen Arbeitszeiten und Up-or-Out.

Wie es wirklich ist, kann man nur herausfinden, wenn man es ausprobiert. In *Perspektive Unternehmensberatung* lassen wir Menschen zu Wort kommen, die genau das getan haben. Rund 50 Consulting-Praktikant:innen, Berater:innen und andere Expert:innen teilen ihre Erfahrungen und Ratschläge.

Viele von ihnen haben, wie ich, als Stipendiat:innen vom direkten Draht des Karrierenetzwerks e-fellows.net zu den renommierten Beratungen profitiert. Mehr zu e-fellows.net, dem Stipendium und Ihren Vorteilen als Mitglied erfahren Sie auf den Seiten 232 und 233.

Damit Sie nicht auch mit einem schlechten Ausdruck im Zug zu Ihren nächsten Vorstellungsgesprächen sitzen müssen, lege ich Ihnen besonders die Case Studies im vierten Kapitel ans Herz. Hier finden Sie eine breite Auswahl an Fragestellungen, mit denen Sie sich als Berater:in auf dem Weg dorthin auseinandersetzen dürfen.

Liebe Leserinnen, liebe Leser, ich freue mich, wenn Ihnen dieser Ratgeber dabei hilft, Ihren Weg zu finden und den Einstieg in die Beratung zu wagen. Finden Sie heraus, wie es wirklich ist.

Viel Spaß bei der Lektüre!

Prof. Dr. Thomas Fritz
Fachhochschule Aachen und Alumnus von e-fellows.net

Case Study Training

Das Arbeitsbuch „Case Study Training" erschien in der Reihe **e-fellows.net wissen**. Das Buch hilft Consulting-Interessierten, sich mithilfe von 40 Fallstudien inkl. Lösung auf ihre Case-Interviews bei den verschiedensten Unternehmensberatungen optimal vorzubereiten.

Download für e-fellows.net-Stipendiat:innen:
www.e-fellows.net/Wissen

Download für alle anderen Studierenden:
www.e-fellows.net/CST

Die Autor:innen

Patrick Bardens ist Partner | Deals | Head Automotive Carve-out Europe bei PwC Deutschland. Er berät seit mehr als 23 Jahren Unternehmen bei der Durchführung nationaler und internationaler Transaktionen und bündelt die Expertise von operationaler und finanzieller Carve-out-Beratung. Zudem ist er Wirtschaftsprüfer und leitet das Carve-out-Automotive-Team innerhalb von PwC Europe.

Stephan Baur, Dr., Dipl.-Ing., Jahrgang 1984, ist Principal bei Roland Berger. Er führt regelmäßig Bewerbungsgespräche mit potenziellen Praktikant:innen und Berater:innen. Seine Cases basieren häufig auf aktuellen Projekten sowie auf Nachrichten aus der Tagespresse.

Felix Beckmann, B.Sc. Wirtschaftspsychologie, schloss im Jahr 2022 erfolgreich sein Bachelorstudium an der FOM in Köln ab und absolviert aktuell sein Masterstudium in International Management in Lissabon. Während seines Bachelorstudiums arbeitete er unter anderem als Werkstudent bei KPMG und konnte dort Kunden bei der HR-Prozessoptimierung und -digitalisierung unterstützen.

Christoph Berning, Jahrgang 1992, ist Teil der Technology Strategy Practice von Accenture in München. Während seines Management & Technologie-Studiums an der TU München (B.Sc., M.Sc.) arbeitete er als Werkstudent bei verschiedenen Beratungen und leitete zwei Jahre den studentisch organisierten TUM Business Club, der für die Ausrichtung der TUM Speaker Series und TUM Business Games verantwortlich ist.

Hannah Bötzow arbeitet als Technology Strategist bei Accenture Technology Strategy & Advisory. Während ihres Studiums an der DHBW Mannheim (Betriebswirtschaftslehre, B.A.) und NOVA SBE in Lissabon (Finance, M.Sc.) war sie als duale Studentin und Praktikantin bei verschiedenen Beratungs- und Private-Equity-Unternehmen tätig und begann ihre berufliche Laufbahn im Bereich M&A mit Fokus auf Technologie.

Karen Brandt ist Regional Head für Entry Level Recruiting & CCG Talent Management bei Oliver Wyman. Nach ihrem Studium an der European Business School arbeitete sie sieben Jahre als Beraterin bei Oliver Wyman, bevor sie das Talent Management übernahm.

Lisa Cora Decker Alonso, B.Sc., studierte in Köln und Karlstad International Business und gründete die studentische Unternehmensberatung Kölns. Aktuell arbeitet sie im Bereich Consulting für Innovation und Digitalisierung sowie Zukunftsforschung beim Deutschen Zentrum für Luft- und Raumfahrt.

Kim Dittmann ist Managerin bei Simon-Kucher & Partners und Teil der digitalen Practice Elevate, wo sie thematisch auf die digitale Transformation und neue Geschäftsmodelle, insbesondere im Marketing, spezialisiert ist. Vor ihrem Einstieg in die Beratung war sie in der Travel-Retail-Industrie tätig und absolvierte ein Bachelor- und Masterstudium in International Management u. a. in Singapur und Kopenhagen.

Thomas Fritz lehrt und forscht seit 2018 als Professor für BWL, insbesondere Personal und Organisation, an der FH Aachen. Zuvor war er 17 Jahre bei McKinsey & Company tätig. Nach einem Einstieg als Berater übernahm er 2008 die Leitung des Recruitings. Als Director of Personnel war er ab 2015 für alle Personalangelegenheiten der Berater:innen in Deutschland und Österreich verantwortlich.

Ali Aslan Gümüsay, Dr., Jahrgang 1985, ist Forschungsgruppenleiter für Innovation, Entrepreneurship & Gesellschaft am Humboldt Institut für Internet und Gesellschaft sowie Organisationswissenschaftler an der Universität Hamburg. Zuvor war er Dozent am Magdalen College, promovierte an der Saïd Business School der University of Oxford und arbeitete als Unternehmensberater bei der Boston Consulting Group.

Moritz Hahn, Jahrgang 1987, ist Manager bei PD – Berater der öffentlichen Hand. Er hat Wirtschaftsingenieurwesen in Hamburg, Internationales Management in Sydney und Kopenhagen sowie Politikwissenschaften in Berlin studiert. Seine Beratungsschwerpunkte sind Strategie-, Organisations- und Evaluationsprojekte im öffentlichen Sektor.

Anna-Luisa Heim, M.Sc., Jahrgang 1994, ist Strategieberaterin bei KPMG Deal Advisory. Neben ihrem Studium der Betriebswirtschaftslehre und Ökonomie in Berlin, London und Amsterdam hat sie Praktika im Start-up- und Beratungsbereich gemacht sowie als Übersetzerin und Galerieassistenz gearbeitet. Anfang 2021 ist sie bei der KPMG Strategy Group eingestiegen.

Kim-Ole Holm, M.Sc., Jahrgang 1995, ist Consultant bei Bayer Strategy & Business Consulting. Vor seinem Einstieg bei Bayer studierte er International Management an der London School of Economics und am University College Dublin. Zudem sammelte er praktische Erfahrungen bei Accenture Strategy, BMW und Beiersdorf.

Jonathan Hontschik, Jahrgang 1982, verantwortet als Tribe Lead die Themen Strategie und Inhouse Consulting bei Atruvia. Auf das Studium von VWL und Informatik in Aachen und Freiburg folgten mehrere Jahre Strategieberatung bei Oliver Wyman sowie mehrere Jahre in verschiedenen Rollen bei Atruvia.

Malte Horn ist Senior Referent in der Geschäftsentwicklung bei der DB Fernverkehr AG. Vor seiner Zeit in der Geschäftsentwicklung arbeitete er als Inhouse Consultant für digitale Transformation & Strategie bei der DB Systel. Er studierte Betriebswirtschaftslehre mit dem Schwerpunkt Strategie & Innovationsmanagement an der Philipps-Universität Marburg.

Axel Hüttmann, Dr. rer. pol., Jahrgang 1973, ist Managing Partner bei undconsorten. Nach seinem Studium der BWL und Wirtschaftsinformatik in Passau und Toulouse promovierte er an der Universität Kassel. Vor seinem Einstieg bei undconsorten war er Engagement Manager bei McKinsey & Company mit den Schwerpunkten Logistik, Automobil und HR.

Ismail Ismail, Jahrgang 1995, arbeitet als Technology Strategist bei Accenture im Bereich Technology Strategy & Advisory. Während seines Studiums der Volkswirtschaftslehre (B.Sc.) und Economics (M.Sc.) an der Ludwig-Maximilians-Universität München war er als Werkstudent für Accenture tätig und absolvierte mehrere Praktika mit Fokus auf IT-Transformationsprojekten.

Timo Klees, Dipl.-Volksw., Dipl.-Betriebsw. (FH), Jahrgang 1979, ist Partner bei PwC. Nach seinem Studium in Worms, London und Frankfurt am Main stieg er 2005 bei KPMG ein und leitete dort als Partner die insolvenznahen Beratungsaktivitäten in Deutschland, bevor er zu PwC wechselte. Sein Schwerpunkt sind Unternehmenstransaktionen in Sanierungs- und Insolvenzsituationen (Distressed M&A).

Dominik Klimmek ist Peak Performance Executive Coach mit Spezialisierung auf „POWER-Identity". Nach seiner langjährigen internationalen Karriere als Unternehmensberater und Medien-CFO zeigt er jetzt erfolgreichen Führungskräften, wie sie leistungsstarke Teams formen und zu Spitzenleistungen motivieren.

Stephanie Köstner ist Manager | Deals | Co-Head Next Level Süd (Start-up Initiative) bei PwC Deutschland. Ihr Schwerpunkt liegt auf der Wertschöpfung und Risikovermeidung bei Carve-out/M&A-Aktivitäten mit einem Fokus auf IT-Fragestellungen. Zudem ist sie Co-Head der Start-up-Initiative Next Level Süddeutschland (Enabler im Ökosystem zwischen Start-ups, Unternehmen und Risikokapitalgebern).

Jan-Philipp Kramer, Dr., ist Wirtschaftsgeograf und hat an der Leibniz Universität Hannover sowie der University of California in Berkeley zu Open Innovation und der Rolle von Großunternehmen für die Innovationskraft von Regionen promoviert. Nach seiner Zeit als wissenschaftlicher Mitarbeiter wechselte er 2011 zur Prognos AG nach Düsseldorf, bis er ab 2016 die Leitung des EU-Büros in Brüssel übernahm.

Ildiko Kreisz entwickelt und implementiert als Personalleiterin von Accenture die HR-Strategie des Unternehmens in den Märkten Deutschland, Österreich und Schweiz. Nach einem Diplomstudium in BWL stieg sie 1991 bei Accenture im Bereich Finanzberatung ein und wechselte 2002 zur HR.

David Kruft ist Senior Consultant bei ChemAdvice, einer Strategie- und M&A-Boutique mit Fokus auf die chemische Industrie. Bevor er in die Beratung kam, studierte er Elektrotechnik und Management an der TU München und absolvierte mehrere Praktika im Bereich der Strategieberatung und Corporate Strategy.

David Liebig, M. A., Jahrgang 1983, ist Gründer und Vorstand der MAGNA Estate AG. Nach seinem BWL-Studium stieg er als Berater bei Kearney in Wien ein und arbeitete im Anschluss als Vice President für die Deutsche Bank. Die MAGNA Real Estate AG ist ein führender deutschlandweit tätiger Immobilien-Projektentwickler und Asset Manager. Darüber hinaus beteiligt er sich an Start-ups und Wachstumsunternehmen.

Lisa-Marie Luft, M.Sc., Jahrgang 1989, ist Senior Project Manager bei Horváth. Nach verschiedenen Praktika in der Industrie kam sie nach Abschluss ihres Studiums zu Horváth, beschloss zu bleiben und mit dem Unternehmen ihren Master in England zu absolvieren. Als Projektleiterin betreut sie Kunden der Branchen Energie und Wohnungswirtschaft mit Fokus auf Strategie und Nachhaltigkeit.

Tjorven Magnussen, Jahrgang 1987, ist Project Manager im Inhouse Consulting der Atruvia. Nach dem Studium von BWL und VWL in Aachen und Münster beriet er mehrere Jahre die Commerzbank im Inhouse Consulting zu strategischen Themen, insbesondere M&A und digitale Transformation.

Andrea Maurer-Schlangen ist seit 2009 Inhaberin und geschäftsführende Gesellschafterin der CMMaurer GmbH. Die Architektin und systemische Organisationsberaterin hat über 20 Jahre Erfahrung in der Transformationsbegleitung für Mittelstand und Konzerne. 2018 gründete sie den THIIIRD PLACE, einen Forschungsort für moderne Konzepte hybrider Zusammenarbeit.

Moritz Miller, M.Sc., Jahrgang 1994, ist Senior Manager bei AuxilPartner. Er studierte Wirtschaftsingenieurwesen und später Management an der HHL Leipzig. Als Restrukturierungs- und Sanierungsberater begleitet er Unternehmen in Krisensituationen und ist spezialisiert auf die Erstellung von Sanierungsgutachten und finanzwirtschaftliche Analysen.

Johanna Moebus, Prof. Dr. rer. physiol., Jahrgang 1981, ist Professorin für Medizinische Biochemie an der Hochschule Hamm-Lippstadt. Als ehemalige McKinsey-Beraterin und promovierte Humanbiologin lehrt sie seit 2011 an der Hochschule Hamm-Lippstadt. Zu ihren Schwerpunkten zählen auch Soft Skills und Bewerbungscoaching.

Fedon Moog, M.Phil., Jahrgang 1976, ist Unternehmensberater und Country Manager eines internationalen Scale-ups. Als Ex-Journalist und Roland-Berger-Berater zählen Interviews zu seinen Spezialgebieten. Er ist davon überzeugt, dass zehn Minuten Gespräch mehr über Bewerber:innen aussagen als 100 Seiten Papierbewerbung.

Jens Müller-Oerlinghausen, Dr. rer. pol., Jahrgang 1966, ist Managing Partner bei undconsorten. Er studierte und promovierte an der Universität St.Gallen. Vor der Gründung von undconsorten war er Trainee und Projektleiter bei Bertelsmann sowie Partner und Leiter der HR Practice bei McKinsey & Company mit den Branchenschwerpunkten Medien und Telekommunikation.

Rolf Pfeiffer, Jahrgang 1967, ist Managing Partner von Bernotat & Cie. – a Merryck Company. Er war mehrere Jahre HR-Director von Arthur D. Little und Accenture und arbeitet heute als Executive Coach mit Senior Executives und Leadership-Teams. Er ist u. a. verantwortlicher Designer und Facilitator eines globalen Leadership-Development-Programms für eine der bedeutendsten Beratungen weltweit.

Julia Pradel, Dr. rer. pol., ist Head of Consulting bei von Rundstedt. Als Expertin für die Transformation von Beschäftigtenstrukturen berät sie Unternehmen bei der Gestaltung von Personalveränderungsprozessen – von der Analyse und Planung bis hin zur Umsetzung.

Thiemo Purkart, Dipl.-Wirtsch.-Inform., ist zertifizierter Projektmanager und Leiter Performance & Risk Controlling bei der Bilfinger SE. Seine aktuellen Schwerpunkte liegen im Management Reporting und in Business Intelligence, dem Financial Controlling sowie der Steuerung der Unternehmensplanung und des Risikomanagements. Davor war er über zwölf Jahre als Berater und als Lehrbeauftrager tätig.

Leo Raddatz ist selbstständiger Manager und Berater. Mit Erfahrung aus über 42 abgeschlossenen Projekten und seinen Studienaufenthalten an der ESB Business School in Deutschland und der Fundação Getulio Vargas in Brasilien unterstützt er seine Kunden bei internationalen Initiativen und Digitalisierungsprojekten.

Felix Rank ist Senior Consultant bei metafinanz Informationssysteme GmbH. Er hat nach seinem Masterabschluss an der TU München das Deutsche Forum für ethisches Maschinelles Entscheiden e. V. gegründet, einen Thinktank für den verantwortungsvollen Einsatz von KI. In seinem Job beschäftigt er sich mit der Digitalisierung von Vertriebsprozessen bei einem Münchner Versicherer.

Jennifer Reckow ist seit 2002 Inhaberin und geschäftsführende Gesellschafterin der processline GmbH, eine auf komplexe Veränderungsvorhaben spezialisierte Organisationsberatung mit Sitz in Speyer. Seit 2020 ist sie außerdem Inhaberin und geschäftsführende Gesellschafterin der Change Akademie GmbH, einem Weiterbildungsinstitut für Change Management.

Tim Ruhoff, Dipl.-Kfm. und B.A. (Hons.) European Business, war nach seinem Studium im Investment Banking in London und anschließend bei Barkawi Management Consultants im Bereich Mobility tätig. 2010 gründete er eine Mobilitätsfirma und entwickelt und vertreibt seither die Cloud-Software fleetster in aktuell 28 Ländern.

Alexander Schrimpf ist Management Consultant im Inhouse Consulting der Deutschen Bank und arbeitet dort zusammen mit dem Topmanagement an strategisch relevanten Fragestellungen für die Zukunft der Bank. Zuvor war er für eine externe Unternehmensberatung mit Fokus auf Financial Service tätig.

Birte von Schwarzenfeld, Dipl.-Phys., MBA, ist Head of Corporate Development bei Hilti. Nach ihrem Physikstudium und einem MBA an der Harvard Business School arbeitete sie mehrere Jahre bei BCG und dem Technologiekonzern Flex als Head of Strategy und in der Großkundenbetreuung. Nach ein paar Jahren im Vertrieb bei Hilti in den USA ist sie jetzt in der Konzernzentrale in Liechtenstein tätig.

Sebastian Serfas ist Professor für Finance & Accounting und stellvertretender Gesamtstudienleiter der FOM Hochschule in Nürnberg. Zuvor war er über sieben Jahre als Berater bei McKinsey & Company tätig. Er ist Mitgründer des KompetenzCentrums für Entrepreneurship & Mittelstand und berät Unternehmen bei strategischen und operativen Fragestellungen.

Verena De Smedt-Zügner ist Senior Director bei Simon-Kucher & Partners. Sie leitet Projekte im Bereich Software & Internet für Fortune-500-Unternehmen und wachstumsstarke Start-ups. Ihre Beratungsschwerpunkte liegen in der Monetarisierung digitaler Produkte, der Angebotsgestaltung und der Evaluation neuer Business-Modelle. Sie studierte Internationales Management und Wirtschaftsrecht an der WU Wien.

Jonathan Steinbach, Director of Recruiting bei McKinsey & Company, studierte Wirtschaftswissenschaften mit den Schwerpunkten Finance & Management in Frankfurt, Auckland und Warschau und stieg im Bankensektor ein, bevor er 2014 Berater bei McKinsey wurde. Nach fast 8 Jahren Beratertätigkeit und zwischenzeitlichem Promotionsstudium leitet er seit Februar 2022 das Recruiting in Deutschland und Österreich.

Brian Titze, M.Sc., Jahrgang 1992, ist Assistant Manager in KPMGs Deal Advisory Strategy Group. Nach seinem Studium der Finanzökonomie an der London School of Economics and Political Science ist er im Jahr 2019 als Strategieberater bei KPMG eingestiegen. Seitdem fokussiert er sich auf die Schnittstelle zwischen Strategieentwicklung und Data & Analytics.

Robert Tobias, Dr., ist Partner bei Deloitte und seit 20 Jahren in der Restrukturierungsberatung tätig. Zu seinen Tätigkeitsschwerpunkten zählen die Konzeption, Strukturierung und Umsetzung außergerichtlicher und gerichtlicher Restrukturierungen sowie die Durchführung von Distressed-M&A-Mandaten.

Carl Walinski ist Director im Executive-Compensation-Bereich bei Willis Towers Watson. Er hat langjährige Erfahrung in der Entwicklung und Einführung von markt- und leistungsorientierten Vergütungssystemen. Seine Kenntnisse der Regulatorik und der Prinzipien der Corporate Governance untermauern seine Arbeit in der Erstellung von Vergütungsgutachten und Benchmark-Studien.

Alexander Wittstamm, B.Eng. Wirtschaftsingenieurwesen, interessiert sich neben seinem Studium für die Unternehmensberatung und technologische Innovationen. Beratungserfahrung sammelt er während seines Bachelorstudiums als Werkstudent, als Mitglied einer studentischen Unternehmensberatung und in diversen Praktika.

Christian Zehner ist Senior Manager | Deals bei PwC Deutschland. Mit mehr als 15 Jahren Berufserfahrung in Beratung und Industrie liegen seine Schwerpunkte auf IT-Carve-outs und IT-Post-Merger-Integrationen im Automobil-, Life-Science-, Chemicals-, Retail- und TMT-Sektor. Er hat einen MBA-Abschluss von der University of Bradford sowie einen Honours-Abschluss in Informatik von der University of Pretoria.

1. Branchenüberblick – Orientierungshilfe in einem Markt mit vielen Gesichtern

Der Markt für Unternehmensberatung in Deutschland

Für das Jahr 2021 verzeichnete die Beratungsbranche in Deutschland ein Marktvolumen von 38,1 Milliarden Euro, so die Schätzungen des Bundesverbandes Deutscher Unternehmensberatungen, kurz BDU. Im Jahr davor waren es noch 34,6 Milliarden Euro - das macht ein beachtliches Wachstum von ungefähr 10 Prozent. Auch der Beratungsmarkt hat sich somit vom coronabedingten Umsatzrückgang im Jahr 2020 erholt.

Der Gesamtumsatz inklusive Auslandsgeschäft teilt sich laut BDU wie folgt auf die vier großen Beratungsbereiche auf.

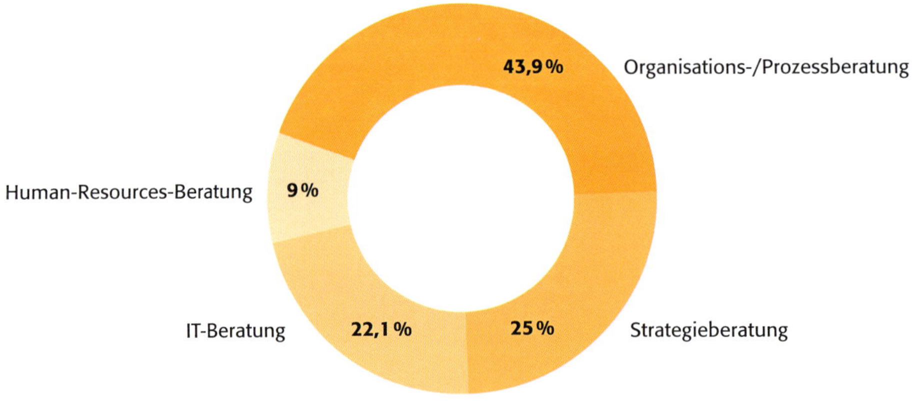

Managementberatungen in Deutschland

Der BDU schätzt die Zahl der Anbieter auf dem deutschen Beratungsmarkt auf rund 26.000. Die Lünendonk GmbH hat im Juli 2022 ihre Lünendonk®-Liste veröffentlicht - mit den zehn umsatzstärksten deutschen Beratungen sowie einer Auflistung von internationalen Managementberatungen und deren Umsätzen und Mitarbeiter:innen in Deutschland (Unternehmen, die nicht ihren Hauptsitz sowie die Mehrheit des Grund- und Stammkapitals in Deutschland haben und im Jahr 2021 signifikante Umsätze mit Managementberatungsleistungen in Deutschland erzielten). Die Liste ist auf der nächsten Seite abgebildet.

Top 10 der deutschen Managementberatungen (Unternehmen, die ihren Hauptsitz sowie die Mehrheit des Grund- und Stammkapitals in Deutschland haben)		**Gesamtumsatz in Mio. Euro**		**Mitarbeitende insgesamt**	
		2021	**2020**	**2021**	**2020**
1	Roland Berger Holding GmbH, München	745,0	590,0	2.305	2.270
2	Simon-Kucher & Partners Strategy Consultants GmbH, Bonn	442,6	361,5	1.700	1.400
3	Q_Perior AG, München	235,0	225,0	905	789
4	Horváth AG, Stuttgart	216,0	196,0	912	832
5	Porsche Consulting GmbH, Bietigheim-Bissingen	212,0	185,0	750	670
6	d-fine GmbH, Frankfurt am Main	201,3	170,0	1.115	1.006
7	zeb.rolfes.schierenbeck.associates GmbH, Münster	190,9	177,0	884	857
8	Detecon International GmbH, Köln	186,5	193,5	1.143	1.124
9	KPS AG, Unterföhring	158,0	166,4	647	619
10	goetzpartners Group, München	134,5	125,2	365	360

Internationale Managementberatungen in Deutschland (alphabetische Reihenfolge)	**Weltweite Beratungsumsätze 2021 in Mrd. Euro**	**Weltweite Mitarbeitende 2021**
Accenture [*,1]	23,1	125.000
AlixPartners	1,4	2.500
Aon [5]	1,2	4.600
Bain & Company	5,5	13.000
BearingPoint	0,7	4.185
Boston Consulting Group [*]	9,3	25.000
Capgemini Invent [*]	1,6	11.000
Deloitte [*,2]	21,2	119.500
EY [*,2]	13,5	102.500
IBM [*,4]	7,0	42.000
Kearney	1,3	4.200
KPMG [*,2]	11,5	75.800
McKinsey & Company [*]	10,6	35.000
Mercer	4,4	25.700
Oliver Wyman [*]	2,1	5.500
PricewaterhouseCoopers [3]	14,4	81.369
Willis Towers Watson	7,6	44.200

***** Umsatz- und/oder Mitarbeitendenzahlen teilweise geschätzt
1 Hierbei handelt es sich um den Consulting-Umsatz von Accenture (ohne die Outsourcing-Umsätze).
2 Hierbei handelt es sich um die internationalen Consulting- und Advisory-Umsätze der Wirtschaftsprüfungsgesellschaften.
3 Aufgrund neuer Business- und Reporting-Strukturen handelt es sich hierbei um Consulting- und Advisory- sowie Assurance- und Tax-Umsätze.
4 Hierbei handelt es sich ausschließlich um die Consulting-Umsätze, die als Teil der Organisationseinheit Global Business Services erzielt werden.
5 Hierbei handelt es sich um die Umsatzangaben der Aon Wealth Solutions. Zahlen 2020 rückwirkend bereinigt aufgrund von bereits vorgenommenen Umstrukturierungen im Zuge des geplanten, nicht erfolgten Zusammenschlusses mit WTW.

Hinweis zu Wechselkursen: Euro-Referenzkurs der Europäischen Zentralbank 1 Euro = 1,1827 US-Dollar (2021), 1 US-Dollar = 0,8455 Euro im Jahresdurchschnitt.
Quelle: Lünendonk & Hossenfelder GmbH, Mindelheim 2022 - Stand 27.06.2022 (Keine Gewähr für Firmenangaben), luenendonk.de/produkte/listen

Vorstellung einzelner Beratungsbereiche

Wie im vorhergehenden Beitrag beschrieben, kann man den Markt für Unternehmensberatung in Deutschland in vier Beratungsbereiche unterteilen: Strategieberatung, Organisations- und Prozessberatung, IT-Beratung und Human-Resources-Beratung. Was genau sich hinter den einzelnen Beratungsfeldern verbirgt, wird im Folgenden näher beleuchtet.

Strategieberatung

von Dr. Axel Hüttmann und Dr. Jens Müller-Oerlinghausen

Die Strategieberatung gilt gemeinhin als die Königsklasse der Beratung: Sie beschäftigt sich mit der Unternehmensstrategie und somit dem Verantwortungsbereich des Topmanagements. Insbesondere die großen Unternehmensberatungen wie McKinsey, Bain oder Roland Berger bezeichnen sich gerne als Topmanagement- oder Strategieberatungen. Aber auch kleine Beratungsunternehmen – häufig Spin-offs der großen Beratungen wie z. B. undconsorten – unterstützen ihre Klienten bei der Entwicklung ihrer Strategie.

Ein Beratungsfeld so breit wie der Begriff Strategie selbst

Das Feld der Strategieberatung ist genauso breit und leider auch genauso schwer abgrenzbar wie der Begriff Strategie selbst. Als Unternehmensstrategie wird gemeinhin der langfristige Plan zur Erreichung unternehmerischer Ziele verstanden. Daraus leiten sich die Aktivitätsfelder des Unternehmens ab. Die Strategie legt fest, welchen Zielkunden welche Leistungsversprechen gemacht und mit welchem Geschäftsmodell sie erfüllt werden.

In der Regel wird die Unternehmensstrategie anschließend in Teilstrategien aufgeschlüsselt: Markt- und Produktstrategien legen fest, welche Marktsegmente mit welchen Angeboten bedient werden. Entwicklungsstrategien geben vor, auf welche Bereiche ein Unternehmen seine Forschungsaktivitäten fokussiert. Und Finanzstrategien klären, woher das Unternehmen sein Kapital erhält – und in welchen Bereichen es dieses wertbringend einsetzt.

Die Strategie eines Unternehmens ist zukunftsorientiert und agiert daher mit unsicheren Vorgaben. Sie wird gleichermaßen vom externen wie vom internen Umfeld beeinflusst. Es gilt, Märkte und Rahmenbedingungen zu verstehen und ihre Veränderungen zu antizipieren. Dabei muss das Unternehmen stets die eigenen Fähigkeiten und Ressourcen berücksichtigen.

Die Bewertung, Entwicklung und Umsetzung von Strategien als Kerntätigkeitsfelder

Die aufgezählten strategischen Fragestellungen sind komplex. Unternehmen greifen daher oft auf externe Beratungen zurück. Abhängig von der Zielsetzung der Unterstützung lassen sich drei Kerntätigkeitsfelder der strategischen Beratung unterscheiden:

- **Strategiebewertung oder Strategic Review:** Das Unternehmen bittet externe Expert:innen, die intern entwickelte Strategie zu prüfen und kritisch zu hinterfragen: Ist der formulierte Plan geeignet, um die Unternehmensziele zu erreichen? Sind die Annahmen plausibel und realistisch?
- **Strategieentwicklung:** Veränderungen der Rahmenbedingungen – z. B. eine neue Technologie – oder neue strategische Ziele machen eine Überarbeitung des langfristigen Plans erforderlich. Strategieberater:innen helfen dem Management bei der Entwicklung oder Anpassung der Strategie durch Analysen, durch ihre externe Perspektive und als erfahrene Sparringspartner:innen.
- **Strategieumsetzung:** Ein guter Plan macht noch keine gute Strategie. Vielmehr gilt es, den Plan in Stoßrichtungen für einzelne Unternehmensbereiche zu übersetzen und mit konkreten Maßnahmen zu hinterlegen. Erst dadurch werden Strategien für Mitarbeiter:innen richtungsweisend und umsetzbar. Strategieberatungen helfen nicht nur, die richtigen Maßnahmen auszuwählen und zu initiieren, um damit die gesetzten Ziele zu erreichen, sondern auch, deren Kommunikation an alle Mitarbeiter:innen vorzubereiten und umzusetzen.

Typische Beratungsaufgaben in einem Strategieprojekt

Ein Strategieprojekt aus der Praxis einer kleinen Beratung verdeutlicht die typischen Aufgaben von Strategieberater:innen.

Aufgabenstellung: Aufsichtsrat und Vorstand setzen ein ambitioniertes Wachstumsziel für die verschiedenen Sparten eines internationalen Konsumgüterherstellers. Das Management einer Sparte erhält daraufhin die Aufgabe, eine Strategie für das Erreichen des Wachstumsziels in seinem Markt zu entwickeln. Die Strategieberatung erarbeitet gemeinsam mit dem Klienten eine umsetzungsorientierte Strategie und durchläuft dabei folgende Phasen:

- **Bestandsaufnahme:** Gemeinsam mit Mitarbeiter:innen aus Marketing, Vertrieb und Entwicklung wird die Ist-Situation analysiert, und erste Aussagen zu Trends werden erarbeitet. Welche Märkte wachsen in Zukunft besonders schnell? Über welche Marktanteile verfügen wir bereits? Wo können wir dem Wettbewerb Marktanteile abnehmen? Mit welchen Produkten können wir neue Kundensegmente erschließen? Wichtig bereits in dieser Phase: Die Bestandsaufnahme muss mit dem Klienten abgestimmt werden, damit sichergestellt ist, dass von der gleichen Faktenbasis ausgegangen wird.
- **Problemstrukturierung:** Aufbauend auf dieser Faktenbasis geht es darum, mögliche Wachstumshebel zu identifizieren und zu strukturieren – z. B. Wachstum in bestehenden versus Wachstum in neuen Märkten; mit bewährten oder neuen Produkten; über existierende oder über neu aufzubauende Vertriebskanäle.
- **Hypothesenentwicklung:** Erfahrungen der Klienten- und Beraterseite sowie gemeinsame Diskussionen ermöglichen die Formulierung erster Hypothesen zu den verschiedenen Wachstumshebeln, beispielsweise: „Ein Prozent Umsatzwachstum kann durch den Verkauf von Produkten mit erweiterten Funktionalitäten in den Märkten Mexiko und China erreicht werden." Die Hypothesenentwicklung ist eine bewährte Technik, um schnell und systematisch das Vorgehen im Projekt zu fokus-

sieren und die gesetzten Projektziele zu erreichen. Die Klientenorganisation sollte frühzeitig einbezogen sein, indem zum Beispiel erste Hypothesen des engeren Projektteams mit wichtigen Stakeholder:innen im Unternehmen in Interviews diskutiert und verfeinert werden.

- **Analyse und Bewertung:** Gezielte Untersuchungen von Marktforschungsdaten, Interviews mit lokalen Expert:innen oder Tests werden genutzt, um die erarbeiteten Hypothesen zu testen und ein deutlicheres Bild von den Erfolg versprechenden Wachstumshebeln zu gewinnen. Um beim vorherigen Beispiel zu bleiben: Wie groß ist das Marktvolumen aktuell für Basisprodukte in Mexiko und China? Welche zusätzlichen Kundengruppen können über die erweiterten Produktfunktionalitäten erreicht werden? Wie entwickelt sich der Markt in Zukunft? Sind die erforderlichen Vertriebskanäle verfügbar? Welchen Marktanteil hat der Klient beim Markteintritt in vergleichbaren lateinamerikanischen bzw. asiatischen Märkten im ersten/zweiten Jahr gewonnen? Mit diesen Informationen lässt sich letztlich abschätzen, ob ein Markteintritt wirklich ein Prozent Umsatzwachstum generieren kann oder nicht.
- **Szenarioentwicklung:** In einem Excel-Modell wird die Umsatzentwicklung bei verschiedenen Annahmen zu den Wachstumshebeln und ihren Kombinationen simuliert, um anschließend über geeignete Szenarien zu einer Abschätzung von Chancen und Risiken zu gelangen und zu prüfen, ob das Wachstumsziel des Topmanagements durch die entwickelte Strategie erreichbar ist. Genauso wichtig wie die unbedingte Sorgfalt bei der Erstellung der Szenariorechnung ist eine Dokumentation der Annahmen und der Vorgehensweise. Nur so kann das Kliententeam die Berechnungen der externen Beratung nachvollziehen und das Modell nach Abschluss des Projekts eigenständig weiterverwenden.
- **Entscheidungsvorbereitung:** Die gesammelten Erkenntnisse müssen für die finale Entscheidung für das Management konsolidiert und aufbereitet werden – angesichts der Komplexität der Materie eine wirkliche Herausforderung.
- **Umsetzungsplanung:** Ohne Umsetzung bleibt selbst ein sehr detaillierter Plan nur ein Stück Papier. Es gilt, die nächsten Schritte genau festzulegen: Wer macht was bis wann? Welcher Markt wird wann erschlossen? Wann kommen welche Produkte? Welche Werbekampagne ist wann erforderlich? Dies ist einer der kritischsten Schritte des Projekts, denn ohne die erfolgreiche Umsetzung der Strategie war alle vorangegangene Mühe umsonst. Erneut geht es darum, die wichtigen Stakeholder:innen im Unternehmen einzubeziehen und für den Umsetzungsplan zu gewinnen. Um das Umsetzungsteam optimal für die neuen Aufgaben vorzubereiten, kann die externe Beratung ein breites Spektrum von detaillierten Umsetzungsplänen mit Controlling-Logik von Individualgesprächen bis hin zu Teamtrainings anbieten.
- **Strategieimplementierung:** In einer zunehmend volatilen Welt müssen alle Mitarbeiter:innen die Eckpunkte der Strategie kennen, damit sie für ihre Entscheidungen handlungsleitend sein kann. Führungskräfte müssen ihren Mitarbeiter:innen die Strategie für den jeweiligen Verantwortungsbereich operationalisieren und erläutern, wie kritische Geschäftsentscheidungen zu treffen sind. Hier unterscheidet sich die Produktion oder Logistik wesentlich vom Marketing oder Vertrieb. Strategieberatungen helfen Führungskräften bei der Übersetzungsleistung in bereichsspezifische Maßnahmen.

IT-/Technologieberatung

von Ildiko Kreisz

Gemeinsamkeiten mit und Abgrenzung zur Managementberatung

Informationstechnologie ist eine Querschnittsfunktion mit Berührungspunkten zu allen Branchen und Unternehmensbereichen. Wer hier als Berater:in tätig ist, beschäftigt sich nicht automatisch nur mit Bits und Bytes. Vielmehr handelt es sich um eine Aufgabe, in der Theorie und Praxis, Strategie und Umsetzung besonders eng verwoben sind. Zumal die digitale Transformation rasant voranschreitet. Geschäfts- und Technologiestrategien werden zunehmend miteinander verbunden.

Die IT- und Technologieberatung erfordert natürlich technisches Verständnis und eine hohe Affinität zu IT-Themen. Zur Planung und Implementierung gehört das Wissen um die Möglichkeiten und Grenzen verschiedener Technologien und Produkte. Dies ist wichtig, um Geschäftsprozesse in den richtigen Systemen abzubilden. Die Kunden erwarten Impulse, um technische Innovationen für sich nutzbar zu machen. Unternehmen müssen zudem mehr technologische Entscheidungen treffen als je zuvor: von Cloud-Implementierungen über verschiedene KI-Modelle und eine breite Palette hochmoderner Endgeräte bis hin zum Design der Hardware und zur Rechenleistung. Eine entsprechende Orientierung und Einordnung zu geben gehört zu den wichtigen Anforderungen an die Technologieberatung.

Je nach Größe und Fokus der Beratungsgesellschaft finden Spezialist:innen aus verschiedenen Fachbereichen hier ein spannendes Aufgabenfeld. Die Palette reicht von der Spezialberatung in klar umrissenen Themenfeldern wie IT-Sicherheit, Dokumentenmanagement oder Netzwerkplanung bis hin zur Strategieberatung. Bei Letzterer geht es stärker um die technologischen Konsequenzen und Möglichkeiten für strategische Entscheidungen sowie um die Frage nach dem Wertschöpfungsbeitrag von IT.

Abgrenzung zu anderen Beratungsfeldern

Die Grenzen zwischen der reinen Management- und Organisationsberatung und der Technologieberatung sind fließend. Da die Informationstechnologie das Nervensystem einer Organisation darstellt und Prozesse fast immer in Software abgebildet werden, spielen technologische Fragen bei vielen Projekten eine Rolle.

Letztlich ist die Unterscheidung vor allem eine Frage des Blickwinkels: Während die Managementberatung unternehmerische Fragestellungen behandelt, also beispielsweise Konzepte für den Aufbau eines neuen Händlernetzes entwickelt, ist die IT-Beratung eher auf der prozessualen und technologischen Ebene angesiedelt. Im Falle des Händlernetzes würden sie also die Kommunikationsstruktur und die Anbindung der Händler an die Unternehmensprozesse entwickeln.

Mit anderen Worten: IT-Berater:innen müssen noch stärker als Managementberater:innen in der Lage sein, Strategien und Konzepte in konkrete Prozesse zu überführen. Auf Basis dieser Übersetzungsleistung wird dann die für den jeweiligen Bedarf beste IT-Lösung entwickelt. Ausgeprägtes Prozessdenken und hohe technische Affinität sind entscheidend für den Erfolg von IT-Berater:innen.

Typische Tätigkeitsfelder und Beratungsaufgaben

Bei der Entwicklung und Umsetzung von IT-Strategien und -Lösungen müssen verschiedene Fragen beantwortet werden. Sie reichen von der Auswahl der richtigen Systeme über die Zuverlässigkeit und Langfristigkeit von Investitionen bis hin zur Wirtschaftlichkeit einzelner Maßnahmen.

In den seltensten Fällen beginnen Technologieberater:innen mit einem leeren Blatt Papier. In der Regel ist der Ausgangspunkt eine strategische Zielsetzung, die an anderer Stelle formuliert wurde. IT-Berater:innen übersetzen die Strategie in ein IT-Konzept und definieren im Anschluss einen Migrationspfad von der Ausgangssituation hin zum Zielszenario. Häufig geht es um die Harmonisierung von IT-Landschaften im Anschluss an eine Unternehmensübernahme. Die Ziele, die mit der Übernahme verbunden waren, haben auch maßgeblichen Einfluss darauf, wie die IT-Landschaften zusammengeführt oder ob neue Infrastrukturen aufgebaut werden.

IT-Berater:innen sind darüber hinaus gefordert, ihren Kunden stets zwei Schritte voraus zu sein. Nur wenn sie sich kontinuierlich über neue Entwicklungen auf dem Laufenden halten und das Potenzial sowie die Anwendungsgebiete neuer Trends und Technologien verstehen, können sie kompetent beraten und sinnvolle Anwendungsmöglichkeiten für spezifische Kundenszenarien bestimmen. IT-Verantwortliche in Unternehmen haben nur begrenzte Möglichkeiten, Neuerungen zu bewerten. Sie sind daher auf Empfehlungen und Urteile der IT-Beratung angewiesen. Im Kern geht es immer um die Frage nach dem Nutzen einer Lösung: Wie kann man daraus zusätzlichen Mehrwert für sein Geschäft generieren?

Von den Berater:innen wird deshalb erwartet, dass sie ihr technisches Know-how konstant weiterentwickeln. Damit die Kunden das bestmögliche Ergebnis erhalten, müssen sich die Berater:innen sowohl in den modernsten Technologien als auch bei den Standardanwendungen auskennen.

Trends in der Technologieberatung

Es gibt auch Bereiche, die man üblicherweise kaum mit IT-Beratung in Verbindung bringt. So spielen beispielsweise IT-Infrastrukturen eine zunehmend wichtigere Rolle für die Rekrutierung von Nachwuchskräften. Die Generation der Millennials bzw. Digital Natives drängt immer stärker auf den Arbeitsmarkt. Und mit Gen Z steht auch schon die nächste bereits in den Startlöchern. Sie alle sind mit elektronischen Medien aufgewachsen und haben einen selbstverständlichen Umgang damit. Sie erwarten von ihren Arbeitgebern moderne IT-Ausstattung und freien Zugang zu ihren sozialen Netzwerken, die längst nicht mehr nur privaten Zwecken dienen, sondern auch in der beruflichen Vernetzung eine entscheidende Rolle spielen. Hier kann die IT-Beratung Unternehmen dabei helfen, sich von den Wettbewerbern auf dem Arbeitsmarkt abzuheben und optimale Arbeitsbedingungen für Digital Natives zu schaffen.

Aber nicht nur die Mitarbeiter:innen drängen auf eine Öffnung der Unternehmensgrenzen. Auch externe Faktoren tragen zu einer Transformation der Arbeitswelt bei. Nicht zuletzt aufgrund der Covid-19-Pandemie haben sich Homeoffice und Remote Work in vielen Unternehmen etabliert. So wird die Arbeit in zunehmendem Maße mit Partnern und Kunden außerhalb der vier Unternehmenswände organisiert, was eine Anpassung der IT-Strukturen erfordert. Mit der Anzahl der Übergabepunkte für Informationen steigen auch die Anforderungen an die Sicherheit, um erwünschten

Datentransfer nicht zu behindern, unerwünschten jedoch effektiv zu unterbinden. Ganz zu schweigen von der zunehmenden Online-Kriminalität, die immer neue Wege sucht, um illegal an sensible Daten heranzukommen und diese zu missbrauchen. IT-Security ist ein extrem schnell wachsender und beratungsintensiver Bereich mit hohem Innovationstempo.

Neben Sicherheit ist vor allem die globale Orientierung der Wirtschaft eine der zentralen Herausforderungen für die IT. Die Technologieberatung arbeitet deshalb sowohl global wie auch lokal: Management- und Technologieberatungen benötigen eine globale Präsenz, um die Anbindung einer Niederlassung in Indien oder die Zusammenarbeit mit einem Lieferanten in Brasilien nicht nur theoretisch sicherzustellen. Erst das Know-how vor Ort garantiert, dass der Kunde die geplanten Vorteile auch erzielen kann.

Berater:innen arbeiten oft in Teams zusammen, deren Mitglieder verschiedene kulturelle Hintergründe haben. Die Fähigkeit, sich auf unterschiedliche Denk- und Herangehensweisen einzustellen, ist essenziell. In einer vernetzten Welt müssen auch Berater:innen vernetzt denken und arbeiten.

Effizienz in der Informationsverarbeitung wird dabei neu definiert. Feedback und Anregungen von Kunden aufzunehmen und in die internen Entscheidungsprozesse einfließen zu lassen, ist ungleich schwieriger als die Steuerung des Datenflusses im Unternehmen. Neben rein technischen Fragen ist es entscheidend, wie die Kommunikation mit dem Kunden für diesen angenehm und einfach wird. Mithilfe der richtigen Technologie kann ein produktiver Dialog geführt werden. Technologieberatung bedeutet in diesem Fall nicht nur, die richtigen Plattformen zur Verfügung zu stellen, sondern die optimale Verknüpfung der Kommunikationskanäle zu finden.

Einstiegsvoraussetzungen

Abgesehen von den gängigen Anforderungen in der Beratungsbranche müssen Kandidat:innen für die Technologieberatung über eine ausgeprägte IT-Affinität, Prozessdenken, Offenheit für Innovationen und Lernwillen verfügen. Für Positionen mit Umsetzungskompetenz sind zudem spezifische Software- oder Programmierkenntnisse gefragt, wie zum Beispiel SAP, Python, Java, JavaScript, C oder C++. Häufig bieten die Unternehmensberatungen Einstiegsprogramme an, um Berufsanfänger:innen an die Arbeit in den technologieorientierten Projekten heranzuführen. Berater:innen in großen Consulting-Firmen gehen interdisziplinär vor, wenn für ein bestimmtes Projekt in den verschiedenen Phasen unterschiedliche Qualifikationen benötigt werden. Und die Technologieberatung hat zwar traditionell den Ruf einer Männerdomäne, mittlerweile entscheiden sich aber immer mehr Frauen für eine Laufbahn in der IT-Beratung. Die einzelnen Jobprofile in der IT-Beratung werden immer vielfältiger. Sie verändern sich entsprechend den Entwicklungen im Markt. So ist es wichtig, dass Männer wie Frauen die verschiedenen Facetten der IT-Beratung kennen und für sich als möglichen Karriereweg entdecken. Mittlerweile erkennen immer mehr Firmen die Zeichen der Zeit und stellen weibliche Vorbilder nach vorne, die von ihren Karrieren berichten. Das ist wichtig, um mögliche Hemmungen abzubauen, und damit erfolgreiche MINT-Laufbahnen für Frauen selbstverständlicher werden. Dafür braucht es auch Möglichkeiten für Frauen wie Männer, Familie mit der beruflichen Karriere zu verbinden.

Organisations- und Prozessberatung

von Kristina Folz

Je reibungsloser die Prozesse innerhalb von Unternehmen ineinandergreifen und je besser die Abläufe aufeinander abgestimmt sind, umso effizienter sind sie. In der Praxis ist das nicht immer der Fall - beispielsweise, wenn eine Firma zu schnell gewachsen ist, ohne dass die innerbetrieblichen Abläufe daran angepasst wurden. Ineffiziente Strukturen können aber auch entstehen, wenn sich Unternehmen über Jahre oder Jahrzehnte hinweg entwickeln, ohne dass Abläufe und Zuständigkeiten regelmäßig systematisch hinterfragt und verbessert werden. Hier kommt die Organisations- und Prozessberatung ins Spiel. Sie wird oft dann eingeschaltet, wenn sich das Unternehmen strategisch neu positionieren will, ein Eigentümerwechsel oder eine grundlegende Restrukturierung ansteht.

Allerdings zählen nicht nur Unternehmen zu den Kunden von Organisationsberatungen, sondern auch Einrichtungen des öffentlichen Dienstes, Parteien oder Non-Profit-Organisationen - kurzum: alle, die ein Interesse daran haben, dass interne Aufbau- und Ablaufprozesse optimiert werden.

Das Ziel der Prozess- und Organisationsberatung besteht darin, die Klientenorganisation als Ganzes oder in Teilen zu stabilisieren, zu entwickeln, Operations und Performance im Rahmen des Gegebenen zu optimieren und den Weg dafür zu bereiten, dass sich die Organisation zukünftig eigenständig steuern kann. Weil das beste Leitbild nichts hilft, wenn es nicht implementierbar ist, muss die Prozess- und Organisationsberatung immer besonders auf die Umsetzbarkeit von innen heraus achten.

Abgrenzung zu anderen Beratungsfeldern

Dabei konzentriert sich die Organisationsberatung vor allem auf die gegebenen Potenziale innerhalb der Klientenorganisation. Das unterscheidet sie beispielsweise von der Strategieberatung, die (auch) nach neuen Potenzialen sucht. Da die internen Prozesse alle Abteilungen betreffen und die unterschiedlichsten Themenfelder berühren, gibt es bei der Prozess- und Organisationsberatung naturgemäß kleinere thematische Überschneidungen zu anderen Beratungsgebieten wie der IT-Beratung, der Strategieberatung und der Human-Resources-Beratung. Allerdings liegen die Schwerpunkte jeweils auf unterschiedlichen Fragestellungen.

Zu den typischen Fragestellungen, die sich Organisations- und Prozessberater:innen stellen, zählen unter anderem:

- Welche Prozesse sind für den Erfolg des Klienten essenziell?
- Wie müssen diese Prozesse gestaltet sein, um möglichst effizient, effektiv, anpassungs- und zukunftsfähig zu sein?
- Können einzelne Prozesse automatisiert werden? Und wenn ja: Welche Vorteile bringt das kurz-, mittel- und langfristig mit sich?
- Ist es ratsam, Prozesse zu modularisieren, also in kleine Teilprozesse aufzuspalten? Wenn ja, welche Konsequenzen ergeben sich daraus?
- Was braucht es, um Change Management nachhaltig beim Klienten einzuführen?
- Welche Erfordernisse gibt es hinsichtlich der Beschäftigten des Unternehmens: Wie müssen sie entwickelt werden, wie können Kommunikationsprozesse verbessert und Konfliktpotenziale minimiert werden etc.?

Ausbildung und erforderliche Kompetenzen

Wer in die Organisations- und Prozessberatung einsteigen möchte, sollte bereits im Studium entsprechende Themenschwerpunkte wählen und möglichst frühzeitig praktische Erfahrung sammeln. Daneben sind profunde IT-Kenntnisse von Vorteil, wenn auch meist keine Einstellungsvoraussetzung.

Besonders wichtig sind jedoch diverse Soft Skills:

- Sie benötigen eine schnelle Auffassungsgabe, um sich schnell in die Organisation des Klienten einzuarbeiten, Prozesse und Strukturen zu durchschauen.
- Unerlässlich ist auch Teamfähigkeit, denn Berater:innen arbeiten (fast) nie alleine und sind zudem auf ein vertrauensvolles Verhältnis zu ihren Klienten angewiesen.
- Wie in allen Beratungsfeldern sind analytische Skills erforderlich, um Verbesserungspotenziale zu erkennen und ein tragfähiges Soll-Konzept zu entwickeln.
- Um den eigenen Vorschlägen Gehör zu verschaffen, kommt es zudem auf ein selbstbewusstes Auftreten und Durchsetzungsstärke an.
- Zugleich sind Einfühlungsvermögen sowie kommunikative Fähigkeiten vonnöten, denn Veränderungen müssen behutsam, aber nachhaltig auch an die Mitarbeiter:innen des Kunden vermittelt werden. Mit der „Brechstange“ kommt man hier nicht weit.

Die Methoden der Prozess- und Organisationsentwicklung erlernt man dagegen meist on-the-job, entweder in der Onboarding-Phase oder in den ersten Projekten.

Human-Resources-Beratung

von Dr. Axel Hüttmann und Dr. Jens Müller-Oerlinghausen

Die beste Strategie ist wertlos ohne geeignete Mitarbeiter:innen und Führungskräfte. Der Faktor Personal gewinnt durch den Strukturwandel zur Dienstleistungsgesellschaft und Wissensökonomie dramatisch an Bedeutung. Eine erfolgreich umgesetzte Geschäftsstrategie beruht vor allem auf exzellenter Personalarbeit.

Für die Verbesserung der Personalarbeit bieten spezialisierte HR-Beratungen ihre Unterstützung an, die oft ihren Fokus auf Themenfelder wie Vergütung, Altersvorsorge oder Führungskräftevermittlung (Executive Search) legen. Viele Strategieberatungen haben ebenfalls spezialisierte HR Practices, die zusätzlich zum HR-Spezialwissen ihre strategische Beratungsexpertise einbringen. Auftraggeber ist meist der Personalbereich, aber immer öfter auch die Unternehmensleitung. Denn ihre Führung beeinflusst die Leistung der Beschäftigten erheblich. Mit der HR-Beratung verwandt, aber zumindest vom Bundesverband Deutscher Unternehmensberatungen (BDU) dieser nicht zugerechnet, ist der Bereich der Personalberatung. Headhunter:innen unterstützen Unternehmen gezielt darin, die Anforderungen an Kandidat:innen für offene Stellen zu definieren und geeignete Bewerber:innen zu finden.

Herausforderungen und Aufgabenbereiche

Das richtige Personal zur richtigen Zeit am richtigen Ort einsetzen, und das zu möglichst wettbewerbsfähigen Kosten – so lässt sich die Aufgabe der Personalarbeit auf den Punkt bringen. Das verdeutlicht, dass sie eine der anspruchsvollsten und komplexesten Aufgaben im Unternehmen ist. Entweder es gibt nicht genügend fähige Beschäftigte, oder es sind zu viele an Bord. Veränderungen beim Personal haben lange Vorlaufzeiten: Menschen brauchen Zeit, um Neues zu erlernen. Rechtliche und vertragliche Regelungen setzen zudem enge Vorgaben.

Folgende drei Aufgabenbereiche sind innerhalb des HR-Bereichs zentral:

- das **strategische Personalmanagement**, das die quantitative und qualitative Personalplanung mit einer langfristigen Personalstrategie verbindet und durch dynamisches Personalmanagement über entsprechende Flexibilisierungs-, Qualifizierungs- oder Personalanpassungsmaßnahmen für deren Umsetzung sorgt.
- das **Talentmanagement**, das sich um die Gewinnung, Bindung, Motivation, Vergütung, Bewertung und Weiterentwicklung des Personals kümmert – von der Führungskraft bis zu den Auszubildenden.
- die **exzellente Personalfunktion**, die in ihrer Organisation, ihren Prozessen, Instrumenten und IT-Systemen sowie in ihren Fähigkeiten die richtige Balance zwischen effizienter Erbringung von Verwaltungstätigkeiten wie der Lohnzahlung und kompetenter Beratung der Führungskräfte in Personalfragen findet.

Typische Beratungsfelder

Die Entwicklung der Personalstrategie im Kontext der allgemeinen Unternehmensstrategie ist eines der Tätigkeitsfelder der HR-Beratung, das direkte Anknüpfungspunkte an die Strategieberatung bietet. Auch bei der Festlegung der strategischen Stoßrichtungen im Personalbereich sowie der Gestaltung der zur Umsetzung am besten geeigneten Aufbau- und Ablauforganisation finden sich Parallelen zur Strategieberatung. In diesem Feld trifft man sowohl große Beratungshäuser als auch spezialisierte Beratungen an.

Einer der Schwerpunkte der HR-Beratung ist die Konzeption von Personalsystemen: Wie plane ich meine Personalressourcen? Über welche Controlling-Zahlen steuere ich sie? Wie positioniere ich mich als Arbeitgeber, um die richtigen Talente zu gewinnen? Und über welche Systematik entwickle ich ihre Fähigkeiten und identifiziere ich meine Leistungsträger:innen? Welche Vergütungssysteme binden die richtigen Talente und senden die richtigen Leistungsanreize? Oft gibt es hier auf Einzelaspekte spezialisierte Beratungshäuser, aber auch breiter aufgestellte HR-Spezialist:innen. Da in großen Unternehmen die Systeme nur selten ohne IT-Unterstützung auskommen, ist dieser Bereich ein Anknüpfungspunkt für die IT-Beratung, meist durch spezialisierte Softwareanbieter.

Auch Prozessoptimierung ist ein Tätigkeitsfeld der HR-Beratung. Denn nicht erst seit der zunehmenden Verbreitung von sogenannten Shared Service Centers (sozusagen unternehmensweit genutzten Prozessfabriken) gibt es Bedarf an Automatisierung und Spezialisierung, um Prozesse effizienter und effektiver zu gestalten. Auf diesem Feld sind vor allem IT- und Outsourcing-Anbieter aktiv.

Diese Tätigkeiten gewinnen mit zunehmender Unternehmensgröße und -vielfalt an Komplexität. Wenn beispielsweise für ein internationales Telekommunikationsunternehmen mit deutlich über 100.000 Beschäftigten eine neue Personalentwicklungssystematik konzipiert und eingeführt wird, sind vielfältige Schnittstellen mit den Bereichen Personalmarketing, Vergütung sowie Führungskräfteentwicklung zu berücksichtigen. Darüber hinaus können bereits unterschiedliche Modelle existieren, die es in das neue Konzept zu integrieren gilt. Hier muss besonders große Sorgfalt auf die interne Kommunikation und die Umsetzungsbegleitung gelegt werden.

Besondere Anforderungen an HR-Berater:innen

Beschäftigte im HR-Bereich zeichnen sich häufig durch große Begeisterung für ihre Aufgabe und hohe soziale Verantwortung aus, der sie entgegen allem wirtschaftlichen Druck gerecht werden wollen. HR-Berater:innen werden oft in diesem Spannungsfeld aktiv. Ohne Empathie kommt man hier selten weiter. Gleichzeitig braucht man Hartnäckigkeit und Kreativität bei der Versachlichung und Bewertung eines schwer messbaren Themenfelds. Darüber hinaus sind HR-Themen oft sensibel – nicht zuletzt auch vor dem Hintergrund der unterschiedlichen Interessen von Eigentümer:innen, Führungskräften, Beschäftigten und dem Betriebsrat. HR-Berater:innen benötigten hier das richtige Fingerspitzengefühl, um in der Organisation Vertrauen aufzubauen. Zudem sollten HR-Berater:innen wie Strategieberater:innen natürlich auch sehr gute analytische Fähigkeiten und Projektmanagement-Kompetenzen für die strategischen HR-Themen mitbringen.

Fokuskapitel: Restrukturierungsberatung

von Dr. Robert Tobias

Pleiten, Pech und Pannen gehören zum Leben dazu. Auch in der Wirtschaft geraten Unternehmen in existenzbedrohende Krisen, die ein schnelles und zielgerichtetes Handeln erfordern. Dabei ist fast immer externe Expertise gefragt, da Unternehmen für diese Sondersituationen selten interne Kompetenzen und Strukturen vorhalten. Die Restrukturierungsberatung zielt auf die Rettung und nachhaltige Gesundung des Unternehmens ab. Restrukturierung umfasst dabei einerseits die finanzielle und leistungswirtschaftliche Sanierung, andererseits die organisatorische und strategische Neupositionierung. Die Einrichtung von Krisenfrühwarnsystemen zählt genauso dazu, spielt aber eine untergeordnete Rolle. Restrukturierungsberater:innen sind Intensivmediziner:innen. Ist der Patient über die kritische Phase hinweg und stabilisiert, ist ihr Job größenteils getan. Restrukturierungsberatung findet zunehmend auch in gerichtlich überwachten Sanierungs- und Insolvenzverfahren Anwendung.

Aufgabenfelder und Herangehensweise

Ausgangspunkt jeder Restrukturierung ist die Feststellung des Krisenausmaßes und der Krisenursachen. Ein Beschaffungsproblem allein macht noch keine Krise, absehbare Liquiditätsengpässe gefährden dagegen immer den Fortbestand des Unternehmens und die Arbeitsplätze! Als Krisengründe kommen externe Faktoren wie ein plötzlicher Konjunktureinbruch infrage, zumeist sind Krisen aber hausgemacht und auf interne Managementfehler zurückzuführen. Zur umfangreichen Analyse der Ausgangssituation gehört die Überprüfung etwaiger Insolvenztatbestände, also (drohende) Zahlungsunfähigkeit und Überschuldung. Bevor die eigentliche Restrukturierung beginnt, muss das Unternehmen durchfinanziert sein. Hierfür geben Liquiditätsplanung und ein Restrukturierungskonzept die Richtung vor. In solch einem Konzept oder auch Sanierungsgutachten wird das Leitbild der Restrukturierung erarbeitet. Wie sieht das Geschäftsmodell zukünftig aus? Wie können nachhaltig wieder Rendite- und Wettbewerbsfähigkeit erreicht werden? Zudem geht es um die Identifikation geeigneter Maßnahmen, um die Krisenursachen zu beseitigen und die im Leitbild formulierten Ziele zu erreichen. Wer leistet welche Beiträge, und was ist konkret von wem bis wann zu tun? Damit die Umsetzung gelingt, wird oft eine externe Beraterin bzw. ein externer Berater als CRO (Chief Restructuring Officer) ins Organ der Gesellschaft berufen. Auf jeden Fall ist die enge Begleitung der Umsetzung und ein Sanierungs-Controlling nebst Reporting notwendig.

Unterschiede zu anderen Beratungsfeldern

Restrukturierungskompetenzen sind praxisnah, branchenübergreifend und immer ganzheitlich. Sie unterscheiden sich damit von anderen Beratungsfeldern. Die von Berater:innen erarbeiteten Konzepte und Planungen verändern unmittelbar die Praxis ihrer Mandanten. Erfolge und Misserfolge stellen sich schnell ein. Damit steigen Verantwortung und auch Haftungsfolgen für die Beratungshäuser. Wer Mandanten auf Top-Level ganzheitlich und in kritischen Sondersituationen unter hohem Zeitdruck berät, sollte wissen, wie man vorgeht und wo die Risiken liegen. Einerseits gibt es Standards und Leitfäden verschiedener Verbände und Berufsgruppen, prominentes Beispiel ist der IDW S 6 zur Erstellung von Sanierungsgutachten. Andererseits etablierte sich eine seit Jahren bewährte Rechtsprechungspraxis des BGH. Diese betrifft unter anderem Fragen, ab wann Insolvenzantragspflichten einsetzen, bis wann Kredite insolvenzfest besichert werden dürfen oder was die Voraussetzungen für bestimmte Sanierungsvorhaben sind. Restrukturierungsberater:innen arbeiten branchenübergreifend. Branchenspezifika spielen eine Rolle, sie setzen den Rahmen und manchmal beschränken sie auch den Handlungsspielraum. Mal geht es um einen Automobilzulieferer, ein E-Commerce-Start-up oder ein Krankenhaus. Das ist zugleich das Spannende, Herausfordernde und Anspruchsvolle für Restrukturierer:innen.

Inhalt und Anforderungen der Ausbildung

Kern der Ausbildung ist daher die Aneignung von Phasenkompetenz. Nach zwei bis drei Jahren Berufserfahrung wissen Berater:innen, was in der existenziellen Unternehmenskrise zu tun ist. Was gehört in ein Sanierungsgutachten? Wie setzt man einen Distressed-M&A-Prozess auf? Wie funktioniert ein Eigenverwaltungsverfahren, welche betriebswirtschaftlichen und rechtlichen Besonderheiten gilt es zu beachten? Wie überzeugt man die verschiedenen Stakeholder? Die Lernkurve ist steil und flacht kaum ab. Immer wieder müssen neue Gesetze (z. B. StaRUG-Novelle, Covid-Gesetze) und ökonomische Rahmenbedingungen (z. B. Wegfall der Subventionen in der Solarindustrie, notleidende Mittelstandsanleihen) beachtet und Wissen auf neue Kontexte übertragen werden.

Restrukturierungsberatung ist Teamplay. Die Größe der Projektteams korreliert dabei oft mit der Größe der Beratungsgesellschaft. Bei einer mittelständischen Beratungsboutique verteilen sich die Projektaufgaben oftmals auf nicht mehr als drei Schultern. Als Consultant arbeitet man dann sofort an vorderster Stelle, ist also für den gesamten Prozess mitverantwortlich. Bei den großen Beratungshäusern erfolgt Ausbildung und Einsatz viel spezialisierter, mitunter fehlt der Blick fürs Ganze. Dafür können die prominenteren Mandate und auch internationale Reisetätigkeiten Anreize bieten.

War Restrukturierungsberatung bis vor zehn Jahren noch eine Männerdomäne, ändert sich das seither. Mobiles Arbeiten, die Sensibilisierung für Work-Life-Balance und die Herausforderungen des HR-Recruitments haben für „Alltagskompatibilität" gesorgt. Restrukturierungsberatung eignet sich für Hochschulabsolvent:innen mit wirtschaftlichem, technischem oder juristischem Studium. Grundlegende BWL-Kenntnisse sind in jedem Fall notwendig. Wer Unternehmen in Notsituationen retten will, sollte zudem ein gesundes Maß an Mobilität, Flexibilität und Belastbarkeit mitbringen.

Dieser Artikel wird Ihnen präsentiert von

Bundesverband Deutscher Unternehmensberatungen e. V.

Fokuskapitel: Change-Management-Beratung

von Andrea Maurer-Schlangen und Jennifer Reckow

Die Disziplin Change Management bzw. Veränderungsmanagement beschäftigt sich mit der Frage, wie Veränderungs- und Lernprozesse in Organisationen (= Innovationen) erfolgreich gestaltet werden. Ziele dieser Veränderungsprozesse sind die Lösung von Business-Problemen und die Weiterentwicklung der Organisation. Eine qualifizierte Change-Management-Beratung definiert und gestaltet gemeinsam mit den Verantwortlichen die Veränderungsmaßnahmen, die zur nachhaltigen Bewegung des Unternehmens führen, und begleitet bei der Umsetzung. Denn nur durch eine Erfassung der aktuellen Situation, gemeinsame Entwicklung des Zielbildes und der notwendigen Change-Architektur in Co-Creation mit der Projekt- und Unternehmensführung, sowie einer ausreichenden Einbindung der Mitarbeitenden kann eine nachhaltige und ganzheitlich integrative Veränderung gelingen.

Gemeinsamkeiten mit und Abgrenzung zu anderen Beratungsfeldern

Basierend auf systemischen und organisationalen Denkbildern wird die Organisation im Change- bzw. Veränderungsmanagement immer als Ganzes betrachtet. Es gilt, die fünf Kernelemente Strategie, Technik, Abläufe, Organisation und Kultur harmonisch miteinander in Einklang zu bringen. Daher gibt es durchaus Berührungspunkte mit anderen Beratungsfeldern wie der Strategie-, Human-Resources- und IT-/Technologieberatung.

Der Fokus liegt im Veränderungsmanagement jedoch auf der ganzheitlichen Betrachtung, statt in der Detailtiefe eines einzelnen Organisationsaspektes: Change-Management-Berater:innen gestalten Prozesse und Vorgehen innerhalb eines Veränderungsvorhabens, ohne dabei in die inhaltliche Tiefe eines einzelnen Teilaspektes einzusteigen. Es bedarf der Perspektive auf die Organisation und weniger auf das Individuum.

Innerhalb der Organisations- und Prozessberatung macht die Change-Management-Beratung nach Zahlen des Bundesverbands Deutscher Unternehmensberatungen (BDU) einen Anteil von ca. 3 Prozent aus.

Typische Tätigkeitsfelder und Beratungsaufgaben

Change-Manager:innen konzipieren, gestalten und begleiten Veränderungsprozesse und -architekturen. Damit können grundsätzlich alle weitreichenden Veränderungen in einer Organisation gemeint sein – von einer Umstellung der IT-Systeme bis hin zu Restrukturierungen – die Aufgabengebiete sind vielschichtig. Dabei ist jedes Change-Vorhaben so individuell wie die Organisation selbst. Ein starres Korsett gibt es nicht, und Maßnahmen (Change-Architektur) müssen immer individuell konzipiert und je nach sich ändernden Rahmenbedingungen neu angepasst werden (iteratives Vorgehen). Hierfür benötigen Change-Vorhaben eine klare Prozessstruktur. Der BDU-Fachverband Change Management orientiert sich an einem klassischen Vier-Phasen-Modell: Analyse des Veränderungsvorhabens, Analyse der Organisation, Entwicklung der Vorgehensarchitektur und Umsetzung der Veränderung.

Warum Organisationen auf professionelle Change-Management-Beratung setzen

Während die wirtschaftliche Relevanz organisationaler Veränderungsprozesse unaufhörlich steigt, ist die Bilanz der Umsetzung mager: Die Erfolgsquote der Change-Vorhaben ohne professionelles Change Management bewegt sich laut der Change-Fitness-Studie von Mutaree um die 20 Prozent. Indes ist es nicht überraschend, dass das Bewusstsein für die Bedeutung von Change-Kompetenz stetig zunimmt.

Professionelles Change Management bringt einen enormen Vorteil in Veränderungsvorhaben: Aufgrund der ganzheitlichen Perspektive sowie einer vorausschauenden Kompetenz und Erfahrung im Veränderungsmanagement werden einseitige Maßnahmenpakete, unnötige Verzögerungen und Störungen vermieden. Die Einbindung aller Beteiligten mit dem Fokus auf das Verstehen der Notwendigkeit der Maßnahmen und Projekte (Perspektivwechsel) stützt den langfristigen Veränderungsprozess. Kritische Phasen, die in jedem Veränderungsvorhaben vorkommen, werden so erfolgreich gemanagt und Produktivitätseinbrüche minimiert. Die Qualität und Wirksamkeit der Veränderung wird nachhaltig gesteigert.

Change-Management-Beratung als Berufsfeld

Change-Berater:in ist wie im Consulting üblich kein Beruf mit einheitlichem Ausbildungsweg. Ein betriebswirtschaftliches Studium oder vergleichbare Berufserfahrung wird i. d. R. jedoch vorausgesetzt. Weiterbildungsinstitute bieten zudem vertiefende Lehrgänge im Bereich Change Management an. Ein Einstieg ist je nach Größe der Beratung grundsätzlich ab dem Studium möglich, aber auch Quereinsteiger:innen mit Berufserfahrung und branchenspezifischem Wissen sind gefragt.

Wichtige Fähigkeiten als Change Consultant sind neben den klassischen Anforderungen im Beratungsleben eine schnelle Auffassungsgabe, der Blick fürs Ganze, ausgeprägte Kommunikationsstärke, die Fähigkeit, komplexe Zusammenhänge im organisationalen Rahmen zu erkennen und in der Komplexität unterschiedlicher Perspektiven zu verstehen sowie eine strukturierte Arbeitsweise.

Der Bereich Change Management ist sehr vielseitig und abwechslungsreich, da die Herausforderungen der Kundenunternehmen höchst individuell sind. Außerdem gewinnt Change Management in einer immer stärker von Veränderungen geprägten Welt stetig an Bedeutung und ist ein klarer Zukunftsmarkt. Ein attraktives Gehalt, Provisionsbeteiligungen und Benefits sowie ein abwechslungsreicher Arbeitsalltag zeichnen den Beruf zudem aus.

Dieser Artikel wird Ihnen präsentiert von

Bundesverband Deutscher Unternehmensberatungen e. V.

Unternehmensberatung bei Wirtschaftsprüfungsgesellschaften

von Timo Klees

Das Leistungsspektrum der Wirtschaftsprüfungsgesellschaften befindet sich seit einiger Zeit im Wandel: Ausgehend von ihren originären Aktivitäten in der Wirtschaftsprüfung (Audit) und Steuerberatung (Tax) bauen insbesondere die sogenannten Big Four – bestehend aus PwC, KPMG, EY und Deloitte – ihre Beratungsaktivitäten kontinuierlich aus. Dies eröffnet BWL-Absolvent:innen und Quereinsteiger:innen attraktive Entwicklungsmöglichkeiten im Beratungsumfeld.

Wirtschaftsprüfung und prüfungsnahe Beratung

Bereits in den vergangenen Jahren trugen (prüfungsnahe) Beratungsaktivitäten überdurchschnittlich zum Wachstum der Wirtschaftsprüfungsgesellschaften bei. Insbesondere bei Mandanten, bei denen keine Prüfungsleistungen erbracht werden und somit grundsätzlich eine höhere Beratungsfreiheit besteht, wird ein kontinuierlicher Ausbau der Beratungsleistungen angestrebt. Dies erfolgt zunehmend auch durch die gezielte Übernahme von etablierten Unternehmensberatungen und verändert die Landschaft des Beratungsmarktes. Von besonderem Interesse für die Wirtschaftsprüfungsgesellschaften sind Unternehmensberatungen mit einem spezifischen Fokus, z.B. in bestimmten Fachgebieten oder Sektoren. Sowohl für die Wirtschaftsprüfungsgesellschaften als auch für die übernommenen Beratungen kann sich eine Win-win-Situation ergeben. Vor allem für kleinere Beratungen kann es vorteilhaft sein, unter das Dach einer großen Wirtschaftsprüfungsgesellschaft zu schlüpfen, um von deren globalem Netzwerk zu profitieren.

Steigende Bedeutung der Beratungsaktivitäten

Es wird erwartet, dass sich dieser Trend in den nächsten Jahren weiter verstärkt. Grund dafür sind auch neue Regularien, nach denen kapitalmarktorientierte Unternehmen, Banken und Versicherungen nun regelmäßig ihren Abschlussprüfer wechseln müssen. Um die Unabhängigkeit der Abschlussprüfenden zu wahren, dürfen die Wirtschaftsprüfungsgesellschaften bei Unternehmen nicht gleichzeitig den Jahresabschluss prüfen und umfassende Beratungsleistungen anbieten. Die Pflichtrotation in der Abschlussprüfung eröffnet den Wirtschaftsprüfungsgesellschaften neue Beratungsmöglichkeiten bei Unternehmen, deren Abschlüsse sie bisher geprüft haben und zukünftig nicht mehr prüfen dürfen. Schließlich verfügen die bisherigen Abschlussprüfenden über beste Kenntnisse der Unternehmen und etablierte Kontakte zum Management.

Die einzelnen Wirtschaftsprüfungsgesellschaften verwenden für ihre Beratungsaktivitäten zwar unterschiedliche Bezeichnungen, z.B. Advisory oder Consulting, setzen jedoch ähnliche inhaltliche Schwerpunkte. Sie bündeln hier das fachliche Know-how zu transaktions-, risiko- und prozessorientierten, strategischen sowie regulatorischen Fragestellungen. Dabei zeichnen sie sich vor allem durch eine hohe finanzwirtschaftliche Kompetenz aus und ermöglichen es ihren Mandanten dadurch, den Fokus auf das eigentliche Kerngeschäft zu richten. So werden Unternehmen in Krisensituationen beispielsweise bei der finanziellen, operativen und strategischen Neupositionierung bzw. Restrukturierung unterstützt, um Kosten zu senken, eine tragfähige und nachhaltige Geschäftsplanung zu erarbeiten oder die Finanzierung zu optimieren. Im Aufschwung werden eher Wachstums- und Expansionsstrategien definiert und umgesetzt.

Ausgewählte Beratungsaktivitäten der Wirtschaftsprüfungen

Transaktionsorientierte Fragestellungen

- Mergers & Acquisitions (M&A): Beratung bei der Durchführung von Unternehmenskäufen, -verkäufen und -fusionen sowie Börsengängen (IPOs)
- Durchführung von Unternehmensbewertungen und Kaufpreisallokationen
- Due Diligence: Analyse und Bewertung insbesondere finanzieller, steuerlicher, operativer und ökologischer Chancen und Risiken bei Unternehmenskäufen
- Finanzierungsberatung (Debt Advisory): Unterstützung bei der Identifikation und Realisierung von optimalen Finanzierungsstrategien und -strukturen
- Restrukturierung: Erarbeitung und Umsetzung von Sanierungskonzepten sowie Begleitung der umzusetzenden Maßnahmen

Strategische Fragestellungen

- Wettbewerbsanalyse und Identifikation strategischer Handlungsalternativen
- Erarbeitung von Expansionsstrategien in neue Regionen und/oder Produkte
- Optimierung und Neuausrichtung von Vertriebsaktivitäten
- strategische und integrative Beratung im Bereich Human Resources

Regulatorische Fragestellungen

- Implementierung von IFRS oder US-GAAP: Begleitung bei der Umstellung von HGB auf internationale Rechnungslegungssysteme (sogenannte Conversion)
- Unterstützung bei der Entwicklung, Implementierung und Qualitätssicherung von Rating- und Risikomanagement-Systemen
- Corporate Governance: Beratung zur Erfüllung von Compliance-Anforderungen, z.B. in den Bereichen Rechnungslegung, interne Kontrollsysteme und Informationstechnologie
- Unterstützung bei der Umsetzung der Aufsichtsfunktionen im Finanzsystem: Risikobewertung und Qualitätsprüfung von Assets, Stresstests

Prozessorientierte Fragestellungen

- Performance & Controlling: Konzeption und Realisierung von Planungs-, Informations-, Steuerungs- und Controlling-Instrumentarien
- Forensic: Prävention und Aufklärung von Wirtschaftskriminalität
- Treasury & Working Capital Management: Finanzierungs-, Verbriefungs- und Ratingberatung, Unterstützung bei Liquiditäts- und Working Capital Management

Unterschiede zu den klassischen Strategieberatungen

Die großen Wirtschaftsprüfungsgesellschaften profitieren bei ihren Beratungsaktivitäten stark von ihrer Größe. Die Mitarbeiter:innen bringen fachliches Know-how aus unterschiedlichsten Disziplinen mit. Darüber hinaus gewährleistet die weltweite Organisationsstruktur eine dauerhafte Vor-Ort-Präsenz rund um den Globus und damit auch in Kundennähe. Die Berater:innen folgen also der internationalen Expansion ihrer Kunden. Dies bietet Berufseinsteiger:innen die Chance, bereits frühzeitig in internationalen Beratungsprojekten wertvolle Erfahrungen zu sammeln. Mit zunehmender Komplexität der Themenstellungen werden verstärkt auch spezielle fach- und geschäftsbereichsübergreifende Branchenkenntnisse erforderlich. Daher arbeiten die Berater:innen der Big Four in der Regel in spezialisierten Branchenteams, die die spezifischen Anforderungen einer Industrie kennen (z. B. Automotive, Financial Services etc.). Dieser interdisziplinäre Ansatz aus Fachwissen, lokaler Expertise und Branchenkenntnis zeichnet die Beratungsaktivitäten der Big Four aus. So können sie in einem internationalen Umfeld Lösungen für die wichtigsten Herausforderungen erarbeiten, denen sich Unternehmen heutzutage stellen müssen.

Die Wirtschaftsprüfungsgesellschaften zeichnen sich zudem durch meist langjährige Beziehungen zu ihren Mandanten aus. Dies verschafft ihnen einen strategischen Vorteil, wenn es darum geht, die Geschäftsmodelle der Kunden zu verstehen und weiterzuentwickeln. Während sich klassische Strategieberatungen vor allem auf Konzerne und große Unternehmen konzentrieren, werden für die Beratungsaktivitäten der Big Four auch mittelständische Unternehmen immer wichtiger. Zu den Mandanten gehören nicht nur Industrieunternehmen unterschiedlichster Branchen, sondern auch Finanz- und Dienstleistungsunternehmen, Unternehmen der öffentlichen Hand sowie Non-Profit-Organisationen.

Fazit

Das Beratungsangebot der großen Wirtschaftsprüfungsgesellschaften geht heute weit über ihre ursprünglichen Kernaktivitäten der Wirtschaftsprüfung und Steuerberatung hinaus. Dabei verfolgen sie einen eher analytischen bzw. zahlengetriebenen Beratungsansatz, der aber zunehmend um strategische Komponenten ergänzt wird.

Durch ihre wachsenden Beratungsaktivitäten bieten die Big Four für Hochschulabsolvent:innen und Quereinsteiger:innen viele attraktive Einstiegsmöglichkeiten, insbesondere auch für solche mit Bachelorabschluss. Dazu gehören spezielle Einstiegs- und Trainee-Programme, die während ihrer Laufzeit (meist ein bis zwei Jahre) einen Einblick in unterschiedliche Beratungsfelder und Industrien ermöglichen. Außerdem fördern die Wirtschaftsprüfungsgesellschaften bestimmte Berufsexamina wie Steuerberater:in, Wirtschaftsprüfer:in, CFA, die Teilnahme an Master-Studiengängen sowie Promotionsvorhaben und bieten berufsbegleitende Weiterbildungsmöglichkeiten an.

Ein weiterer Vorteil zu vielen „reinen" Unternehmensberatungen ist die Erfassung der geleisteten Arbeitszeit auf Arbeitszeitkonten. Eventuell anfallende Mehrarbeit wird entweder am Jahresende gesondert vergütet oder kann in Freizeit umgewandelt werden – ein enormer Vorteil, der den Mitarbeiter:innen nicht nur eine ausgeglichenere Work-Life-Balance, sondern auch ein höheres Maß an Selbstbestimmung ermöglicht.

Inhouse Consulting

von Kim-Ole Holm

Eine eigene Inhouse-Beratung ist heutzutage Bestandteil der meisten in Deutschland ansässigen Großkonzerne. Bayer Strategy & Business Consulting, Siemens Advanta Consulting und Volkswagen Consulting gehören zu den führenden und größten Akteuren in Deutschland und weltweit.

Berufsbild Inhouse Consultant

Analog zu externen Beratungen erarbeiten und bewerten Inhouse-Beratungen projektbasiert Handlungsempfehlungen und Strategien für entscheidende Fragestellungen entlang der gesamten Wertschöpfungskette eines Unternehmens. Die Einleitung und Umsetzung großer Transformationsprojekte, das Entwickeln von Wachstumsstrategien, die Vorbereitung und Begleitung effizienzsteigernder Prozesse, die Bewertung von Investitionsentscheidungen sowie die Restrukturierung oder Reorganisation von Unternehmensteilen sind nur einige Beispiele typischer Beratungsprojekte. Der primäre Unterschied zur externen Beratung liegt zumeist darin, dass der Kunde auch der eigene Arbeitgeber ist. Das bedeutet jedoch nicht, dass sich internen Berater:innen weniger Möglichkeiten auf diverse und facettenreiche Projekte bieten: Mischkonzerne wie Siemens und Bayer ermöglichen Projekte in unterschiedlichen Industrien sowie in allen Funktionen entlang der Wertschöpfungskette.

Gründe für das Inhouse Consulting aus der Sicht der Unternehmen

Die wesentlichen Vorteile interner Beratungen liegen in der Stärkung des unternehmensinternen Wissens bzw. der Vermeidung des Abflusses wertvoller Informationen zu Wettbewerbern. Aufgrund einer identischen Kultur sowie gemeinsamer Unternehmensziele zwischen Berater:innen und dem „Kunden“ steht die effiziente Entwicklung implementierbarer Projekte im Vordergrund. Als Festangestellte im Unternehmen erleben interne Berater:innen die Umsetzung der entwickelten Maßnahmen und deren langfristige Erfolge auch nach Ende eines Projekts mit. Besonders diese Nähe sowie ihr umfassendes unternehmensspezifisches Wissen verleihen Inhouse Consultants hohe Glaubwürdigkeit und Akzeptanz im Topmanagement. Diese Punkte führen aus Unternehmenssicht zu einer gestärkten Verhandlungsposition bei der Entscheidung zwischen kostenintensiven externen Unternehmensberatungen oder der eigenen internen Beratung.

Gründe für das Inhouse Consulting aus Sicht der Berater:innen

Wesentlicher Erfolgsfaktor für interne Beratungen ist es, methodisches Know-how und Beratungserfahrung mit spezifischem Wissen der jeweiligen Industrie zusammenzubringen. Aufgabe ist es aber nicht nur, durch erstklassige Beratungsleistungen Wert für das Unternehmen zu generieren. Als ebenso relevantes Ziel steht die Entwicklung von kompetentem, motiviertem und änderungswilligem Führungsnachwuchs im Fokus des Konzerns. Neben methodischem Beratungs-Know-how eignen sich Inhouse Consultants im Laufe ihrer Tätigkeit umfangreiches Wissen über die verschiedenen Bereiche des Unternehmens an. Darüber hinaus haben Inhouse Consultants die Möglichkeit, innerhalb eines kurzen Zeitraums in vielen unterschiedlichen und internationalen Projekten Erfahrungen zu sammeln. Insbesondere auf höheren Positionen finden sich zudem meist Kolleg:innen, die bereits über langjährige Erfahrung in der externen Beratung oder der jeweiligen Industrie verfügen. Sie bringen ihr methodisches und branchenspezifisches Wissen in die Projektarbeit ein und lassen jüngere Kolleg:innen davon profitieren. Das Netzwerk und die Kontakte zum Topmanagement, die sie im Zuge ihrer Arbeit knüpfen, bieten eine optimale Vorbereitung auf eine verantwortungsvolle Führungsposition im Konzern. Um diese wertvollen Ressourcen zu bewahren und auszubauen, fördern Unternehmen ihre Berater:innen mit systematischen Entwicklungsplänen, Trainings und Coachings. Durch Mentoring und gezielte Einsätze in entsprechenden Funktionen werden interne Berater:innen zielgerichtet bei der Vorbereitung auf die Rotation in einen angestrebten Bereich des Konzerns unterstützt.

Anforderungsprofil Inhouse Consulting

Der Einstieg bei einer internen Beratung ist idealerweise mit einem gezielten Interesse für bestimmte Industrien oder Funktionen verbunden. So sollten Bewerber:innen bei Bayer Strategy & Business Consulting eine Passion für Life Sciences, Bewerber:innen bei DB Management Consulting Interesse an den Themen Mobilität und Logistik und Bewerber:innen bei VW Consulting eine Begeisterung für die Automobilindustrie mitbringen. Das spiegelt sich auch in den Profilen der Berater:innen wider. Bei der Auswahl von Hochschulabsolvent:innen können neben den für die Beratung typischen Fähigkeiten in den Bereichen Analytik, Problemlösung und Kommunikation auch relevante Branchenkenntnisse und Industrieerfahrung eine wichtige Rolle spielen. Dadurch bieten Inhouse-Beratungen insbesondere für Absolvent:innen, die sich ihrer bevorzugten Branche oder Funktion bereits bewusst sind, oft bestmögliche Entwicklungschancen.

Public Sector Consulting

von Dr. Jan-Philipp Kramer

Der Public Sector steht vor tiefgreifenden Umwälzungen und Herausforderungen. Die technologische, ökologische und zunehmend auch geopolitische Transformation bringt hierbei vielzählige Aufgaben für die unterschiedlichen Ebenen in unserem Multi-Governance-System mit sich. Hinzu kommen die gesellschaftlichen Transformationsprozesse, allen voran der demografische Wandel, welcher auch dem öffentlichen Sektor in unterschiedlicher Weise zusetzt (sowohl bei der Personalgewinnung als auch bei der Planung von Zukunftsaufgaben).

Ähnlich wie die Unternehmensberatung umfasst die Beratung des öffentlichen Sektors die verschiedensten Beratungssegmente – von der Strategieberatung bis hin zur IT- und Organisationsberatung. Insbesondere, wenn es um die Beratung einzelner Institutionen und Behörden geht, zeigen sich somit viele Parallelen zur Unternehmensberatung – wenngleich die Entscheidungs- und Organisationsstrukturen im öffentlichen Sektor nicht direkt mit denen eines Unternehmens vergleichbar sind. Ein zentraler Unterschied zwischen der Unternehmensberatung und der Beratung des öffentlichen Sektors ist hingegen die Orientierung am sogenannten Policy Cycle. Insbesondere bei der Beratung von Landes- und Bundesministerien, aber auch bei europäischen Institutionen wie der EU-Kommission wird dies sichtbar.

Gemäß BDU belief sich der Umsatzanteil in der deutschen Unternehmensberatungsbranche, der auf den Public Sector entfallen ist, auf rund 3,42 Mrd. Euro (BDU Facts & Figures 2020). Dies entspricht knapp zehn Prozent des gesamten Beratungsmarktes in Deutschland. Zum Vergleich: In den USA macht der öffentliche Beratungssektor knapp 30 Prozent des Gesamtmarktes aus, im EU-Durchschnitt knapp 14 Prozent. Hinsichtlich der Beratungssegmente sind hierbei die IT-Beratung bzw. IT-Dienstleistungen besonders dominant. Sie machen, je nach Quelle, gut die Hälfte des öffentlichen Beratungsmarktes aus. Gleichzeitig sind im Public Sector Consulting sehr unterschiedliche Unternehmen tätig, von den großen Strategieberatungen und den großen Wirtschaftsprüfungsgesellschaften bis hin zu spezialisierten Boutiquen oder Beratungsmanufakturen. Zuweilen bearbeiten auch angewandte Forschungseinrichtungen oder An-Institute von Universitäten Aufträge im öffentlichen Beratungsmarkt.

Typische Tätigkeitsfelder und Beratungsaufgaben

Der öffentliche Sektor als Beratungsmarkt umfasst unterschiedliche Governance-Ebenen, von der kommunalen Ebene über die Landes- und Bundesministerien bis hin zur EU. Neben Städten, kommunalen Institutionen, Landes- und Bundesbehörden gehören auch die europäischen Institutionen, allen voran die Europäische Kommission und die Europäische Investitionsbank, zu typischen Auftraggebern. Hinzu kommen Institutionen mit (halb-)öffentlichen Mandaten, wie z. B. Wirtschaftsförderungen, Industrie- und Handelskammern, Verbände und zuweilen auch Gewerkschaften.

Das vom Public Sector Consulting abgedeckte Themenspektrum ist im Gesamtmarkt sehr breit. Die Vielfalt lässt sich gut an den Ministerien auf Bundesebene und ihren nachgeordneten Behörden charakterisieren. Hier geht es von Familien-, Arbeitsmarkt-, Gesundheits- und Wirtschaftsthemen bis hin zu Energie und Klimaschutz, Verkehr, Steuerfragen, Digitalisierung, Verteidigung. Diese Liste ließe sich fortsetzen.

Zentrale Trends, die den Public Sector beschäftigen, lassen sich unter der sog. „Twin Transition" („Green and Digital Transition") und unter dem Begriff „Resilienz" zusammenfassen. Ähnlich wie in der Unternehmensberatung stehen somit technologische Themen, wie etwa die Nutzung künstlicher Intelligenz, Quantentechnologien, die digitale Transformation der Verwaltung (E-Government, Smart City), im Zentrum vieler Projekte. Gleiches gilt für das Megathema Nachhaltigkeit, von neuen Konzepten für eine zirkuläre Wertschöpfung über Energie- und Ressourceneffizienz bis hin zur Anpassung der Wirtschaft und Infrastruktur an den Klimawandel und vielem mehr. Geprägt durch die Erfahrungen der Covid-19-Pandemie und der (leider) dramatischen Veränderungen der geopolitischen Situation, ist auch das Themenfeld Resilienz zunehmend wichtig. Es wird nach Ansätzen gesucht, Liefer- und Wertschöpfungsketten robuster zu machen – nicht im einzelbetrieblichen Sinn, sondern aus einer Branchen- oder Regionenperspektive. Resilienz steht aber natürlich auch im Zeichen des Abbaus strategischer Abhängigkeiten, gerade auf dem Energie- und Rohstoffmarkt.

All diesen und vielen weiteren Themen widmen sich Berater:innen im öffentlichen Sektor. Sie erfassen und ordnen relevante Trends für ihre Kunden ein (etwa durch Gutachten und Expertisen), entwickeln Strategien und Handlungsempfehlungen für den Staat, konzipieren Förderprogramme, begleiten und setzen öffentliche Initiativen um (z. B. in Form von Geschäftsstellen, Kompetenznetzwerken) und bewerten den Erfolg von öffentlichen Maßnahmen und Initiativen.

Beratung des öffentlichen Sektors als Berufsfeld

So vielfältig wie das Beratungsspektrum, so multidisziplinär setzt sich auch das Absolventenspektrum im Public Sector Consulting zusammen. Je nach Beratungssegment sind die Projektteams etwas heterogener zusammengestellt als in der Unternehmensberatung – abgesehen von der IT-Beratung. So finden sich neben BWL-Absolvent:innen auch viele Volkswirt:innen, Politik- und Verwaltungswissenschaftler:innen, Soziolog:innen, (Wirtschafts-)Geograf:innen und (Wirtschafts-)Ingenieur:innen in der Beratung für den öffentlichen Sektor. Hinzu kommen die immer spezialisierteren Masterabschlüsse, welche in vielen Fällen die Bedarfe des Staats abdecken (z. B. im Bereich Sustainability, Data Analytics ...).

Viele Berater:innen im öffentlichen Sektor steigen direkt nach dem Studium als Masterabsolvent:in ein; Quereinsteiger:innen, die bspw. aus einem Ministerium in die Beratung wechseln, gibt es – anderes als in der Unternehmensberatung – eher selten. Und das, obwohl Seniorität im öffentlichen Sektor schon immer etwas stärker gewichtet wurde als im Privatsektor. Im Berufsalltag macht dies allerdings keinen Unterschied. Hier profitieren alle Beratungshäuser vom frischen Zufluss an Wissen und Kreativität aus den Hochschulen, und der Transfer über Köpfe ist wichtig.

Wer sich für die Arbeit im Public Sector interessiert, sollte neben fachspezifischen Kenntnissen unbedingt auch Interesse an politischen und gesellschaftlichen Zusammenhängen haben. Oftmals ist der Footprint der eigenen Arbeit weit über die beratende Institution hinaus spür- und erfahrbar, etwa im Kontext der Beratung zur Energiewende, Beratung zur Zukunft der Mobilität oder ähnlichen Fragestellungen.

2. Beruf(ung) Unternehmensberater:in

Einstiegsoptionen

von Jonathan Steinbach

Unternehmensberater:in ist ein Beruf sowohl für Absolvent:innen, die sich gerne als Generalist:innen bezeichnen, als auch für ausgewiesene Spezialist:innen in unterschiedlichen Feldern. Das Studienfach spielt eine ebenso untergeordnete Rolle wie der Abschluss. Einstiegsmöglichkeiten gibt es zu jedem Zeitpunkt - egal, ob die Bewerber:innen noch studieren, ob sie bereits graduiert oder promoviert sind oder schon Berufserfahrung mitbringen. Je nach Abschluss bieten die meisten Beratungen verschiedene Einstiegsmöglichkeiten an, die sich an den jeweiligen Voraussetzungen der Interessent:innen orientieren. Dabei bietet die Unternehmensberatung eine hervorragende Möglichkeit, sich auszuprobieren und sich nach dem Kennenlernen vieler Bereiche und Themen, bei entsprechendem Wunsch, zu spezialisieren.

Während des Studiums: Praktikum

Eine hervorragende Gelegenheit, das Berufsfeld der Unternehmensberatung kennenzulernen und den Beratungsalltag einmal live zu erleben, ist das Praktikum. Meist arbeiten Praktikant:innen als vollwertige Teammitglieder Seite an Seite mit erfahrenen Berater:innen beim Klienten vor Ort. Oft übernehmen sie sogar einen eigenen Aufgabenbereich. In der Regel dauern Praktika acht bis zwölf Wochen und bieten Karrierecoaching durch eine persönliche Betreuerin oder einen persönlichen Betreuer, aber auch die Möglichkeit zur Teilnahme an Veranstaltungen und den Zugang zu diversen Recherche- und Informationsquellen.

Nach dem Bachelorstudium

Speziell für Bachelorabsolvent:innen haben viele Unternehmensberatungen besondere Programme ins Leben gerufen. Näheres zu diesem Thema finden Sie auch ab Seite 55.

Nach dem Diplom-, Magister- oder Masterstudium

Der Einstieg nach einem Diplom-, Magister- oder Masterstudium ist der klassische Start in die Consulting-Laufbahn. Die Berater:innen sind in Projektteams beim Klienten im Einsatz. Ihre Aufgaben können das gesamte Spektrum industrieller und institutioneller Bereiche sowie funktionaler Themen abdecken. In Teams arbeiten die Berater:innen an der Lösung komplexer Probleme: Sie erstellen Analysen, entwickeln in enger Zusammenarbeit mit den Führungskräften des Klienten Empfehlungen und unterstützen deren Umsetzung. Dabei werden junge Berater:innen fortlaufend von erfahrenen Kolleg:innen gecoacht. Parallel zur Projektarbeit absolvieren Berater:innen verschiedene Trainings und individuelle Coachings, die sie auf neue Aufgaben vorbereiten.

Weiterbildung und -entwicklung sind in der Beratung zentrale Elemente. So besteht zum Beispiel bei großen Beratungen oft die Möglichkeit, nach einer gewissen Arbeitsphase freigestellt zu werden, um einen weiteren akademischen Abschluss zu erlangen. In dieser Zeit können die Berater:innen ihre Doktorarbeit schreiben oder einen MBA machen – dabei erhalten sie zudem häufig Unterstützung bei der Finanzierung des Studiums. Bei McKinsey gibt es auch die Alternative, sich während seines Leave für eine soziale Einrichtung zu engagieren. In beiden Fällen beziehen Berater:innen ein Jahr ihr volles Gehalt weiter. Nach der Auszeit steigen die Berater:innen mit zusätzlicher Qualifikation und Expertise wieder in ihrem Beratungsunternehmen ein und übernehmen mehr Verantwortung in ihren Teams.

Nach der Promotion

Einsteiger:innen mit einem zweiten akademischen Abschluss (meist Promotion oder MBA) starten als Berater:innen, die direkt im Team das Topmanagement von Unternehmen oder öffentlichen Institutionen beraten. Bereits nach kurzer Zeit können sie meist schon selbst Führungsaufgaben übernehmen, was sich einige Zeit später in der Beförderung zur Projektleiterin oder zum Projektleiter widerspiegeln kann.

Mit Berufserfahrung

Beratungen schätzen Bewerber:innen, die durch relevante Berufserfahrung bereits gezielte Fachkenntnisse und Praxisexpertise mitbringen. Diese erlaubt ihnen oft den direkten Einstieg in die Beratertätigkeit spezieller Industriesektoren oder funktionaler Practices wie Marketing oder Operations. Viele Unternehmensberatungen bieten Quereinsteigenden mit Berufserfahrung individuelle Vereinbarungen mit attraktiven Konditionen und Karrierechancen. Selbstverständlich erhalten auch sie maßgeschneiderte Trainingsprogramme und kontinuierliche Coachings. Auch innerhalb der Beratung gibt es noch viele weitere Rollen, die nicht im direkten Klientenkontakt stehen und weitere attraktive Karrierechancen bieten.

What's in it for me? – Einstieg in die Unternehmensberatung als langfristiger Karriereschub

von Rolf Pfeiffer

Unternehmensberatungen erfreuen sich großer Beliebtheit als Arbeitgeber erstklassig ausgebildeter Absolvent:innen. Dafür gibt es sehr offensichtliche Gründe wie anspruchsvolle Aufgaben, hoch qualifizierte Kolleg:innen, spannende Projekte sowie eine steile Lernkurve. Die Betrachtung der Frage, welchem Beratungsunternehmen man den Vorzug geben soll, enthüllt aus einer Langzeit-Karriereperspektive noch ganz andere Gründe, die für die Entscheidung einer Absolventin oder eines Absolventen relevant werden können.

Die Ausgangssituation

Wir gehen von e-fellows.net-Stipendiat:innen oder generell besonders leistungsstarken Studierenden aus, die gut ausgebildet, ambitioniert, praxiserfahren, leistungsbereit und anspruchsvoll sind. Sie haben viele Informationen gesammelt, die ihnen die Entscheidung über den Berufseinstieg ermöglichen bzw. erleichtern sollen. Sie haben mehr Möglichkeiten als andere Studierende, an die „weichen" Informationen zu gelangen, die von den Unternehmen nicht offiziell kommuniziert, sondern von den Mitarbeiter:innen im persönlichen Gespräch weitergegeben werden. Sie haben sich bei mehreren Beratungen beworben und mehr als ein Vertragsangebot unterschriftsreif auf dem Tisch liegen. Wie können sie die Angebote bewerten und zu einer Entscheidung kommen?

Die Herausforderung

Die meisten Absolvent:innen können für einen Zeitraum von ca. zwei bis fünf Jahren relativ genau sagen, was sie machen möchten. Fast jeder kann sagen, was er nicht machen möchte (aber das will in einem Einstellungsinterview keiner hören). Nur sind die erste und die zweite berufliche Entscheidung in der Regel von sehr viel größerer Tragweite, als das den meisten im Moment der Entscheidung bewusst ist. Denn es kommen Aspekte zum Tragen, von denen im Bewerbungsprozess kaum bis gar nicht gesprochen wird und die unterschiedliche Beratungsunternehmen auch höchst unterschiedlich bedienen.

Zur Strukturierung der Ausführungen dient eine erfahrungsbasierte Klassifizierung von Beratungsunternehmen. Wer sich damit vertieft befassen will, sei auf die einschlägige Lünendonk®-Liste verwiesen, in der seit vielen Jahren Beratungsunternehmen nach Umsätzen und Mitarbeiterzahlen aufgelistet werden. Sie finden sie auf Seite 19 dieses Buches. Die nachfolgende Klassifizierung orientiert sich an der Ausrichtung/Größe der Beratung sowie an den typischen Projekten.

Ausrichtung/Größe der Beratung

Man kann Beratungen anhand von zwei wesentlichen Merkmalen unterscheiden: die eher strategische oder (erheblich) IT-lastig-implementierende Ausrichtung der Beratungsleistung einerseits und die auf eine/wenige oder viele Branchen bzw. Funktionen ausgerichtete Beratung andererseits. Diese beiden Merkmale führen in ihrer Kombination zu folgenden Profilen:

		Branchen/Funktionen	
		eine/wenige	**mehrere**
Ausrichtung	**Strategieberatung**	c	a
	implementierende/ realisierende Beratung	d	b

a. die auf mehrere Branchen und Funktionen ausgerichtete Strategieberatung (z. B. McKinsey, Boston Consulting Group, Bain & Company)
b. die auf mehrere Branchen und Funktionen ausgerichtete implementierende/realisierende Beratung (z. B. Accenture, IBM, Capgemini)
c. die auf eine/wenige Branchen oder Funktionen ausgerichtete, eher strategische Projekte bearbeitende Beratung (z. B. Simon-Kucher, Horváth)
d. die auf eine/wenige Branchen oder Funktionen ausgerichtete implementierende/ realisierende Beratung (z. B. Towers Watson, zeb.rolfes.schierenbeck.associates, Nagler & Company)

Hierin kann man die Grundstruktur einer bei Berater:innen so beliebten Vier-Felder-Matrix erkennen. Daraus lassen sich in gewisser Hinsicht die typischen Projekte ableiten, die man unterscheiden kann nach der Größe der Projektteams, der Dauer, der Intensität der Interaktion mit den Klienten bzw. deren Einbindung in die Projektstrukturen. Damit hängen auch die durchschnittlichen Tagessätze zusammen, die wiederum Aufschluss über die Verdienstmöglichkeiten geben können.

Einige Faustregeln dazu: je strategischer die Ausrichtung eines Projekts, desto kleiner das Projektteam und desto kürzer die Projektlaufzeit (Faustregel: klassisches Strategieprojekt = drei bis fünf Berater:innen; drei Monate Projektdauer; meistens reine Beratungsteams mit sehr vereinzelt integrierten Klientenmitarbeiter:innen; typisches Endergebnis: Konzept und Präsentation), je operativer und umsetzender die Ausrichtung des Projekts, desto größer die Teams (Faustregel: klassisches Implementierungsprojekt = fünf bis fünfzig Berater:innen, teilweise sogar noch mehr; Laufzeit: sechs bis zwölf Monate, teilweise auch länger; häufig gemischte Projektteams mit einem Verhältnis von Berater:innen zu Klientenmitarbeiter:innen von 1 zu >1; teilweise temporäre Übernahme operativer Managementfunktionen beim Klienten durch Berater:innen; typisches Endergebnis: ein funktionierender Prozess bzw. ein funktionierendes System).

Die Frage(n)

Welche Kriterien sind es nun, anhand derer man die Bedeutung der Tätigkeit in einer Beratung für die langfristige Karriereplanung bewerten kann? Wie kann ich das Vorhandensein dieser Kriterien erkennen bzw. erahnen? Woher bekomme ich Informationen über ihre Ausprägung? Welche Bewertungsmaßstäbe sollte ich ansetzen, um mir meine Meinung zu bilden? Wie fälle ich auf Basis dieser Kriterien eine fundierte Entscheidung?

Die Antwort kann – mit Ausnahme der Einstiegsmöglichkeiten – zusammengefasst als persönliches Erfahrungsprofil, als Resultat der Tätigkeit in der Unternehmensberatung bezeichnet werden. Sie unterteilt sich in mehrere Elemente, die im Folgenden näher beschrieben werden. Um folgende Faktoren geht es hauptsächlich:

- Einstiegsmöglichkeiten
- fachliche/funktionale Erfahrungen
- methodische Erfahrungen
- Interaktionserfahrungen
- Ausstiegsmöglichkeiten und Netzwerk/Commercial Signalling

Es mag sein, dass der eine oder die andere noch weitere entscheidungsrelevante Kriterien für sich identifiziert – das ist der Nachweis, dass man sich intensiv mit der Fragestellung auseinandergesetzt hat. Die Reihenfolge der Beschreibung der Kriterien orientiert sich an dem normalen Tätigkeitszyklus von Berater:innen. Mehr als 90 Prozent aller Absolvent:innen, die in der Beratung starten, werden nicht Partner:in. Deshalb ist das Betrachten der Ausstiegsmöglichkeiten und -zeitpunkte eminent wichtig, auch wenn beim Berufseinstieg nur ungern daran gedacht wird.

Einstiegsmöglichkeiten

Die meisten Beratungen haben ein pyramidales Modell von Projekt- und Unternehmensstrukturen und damit zumindest theoretisch vielfältige Einstiegsmöglichkeiten. Einzelne Vertreter der zuvor aufgeführten Gruppen c und d tun sich mit Absolvent:innen schwerer. Es gibt allerdings noch eine zweite, weit weniger transparente Einschränkung: Einige Vertreter der Gruppe a tun sich sehr schwer damit, Mitarbeiter:innen einige Jahre nach Abschluss eines Studiums als Experienced Hire einzustellen. Der Grund dafür liegt darin, dass sie als einen wesentlichen Bestandteil ihrer USP auf eine Kultur setzen, in die hineinzufinden sehr schwer sein kann. Vor allem, wenn man die erste berufliche Sozialisation außerhalb der Beratung, des M&A-orientierten Investment Bankings oder der Private-Equity-Welt erfahren hat. Wer also in einer Beratung der Gruppe a einen Teil seiner Karriere sieht, sollte den Einstieg möglichst bald nach Abschluss des Studiums suchen. Wer als Experienced Hire in die Beratung einsteigen will, der sollte sich darauf gefasst machen, dass nur ein Teil der bisherigen Erfahrung – etwa bei der Gehaltsfindung – berücksichtigt wird. Das hängt mit den unterschiedlichen beruflichen Erfahrungen und der Steilheit der Lernkurve in der Beratung zusammen.

Fachliche/funktionale Erfahrungen

Die fachliche bzw. funktionale Erfahrung ist eines der wesentlichen Argumente für die Arbeit in Beratungen, denn hier ist in der Regel die Lernkurve viel steiler als in den meisten Nicht-Beratungspositionen. Wer seinen bevorzugten Tätigkeitsbereich (z.B. Finanzen, Marketing etc.) gefunden hat und sich dort rasant weiterentwickeln will, dem kann wahrscheinlich nichts Besseres passieren, als einige Jahre in einer einschlägig anerkannten Beratung zu arbeiten. Wer sich dann umentscheiden will, steht vor dem gleichen Dilemma wie eine Mitarbeiterin in einem Konzern, die bislang eine Schornsteinkarriere gemacht hat und nun feststellt, dass das Gras in einer anderen Funktion/Position grüner ist, sie für diese aber nicht die passende Erfahrung hat.

Zwischenfazit

In den ersten vier, fünf Jahren nach Studienende ist die fachliche/funktionale Lernkurve in einer guten Beratung fast unschlagbar, aber bei den später erstrebenswert erscheinenden Positionen kommt es nur zum Teil auf die Tiefe und Breite dieser Erfahrung an. Der Vorteil der Beratungsunternehmen aus den Kategorien a und b liegt hier in der Breite der möglichen Erfahrungen. Die fachliche Einschränkung ist umgekehrt der Nachteil der Unternehmen in den Kategorien c und d. Wenn auch die Expertise, gerade in diesen beiden letztgenannten Gruppen, sehr ausgeprägt sein kann, so ist sie doch auch sehr speziell und damit weniger breit verwertbar als in den Gruppen a und b (siehe auch Ausstiegsmöglichkeiten).

Methodische Erfahrungen

Bei der methodischen Erfahrung schlägt in der Regel die große Stunde der Beratungen. Wer über mehrere Jahre hinweg erfolgreich in einer guten Beratung gearbeitet hat, verfügt über einen persönlichen Methoden-Werkzeugkasten, der für die allermeisten anspruchsvollen Management- und Führungsaufgaben wappnet. Man lernt strukturiertes Arbeiten in unvergleichlicher Weise, und es kann passieren, dass man vor allem von nicht beratungserfahrenen Kolleg:innen den ehrfürchtigen, nicht immer freundlich gemeinten Kommentar hört: „Der arbeitet ja immer so strukturiert." Einziger Nachteil: Es gibt schon ein paar Tausend Alumnae und Alumni der etablierten Beratungsunternehmen, man ist also nicht allein. Sinnvoll ist diese Erfahrung aber allemal. Tendenziell gilt hier: Die Methoden der Beratungsunternehmen aus der Kategorie a sind universeller einsetzbar, dafür aber weniger spezifisch auf die Lösung von Fragestellungen ausgerichtet, die eher eine „Tiefenbohrung" verlangen. Hier sind die Erfahrungen aus Beratungen der Gruppe c unter Umständen hilfreicher. Die Beratungsunternehmen der Gruppen b und d arbeiten selbstverständlich auch methodengestützt. Hier wird man ebenfalls sehr wertvolle Erfahrungen mitnehmen, die einem gute Dienste leisten können.

Interaktionserfahrungen

Die Interaktionserfahrungen sind ein sehr spannendes Gebiet, auf dem man viel lernen kann, das aber auch die Achillesferse vieler Beratungen ist. Interaktion meint in diesem Zusammenhang die Kommunikation mit anderen Menschen, individuell oder in Gruppen, um diese zu informieren, zu überzeugen, zu motivieren, zu führen. Strukturierte Kommunikation lernt man in den meisten Beratungen. Je etablierter die Beratung ist, desto eher gibt es ein formalisiertes Entwicklungsprogramm. Bei jungen Beratungen schaut man sich die Vorgehensweise eher bei den Kolleg:innen ab. Mit dem Überzeugen, dem Motivieren und dem Führen hingegen ist das so eine Sache. Was das Überzeugen angeht, so fühlen sich Berater:innen in aller Regel wohl, wenn sie auf Basis von Analysen und fachlich soliden Fakten argumentieren können. Die dafür nötigen Techniken lernen sie. Problematisch wird es, wenn nicht fachliche oder schwierig zu analysierende Fakten oder gar Emotionen hinzukommen. Das bringt viele Berater:innen in Schwierigkeiten, weil es sich ihren Analysemethoden entzieht. Umgangssprachlich „menschelt" es, fachlich gesprochen gibt es „systemische Gründe", die plötzlich eine große Rolle spielen.

Beim Motivieren und Führen setzt sich das fort. Beratungsunternehmen unterscheiden sich u. a. in einem Punkt sehr deutlich von den meisten anderen Unternehmen: in der Homogenität der Motivstrukturen ihrer Mitarbeiter:innen. Platt formuliert wollen fast alle schnell Karriere machen, sind hoch qualifiziert, zeigen überdurchschnittlichen Einsatz und reagieren auf ähnliche Belohnungs- und Anreizsysteme. In den meisten anderen Unternehmen ist das grundlegend anders: Je größer und älter die Unternehmen, desto ausgeprägter sind in der Regel die Unterschiede. Je früher und je intensiver man mit diesen Umständen zu tun hatte, desto leichter fällt später der Wechsel in eine Linienführungsposition bei einem anderen Unternehmen. Das Problem wird noch verschärft durch die Tatsache, dass in immer mehr großen Unternehmen die Strukturen zunehmend unklarer werden. Das wiederum bedeutet, dass klassische „Command and Control"-Ansagen ausgedient haben und es immer häufiger gilt, Kolleg:innen von Ideen oder Vorgehensweisen zu überzeugen, auch und gerade ohne hierarchisch begründete Machtposition. In diesem Umfeld sind die Mitarbeiter:innen der Beratungsunternehmen der Kategorien b und d klar im Vorteil, denn sie haben die Situation des Führens, Überzeugens und Beeinflussens ohne formale hierarchische Machtposition schon häufig im Projektkontext erlebt.

Ausstiegsmöglichkeiten

Ausstiegszeitpunkte sind in den meisten großen Beratungsunternehmen einigermaßen standardisiert: nach zwei Jahren (das ist der Zeitraum, nach dem man wissen sollte, ob Beratung das Richtige ist); nach vier bis fünf Jahren, also kurz vor oder kurz nach der Übernahme von Projektleitungsfunktionen; nach sieben bis acht Jahren, also bei der Frage, ob man sich auch das Leiten großer Projekte oder die Akquise von Zusatzaufträgen innerhalb von Projekten bzw. Kundenbeziehungen zutraut und sich damit auf den Weg zur Partnerin oder zum Partner machen möchte; oder dann im Falle einer Absage bei der Wahl zur Partnerin oder zum Partner. Man kann natürlich auch als Partner:in aussteigen, weil andernorts interessante, herausfordernde oder lukrative Chancen winken. Der Ausstieg steht jedem jederzeit frei, wenn einem der Lebensstil nicht mehr zusagt – und sei es, weil Lebenspartner:in und Kinder plötzlich nicht mehr nur graue Theorie sind, sondern quicklebendige Wirklichkeit.

Grundlage des Erfolgs bei einem Wechsel aus der Beratung ist im Wesentlichen die Frage, wie gut man mit den Anforderungen der Position und der Vielfalt der erforderlichen Kompetenzen einerseits und der neuen Unternehmenskultur andererseits klarkommt. Der Erfolg ist umso wahrscheinlicher, je ähnlicher die Anforderungen der neuen Position und die neue Unternehmenskultur den bisherigen Erfahrungen sind. Besonders leicht wird also in der Regel der Wechsel von einer Analystenposition in einer Beratung in eine fachlich orientierte Funktion, etwa im Corporate Development eines Unternehmens, sein. Gleiches gilt für den Wechsel aus einer Projektleiterfunktion in der Beratung in eine Projektleiterfunktion in einem klassisch organisierten Unternehmen. Wobei hier schon politische Dimensionen zum Tragen kommen können, die man aus der Zeit in der Beratung nicht kennt. Einfach sind auch Wechsel aus der Beratung in der Natur der Arbeit nach vergleichbare Positionen etwa in Investmentbanken oder Private-Equity-Firmen, deren Unternehmenskultur in der Regel der der Beratungen stark ähnelt. Richtig schwierig können Wechsel werden, wenn in der neuen Position etwa die regelmäßige Interaktion mit sehr heterogenen Beschäftigtengruppen eine Rolle spielt, mit denen man bislang wenig bis keine Erfahrungen hat (also z. B. aus der Strategieberatung in eine Rolle als Produktionsleitung mit vielen gewerblichen Mitarbeiter:innen im unmittelbaren Umfeld). Ähnliches gilt für den Einstieg in eine Position, bei der die eigenen fachlichen Qualifikationen weit in den Hintergrund und die Führungs- und Kommunikationsfähigkeiten in den Vordergrund rücken. Hierzu gehören z. B. Bereichsleiterfunktionen in sehr hierarchisch organisierten Unternehmen, in denen die wahrgenommene Qualität der eigenen Arbeit sehr stark vom Einsatz und der Arbeitsqualität vieler Beschäftigter und Führungskräfte abhängt. Diese haben möglicherweise nicht darauf gewartet, dass ihnen jemand von außen „vor die Nase gesetzt" wird.

Zu all diesen Dimensionen liefern die Beratungsunternehmen der verschiedenen genannten Kategorien aufgrund der typischen Projekte sehr unterschiedliche Erfahrungen. Das sollte man bei der Wahl der Beratung berücksichtigen. Weiterhin gilt, dass etablierte Beratungen z. B. aufgrund des sehr engen Netzwerks, das sie durch viele Alumnae und Alumni haben, den Umstieg in eine neue Funktion außerhalb der Beratung ganz anders unterstützen können, als das bei jungen Beratungen der Fall ist.

Nicht zuletzt zählt das Renommee der Beratung, für die man tätig ist, möglicherweise sehr viel. Einem etablierten Beratungsunternehmen werden viele Eigenschaften zugeschrieben, anders als einem weniger bekannten. Das allerdings kann auch nach hinten losgehen, wenn manche dieser Eigenschaften zu negativen Klischees werden, gegen die man dann individuell antreten muss.

Fazit

Wer sich über diese Fragen Gedanken macht und sie im Auswahlprozess berücksichtigt, wird seinen Erfolg in der Beratung und in seiner Karriere absichern können.

Vergütung in der Unternehmensberatung

von Carl Walinski

Seit Beginn der Covid-19-Pandemie folgt eine Krise der nächsten. Die Unsicherheit aus Pandemie, Konjunkturschwankungen, Inflation oder Krieg stellen die Welt der Arbeitnehmer:innen in Deutschland auf den Kopf. Vor dem Hintergrund der unsicheren geopolitischen Lage, von unterbrochenen Lieferketten und von steigenden Preisen legen Unternehmen noch mehr Fokus auf eine professionelle Unternehmensführung und moderne, optimierte Prozesse sowie Systeme. Um solche Vorhaben voranzubringen und richtig umzusetzen - und dies ohne dauerhaft die Kosten zu steigern - beauftragen viele Unternehmen gerne Beratungen als externe Hilfe.

So ist es nicht verwunderlich, dass in Deutschlands Wirtschaft und Verwaltung der Bedarf an externen Beratungsleistungen weiterhin ansteigt. Diese höhere Nachfrage nach spezifischen Beratungsleistungen wie der Strategie- oder Personalberatung spiegelt sich in der generell positiven Umsatzentwicklung der Gesamtbranche wider. Abgesehen von den Zeiten der Wirtschaftskrise und der Covid-19-Krisenjahre wachsen die Umsätze in der Beratungsbranche kontinuierlich. Dementsprechend entwickelten sich auch die Vergütungen für Berater:innen - und das für Expert:innen mit unterschiedlichsten Erfahrungen und Kenntnissen. Eine Karriere als Consultant ist nach wie vor nicht nur Wirtschaftswissenschaftler:innen vorbehalten, sondern auch für Ingenieur:innen, Naturwissenschaftler:innen, Psycholog:innen und Soziolog:innen eine attraktive und begehrte Berufswahl. Nicht selten stößt man auf Topberater:innen, die aus einem geisteswissenschaftlichen Studium heraus eine erfolgreiche Karriere als Junior Consultant gestartet haben.

Berufsbild und Karrierewege der Unternehmensberater:innen

Volatile Arbeitsbelastung sowie häufig hoher Leistungs- und Termindruck gehören zum Beratungsalltag. Andererseits ist die Abwechslung, die der Beratungsjob mit sich bringt und die ihn deutlich von einer klassischen Industriekarriere unterscheidet, ein starkes Argument, mit dem die Beratungsgesellschaften gegenüber der klassischen Industriekarriere punkten können. Ebenso spielt die Möglichkeit, in Kundenprojekten bei wirtschaftlich bedeutenden Entscheidungen mitzuarbeiten und in die Umsetzung involviert zu sein, eine wichtige Rolle und erhöht die Attraktivität der Beratungen bei der Suche nach neuem Personal. Dies trifft insbesondere auf Hochschulabsolvent:innen und Young Professionals zu.

Bei entsprechender Leistung können sich bereits in jungen Jahren schnelle Aufstiegsmöglichkeiten ergeben. Generell werden die Arbeitsleistungen im Vergleich zu klassischen Industrieunternehmen in deutlich kürzeren Intervallen erfasst und bewertet. Erfüllen Einsteiger:innen das erwartete Leistungsniveau nicht, ziehen sowohl Mitarbeiter:innen als auch die Unternehmensberatungen im Allgemeinen deutlich schneller ihre Konsequenzen.

Einhergehend mit einer größeren Erwartungshaltung bezüglich Leistungsniveaus und -bereitschaft seitens des Unternehmens bieten Beratungen im Gegenzug flexible Arbeitsmöglichkeiten wie u. a. Homeoffice (und das schon in „Vor-Covid-Zeiten“) sowie die dafür nötigen Arbeitsmittel wie Firmenlaptops und -handys. Beratungen sind auch dafür bekannt, eine intensiv gelebte Unternehmenskultur zu fördern, die ein Gemeinschaftsgefühl erzeugt und die Identifikation mit dem Unternehmen stärkt.

Das Remote Working im Zuge der Covid-19-Pandemie hat aus kultureller Sicht zudem einiges an Positivem mit sich gebracht. Alle Mitarbeitenden sind inzwischen daran gewöhnt, Projekte virtuell zu steuern. Früher waren in einer normalen Arbeitswoche Flüge nach Hamburg, Zürich und London eher die Routine. Diese Zeiten sind vorbei, und der positive Effekt für die Umwelt liegt auf der Hand. Es gehört inzwischen zum Alltag, dass sich Gesprächspartner:innen physisch an unterschiedlichen Orten befinden und sich digital erfolgreich vernetzen und an gemeinsamen Projekten arbeiten.

Entwicklung der Vergütungen im Spiegel der Konjunkturlage

Bereits mit Beginn der Wirtschafts- und Finanzkrise im Jahr 2007 war die Vergütung für Unternehmensberater:innen unter Druck geraten. Es herrschte eine große Zurückhaltung bezüglich Neueinstellungen, was sich auch auf das Vergütungsniveau unmittelbar auswirkte. In dieser Hinsicht hat die Pandemie eine ähnliche Auswirkung, nämlich, dass viele Unternehmen in Deutschland mit Einstellungsstopps und Kurzarbeit reagiert haben. Allerdings spiegeln die zugrunde liegenden Vergütungszahlen diese Effekte nicht ganz wider, da die Vergütungsentscheidungen für 2020 zum großen Teil schon bis zum Ende des ersten Quartals 2020 gefällt und umgesetzt wurden. Erst für das Jahr 2021 waren kleinere Gehaltserhöhungen und Bonuszahlungen empirisch zu beobachten. Zu Anfang des Jahres 2022 zeigt sich eine positivere Prognose mit zu erwartenden Gehaltssteigerungen.

Mit Ausnahme von Principal- und Director-Positionen fielen die Erhöhungen des Grundgehalts im Jahr 2021 über fast alle betrachteten Positionen hinweg durchschnittlich niedriger aus als 2020 (zwischen null und einem Prozent). Ähnlich wie im Vorjahr sind aber auch die Gesamtvergütungen im Jahr 2021 moderat gestiegen. Die Erhöhungen der Gesamtzielvergütung sind über alle Level betrachtet um knapp ein Prozent mäßig höher ausgefallen.

Auf allen Ebenen wurde in der Grundvergütung eine niedrigere Steigerung verzeichnet, als es der Willis Towers Watson Salary Budget Planning Report des vierten Quartals 2021 für die gesamtwirtschaftliche Gehaltssteigerungsquote mit 2,6 Prozent anzeigt. Dieser Effekt zeigt sich ebenfalls bei der Gesamtvergütung, die über allen Ebenen im Vergleich zum Vorjahr kaum gestiegen ist.

Heterogene Vergütungslandschaft

Ein Blick auf die absoluten Zahlen der Zielbarvergütung zeigt eine große Spreizung der Vergütungsniveaus über die Karrierestufen hinweg. Lag das Gesamtzielgehalt für einen Junior Consultant 2021 zwischen 45.500 und 67.500 Euro, wurden auf der nächsthöheren Karrierestufe im Durchschnitt bereits zwischen 54.600 und 83.500 Euro gezahlt. Auch das Erreichen der nächsten Karrierestufen wird von deutlichen Vergütungssprüngen begleitet. Als Senior Consultant können Gehälter zwischen 69.100 und 130.000 Euro verdient werden, für Manager bewegt sich die Zielbarvergütung zwischen 103.000 und 172.200 Euro. Auf der Stufe des Principals fällt die Spanne am deutlichsten aus. Der Rahmen liegt hier bei 125.300 bis zu über 290.000 Euro. Nach wie vor können diese teils deutlichen Schritte von einer Stufe zur nächsten dadurch erklärt werden, dass die Beratungen einerseits ihre langjährig ausgebildeten und entwickelten Mitarbeiter:innen im Unternehmen als Expert:innen halten, und andererseits Fach- und Branchenkenner:innen mit ihrer Reputation am Markt für sich gewinnen möchten. So fällt der Unterschied in der Zielbarvergütung mit durchschnittlich 51 Prozent von der Karrierestufe Manager auf Principal am deutlichsten aus, eine Beförderung zum Senior Consultant oder Manager wird jeweils mit ca. 40 Prozent und die Beförderung vom Junior Consultant auf ein Consultant-Level mit ca. 23 Prozent mehr Geld entlohnt.

Karrierestufe	Grundvergütungsspanne im deutschen Markt in Euro	Veränderung 2021 zu 2020 in %
Junior Consultant	44.400–65.700	0,4 %
Consultant	52.400–80.300	0,3 %
Senior Consultant	65.200–113.000	1,0 %
Manager	90.500–137.900	1,1 %
Principal/Director	109.800–215.000	1,3 %

Karrierestufe	Zielbarvergütungsspanne im deutschen Markt in Euro	Veränderung 2021 zu 2020 in %
Junior Consultant	45.500–67.500	0,6 %
Consultant	54.600–83.500	–0,6 %
Senior Consultant	69.100–130.000	1,8 %
Manager	103.000–172.200	2,0 %
Principal/Director	125.300–290.000	0,8 %

Entwicklung der Grund- und Zielbarvergütung im Bereich Business Consulting
Quelle: Willis Towers Watson

In der Regel verdienen Strategieberater:innen dabei in den großen, namhaften Unternehmen der Branche am besten. Dies wird insbesondere bei den Einstiegsgehältern deutlich, die über denen der kleineren Beratungsgesellschaften positioniert sind. So liegen die kleineren Beratungen eher am jeweilig unteren Ende der Spanne und die großen Beratungen am oberen Ende.

Spezialisierte Beratungen gewinnen an Bedeutung

Weiterhin zeigt sich, dass neben den traditionellen Strategieberatungen spezialisierte (d. h. auf Teilbereiche fokussierte) Beratungsgesellschaften gesucht werden. So fragen Unternehmen gezielt nach Spezialist:innen, zum Beispiel für die Bereiche Human Resources, Engineering oder IT. Durch den Abbau interner Funktionen in diesen Bereichen haben die Unternehmen Know-how und Ressourcen für die damit verbundenen Aufgaben verloren. Durch den Zukauf externer Beratungsleistungen durch Spezialist:innen können die Unternehmen nun im Bedarfsfall reagieren. Vor allem für die spezialisierten Beratungen besteht hier die Möglichkeit, Berater:innen auf lukrativen „On-Site"-Projekten beim Kunden zu platzieren – für die Berater:innen selbst entsteht dabei die Möglichkeit, in ihrem Fachbereich ein enges Verhältnis zum Kunden aufzubauen und sich somit Karrieremöglichkeiten in der Industrie zu eröffnen.

Variable Vergütungsbestandteile machen den Unterschied

Bei der Diskussion über die Vergütung von Consulting-Spezialist:innen ist auch zu berücksichtigen, dass die Grundvergütung zwar wichtig ist, mit zunehmender Karrierestufe aber in der Gesamtbetrachtung an Bedeutung abnimmt. Erhöhungen in diesem Bereich haben sich in der Vergangenheit stets in überschaubaren Dimensionen bewegt.

Es ist vor allem der jährliche Bonus als variables Element, der als entscheidender Hebel bei der Differenzierung der Vergütung von Berater:innen wirkt. Die im vorliegenden Vergleich ausgewiesenen Werte für die Gesamtvergütung sind Zielwerte, das heißt: Vergütungen, die bei einer hundertprozentigen Zielerfüllung zur Auszahlung kommen sollen. Dabei zeigt die Erfahrung, dass gerade in Consulting-Unternehmen die individuelle Jahresvergütung durch außerordentlich gute Leistungen und ein Übertreffen der Performance-Ziele signifikant höher ausfallen kann.

Ein wichtiges Detail ist ebenfalls zu berücksichtigen: Während viele Industrieunternehmen die variablen Bezüge ihrer Beschäftigten ab einem gewissen Vergütungsniveau deckeln, ist dies bei Beratungen eher selten. Die Chancen für einzelne Beschäftigte, eine höhere Gesamtvergütung zu erzielen, ist damit höher, allerdings steht dem das Risiko gegenüber, in schlechten Zeiten durch das Nichterreichen der Ziele deutlich weniger zu erhalten.

Die Gesamtvergütung im Blick

Neben den monetären Elementen der Vergütung nutzen immer mehr Unternehmensberatungen einen ganzheitlichen Ansatz, den „Deal" (auch Talent oder Employee Value Proposition genannt), um Vergütung, Nebenleistungen, Unternehmenskultur und Karriereperspektiven für den Ausbau der Attraktivität als Arbeitgeber, die Steigerung der Motivation und die Mitarbeiterbindung einzusetzen. Ein Mittel, auf das Unternehmen bei der Gewinnung und vor allem stärkeren Bindung von Beschäftigten zunehmend zurückgreifen, sind Investitionen in die Verbesserung der Vereinbarkeit von persönlichen und familiären Interessen mit beruflichen Anforderungen. Diese Work-Life-Balance-Leistungen fußen auf zwei grundlegenden Ideen:

- dem Konzept der Total Rewards, nach dem die Vergütung weitaus mehr als nur die monatliche Überweisung auf das Konto ist, und
- den wichtigsten Anreiztheorien, nach denen Geld wichtig, aber bei Weitem nicht allein und hauptsächlich entscheidend ist für Mitarbeiterbindung und -motivation.

Schon vor der Pandemie zählte die Flexibilisierung von Arbeitszeit und -ort zu den wichtigsten Work-Life-Balance-Leistungen. Insbesondere in der anhaltenden Situation um Covid-19 kommt diese Flexibilisierung gerade den Mitarbeiter:innen entgegen, deren Beschäftigung keine oder nur eine begrenzte zeitliche wie örtliche Kernpräsenz erfordert, und trotzdem die individuelle Bewältigung des Arbeitspensums gestattet. Vor allem hätten Eltern durch die pandemiebedingte Schließung von Kindergärten und Schulen ohne die Mobilität von Laptop, Handy und Co. kaum die Möglichkeit gehabt, ihrem Beruf nachzugehen.

Inzwischen haben sich große Teile der arbeitstätigen Bevölkerung an Remote Work gewöhnt. Der Weg vom Frühstückstisch ins Homeoffice ist nun mal kürzer als der Fußweg zur U-Bahn oder die Fahrt zur Arbeit im Schneckentempo auf vollen Straßen. Und auch nach einer Aufhebung der Covid-19-Restriktionen können es sich sehr viele Arbeitnehmer:innen vorstellen, dauerhaft einen wesentlichen Teil ihrer Arbeitswoche im Sinne des Hybrid Working von zu Hause aus zu arbeiten.

Auch das Rekrutieren von Berufseinsteiger:innen verlangt ein breiteres Angebot an Total-Rewards-Leistungen vom einstellenden Unternehmen. Unter den Stichworten Post-Millennials oder auch Generation Z lässt sich festhalten, dass vonseiten der Absolvent:innen und jungen Arbeitnehmer:innen immer mehr Erwartungen an den Arbeitgeber über eine angemessene Vergütung hinaus gestellt werden. Dies reicht von Subventionen bei der Anreise zur Arbeit (z. B. Jobticket), über Unterstützung berufsfremder Aufwendungen (z. B. Fitnessclub) und flexiblen Arbeitsmodellen bis hin zu größerer Mitbestimmung bei der eigenen Karriereplanung (z. B. 360°- und Upward-Feedback, Entwicklungsgespräche). Dieses unternehmens- und mitarbeiterspezifisch ausgerichtete Gesamtpaket aus sogenannten harten und weichen Vergütungsbestandteilen macht am Ende den Unterschied.

Fazit

Angesichts der hohen Anforderungen an Persönlichkeit, Qualifikation, Erfahrung und insbesondere die individuelle Leistungsfähigkeit gilt die Beratungsbranche zu Recht als eines der herausforderndsten Berufsfelder. Allerdings werden Berater:innen, die dem hohen Anforderungsprofil entsprechen, je nach Branche, Unternehmen und Aufgabenbereich sehr gut vergütet. Dies gilt sowohl für Einsteiger:innen wie auch für Mitarbeiter:innen mit langjähriger Berufserfahrung. Angesichts eines engen Mitarbeitermarktes folgen Unternehmen in ihrer Vergütungsphilosophie immer stärker dem Total-Rewards-Ansatz, der einen ausgewogenen, für Beschäftigte wie Unternehmen attraktiven Deal ermöglicht. Vergütung ist demnach mehr als nur „hard money". Auch hier zeigt sich wie in anderen Branchen die Bedeutung eines attraktiven Total-Rewards-Pakets, um Toptalente zu finden, zu halten und zu motivieren.

Mit Bachelor in die Unternehmensberatung

von Karen Brandt

Durch das Bologna-Abkommen von 1999 gibt es immer mehr Bachelors auf dem Arbeitsmarkt. Doch nach wie vor stellen viele Unternehmen Bachelorabsolvent:innen entweder nur unter Vorbehalt oder überhaupt nicht ein. Die Haltung gegenüber Bachelors ist von Branche zu Branche unterschiedlich. Unternehmensberatungen reagierten bereits frühzeitig: Fast alle großen Strategieberatungen bieten mittlerweile Einstiegsmöglichkeiten speziell für Bachelorabsolvent:innen an. Von Trainee-Programmen über befristete Verträge bis hin zu einer unbefristeten Anstellung als Berater:in haben Beratungshäuser verschiedende Varianten entwickelt. Dennoch hegen viele Topabsolvent:innen die Befürchtung, dass man insbesondere bei einer Managementberatung eher „Edelpraktikant:in" als vollwertiger Consultant ist.

Große Unsicherheit unter den Absolvent:innen

Viele Absolvent:innen entscheiden sich unmittelbar nach dem Bachelorabschluss für einen konsekutiven Master. Dies hängt oft mit der großen Unsicherheit unter den Bachelorabsolvent:innen bezüglich eines Berufseinstiegs zusammen: „Hat meine Ausbildung mich umfassend genug auf den Beruf vorbereitet? Welche Aufgaben werde ich übernehmen können? Wird mein Alter eine Rolle spielen? Akzeptieren mich die Kundenmitarbeiter:innen?" Die Zweifel sind groß. Doch gerade die Managementberatung bietet eine der besten Einstiegsmöglichkeiten für diese Gruppe.

Mittlerweile haben Beratungen genügend Erfahrung mit Bachelorabsolvent:innen gesammelt – und diese waren größtenteils positiv. Universitätsabgänger:innen mit Bachelorabschluss sind heute eine wichtige Säule der Einstellungsstrategie. Oftmals gehören Neueinsteiger:innen mit diesem Abschluss zum festen Bestandteil des Beraterteams. Man startet als Consultant, wird sofort beim Kunden vor Ort eingesetzt und übernimmt direkt Verantwortung im Projekt. Durch umfassende Förderung und Trainings sowie gezielt geplante Projekteinsätze wird sichergestellt, dass Neueinsteiger:innen ihr Potenzial bestmöglich entfalten können. Die Erfahrungen sind bisher sehr positiv. Die Geschwindigkeit, mit der Bachelorabsolvent:innen innerhalb der Beratung Karriere machen, ließ anfängliche Zweifel sofort abklingen. Viele Bachelors der ersten Stunde sind mittlerweile in senioren Projektleitungs-Rollen tätig, absolvieren im Rahmen von Förderprogrammen zurzeit einen MBA an einer der Topuniversitäten oder haben sogar den direkten Sprung in ein Doktorandenprogramm geschafft.

Das Alter ist kein Hindernis

Bachelorabsolvent:innen treten ein bis zwei Jahre früher in das Berufsleben ein als durchschnittliche Universitätsabgänger:innen, und insbesondere in den Topmanagement-Beratungen treffen sie auf Kundenmitarbeiter:innen, die deutlich älter sind als sie. Oft haben Bachelors daher Bedenken, ob sie sich beispielsweise während einer Präsentation vor dem Kundenvorstand durchsetzen können oder ernst genommen werden. Der Verunsicherung kann jedoch entgegengewirkt werden. So bestehen Projektteams häufig aus einer gesunden Mischung aus erfahrenen und jüngeren Berater:innen. Das ermöglicht eine hohe Akzeptanz beim Kunden und erlaubt es, die Fähigkeiten von „alten Hasen" mit den frischen, neuen Ideen von jungen Berater:innen zu kombinieren. Berater:innen übernehmen bereits von Anfang an inhaltliche Verantwortung und können durch ihre Arbeit und die wachsende Kompetenz sukzessive Akzeptanz beim Kunden aufbauen. Das Alter spielt keine Rolle, da sich junge ebenso wie erfahrene Berater:innen dem Kunden gegenüber immer durch gute inhaltliche Arbeit, analytische Fähigkeiten und soziale Kompetenz beweisen müssen.

Soziale Kompetenz kann man bereits während des Studiums weiter ausbauen, etwa durch ehrenamtliches Engagement und die Übernahme von Verantwortung, beispielsweise in Hochschulgruppen oder Vereinen. Eine weitere gute Möglichkeit ist die Teilnahme an Veranstaltungen von Unternehmen, wo man in Fallstudien, Trainings oder Soft-Skill-Seminaren wichtige Fähigkeiten für das Berufsleben schulen kann. Die großen Beratungen bieten zudem häufig (auch mehrtägige) Workshops an, die ganz unterschiedliche inhaltliche Schwerpunkte haben und teilweise auch exklusiv für Bachelors angeboten werden. So erhält man als Bachelorstudent:in gemeinsam mit Studierenden anderer Fachrichtungen aus ganz Europa die Möglichkeit, detaillierten Einblick in die Arbeit der Topmanagement-Beratung zu gewinnen und durch persönliche Gespräche mit Berater:innen das Unternehmen und seine Kultur kennenzulernen. Im Rahmen solcher Veranstaltungen besteht ausreichend Gelegenheit, Bedenken und Ängste hinsichtlich eines direkten Einstiegs in das Berufsleben anzusprechen und Informationen aus erster Hand zu bekommen.

Flexible Weiterentwicklung ist entscheidend

Neben den inhaltlichen Erwartungen an den Job spielen die Weiterentwicklungsmöglichkeiten im Unternehmen für Bachelorabsolvent:innen eine wichtige Rolle bei der Entscheidung für oder gegen den Direkteinstieg in die Beratung. Kaum eine Topabsolventin oder ein Topabsolvent will sich heute mit dem Bachelor als alleinigem Abschluss zufriedengeben. Meist wird mittelfristig eine Weiterbildung angestrebt. Da sich die Angebote der Managementberatungen erheblich voneinander unterscheiden, sollten Neueinsteiger:innen genau prüfen, welche Möglichkeiten ein potenzieller Arbeitgeber bietet und ob diese zur persönlichen Planung passen.

Unternehmensberatungen müssen sich den Anforderungen der Absolvent:innen stellen und ihre Personalpolitik langfristig auf die Bedürfnisse der Bachelors ausrichten. Daher haben viele Beratungen eigene Bachelorprogramme geschaffen, die ein Sprungbrett in die erfolgreiche Karriere darstellen können und gleichzeitig Raum für die persönliche Weiterentwicklung bieten.

Zum Einstieg werden häufig Trainingsprogramme angeboten, die die Neulinge auf die herausfordernde Tätigkeit in der Beratung vorbereiten. Mit Unterstützung des Unternehmens steht Bachelorabsolvent:innen oft die Tür zum Master, MBA oder zur Promotion offen – zu einem möglichst flexiblen Zeitpunkt, der zu der persönlichen Karriere- und Lebensplanung passt. Auf diese Weise wird sichergestellt, dass der direkte Berufseinstieg als Bachelor die persönlichen Möglichkeiten nicht einschränkt, sondern erweitert.

Eine typische Beraterwoche

von Birte von Schwarzenfeld

„Stefan, hast du irgendwo noch Druckerpapier gesehen?", ruft Tina. „Das Meeting mit dem Vorstand fängt in zehn Minuten an, und die Präsentation ist noch nicht fertig ausgedruckt. Die letzten Änderungen wurden ja noch vor ein paar Minuten gemacht. Und jetzt streikt der Drucker!"

Die Präsentation vor dem Kunden ist häufig das Highlight einer Beraterwoche, bis zur letzten Minute wird darauf hingearbeitet. Doch wie kommt die fertige Präsentation zustande, und was passiert drumherum? Im Folgenden wird am Beispiel von Tina beschrieben, wie die typische Woche eines Consultants aussehen kann.

Montag
Tinas Woche beginnt um 4:45 Uhr morgens. Das Taxi steht um 5:30 Uhr vor der Tür, um sie rechtzeitig zum 7-Uhr-Flieger zu bringen. Am Flughafen geht alles schnell und routiniert, und das Flugzeug hebt pünktlich ab. Das erste Meeting beim Kunden steht bereits um 10 Uhr auf der Agenda. Da bleibt zeitlich nicht viel Spielraum. Zum Glück bekommen Tina und ihre Teamkolleg:innen ohne Probleme ein Taxi, sodass sie die Firmenzentrale des Kunden gegen 9 Uhr erreichen.

Als Erstes trifft Tina sich mit ihrem Projektleiter Stefan, um den Ablauf des heutigen Tages zu besprechen. Sie treffen sich im Teamroom, d.h. in einem Bereich, den der Kunde für sie vor Ort bereitgestellt hat und der eine Art „mobiles Büro" ist, komplett mit Drucker, Wireless-Router und sogar ein paar Snacks.

Im aktuellen Projekt hilft das Team dem Kunden, eine firmeninterne Kommunikation zu entwickeln, die die Vorteile der neuen IT-Strategie beschreibt. Hierfür befragt Tina Abteilungsleiter:innen im Unternehmen, welche Bedenken sie bezüglich der neuen IT-Strategie haben. Für Montag ist eine Reihe von Interviews geplant und aufgesetzt. Den dafür nötigen Interviewleitfaden hat Tina bereits in der letzten Woche erstellt und mit Stefan abgestimmt.

Die Interviews vergehen wie im Flug, gegen 17:30 Uhr ist Tina wieder im Teamroom. Nun macht sie sich daran, aus den Interviewnotizen die häufigsten Bedenken herauszuarbeiten. Um 19 Uhr setzt Tina sich mit Stefan zusammen, um die Ergebnisse und potenzielle Reaktionen zu besprechen. Außerdem zeigt Tina Stefan ein paar Entwürfe von PowerPoint-Folien, die sie für das sogenannte Case Team Meeting am nächsten Tag vorbereiten will – dort kommen alle Berater:innen des Projekts, inklusive der Partner:innen, zusammen, um vorliegende Inhalte zu präsentieren und zu diskutieren. Tina möchte dem Team am kommenden Tag die Hauptbedenken der Abteilungsleiter:innen vorstellen und zusammen mit den Kolleg:innen die möglichen Reaktionen weiter ausarbeiten. Stefan gibt ihr noch eine Reihe von Verbesserungsvorschlägen mit auf den Weg, um die Inhalte auf den Folien möglichst überzeugend darzustellen. Damit wird Tina an diesem Abend noch lange beschäftigt sein.

Um 20 Uhr bestellt das Team Essen in den Teamroom, es gibt Pizza. Gegen 23 Uhr nehmen sie ein Taxi zum Hotel. Einige Berater:innen gehen noch auf einen Drink an die Hotelbar.

Dienstag

Das Case Team Meeting ist für 11 Uhr angesetzt. Die Diskussion ist lebhaft, jeder kann und soll seine Meinung frei äußern. Außer Tina präsentieren noch zwei weitere Kolleg:innen ihre Inhalte. Die Folien werden für die große Vorstandspräsentation am Donnerstag zusammengefasst. Der Partner merkt an, dass Tinas Teil noch mit Best Practices angereichert werden sollte: Was hat bei ähnlichen Aufgabenstellungen am besten funktioniert? Tina und Stefan vereinbaren, wie sie das angehen wollen: Zuerst wird Tina das Wissensmanagement-Team kontaktieren, und dann werden sie Kolleg:innen anrufen, die in diesem Bereich bereits Erfahrung haben.

Nachdem am Montag nur Zeit für ein schnelles Sandwich zum Mittagessen war, geht Tina heute mit Kolleg:innen in die Kantine des Kunden. Am Nachmittag führt sie noch zwei weitere Interviews und integriert die Ergebnisse. Außerdem startet sie mit dem zweiten Arbeitsblock für diese Woche: dem Benchmarking. Das Beratungsteam soll vergleichen, wie effizient die neue IT-Strategie des Kunden im Vergleich zu anderen Unternehmen ist. Nach kurzer Vorrecherche im Intranet der Beratung und im Internet überlegt Tina sich, welche Kennzahlen für den Vergleich sinnvoll wären, und fragt Stefan nach seiner Einschätzung.

Da das Benchmarking bereits am Mittwochnachmittag für eine erste Durchsicht mit dem Projektleiter des Kunden benötigt wird, ist Eile geboten. Tina bereitet ein Template vor, in das eine Kollegin aus dem Wissensmanagement-Team die nötigen Informationen direkt eintragen kann. Nach kurzer Rücksprache verspricht ihr die Kollegin, die Daten bis Mittwochmittag zu liefern. Parallel überlegt Tina sich bereits, wie sie die Ergebnisse auf Folien grafisch darstellen kann. Zusammen mit ihren geänderten Folien sendet sie die Infos für weiteres Feedback an Stefan. Gegen 20 Uhr bricht das Team zu einem gemeinsamen Abendessen auf.

Mittwoch

Das Wissensmanagement-Team hat Tina einige Kolleg:innen genannt, die sie anruft, um Best Practices zu sammeln. Die besten arbeitet sie im Anschluss bereinigt in ihre Folien ein. Außerdem bekommt sie wie versprochen die Benchmarking-Daten und analysiert sie in Excel.

Bis 16 Uhr arbeitet das Team mit Hochdruck daran, die Folien fertigzustellen. Der Projektleiter des Kunden möchte alle Inhalte sehen, bevor sie am nächsten Tag dem Vorstand präsentiert werden. Tina stellt dem Projektleiter die Folien selbst vor, am Donnerstag werden dann Stefan und der Partner dem Vorstand die Ergebnisse präsentieren.

Die Präsentation am Mittwoch läuft gut, der Projektleiter hat noch einige Änderungsvorschläge. Tina kontaktiert erneut das Wissensmanagement-Team, um kurzfristig zusätzliche Daten zu bekommen. Der Partner möchte am Donnerstag um 10 Uhr alle Folien durchgehen, bis dahin müssen alle Änderungen eingearbeitet sein. Es wird also ein langer Abend …

Donnerstag

Nach einer kurzen Nacht sind die Folien um 10 Uhr tatsächlich fertig, und der Partner ist zufrieden. Einige Folien sind allerdings noch nicht ausdrucksstark genug und werden noch ein letztes Mal geändert. Um 15 Uhr geht dann alles zum Vorstand, Tina druckt die Präsentation aus. Während Stefan und der Partner präsentieren, warten Tina und ihre Teamkolleg:innen gespannt: Wie kommen die Folien an? Wird der Vorstand ihren Empfehlungen folgen?

Nach dem Meeting kommt Stefan mit guten Nachrichten zurück: Der Vorstand hat den Vorschlag abgesegnet, das heißt, es kann mit Volldampf in die nächste Phase gehen. Das Team diskutiert grob das weitere Vorgehen.

Um 17 Uhr fährt Tina mit ihren Teamkolleg:innen im Taxi zum Flughafen. Gegen 21 Uhr ist Tina wieder zu Hause.

Freitag

Freitag ist Office Day. Im Heimatbüro erledigt Tina einige administrative Dinge wie die Reisekostenabrechnung und bereitet die nächste Woche vor, indem sie Meetings vereinbart und Analysen vorstrukturiert. Außerdem nutzt sie den Freitag zum Networking – beim Mittagessen kommt das gesamte Büro zusammen. Das ist eine gute Gelegenheit, neue Leute kennenzulernen und sich mit alten Bekannten auszutauschen.

Gegen 19 Uhr geht Tina nach Hause und freut sich auf ein ruhiges Wochenende, bevor am Montag wieder eine neue spannende Woche beginnt.

Work-Life-Balance: Mut zur Selbstentfaltung

von Tim Ruhoff

Balance ist eine Situation, in der unterschiedliche Elemente ausgewogen sind oder in der korrekten Proportion zueinander stehen. Das „Work" bei Work-Life-Balance ist leicht zu definieren – alles, was zum Job dazugehört: Reisen, Arbeit mit unterschiedlichen Kunden, in diversen Ländern, in vielen Sprachen und mit einer Fülle von spannenden Themen.

„Life" sollte dementsprechend der Gegenpol sein. Aber ist Arbeit nicht auch ein Teil des Lebens, der sogar Spaß machen kann? Wichtig ist letztlich, dass man außerhalb des Jobs den Kopf frei bekommt und Kraft tankt. Da Unternehmensberatungen eine Menge fordern, wissen sie, dass ihre Consultants diese Balance benötigen, und sind für viele Wege offen – geschenkt wird einem allerdings auch in der Beraterbranche nichts!

Das richtige Unternehmen

Nicht ohne Grund ist der sogenannte Inseltest für beide Seiten ein essenzieller Bestandteil in jedem Bewerbungsgespräch: Könnte ich mit meinem Gegenüber eine Woche auf einer einsamen Insel ausgesetzt werden und gemeinsam dort auskommen? Kann man es sich nicht vorstellen, wird es schwer, die richtige Balance zu finden. Denn auf einem Beratungsprojekt verschwimmt die Grenze zwischen Work und Life oft wesentlich stärker als bei anderen Jobs. Lange Schichten im Project Office, gemeinsame Wochenenden im Ausland und eine sehr intensive Zusammenarbeit sollten weitestgehend harmonisch ablaufen. Bewerber:innen haben nach einem erfolgreichen Gespräch daher oft die Chance, an einem Schnuppertag ihre zukünftigen Kolleg:innen kennenzulernen. Häufig bekommt man aber schon durch die vielen Einzelinterviews im Bewerbungsprozess einen guten Eindruck von den Kolleg:innen. Falls man hier ein schlechtes Gefühl hat, wird man auf lange Sicht in der Firma nicht glücklich.

Beratung und die Zeit mit den Kolleg:innen müssen einem Spaß machen. Jedes Beratungsunternehmen bietet unterschiedliche Chancen und hat einen anderen Spirit. Während man in kleinen Beratungen oft noch familiäre Umgangsformen findet, kann es in großen Beratungen passieren, dass man über Jahre nie auf zwei Projekten mit den gleichen Kolleg:innen arbeitet. Auch deshalb ist es entscheidend, sich vorher zu überlegen, was einem persönlich wichtig ist. Die Probezeit sollte daher immer sehr bewusst genutzt werden, um sich zu überlegen, ob die Beratungspraxis für den eigenen Lebensweg balancierbar ist.

Work-Life-Balance in der Unternehmensberatung

Bevor man sich für eine Karriere als Berater:in entscheidet, sollte man sich überlegen, welchen Stellenwert welche Freizeitaktivitäten im eigenen Leben haben sollen. Es ist schlicht falsch zu sagen, dass es in der Beratung keinen Raum für Freizeit und Selbstentfaltung gibt. In der Praxis muss man sich aber zwei Herausforderungen stellen: Zum einen hat man meist nur einen kurzen Planungshorizont für seine Projekteinsätze und ist die Woche über oft stark eingespannt. Es gibt Kunden, bei denen man morgens um 6:30 Uhr startet, und andere, bei denen man erst ab 10 Uhr mit den Mitarbeiter:innen sprechen kann. Das Arbeiten über unterschiedliche Zeitzonen hinweg verkompliziert die Situation häufig noch. Oft muss man sich kurzfristig auf den nächsten Kunden einstellen und seine Work-Life-Balance den Gegebenheiten anpassen.

Zum anderen ist man abends oft beim Kunden und damit lokal gebunden. Selbst wenn man rechtzeitig aus dem Büro käme, könnte man nicht am Fußballtraining des Heimvereins teilnehmen. Aber: Es gibt durchaus Teams, die einen flexibel mittrainieren lassen. Das gilt für Wien gleichermaßen wie für Kopenhagen.

Aktiver Umgang mit Freizeit im Alltag

Der Alltag als Berater:in ist fordernd: Wenn eine Vorstandspräsentation um Punkt 9 Uhr fertig sein muss, dann muss sie bis dahin auch wirklich fertig sein. Viele wichtige Aufgaben lassen sich langfristig planen und zeitgerecht umsetzen. Es gibt aber auch Kunden, bei denen der Vorstand einem großzügig mitteilt: „Machen Sie sich keinen Stress, es reicht, wenn wir die (noch nicht existierende) Präsentation in einer Stunde haben." Dann ist Einsatz gefragt – und zwar reichlich.

Auf der anderen Seite sollte man auch den Mut haben, seine Freizeit aktiv in das Beraterleben zu integrieren. Eine Beratung, die viel verlangt, sollte auch bereit sein, ihren Berater:innen Raum zur Selbstentfaltung zu geben. Wenn man in den Sommermonaten z. B. abends Sport treiben will, ist es nicht unmöglich, ab und zu um 18 Uhr zu gehen. Wichtige E-Mails können auch noch danach oder frühmorgens beantwortet werden – Hauptsache, die Ergebnisse stimmen. Wenn man am Brückentag arbeitet, der Kunde aber keine Anwesenheit verlangt, lässt sich ein solcher Tag nach Absprache auch im Homeoffice verbringen.

Oft lassen sich Beratung und Freizeit durchaus gut miteinander kombinieren. Hat man den eingangs erwähnten Inseltest bestanden, spricht viel für eine Freizeitgestaltung mit den Kolleg:innen. Dies hilft nebenbei auch dabei, im Beruf besser zu werden, denn Beratung ist ein Teamsport, und man sieht seine Projektkolleg:innen definitiv mehr als seine Partnerin oder seinen Partner und die Familie. Wenn man die Arbeit gelegentlich mit etwas Freizeit kombiniert, kann das auch auf die Zusammenarbeit positive Auswirkungen haben.

Kommst du heut' nicht…

…wird es wohl erst am nächsten Wochenende gehen. Das Wochenende ist der Zeitraum, auf den Berater:innen ihre Freizeitaktivitäten fokussieren, und diese sollte man gut planen. Am Donnerstag kommt man zurück und packt den Koffer aus, freitags sind viele Kolleg:innen im Büro, man hat Meetings, Trainings und Workshops, trinkt anschließend ein Bier an der hauseigenen Bar, und schon ist es 19 Uhr und Wochenende. Am Sonntag muss der Koffer dann gepackt werden, damit es am Montag wieder losgehen kann. Die verbleibende Zeit sollte also sinnvoll genutzt werden.

Besonders wichtig ist die Erkenntnis, dass das persönliche Umfeld oft einen vollkommen anderen Rhythmus hat als man selbst. Anfangs wird man noch zu Kinoabenden und Konzerten am Dienstag eingeladen, aber irgendwann verschwindet man aus dem Verteiler. Auch die besten Freund:innen gewöhnen sich an die Absagen und wollen einem dann auch nicht das Gefühl geben, etwas zu verpassen. Hier sollte man aktiv gegensteuern und sich frühzeitig an die Freizeitplanung für das Wochenende machen, um nicht vom Radar aller Freund- und Bekanntschaften zu verschwinden, und um verpasste Treffen nachzuholen.

Was Unternehmensberatungen bieten

Die Work-Life-Balance ist längst zum Buzzword avanciert und darf auf keiner Bewerbungswebsite fehlen. Im Rahmen ihrer jeweiligen Möglichkeiten bieten große und kleine Unternehmensberatungen ähnliche Modelle. Längere kreative Pausen – wie beispielsweise ein Ausstieg auf Zeit für den Aufbau eines eigenen Unternehmens, eine Promotion, einen MBA oder Ähnliches – sind denkbar. Die Frage ist nur: Wann?

Dabei gilt die Regel: je kleiner die Beratung, desto flexibler die Programme. Auch Weiterbildungsmöglichkeiten werden oft an Bedingungen und festgelegte Zeiten geknüpft. Legt man auf diese Programme Wert, sollte man bereits im Bewerbungsgespräch die grundlegenden Details klären.

Neben den Möglichkeiten für längere Auszeiten bieten Unternehmensberatungen natürlich weitere Programme an, um Bewerber:innen von sich zu überzeugen. Beispiele dafür sind Sommerfeste, Skievents mit der Firma, Abendveranstaltungen, exotische Weiterbildungsmaßnahmen und vieles mehr. Hier ist das Angebot in großen Unternehmensberatungen sicherlich breiter, es werden aber nicht zwangsläufig alle Kosten vom Unternehmen getragen. Wie so oft lohnt sich hier genaues Nachfragen.

Darauf sollte man achten

Bevor man sich für den Weg in die Unternehmensberatung entscheidet, sollte man wissen, ob man bereit ist für einen Lebensabschnitt auf der Überholspur. Das Plus an Erfahrung und der Einblick in die unterschiedlichsten Unternehmen, die spannenden Herausforderungen und die steile Lernkurve gehen ganz klar mit einem Minus an flexibler Freizeitgestaltung einher.

Nicht jede Unternehmensberatung ist gleich, und nicht überall gehören Nachtschichten zum täglich Brot. Oft lohnt es sich, genau nachzufragen und sich bewusst bei unterschiedlichen Beratungen zu bewerben. Alle Beratungen suchen fleißige Rundumtalente mit ausgeprägtem Unternehmergeist und generalistische Multispezialist:innen. Nicht immer passt das Unternehmen aber zu den persönlichen Erwartungen, denn nicht alle Beratungen setzen die gleichen Schwerpunkte.

Unabhängig davon, für welche Beratung man sich entscheidet, steht fest, dass zur Regeneration ein Ausgleich nötig ist, der bei jedem Menschen anders gelagert ist. Ohne eine angemessene Work-Life-Balance ist die Profession und Passion eines Consultants auf Dauer nicht lebbar!

Karrieresprungbrett studentische Unternehmensberatung?

von Dominik Klimmek

Ob Student:in im ersten Semester oder frischgebackene:r Absolvent:in – eine Karriere bei den großen Namen der Consulting-Branche ist bei Studierenden verschiedenster Fachrichtungen heiß begehrt. Doch der Einstieg ist mit erheblichen Hürden verbunden: Exzellente Studienleistungen, analytischer Scharfsinn, Unternehmergeist und Projekterfahrung sind nur Auszüge aus der Wunschliste der Topunternehmen, an denen oftmals schon die Aussicht auf ein Praktikum scheitert. Die gute Nachricht: Zumindest in Bezug auf die letzten drei Bereiche können sich Consultants in spe durch die Tätigkeit bei einer studentischen Unternehmensberatung weiterentwickeln, wertvolle Erfahrung sammeln und somit ihren Marktwert erheblich steigern.

Historie

Die Idee, motivierten Studierenden bereits während ihrer Ausbildung die Möglichkeit zu geben, ihre theoretischen Kenntnisse in die Praxis umzusetzen, wurde 1967 in Frankreich geboren und von dort aus in die ganze Welt getragen. 1988 schwappte die Welle nach Deutschland über und führte zur Gründung der ersten deutschen studentischen Unternehmensberatung in Darmstadt. Bis heute sind den Pionieren aus Darmstadt etwa 80 weitere Initiativen an Universitäten und Fachhochschulen im gesamten Bundesgebiet gefolgt, die zumeist in Form eines eingetragenen Vereins organisiert sind.

Um auch angesichts dieser großen Anzahl die Qualität der Beratungsleistungen zu sichern, haben sich 36 studentische Initiativen mit insgesamt über 2.900 Mitgliedern zu dem 1992 gegründeten Bundesverband Deutscher Studentischer Unternehmensberatungen (BDSU) zusammengeschlossen. Der BDSU fördert den Wissens- und Erfahrungsaustausch zwischen den einzelnen Initiativen. Zudem müssen sich die Mitglieder des BDSU zu hohen Qualitätsstandards verpflichten, deren Einhaltung jährlich überprüft wird.

Beratungsbereiche und -leistungen studentischer Unternehmensberatungen

Studentische Unternehmensberatungen decken das gesamte Spektrum der klassischen Beratungsleistungen ab. Neben Marktstudien und Prozessanalysen bieten sie IT-, Personal- und Strategieberatung an, entwickeln Marketing- sowie Markteintrittsstrategien und erstellen Business-Pläne. Einige Initiativen haben sich dabei auf bestimmte Beratungsleistungen oder Branchen spezialisiert und verfügen in diesen Bereichen über eine Expertise, die der kommerzieller Spezialberatungen in nichts nachsteht. Aufgrund ihres engen Kontakts zu Hochschulen und Professor:innen werden studentische Unternehmensberatungen zudem gerne mit der Erstellung wissenschaftlicher Studien beauftragt.

Die Kundschaft der studentischen Berater:innen reicht vom Familienbetrieb über den Mittelstand bis hin zum globalen Großkonzern. Auch Vereine im Profit- und Non-Profit-Sektor schätzen die maßgeschneiderten Lösungen der Studierenden. Beispielsweise veranstaltete das Berliner Campus Projekt einen Marketing-Workshop für den Fußballverein Union Berlin.

Aus Sicht der Kunden spricht eine ganze Reihe von Gründen für studentische Unternehmensberatungen: Ihre Mitglieder zeichnen sich aufgrund des interdisziplinären Ansatzes durch besonders innovative und kreative Lösungen aus und befinden sich durch engen Kontakt zu Hochschulen und Professor:innen stets auf dem neuesten Stand der Wissenschaft. Darüber hinaus legen die Studierenden ein außerordentliches Maß an Motivation an den Tag, da eine gute Leistung einer Empfehlung für potenzielle Arbeitgeber gleichkommt. Im Gegensatz zu den „Großen" sind studentische Beratungen bereit, auch Projekte mit einem Umfang von nur wenigen Tagen zu übernehmen. In puncto Flexibilität bieten sie ihren Kunden ebenfalls einen herausragenden Service, da sie lediglich ein paar Tage Vorlaufzeit benötigen, um ein Projektteam zusammenzustellen und ein Angebot vorzubereiten.

Anforderungen an studentische Unternehmensberater:innen
Um dieser Vielfalt an Beratungsprojekten und Kunden gerecht zu werden, setzen studentische Unternehmensberatungen auf interdisziplinäre Zusammenarbeit. Gesucht werden Generalist:innen wie auch Spezialist:innen aller Fachbereiche, die neben fundiertem Fachwissen aus dem Studium über eine schnelle Auffassungsgabe verfügen und jederzeit dazu bereit sind, sich in neue Sachverhalte und Aufgabenstellungen einzuarbeiten. Letzteres setzt vor allem Durchhaltevermögen und Begeisterungsfähigkeit voraus.

Beratungsprojekte erfolgreich und termingerecht abzuschließen erfordert darüber hinaus Organisationsvermögen, ein gutes Zeitmanagement und die Fähigkeit, auch dann noch einen kühlen Kopf zu bewahren, wenn die Deadline bedrohlich nahe rückt. Da die Projekte stets im Team absolviert werden, sind außerdem ein hohes Maß an sozialer Kompetenz und Kommunikationsstärke ein absolutes Muss.

Wer über diese Schlüsselqualifikationen verfügt, hat gute Chancen, im Auswahlverfahren zu bestehen: Nach erfolgreicher schriftlicher Bewerbung werden die Kandidat:innen zu ausführlichen Einzelgesprächen eingeladen, in denen ihre Motivation für eine Tätigkeit als studentische Beraterin oder studentischer Berater sowie ihre fachliche und persönliche Kompetenz ergründet werden. In einigen studentischen Beratungen müssen sich Bewerber:innen zusätzlich sogar einem kompletten Assessment-Center stellen. Darin können sie ihre Eignung bei der Bearbeitung und Präsentation einer Fallstudie unter Beweis stellen.

Wer diese Hürde genommen hat, erhält zunächst die Anwartschaft und wird mit Pflichtschulungen in den Bereichen Projektmanagement, Rhetorik, Präsentationstechnik und Angebotserstellung auf seine Tätigkeit als studentische Beraterin oder studentischer Berater vorbereitet. Erst nachdem die Anwärter:innen alle Schulungen absolviert und ein vereinsinternes Projekt erfolgreich abgeschlossen haben, erhalten sie den vollen Mitgliedsstatus.

Wie kann man sich die Tätigkeit in einer studentischen Unternehmensberatung vorstellen?

Die Tätigkeit studentischer Unternehmensberater:innen umfasst zwei Bereiche: das ehrenamtliche Engagement innerhalb des Vereins und die Durchführung vergüteter Beratungsprojekte für Kunden.

Wie in jedem Unternehmen besteht auch in studentischen Unternehmensberatungen die Möglichkeit, sich in den Bereichen Finanzen und Recht, Marketing, Qualitätsmanagement, Akquise, Personal oder IT einzubringen. Erst durch dieses vereinsinterne Engagement der Mitglieder können die notwendigen Voraussetzungen und Strukturen für ein funktionierendes Projektgeschäft geschaffen werden. So ist beispielsweise ein professioneller Marketingauftritt unerlässlich zur Steigerung des Bekanntheitsgrads bei potenziellen Kunden. Externe Beratungsprojekte bestehen in der Regel aus den Arbeitsschritten Angebotserstellung, Projektdurchführung und Projektdokumentation.

Potenzielle Kunden bitten meistens mehrere (studentische) Unternehmensberatungen um ein Angebot für die Durchführung eines bestimmten Projekts. Die Beratung mit dem besten Konzept erhält dann den Zuschlag. Das studentische Beratungsteam erstellt daraufhin ein Angebot, das folgende Punkte umfasst:

- das genaue Ziel, das das Beratungsteam nach Abschluss der Projektarbeit erreicht haben will,
- die geplante Vorgehensweise zur Erreichung dieses Projektziels (hierbei wird das Projekt in verschiedene Arbeitsschritte unterteilt),
- den genauen Zeitrahmen, in dem die einzelnen Arbeitsschritte und der Projektabschluss erfolgen,
- die Budgetplanung für die Durchführung des Projekts.

Überzeugt dieses Angebot, wird das studentische Beratungsteam mit der Durchführung des Projekts beauftragt. Da die meisten Projekte beim Kunden vor Ort stattfinden, müssen sich studentische Berater:innen in puncto Kleidungsstil und Auftreten entsprechend anpassen und tragen in der Regel Anzug.

Der wichtigste Aspekt der Projektarbeit ist die regelmäßige Rücksprache mit dem Kunden, damit dieser jederzeit intervenieren kann, wenn der Projektverlauf nicht seinen Vorstellungen entspricht. Zu diesem Zweck erfolgt nach dem Abschluss der wichtigsten Arbeitsschritte eine Zwischenpräsentation. Außerdem muss der tatsächliche Zeit- und Budgetaufwand ständig mit dem Projektplan verglichen werden, um bei Abweichungen rechtzeitig gegenzusteuern.

Nach dem Abschluss der Projektarbeit und der Erreichung des Projektziels hält das studentische Beratungsteam eine Abschlusspräsentation, bei der oft auch der Vorstand des beratenen Unternehmens anwesend ist. In der abschließenden Projektdokumentation werden alle Informationen und Unterlagen zum Projektverlauf gesammelt, sodass bei der Durchführung späterer Projekte auf dieses Wissen zurückgegriffen werden kann.

Studentische Beratung als Sprungbrett für den Einstieg in die Unternehmensberatung?

Eine Tätigkeit bei einer studentischen Unternehmensberatung, die über die reine Mitgliedschaft hinausgeht, wird bei kommerziellen Unternehmensberatungen gern gesehen. Je nach Art, Dauer und Intensität von Projekten, für die man als studentische Unternehmensberaterin oder als studentischer Unternehmensberater mitverantwortlich war, kann ein Engagement bei einer studentischen Beratung die Chancen im Bewerbungsprozess für eine kommerzielle Beratung erhöhen.

Zudem können studentische Berater:innen durch die Angebotserstellung, Planung und Durchführung von Projekten ihr Organisationsvermögen schulen, ihr Zeitmanagement verbessern, sich eine analytische und strukturierte Arbeitsweise aneignen und ihre Teamfähigkeit unter Beweis stellen. Darüber hinaus verfügen studentische Berater:innen über ein souveränes und professionelles Auftreten, da sie bereits eine Reihe von Präsentationen vor Kundenmitarbeiter:innen in Führungspositionen gehalten haben. Daher schlagen sich erfahrene studentische Unternehmensberater:innen oft besser in den Auswahlverfahren großer Consulting-Unternehmen, insbesondere bei der Durchführung von Case Studies.

Doch auch durch ehrenamtliches Engagement innerhalb des Vereins ergeben sich hervorragende Perspektiven für die Consulting-Karriere. Somit können Studierende auch abseits des Studiums praktische Erfahrungen in bestimmten Fachgebieten erwerben. Wer als Vorstand oder Ressortleiter:in Verantwortung übernimmt, kann zudem seine Führungsqualitäten ausbauen und Unternehmergeist beweisen. Vor allem aber können sich studentische Berater:innen durch vereinsinternes Engagement ein Netzwerk aus hoch qualifizierten Nachwuchskräften aufbauen, von dem sie auch im weiteren Verlauf ihrer Karriere profitieren.

Insbesondere für den Bereich Consulting stellt die Tätigkeit als studentische Beraterin oder als studentischer Berater noch ein zusätzliches Karrieresprungbrett bereit: Renommierte Unternehmensberatungen bieten studentischen Unternehmensberatungen zu Recruiting-Zwecken Schulungen und Workshops an, bei denen die Mitglieder nicht nur vom Know-how der hauptberuflichen Consultants profitieren, sondern auch wertvolle Kontakte für den Einstieg in die Unternehmensberatung knüpfen.

3. Tipps zu Bewerbung und Interviewvorbereitung

It's not (only) about the case

von Thomas Fritz

Wer als Berater:in mit seinen Klienten nachhaltige Veränderungen bewirken will, muss sowohl fachlich als auch persönlich überzeugen. Das beste Konzept ist nutzlos, wenn es nicht gelingt, die Menschen in der Organisation dafür zu gewinnen. Daher legen Beratungen neben den Problemlösungsfähigkeiten (im Case-Interview) ebenso großen Wert auf die persönliche Qualifikation der Bewerber:innen. Und dabei geht es um weitaus konkretere Aspekte als den oft beschworenen persönlichen Fit. Viele Bewerber:innen unterschätzen die Bedeutung dieser persönlichen Seite: Lieber werden 100 Cases geübt, als sich einmal hinzusetzen und konzentriert zu überlegen, wie die eigenen Stärken und Erfahrungen zu den Anforderungen der Beratung passen.

Aber auch hier gilt: Erfolg kommt zu denen, die sich vorbereiten. Alle anderen müssen Glück haben, dass ihnen in der Stresssituation des Interviews die richtigen Erfahrungen zu ihren Stärken einfallen und sie diese auch noch überzeugend darstellen können.

Besser ist es da, sich schon im Vorfeld die richtigen Fragen zu stellen:
a. Worauf kommt es der Beratung, bei der ich mich bewerbe, an?
b. Wie passen meine Stärken zu diesen Anforderungen, und wo habe ich diese unter Beweis gestellt?
c. Wie kann ich meine Erfahrungen überzeugend im Interview darstellen?

Ein positiver Nebeneffekt dieser Gedanken ist die positive Auswirkung auf Ihre eigene Einstellung: Wenn Sie sich im Vorfeld gute Erfahrungen in Erinnerung rufen, versichern Sie sich unterbewusst noch einmal Ihrer eigenen Qualifikation und gehen optimistischer in die Gespräche.

Whatever it takes

Wer die Unternehmensporträts in diesem Buch aufmerksam liest, bekommt einen guten ersten Eindruck von den individuellen Schwerpunkten, die die Beratungen bei persönlichen Anforderungen setzen. Suchen Sie zusätzlich das persönliche Gespräch mit Berater:innen und Recruiter:innen, z. B. auf Recruiting-Events oder Messen. Hier erhalten Sie häufig wertvolle Hinweise zu den im Interview diskutierten Themen. Es gibt natürlich auch Qualifikationen, die gute Berater:innen ganz grundsätzlich auszeichnen. Dazu gehören Teamfähigkeit, Überzeugungsfähigkeit sowie Flexibilität im Denken und Handeln.

If you want people to think you are funny, don't tell them you are funny, tell them a joke

Im nächsten Schritt ergründen Sie, wie die eigenen Stärken zu den Anforderungen passen und wo Sie diese zeigen konnten. Eine persönliche Stärke ist keine Eigenschaft, die Sie gerne hätten. Sie müssen vielmehr glaubhaft davon berichten können, wo Sie Ihre Stärken auch tatsächlich unter Beweis gestellt haben.

Wenn Sie sich nicht sicher sind, wie Ihre Erfahrungen und die gesuchten Eigenschaften zusammenpassen, helfen die folgenden Fragen:

- In welchen Situationen erhalte ich positives Feedback von Kolleg:innen, Kommiliton:innen und Freund:innen?
- Auf welche Erfahrungen bin ich besonders stolz?
- Wo habe ich zur Lösung von Problemen beigetragen?

Aber Vorsicht: Bleiben Sie bei den Tatsachen und ehrlich zu sich selbst. Wenn Sie wesentliche Aspekte im Nachhinein ergänzen müssen, um Ihre Stärken deutlich zu machen, ist die Erfahrung ziemlich sicher nicht geeignet. Es kann immer sein, dass Ihre Interviewerin oder Ihr Interviewer ebenfalls passionierte Pianistin oder passionierter Pianist war und interessierte Detailfragen zu Ihrer Konzertreise stellt. Die sollten Sie sicher beantworten können oder lieber weiter nach anderen geeigneten Erfahrungen suchen. Ebenso macht es Ihr Gegenüber misstrauisch, wenn Sie sich bei Ihrem Bericht von der Gruppenarbeit an der Hochschule nicht mehr an die Namen der anderen Teammitglieder erinnern können.

Beschränken Sie sich bei der Suche nach geeigneten Episoden nicht nur auf das Studium oder berufliche Umfelder. Manchmal finden sich die besten Erfahrungen auch im außeruniversitären Engagement, beim Sport oder anderen Hobbys. Mit einer guten Auswahl von Beispielen können Sie zudem persönliche Leidenschaften transportieren und Ihrer Interviewerin oder Ihrem Interviewer einen Einblick in Ihre Persönlichkeit geben.

Es sollte allerdings nicht zu persönlich werden: Krankheiten oder die engere Familie sind tabu. Hier wird schnell eine emotionale Ebene berührt, die sowohl für Sie als auch für Ihr Gegenüber im Interview unangenehm werden kann.

You should have been there

Wenn die passenden Erfahrungen gefunden sind, gilt es, diese überzeugend darzustellen. Je lebendiger Sie die relevanten Soft Skills mit konkreten Taten illustrieren, desto einfacher machen Sie es Ihrer Interviewpartnerin oder Ihrem Interviewpartner, sich an Ihre Qualifikation zu erinnern.

Zunächst schreiben Sie sich dazu für jedes Beispiel auf, was die genaue Herausforderung war und aus welchen konkreten Taten oder Interaktionen Ihr persönlicher Beitrag bestand. Sollte der Auswahltag aus mehreren Gesprächen bestehen, zahlt es sich aus, wenn Sie zu den wichtigsten Themen mehr als ein Beispiel parat haben – so müssen Sie nicht in jedem Interview dieselbe Erfahrung schildern. Die Interviewer:innen entscheiden in der Regel am Ende gemeinsam und je breiter das Bild ist, das Sie anbieten, desto besser sind Ihre Chancen.

Anschließend sollten Sie mit einer Partnerin oder einem Partner üben, Ihre Erfahrungen souverän, authentisch und fokussiert wiederzugeben. Dabei achtet die Sparringspartnerin oder der Sparringspartner vor allem auf die folgenden Punkte:

- **Nicht zu viele Details** – Interviewzeit ist kostbar: Beschreiben Sie den Kontext nur so detailliert, wie es zum Verständnis Ihrer persönlichen Erfahrung unabdingbar ist. Interviewer:innen sind sehr viel mehr an Ihrer persönlichen Rolle im Projekt interessiert als an der generellen Situation des Unternehmens, in dem Sie Ihr Praktikum absolviert haben.
- **Vermeiden Sie Generalisierungen** – Beschreiben Sie konkret, was Sie meinen, wenn Sie von den Chancen und Herausforderungen sprechen. Statt einem generalisierenden „die Zusammenarbeit mit Chines:innen ist ja immer sehr schwierig" schildern Sie besser genau, was die Teamarbeit in der konkreten Situation herausfordernd gemacht hat.
- **„Ich" statt „man"** – Trauen Sie sich, konkret hervorzuheben, worin Ihr persönlicher Beitrag bestand. Natürlich gewinnt man öfter als Team und seltener alleine. Ihre Interviewpartner:innen wollen aber vor allem ein Gefühl dafür bekommen, welche Rolle Sie persönlich in diesem Team gespielt haben.
- **Chancen statt Probleme** – Schildern Sie nicht nur die Probleme, die Sie in der Situation gesehen haben. Wer vor allem die Schwierigkeiten sieht bzw. diese besonders detailliert schildert, wird auch nachher eher mit diesen in Verbindung gebracht. Erzählen Sie lieber von den interessanten Möglichkeiten, denen Sie begegnet sind, und kommen dann zu den Hindernissen, die auf dem Weg dorthin zu überwinden waren.
- **Jeder Mensch verdient Wertschätzung** – Schon auf dem Schulhof gilt: Wer immer schlecht über andere spricht, hat irgendwann keine Freunde mehr. Versuchen Sie auch in der Beschreibung von herausfordernden Persönlichkeiten nicht nur über deren negative Eigenschaften zu sprechen. Zeigen Sie, dass Sie in der Lage sind, jeden Menschen wertzuschätzen und dessen Verhalten in den Kontext der konkreten Situation einzuordnen.
- **Schau mir in die Augen** – Wer selbst nicht überzeugt ist, kann auch andere nicht überzeugen. Zeigen Sie, dass Sie gut vorbereitet sind. Lächeln Sie und schauen Sie Ihr Gegenüber an, wenn Sie zuversichtlich und optimistisch Ihre Erfahrung schildern.

Im letzten Schritt müssen Sie im Gespräch die richtige Gelegenheit finden, Ihre Erfahrung zu teilen. Wann immer Sie im Interview nach Ihren Stärken oder Erfahrungen zu persönlichen Eigenschaften gefragt werden, ist der Moment gekommen. Lassen Sie das generische „ich habe immer gerne im Team gearbeitet" hinter sich und glänzen Sie mit Ihrer Vorbereitung, wenn Sie lebendig und authentisch von Ihren spannendsten Teamerfahrungen berichten.

Anforderungen an Bewerberinnen und Bewerber

von Jonathan Steinbach

Der Berufseinstieg in die Unternehmensberatung ist ein ideales Karrieresprungbrett. Kein anderes Umfeld bietet die Möglichkeit, so schnell Verantwortung zu übernehmen und einen umfassenden Einblick in die Welt der Wirtschaft oder auch des öffentlichen Sektors zu erhalten. Nur: Wie wird man Consultant? Welche Profile und Qualifikationen werden gesucht - und warum?

Worauf es nicht ankommt

Das Studienfach ist bei den meisten Unternehmensberatungen kein Auswahlkriterium. Im Consulting geht es vor allem darum, Probleme zu lösen - und diese Fähigkeit wird in jeder wissenschaftlichen Ausbildung entwickelt, unabhängig von der Fachrichtung. Gleich zu Beginn wird dabei sichergestellt, dass alle Kolleg:innen die benötigten BWL-Grundlagen haben, um gut vorbereitet in ihre Beratungstätigkeit zu starten.

Was eine Unternehmensberatung stark macht, ist die Vielfalt ihrer Beschäftigten, die Kombination aus wissenschaftlichem Arbeiten, interdisziplinärem Denken und Praxisorientierung. Diese Mischung führt zu optimalen Lösungen, die oft neu und überraschend sind. Aus diesem Grund suchen Beratungen Absolvent:innen und Promovierte aller Disziplinen: Ingenieur:innen, Naturwissenschaftler:innen und Mathematiker:innen ebenso wie Wirtschafts- und Geisteswissenschaftler:innen, Mediziner:innen oder Jurist:innen. Bei McKinsey beispielsweise hat nur die Hälfte der Berater:innen einen wirtschaftswissenschaftlichen Hintergrund. Zur Vielfalt zählt auch, dass Beratungen zunehmend Einsteiger:innen mit relevanter Berufserfahrung suchen, insbesondere aus Industrieunternehmen. Die Kombination aus verschiedensten Fachrichtungen und unterschiedlichen Vorerfahrungen führt nicht nur zu außergewöhnlichen Ansätzen in der Beratungsarbeit, sondern auch zu einem sehr bereichernden Miteinander.

Dieses breite Spektrum spiegelt sich in der Vielfalt der Projekte und Klienten wider. Von der Entwicklung einer Unternehmensstrategie oder Organisationsstruktur über funktionsbezogene Aufgaben in Forschung, Produktion und Logistik, Marketing, IT und Finanzen bis hin zu speziellen Programmen zur Effizienz-, Umsatz- oder Ertragssteigerung - das alles sind Projekte, mit denen Unternehmensberatungen beauftragt werden. Die Arbeit erfolgt stets direkt beim Klienten vor Ort, oft in internationalen Teams.

Auch ein bestimmter Notendurchschnitt ist keine zwingende Voraussetzung, um sich bei einer Beratung zu bewerben. Akademische Leistungen sind wichtig - aber eine Einladung zum Kennenlernen ist nicht ausschließlich daran geknüpft.

Worauf es wirklich ankommt

Relevante Auswahlkriterien sind neben den akademischen Leistungen insbesondere analytische Fähigkeiten, praktische Erfahrungen und Engagement, das über das Curriculum hinausgeht. Tätigkeitsfelder können hier im sozialen, kulturellen, sportlichen oder auch politischen Bereich liegen. Entscheidend ist zu sehen, dass sich Bewerber:innen für verschiedene Themen begeistern können und bereit sind, Verantwortung zu übernehmen.

Grundvoraussetzung für die konstruktive Arbeit im Team und mit dem Klienten sind soziale Kompetenzen. Hierzu zählen insbesondere Kommunikations- und Kooperationsfähigkeit, Teamgeist und Einfühlungsvermögen. Da Unternehmensberater:innen immer wieder neu mit den unterschiedlichsten Aufgaben und Fragen konfrontiert werden, ist große Flexibilität im Denken und Handeln ebenfalls unverzichtbar.

Wie man sich bewirbt

Der Einstellungsprozess bei Unternehmensberatungen umfasst in der Regel zwei Schritte: die schriftliche Bewerbung und den Auswahltag mit Interviews. Für die schriftliche Bewerbung, die jederzeit eingereicht werden kann, sind folgende Unterlagen erforderlich:

- **Motivationsschreiben:** Darin erläutern die Bewerber:innen, warum sie sich für das Berufsfeld der Unternehmensberatung interessieren.
- **Lebenslauf:** Er enthält Angaben zum akademischen Werdegang (mit Abschluss- bzw. Zwischennoten), zu Praktika, Berufserfahrung und Auslandsaufenthalten sowie zu Interessen und Engagements außerhalb der Ausbildung.
- **Zeugnisse:** Alle Schul- bzw. Hochschulzeugnisse ab dem Abitur sowie Praktikumszeugnisse und Zertifikate sollten dem Schreiben beigefügt sein.

Wenn die schriftlichen Unterlagen überzeugen, werden die Bewerber:innen zu Interviews eingeladen. Dabei erwarten die Interessent:innen mehrere etwa einstündige Gespräche mit meist je einem Consultant. Teil dieser Gespräche ist die Diskussion einer Fallstudie. Dafür muss man keinen Mathe-Leistungskurs belegt haben; allerdings sollte man auch einmal ohne Taschenrechner zurechtkommen können.

Immer mehr Beratungen setzen zudem Vorab-Interviews per Videochat oder Online-Spiele zur Problemlösekompetenz ein, wodurch der Auswahlprozess individuell auf die einzelne Bewerberin oder den einzelnen Bewerber abgestimmt wird.

Die Bewerber:innen erhalten in der Regel noch am selben Tag ein persönliches Feedback. Falls sich die Consultants nach den Interviews einig und die Eindrücke positiv sind sowie das Interesse auf beiden Seiten fortbesteht, folgt abschließend ein Interview mit einer Senior-Partnerin oder einem Senior-Partner. Geeigneten Bewerber:innen wird dann meist direkt ein Angebot gemacht.

Das Auswahlgespräch – mehr als eine Case Study

von Tim Ruhoff

„Sehr geehrte Bewerberin, wir haben Ihre Bewerbung mit Interesse gelesen und möchten Sie zum Bewerbungsgespräch einladen." – Wer ein solches Schreiben von einer Beratung erhält, sollte sich geehrt fühlen. Der Pflichtteil ist somit geschafft; nun folgt die Kür.

Warum es „Bewerbungsgespräch" heißt

Viele Bewerber:innen glauben, dass die Vorbereitung auf ein Bewerbungsgespräch hauptsächlich im Trainieren von Case Studies besteht. Ja – in jedem Interview gibt es eine oder mehrere Case Studies. Ja – mit etwas Übung gelingen diese schneller und sicherer. Das ist jedoch bei Weitem nicht alles! Ein Bewerbungsgespräch ist in erster Linie ein Gespräch, sonst hieße es „Bewerbungs-Case-Study". Genau hier liegt der häufigste Fehler von Bewerber:innen. Auswendig gelernte Antworten, zurechtgelegte Floskeln und das krampfhafte Anwenden von Analyse-Tools sind schlicht unerwünscht. Stellen Sie sich den Kunden vor, der Sie als Berater:in für viel Geld einkauft. Will der Dinge hören, die er selbst nachlesen kann? Darüber hinaus sind erlernte Beispiele oft nicht übertragbar, und im Interview hagelt es Minuspunkte, wenn der Eindruck entsteht, dass man nicht mitdenkt.

Jedes Beratungsprojekt verlangt, dass man sich in die Probleme des Kunden einfindet und nach Lösungen sucht. Ob das Problem mit oder ohne das Five-Forces-Modell von Porter zu lösen ist, interessiert den Kunden nur marginal. Die Hauptsache ist, es wird gelöst. Es ist noch niemand gescheitert, weil kein Analyse-Tool genutzt wurde. Viele Bewerber:innen haben aber dadurch geglänzt, dass sie sich davon gelöst und unkonventionelle Wege gefunden haben.

Der Bewerbertag

Sie bekommen vor einem Interview immer Infos zum Tagesablauf. In den meisten Fällen sollten diese Informationen vollkommen ausreichend sein. Seien Sie sich bewusst, dass Ihren Interviewpartner:innen Ihre Korrespondenzen mit den Personaler:innen, insbesondere E-Mails, zur Verfügung gestellt werden. Schreiben Sie also formal korrekte E-Mails und führen Sie höfliche Telefonate – egal, mit wem. Lesen Sie auf jeden Fall vorher alle Unterlagen sorgfältig durch, und werfen Sie zur Sicherheit noch einen Blick auf die Website. Sollte sich bei der Vorbereitung zeigen, dass Sie nicht sorgfältig vorgehen, wird jede Beratung das vermerken.

Angemessen gekleidet, fit, ausgeschlafen und pünktlich

Consultants kleiden sich schlicht und elegant. Mit einem schwarzen bzw. dunkelgrauen Anzug oder Kostüm liegt man nie falsch. Das äußere Erscheinungsbild ist wichtig, denn Kleider machen bekanntlich Leute. Deshalb sollten Sie auch Tattoos, Piercings oder auffälligen Schmuck nur so zeigen, wie es im Business passend ist. Ihr Gegenüber wird sich sonst immer fragen: Was würde der Kunde jetzt denken? Lassen Sie es nicht so weit kommen.

Was brauchen Sie, um richtig fit zu werden? Literweise Kaffee? Eine Runde Joggen im Park? Musik Ihrer Lieblingsband? Organisieren Sie es! Man sollte für sein Interview so fit wie möglich sein. Das Auswendiglernen von Kennzahlen oder Formeln gehört unter keinen Umständen an den Frühstückstisch. Sie müssen nicht alles wissen, sondern sich gut verkaufen. Im Interview können Ihnen die Bücher nicht mehr helfen. Ein erholter Geist kann allerdings einiges bewirken.

Seien Sie pünktlich. Am besten stehen Sie mit einem Puffer von 20 Minuten am Empfang der Beratung, bekommen ein Namenskärtchen und setzen sich zu den anderen Bewerber:innen. Das ist die erste Schlüsselszene. Sicherlich können nicht alle genommen werden, aber die meisten Beratungen haben keine Quote für einen Bewerbungstag. Das bedeutet, die Mitbewerber:innen sind mögliche Verbündete, denn einige Beratungen machen Team-Stresstests, bei denen analysiert wird, wie Sie sich in ein Team einfinden können. Wenn man von Anfang an den Eindruck erweckt, dass man nur sein eigenes Weiterkommen im Sinn hat, werden einem die übrigen Bewerber:innen diese Einstellung nicht danken. Selbiges gilt übrigens für die Consultants, die sich im Interview überlegen, ob sie sich ein Projekt mit Ihnen vorstellen können. Außerdem: Man sieht sich immer zweimal im Leben.

Der persönliche Eindruck

Könnte ich mir vorstellen, mit meinem Gegenüber auf einer einsamen Insel ausgesetzt zu sein und mich mit ihm dort durchzuschlagen? Nicht mit jeder Kollegin und jedem Kollegen muss man gleich Freundschaft schließen, aber man sollte schon auf einer Wellenlänge liegen, denn Projekteinsätze sind immer strapaziös. Enge Deadlines, Vorstandspräsentationen, lange Flüge und Wochenenden im Ausland lassen sich nur schwer ertragen, wenn man einander persönlich nicht leiden kann. Daher sollten Sie sich Ihre Interviewpartner:innen genau ansehen und überlegen, ob Sie sich eine intensive Zusammenarbeit vorstellen können.

Ausschlaggebend für ein erfolgreiches Gespräch ist daher die richtige Einstellung: Bewerberin oder Bewerber und Unternehmen befinden sich an einem Bewerbertag in einer gleichgewichtigen Situation. Schon aus dieser Erkenntnis heraus sollte man offen, ehrlich, aber auch selbstbewusst und durchaus entspannt in solche Bewerbertage starten. Unternehmen suchen nicht den perfekten Menschen mit dem perfekten Lebenslauf und perfekten Fähigkeiten. Sie suchen den perfekten Match. Nutzen Sie dieses Wissen!

100 Prozent bis zum Ende

Sollte es letztlich nicht klappen, unterschätzen Sie nicht den Wert des abschließenden Gesprächs. Aus Fehlern kann man lernen, aber vielleicht gibt es auch Hinweise, warum Sie zu genau dieser Beratung nicht gepasst haben. Die Erkenntnisse können sowohl für die Vorbereitung weiterer Interviews als auch für die Auswahl der Beratungen sehr wichtig sein.

Bewerbungscheckliste und Partnertraining

von Tim Ruhoff

In einem Interview soll möglichst naturgetreu simuliert werden, was die Kandidat:innen beim Kunden erwartet. Auch vor einem Beratungsprojekt müssen eine Menge Dinge vorbereitet und erledigt werden – genauso ist es mit dem Bewerbungstag. Nutzen Sie die folgende Checkliste, damit Sie nichts vergessen und sich auf das Wesentliche konzentrieren können.

Vier Wochen vor dem Interview – nicht alles geht von heut auf morgen

Check 1: Partnerinterviews

Die beste Vorbereitung auf ein Interview in der Beratung ist das Partnerinterview. Es geht darum, gemeinsam mit einem anderen Menschen einen Fall zu lösen. Zwar müssen die Bewerber:innen die Arbeit machen, aber die Kommunikation und das sinnvolle Fragenstellen sind essenziell. Nutzen Sie die Cases in diesem Buch, und planen Sie möglichst drei Partnerinterviews mit anderen Kandidat:innen. Die Anfrage für ein Partnerinterview sollte etwa mit dem Versand der Bewerbungsunterlagen beginnen.

Finden Sie Ihre:n Trainingspartner:in unter www.e-fellows.net/lernpartner

- Sie können in Lernangeboten suchen, oder Sie stellen selbst ein Lerngesuch ein.
- Das Formular sollte selbsterklärend sein. Wählen Sie unter „Suche Partner für" die Option „Cases üben"; in den weiteren Feldern können Sie unter anderem die Region/Stadt, den Zeitraum sowie die Art der Zusammenarbeit (online oder „in echt") angeben.
- Tragen Sie im Erläuterungsfeld ein, was Sie trainieren möchten (Case Studies, Bewerbungsgespräch inkl. Case Study, inhaltliche Schwerpunkte oder Branchen).
- Meist bekommen Sie schon nach wenigen Tagen die ersten Rückmeldungen.

Es ist sinnvoll, sich vor dem Training über den Ablauf und den Übungsmodus zu verständigen. Ein persönliches Treffen ist sicherlich die beste Vorbereitungsform, allerdings auch die zeitaufwendigste. Für die Interviews sollte Folgendes vorbereitet werden:

- Austausch der Bewerbungsunterlagen vorab
- zwei Fragen zum Tagesgeschehen
- mindestens zwei kritische Fragen zum CV der Partnerin oder des Partners
- ein Brainteaser und eine Case Study

Was den Ablauf und gewisse Grundregeln betrifft, noch einige Tipps: Erst stellt einer die Fragen. Wenn das Interview nach 45 bis 60 Minuten abgeschlossen ist, tauscht man die Rollen. Der Brainteaser sollte ungefähr fünf bis zehn Minuten der Zeit in Anspruch nehmen, die Case Study maximal 25 Minuten. Damit bleiben mindestens 15 Minuten für das Gespräch. Wer sein Gegenüber hier ins Schwitzen bringt, bietet die beste Vorbereitung auf das reale Interview und verhilft somit zu einem strategischen Vorteil – oft weiß man nämlich selbst nicht, worüber Fremde beim Lesen des CVs stolpern. Im Nachgang kann man sich nun gut auf mögliche Fragen vorbereiten. Das Partnertraining hat den großen Vorteil, dass die Interviewsituation greifbarer wird und man sich schneller auf das Wesentliche konzentrieren kann. Das Selbstvertrauen wächst ebenfalls, was für das Bewerbungsgespräch sehr wichtig ist. Das Partnerinterview ist nicht dazu da, sich gegenseitig fertigzumachen, sondern um sich gegenseitig auf Stresssituationen vorzubereiten. Das ist zweifellos ein schmaler Grat für zwei Menschen, die einander nicht kennen. Daher ist es wichtig, sachlich, professionell und eher eine Spur gutmütiger zu sein, als man es im Interview erwartet – schließlich tut man sich gegenseitig einen großen Gefallen.

Check 2: Zeitungen

Zeitunglesen ist gut für den Background. Sie sollten up to date sein, denn in so manchem Interview werden Ihnen auch Fragen zum aktuellen Geschehen gestellt. Außerdem ist es immer gut, wenn man bei einer Case Study den Bogen zu aktuellen Themen schlagen kann.

Check 3: Kopfrechnen

Kopfrechnen ist nicht bei allen Beratungen in gleichem Maße Pflicht, aber an einem souveränen Umgang mit Zahlen werden Bewerber:innen gemessen. Das Schöne daran ist: Man kann es sehr gut üben und beim Interview beispielsweise durch sehr gute Kopfrechen-Fähigkeiten glänzen.

Check 4: Interviewpartner:innen

Meistens sind die Interviewpartner:innen auf der Website des Unternehmens oder auf Plattformen wie Xing zu finden. Wenn Sie herausfinden, wo sie sich engagieren, ist das sicherlich ein guter Aufhänger für das Gespräch.

Check 5: Beratungen

Beratungen unterscheiden sich nicht nur in ihren Themenschwerpunkten, sondern auch in den Umgangsformen und Erwartungen an die Bewerber:innen. Die Branchenrubrik „Beratung" auf der e-fellows.net-Website und dieses Buch zeigen Ihnen in den Unternehmensporträts, wen die Firmen suchen.

Check 6: The Case Study State of Mind

„The Case Study State of Mind" soll bedeuten, dass man bewusst quer und kritisch denken soll, wenn man Informationen aus der Presse erhält oder Dinge im Alltag wahrnimmt.

- Deutschland hat die Energiewende beschlossen und im folgenden Jahr die Subventionen für alternative Energien reduziert – welche Folgen hat das?
- Im Zuge der Euro-Krise zeigte sich, dass Griechenland bei der Aufnahme in die Euro-Zone falsche Wirtschaftsdaten angegeben hat. Warum waren diese Daten so wichtig, und warum wäre es für Griechenland in der Krise gut gewesen, keinen Euro zu haben?
- Wie viel kostet eigentlich ein Döner in der Herstellung, und wann ist ein Schnellimbiss profitabel?
- Wie kann es sein, dass es günstiger ist, Krabben aus England in Thailand pulen zu lassen, um sie dann zum Verkauf wieder nach England zu schicken?

Wenn Sie solche Fragen mit Ihren Freund:innen diskutieren oder selbst eine Antwort suchen, bereiten Sie sich bestens auf ein Interview in der Beratung vor. Dinge hinterfragen und sehend durch das Leben gehen sind Eigenschaften, die man trainieren kann.

Zwei Wochen vor dem Interview – letzte Vorbereitungen

- Kennen Sie Ihre Unterlagen?
- Kennen Sie das Unternehmen und möglichst Ihr Gegenüber im Interview?
- Wissen Sie, warum Sie genau in dieser Beratung anfangen möchten?
- Kennen Sie den Ablauf und das Timing des Interviews?
- Kennen Sie Ihre Stärken, und wissen Sie, wie Sie sie anschaulich belegen können?
- Kennen Sie die Schwachpunkte Ihres CVs, und wissen Sie sie zu rechtfertigen?
- Kennen Sie Ablauf und Timing von Brainteasern und Case Studies?
- Haben Sie einige schlaue Fragen vorbereitet?

Eine Woche vor dem Interview – Feintuning

- Die Reiseplanung steht an.
- Erhöhen Sie Ihren Nachrichtenkonsum.
- Suchen Sie nach realen aktuellen Erfahrungsberichten.

Zu diesem Zeitpunkt sollten Sie wissen, was auf Sie zukommt. Case Studies sollten kein Fremdwort mehr sein, 12 × 19 rechnen Sie in wenigen Sekunden im Kopf. Warum Sie das Wartesemester gut genutzt haben, auch wenn Sie kein Praktikum vorweisen können, legen Sie in drei kompakten Sätzen dar, und was in der Welt der Wirtschaft gerade passiert, wissen Sie auch. Greifen Sie auch auf Erfahrungsberichte anderer Bewerber:innen zurück, die Sie in diesem Buch, unter www.e-fellows.net/Karriere/Branchen-Beratung-und-IT/Erfahrungsberichte-aus-dem-Consulting, in der e-fellows.net community und in weiteren Online-Foren finden.

Wenn Sie alle genannten Punkte berücksichtigt haben, sind Sie bestens auf das Interview vorbereitet.

Mit Stress im Bewerbungsgespräch souverän umgehen

von Prof. Dr. Johanna Moebus

Sie haben den Termin Ihres Bewerbungstages rot im Kalender markiert. Sie üben fleißig Case Studies, lesen regelmäßig Zeitung und können Dreisatz und Prozentrechnung ohne Taschenrechner sicher bewältigen. Gratulation, Ihre Vorbereitung läuft auf Hochtouren! Dennoch bekommen Sie schweißnasse Hände, wenn Sie nur an den Bewerbungstag denken? Keine Panik – diese Stressreaktion ist vollkommen normal. Mit der richtigen Vorbereitung und Einstellung können Sie sie sogar zu Ihrem Vorteil nutzen.

Jedes Bewerbungsgespräch ist eine Stresssituation – akzeptieren und nutzen Sie das!

Herzklopfen, kalte, schweißnasse Hände und ein flaues Gefühl im Magen – diese Symptome kennen Sie sicher aus anderen Prüfungs- oder Stresssituationen. Mithilfe des vegetativen Nervensystems und des Botenstoffs Adrenalin reagiert Ihr Körper auf einen Stressor. Der Körper will damit die Energie freisetzen, die für eine angemessene Reaktion auf die „Gefahrensituation" nötig ist. Körperfunktionen, die für das unmittelbare Überleben nicht notwendig sind, werden dabei unterdrückt.

Während unsere Vorfahr:innen gut beraten waren, beim Auftauchen eines Säbelzahntigers vor der Höhle entweder zu kämpfen oder möglichst schnell zu fliehen, sollten Sie dies natürlich im Bewerbungsgespräch nicht tun. Nutzen Sie stattdessen die körperliche Stressreaktion als Ihren Bewerbungsturbo – sie ermöglicht Ihnen nämlich, genau im richtigen Augenblick Energie zu mobilisieren und sie Ihrem Gehirn und damit Ihrer Konzentration auf das Bewerbungsgespräch zur Verfügung zu stellen. Auch wenn Sie in der Nacht vor dem großen Tag noch so schlecht geschlafen haben – Sie werden im entscheidenden Moment nicht müde sein. Genauso wenig müssen Sie sich sorgen, während des Gesprächs zur Toilette laufen zu müssen.

Stress wird erst dann zum Problem, wenn die Stressdosis zu groß wird und die Stressreaktion Ihre Leistungsfähigkeit im Bewerbungsgespräch bremst. Dies geht typischerweise damit einher, dass die anregende Wirkung der Stresssituation in Angst oder Panik umschlägt. Sie können sich dann nicht mehr gut konzentrieren und empfinden vielleicht den Drang, das Gespräch abzubrechen. Damit Sie im Bewerbungsprozess Ihr Bestes geben können, ist es daher wichtig, sowohl die Stressdosis als auch Ihre Reaktion darauf zu kontrollieren.

Typische Stresssituationen am Bewerbungstag

Stress entsteht am Bewerbungstag bei einer Unternehmensberatung nicht nur durch das eigentliche Bewerbungsgespräch, sondern auch durch äußere Faktoren und andere Elemente des Bewerbungstages (z. B. schriftliche Tests). Minimieren Sie möglichen Stress durch äußere Faktoren, wo immer dies in Ihrem Einflussbereich liegt. Planen Sie die Anfahrt sorgfältig, informieren Sie sich genau darüber, wo Sie erwartet werden, und kalkulieren Sie einen ausreichenden zeitlichen Puffer ein. Wer bereits in der Bahn den ersten Schweißausbruch erlebt, wird im Bewerbungsgespräch weniger souverän und konzentriert agieren können.

Schriftliche Tests, vor allem Mathematik- oder Logiktests, werden neben den eigentlichen Bewerbungsgesprächen von Bewerber:innen als starke Stressoren empfunden. Problematisch ist hierbei häufig nicht der Schwierigkeitsgrad der Aufgaben, sondern eher der Gesamtumfang und das Gefühl, nicht alles schaffen zu können. Machen Sie sich klar, dass es in der Regel kaum möglich ist, alle Aufgaben eines Tests in der gestellten Zeit zu beantworten. Genauso unwahrscheinlich ist, dass Sie – oder Ihre Mitbewerber:innen – alles fehlerlos bearbeiten können. Schriftliche Tests überprüfen neben Ihrer intellektuellen Leistung immer auch Ihre Souveränität und gegebenenfalls Ihre Fähigkeit, mit einer suboptimalen Leistung umzugehen. Versuchen Sie daher, einen geschriebenen Test für den restlichen Bewerbungstag mental zur Seite zu legen. Sollten Sie später auf die Ergebnisse angesprochen werden, ist es immer noch früh genug, Ihre Leistung selbstkritisch zu diskutieren.

Das eigentliche Bewerbungsgespräch ist in der Regel zweigeteilt. Häufig beginnt das Gespräch mit Fragen zur Person und zum Werdegang, bevor zur Case Study übergegangen wird. Sogenannte Stressfragen, die Sie gezielt aus der Fassung bringen oder provozieren sollen, sind im Gespräch mit Consultants eher unüblich. Stress entsteht in dieser Phase des Gesprächs vielmehr durch Fragen, auf die man nicht ausreichend vorbereitet ist: zum Beispiel nach persönlichen Schwächen. Viele Bewerber:innen empfinden auch die persönliche Note des Gesprächs insgesamt als Stressfaktor. Der Druck, als potenzielle neue Kollegin oder potenzieller neuer Kollege möglichst sympathisch zu wirken, kann zum Stressor werden. Während der zweiten Phase des Case-Interviews kommt typischerweise die Angst, den Case nicht richtig oder schnell genug lösen zu können, als Stressfaktor hinzu.

Drei Elemente für mehr Souveränität: Vorbereitung, Kommunikation, Authentizität

Vorbereitung ist nicht nur für die erfolgreiche Bearbeitung von Case Studies notwendig. Auch im persönlichen Teil des Bewerbungsgesprächs kann mit der richtigen Vorbereitung die Stressdosis deutlich reduziert werden. Viele Bewerber:innen stellen sich zwar auf gängige Fragen ein, geraten aber ins Schwitzen, wenn sie detailliert nach konkreten Beispielsituationen gefragt werden.

Wenn es dann so weit ist und Sie im Bewerbungsgespräch sitzen, helfen Ihnen richtige Kommunikation und Authentizität, die Stressbelastung zu kontrollieren und mit Sympathie und Souveränität zu punkten.

Vorbereitung: Ihre USP, überzeugende Stärken und glaubhafte Schwächen

„Inwiefern machen Sie uns besser – nicht nur größer?" „Warum sollten wir gerade Sie einstellen?" Wenn Sie auf diese Fragen eine überzeugende Antwort liefern können, haben Sie bereits einen wesentlichen Aspekt der Vorbereitung geleistet: Sie kennen Ihr Alleinstellungsmerkmal, Ihre Unique Selling Proposition (USP). Der Begriff der USP kommt aus dem klassischen Marketing und passt genauso gut auf Ihr Selbstmarketing im Bewerbungsprozess. Ihre USP beschreibt, welchen Nutzen Sie der Unternehmensberatung durch die spezielle Kombination Ihrer Eigenschaften und Fähigkeiten bringen. Ihre USP sollte Sie nicht nur von anderen Bewerber:innen unterscheiden, sondern auch einen eindeutigen Nutzen für die Beratung haben. Dabei geht es eher selten um rein fachliche Qualifikationen. Natürlich ist beispielsweise ein sehr gutes BWL-Studium beim Einstieg in die Unternehmensberatung von Nutzen – es ist aber noch lange kein hinreichendes Einstellungskriterium.

„Was schätzen Ihre Kommiliton:innen/Ihre Kolleg:innen an Ihnen?" Dass die Frage nach persönlichen Stärken zum typischen Repertoire eines Bewerbungsgesprächs gehört, ist mittlerweile Allgemeinwissen. Dennoch wird dieses scheinbar harmlose Thema leicht zur Stressfalle. Bedenken Sie, dass Consultants berufsbedingt Expert:innen in kritischen Fragen sind. Wenn Sie Ihre Teamfähigkeit als Stärke präsentieren, müssen Sie sich darauf einstellen, diese mit überzeugenden Beispielsituationen belegen zu können. Was genau haben Sie und Ihr Team bereits erreicht? Wie können Sie belegen, dass es sich dabei um eine herausragende Leistung und nicht nur um einen Durchschnittserfolg handelt? Inwieweit ist diese Stärke für die Firma von Nutzen? Beschäftigen Sie sich daher im Vorfeld der Bewerbung strukturiert mit Ihren Stärken. Versuchen Sie, mindestens zwei relevante Stärken fachlicher Art (Hard Skills) und zwei persönlicher Art (Soft Skills) zu finden, die Sie jeweils mit konkreten Beispielen oder Anekdoten belegen können. Üben Sie, einer anderen Person Ihre Stärken zu erklären, und lassen Sie sich kritisch hinterfragen. Es kann hilfreich sein, sich die eigene Argumentation wie eine selbstgemauerte Wand vorzustellen – eine Wand, gegen die Ihr Gegenüber im Interview kräftig tritt. Bleibt Ihre Wand dabei stehen?

„Was können Sie gar nicht?" Auch auf eine direkte Frage nach Schwächen sollten Sie sich einstellen. Widerstehen Sie der Versuchung, Perfektionismus und Selbstkritik als Schwächen zu verpacken, und überlegen Sie stattdessen: Wo sehen Sie bei sich noch Lernbedarf? Bei welchen Aufgaben sind Sie unsicher? Vielleicht gerade jetzt, im Bewerbungsgespräch, unter Leistungsdruck? Bei dieser Frage geht es primär darum, Ihre Fähigkeit zur Selbstreflexion und Lösungskompetenz zu überprüfen. Bereiten Sie sich darauf vor, zwei Schwächen – am besten je eine aus dem Bereich der Hard und Soft Skills – anhand von realen Beispielsituationen schildern zu können. Je konkreter Sie dies vorbereiten, desto souveräner können Sie mit der Stresssituation im Gespräch umgehen. Vermeiden Sie, Ihr Unvermögen breitzutreten, und konzentrieren Sie sich stattdessen darauf, wie Sie diese Schwäche im Berufsalltag durch Unterstützung und Kompetenzaufbau überwinden können.

Kommunikation: Schweigen ist Silber, Reden ist Gold

Auch bei optimaler Vorbereitung kann es vorkommen, dass Sie beim Bearbeiten der Case Study vor Nervosität den Faden verlieren. Consultants sind es gewohnt, nicht alleine zu arbeiten, und das sogenannte Team Problem Solving – also die Problemlösung im Team – gehört zu ihrem Tagesgeschäft. Versuchen Sie, sich dies zunutze zu machen, indem Sie Ihre Interviewpartner:innen aktiv in die Lösung der Case Study einbeziehen. Diese wissen, dass Sie sich in einer Stresssituation befinden, und sind häufig bereit, Ihnen die ein oder andere Unterstützung zu geben. Dies setzt jedoch voraus, dass Sie sie Anteil an Ihren Gedanken haben lassen. Kommunizieren Sie daher transparent und möglichst strukturiert, aber nehmen Sie sich Zeit zum Denken und vermeiden Sie Verzweiflung oder gar Panik. Bedenken Sie, dass im Interview meist weniger Wert auf eine perfekte Lösung gelegt wird, sondern auf ein souveränes und strukturiertes Vorgehen. In der Praxis hat sich folgendes Kommunikationsmuster bewährt:

- Fassen Sie zunächst zusammen, was Sie bereits verstanden haben. Wenn wesentliche Informationen fehlen, wird Ihr Gegenüber Sie höchstwahrscheinlich darauf hinweisen. Sie müssen hierbei keine intellektuelle Höchstleistung vollbringen! Die richtige Strukturierung der Ausgangslage ist bereits ein guter Schritt in Richtung Lösung.
- Stellen Sie sicher, dass Sie die Aufgabe verstanden haben, indem Sie sie paraphrasieren.

- Strukturieren Sie den Lösungsraum: Was benötigen Sie für die Lösung der Fragestellung? Welche alternativen Lösungswege sehen Sie? Ihr Gegenüber wird Ihnen an dieser Stelle im Interview vermutlich einen Hinweis geben, in welche Richtung Sie gehen sollen.
- Erarbeiten Sie den ausgewählten Lösungsweg mithilfe von lautem Denken und Fragen. Nutzen Sie Ihr Gegenüber als Sparringspartner:in und Informationsquelle. Achten Sie auf die Reaktion Ihres Gegenübers: Wenn Sie auf dem Holzweg sind, wird Ihnen das sehr wahrscheinlich zu verstehen gegeben.

Vielen Bewerber:innen hilft es, diese Stresssituation leichter zu bewältigen, wenn sie Stift und Papier zur Hilfe nehmen. Schreiben Sie sich Zahlen, die Sie genannt bekommen, stets auf. Rechnen Sie ruhig schriftlich, und machen Sie sich Notizen zu Lösungsansätzen.

Authentizität: Bitten Sie um Hilfe, und bleiben Sie sich treu

So weit die Theorie – was aber tun, wenn der Test eine gefühlte Katastrophe war, Sie es nicht geschafft haben, das Thema Ihrer Masterarbeit allgemeinverständlich zu erklären, und Sie sich noch dazu bei der Case Study verrechnet haben? Erste Hilfe bei Stress und Panik leistet folgende Regel: Bitten Sie um Hilfe! Konkret bedeutet das: Sagen Sie, dass Sie nervös sind, und nehmen Sie sich eine Minute zum Durchatmen. Allein das Ansprechen Ihrer Aufregung wird Ihnen etwas Erleichterung verschaffen. Bitten Sie um Hilfe, wenn Sie im Case partout nicht mehr ein noch aus wissen. Gute Consultants kennen auch ihre eigenen Grenzen und wissen, wann sie sich Unterstützung holen müssen. Sie werden Ihnen Ihre Nervosität in der Regel nicht negativ auslegen, wenn Sie in der Lage sind, sich aus der Panikfalle zu befreien und das Gespräch beziehungsweise den Case anschließend vernünftig abzuschließen.

Bleiben Sie sich dabei immer treu, und investieren Sie keine Energie darin, sich zu verstellen. In einem Berufsalltag, in dem Zwölfstundentage eher die Regel als die Ausnahme sind, sollten Sie sich auch am Ende eines Projekts noch im Teamraum wohlfühlen. Wenn Sie aber bereits im Verlauf des Bewerbungstages das Gefühl bekommen, dass Sie und die Unternehmensberatung, bei der Sie sich beworben haben, nicht gut zusammenpassen, sollten Sie sich die Freiheit nehmen, weiterzusuchen.

Wie Case-Interviewende ticken

von Fedon Moog

Zu einem erfolgreichen Bewerbungsgespräch gehört eine kleine Portion Magie. Sicherlich, Sie können sich inhaltlich blendend vorbereiten, Dutzende Ratgeber lesen, Cases üben, im Internet recherchieren – Ihr Interview kann trotzdem schiefgehen. Meistens hat das zwei Gründe. Erstens: Sie denken zu viel an sich und zu wenig an Ihre Gesprächspartner:innen. Zweitens: Sie gehen (fälschlicherweise) davon aus, Interviews seien standardisierte, binäre Angelegenheiten, in denen es nur richtig oder falsch gibt. Das ist genau die Haltung, mit der Sie scheitern werden. Denn Berater:innen sind auch nur Menschen, die man am besten auch wie Menschen behandelt. Überzeugen Sie Ihre Gesprächspartner:innen, auch emotional.

Interviews werden meistens von Berater:innen durchgeführt. Das bedeutet, Ihnen sitzt kein psychologisch ausgebildeter Personalmensch gegenüber. Zwar haben die meisten Interviewer:innen einige Seminare besucht, um gute Bewerbungsgespräche zu führen. Berater:innen sind dennoch in der Regel keine Interviewprofis, sondern Beratungsprofis. Versetzen Sie sich also in die Lage Ihres Gegenübers: In welcher Situation befinden sich Ihre Gesprächspartner:innen, wenn sie ein Interview führen? Und was würde Sie an den Bewerber:innen interessieren, wenn Sie auf der anderen Seite säßen?

Berater:innen gehen davon aus, dass die Welt durch Vereinfachung besser zu verstehen ist. Helfen Sie Ihrem Gegenüber: Sagen Sie einprägsame Dinge mit simplen Worten. Etwas, das im Gedächtnis haften bleibt. Natürlich waren Sie auf einer guten Uni, können beeindruckende Abschlüsse vorweisen und sich in endlosen Schachtelsätzen kompliziert ausdrücken. Wenn Sie das gern tun, dann gehen Sie am besten an die Uni, nicht in die Beratung. Präsentieren Sie sich also kompakt und klug!

Im Interview ist Ihr Gegenüber Ihr Kunde, den Sie überzeugen wollen. Bedenken Sie, dass Berater:innen ein anstrengendes Leben führen (Hotels, Meetings, Präsentationen, Flüge, Telefonkonferenzen etc.) – unterhalten Sie sie, und wecken Sie den Menschen in ihnen. Vielleicht mit einer Anekdote, die sie zum Lachen bringt. Ein seltsames Hobby oder ein skurriles Praktikum wird Ihnen mehr helfen als eine endlose Aufzählung beruflicher Stationen.

Sie brauchen diese emotionale Verbindung: Wenn Sie mindestens eine:n Ihrer Interviewpartner:innen auf Ihrer Seite haben, erhöhen sich Ihre Erfolgschancen erheblich. Das liegt am Prozess der Interviewbewertung. Im Regelfall werden Sie von mehreren Berater:innen separat befragt und im Anschluss wird sich zur Beratung zurückgezogen. Wenn sich alle einig sind, dann rutschen Sie problemlos durch. Aber gerade Wackelkandidat:innen benötigen aktive Fürsprecher:innen, die für sie kämpfen. In einen solchen Kampf wird niemand ziehen, nur weil Sie den Case richtig gelöst haben (das haben vor Ihnen schon Hunderte geschafft).

Stellen Sie sich die meisten Berater:innen wie Diven vor. Zu einer Diva gehört eine Menge Kompetenz und ein Schuss Eitelkeit. Senior Consultants – diejenigen, die Sie interviewen – sind meistens seit einigen Jahren in der Beratung und haben dafür sehr viel (auf-)gegeben. Wenn Sie diese Opfer anerkennen, werden sich die Consultants verstanden fühlen. Bedauern Sie Ihr Gegenüber nicht, weil es selten zu Hause ist und wenig Zeit für Freund:innen hat – fragen Sie lieber: „Wie gehen Sie damit um, dass …?" Vergessen Sie nicht: Eitle Menschen reden gerne über sich. Sie möchten bewundert werden. Tun Sie Ihren Interviewpartner:innen den Gefallen. Lachen Sie mit ihnen, streicheln Sie ihr Ego, und geben Sie zu erkennen, dass ihr Projekt total spannend klingt. Das gehört schlicht zum guten Ton.

Über unterschiedliche Firmen, Altersgruppen und soziale Prägungen hinweg kann man drei Gruppen von Beratertypen beobachten: die Macher:innen, die Analytiker:innen und die Sozialen. Jede Gruppe legt in Gesprächen Wert auf unterschiedliche Aspekte. Wer im Interview Erfolg haben will, sollte sich diese Unterschiede bewusst machen. (Natürlich ist die Realität nicht ganz so einfach wie dieses Modell – aber Sie wollen ja in die Beratung!)

Die Macher:innen: Ergebnisse sind alles

Macher:innen unterbrechen schnell, bauen gerne (Zeit-)Druck auf und legen großen Wert auf Geschwindigkeit. Lassen Sie sich bloß nicht verunsichern, sondern legen Sie einen Zahn zu – auch wenn Sie damit höhere Risiken eingehen. Macher:innen werden Ihnen den Rundungsfehler im Kommabereich nicht vorwerfen. Halten Sie sich nicht zu sehr mit der Diskussion von Varianten Ihrer Annahmen auf – damit nerven Sie Macher-Berater:innen, die Sie dann nur noch öfter unterbrechen werden. Also: Zack, zack Richtung Ergebnis – und die vielen Abers besser außen vor lassen. Wenn Sie am Ende des Case ein falsches Ergebnis haben, wird Ihnen eine Macherin oder ein Macher das verzeihen. Haben Sie gar keins, dann haben Sie ein Problem.

Analytiker:innen: Stringenz zählt

Analytiker:innen sind der Gegenpol der Macher:innen. Schnell-schnell nehmen sie als oberflächlich wahr, eine spontane Antwort empfinden sie als „aus der Hüfte geschossen". Sie schätzen einen guten Plan und das Abwägen von Varianten. Logik und Gründlichkeit gehen vor Zwischenergebnissen und „Nase". Sie erkennen Analytiker:innen daran, dass sie grundsätzlich ruhig sind und eher langsam sprechen. Sie werden weniger, dafür aber durchdachtere Fragen stellen. Finden sie eine Inkonsistenz in Ihrer Antwort oder im Lösungsvorgehen, werden sie anfangen zu bohren, bis Sie entweder den Fehler einsehen oder das Gespräch beendet ist. Vermeiden Sie in jedem Fall Emotionalität; knicken Sie nicht zu schnell ein – Analytiker:innen wissen Sturheit zu schätzen. Gehen Sie lieber etwas langsamer und dafür genauer vor.

Die Sozialen: Der Mensch zählt

Die scheinbar angenehmsten Interviewer:innen sind die Sozialen. Sie sind Menschenversteher:innen, die oft flexibler, nahbarer, weniger penetrant als Macher:innen und weniger scharf als Analytiker:innen wirken. Dumm nur, dass diese Sorte Interviewer:in auch am schwersten mit Fakten zu überzeugen ist. Hier hilft es, den Kopf kurz auf Stand-by-Modus zu schalten und sich auf das Gefühl zu verlassen. Die Sozialen interessieren sich für die Schnittmenge an Chemie zwischen sich selbst, Ihnen und der Firma. Teilen Sie vielleicht Hobbys, Erfahrungen im Studium, haben Sie in derselben Stadt gewohnt? Sagen Sie es ihnen. Behandeln Sie die Sozialen eher wie eine Kneipenbekanntschaft in Köln. Aber Vorsicht: Duzen Sie sie nicht, und überschreiten Sie ebenso wenig die Respektgrenzen. Zeigen Sie sich so, wie Sie sind – alles andere werden die Sozialen Ihnen wahrscheinlich sowieso nicht abnehmen.

Interviewtipps für fachfremde Bewerberinnen und Bewerber

von Fedon Moog

Unternehmensberatungen bezeichnen sich gerne als „offen für Bewerber:innen aller Fachrichtungen". Das klingt gut und muntert eine Kunsthistorikerin oder einen Kunsthistoriker mit überschaubaren Jobaussichten möglicherweise auf. Freuen Sie sich allerdings nicht zu früh. Denn gerade fachfremde Kandidat:innen müssen Hürden im Interview überwinden, bei denen der Exotenstatus im schlimmsten Fall auch hinderlich sein kann.

Der Regelfall: Interviewende mit Wirtschaftshintergrund befragen Exot:innen

Fachfremde Bewerber:innen, also solche ohne einschlägige Wirtschaftskenntnisse, werden oft als etwas Besonderes behandelt, weil die Interviewer:innen nicht so recht wissen, was sie tatsächlich vom vermeintlichen Paradiesvogel verlangen können. Denn die meisten Interviewer:innen – Exotenquote hin oder her – sind eben doch BWLer:innen und artverwandte Exemplare. Deswegen fragen sie sich, ob ihr Case „exotentauglich" ist. Ob vielleicht eine Modifikation erforderlich ist. Wie so eine Exotin oder ein Exot überhaupt an ein Problem herangeht. So viel Unsicherheit gegenüber unserer Kunsthistorikerin oder unserem Kunsthistoriker kann dazu führen, dass sie einen weichgespülten Case lösen dürfen, der nahezu keine BWL-Fachkenntnisse erfordert.

Aber auch dieser glückliche Regelfall bedeutet nicht, dass Keine-Ahnung-Haben eine Option ist. Natürlich müssen Sie auch – und vor allem als Fachfremde:r – die gängigen Frameworks beherrschen; das ist nicht zuletzt eine Frage des Respekts gegenüber Ihrem potenziellen künftigen Arbeitgeber. „Weichgespült" kann bedeuten, dass die Interviewer:innen nicht die verschiedensten Bilanzpositionen nach unterschiedlichen Rechnungskonventionen erläutert haben wollen. Eine Fachfremde oder ein Fachfremder zu sein wird Sie aber nicht davon entbinden, die Grundrechenarten zu beherrschen und Geschäftssinn zu zeigen.

Abweichend vom Normalfall gibt es zwei Extreme. Die Variante: „Der soll als Exot erst recht zeigen, dass er etwas von BWL versteht." Und die Variante: „Die soll beweisen, dass sie wenigstens in ihrem Fachgebiet spitze ist."

Um sich auf BWL-Extrem-Prüfer:innen vorzubereiten, lesen Sie die einschlägigen Ratgeber, und lernen Sie vor allem die technischen Teile (Bilanzposten, GuV, Cashflow, buchhalterische Grundregeln etc.). BWL-Extrem-Interviewer:innen werden nicht von Ihnen verlangen, dass Sie alles können. Wenn Sie aber mit dem einen oder anderen Fachterminus glänzen und im Großen und Ganzen eine akzeptable Figur machen, dann haben Sie sie für sich gewonnen. Um hier zu bestehen, müssen Sie nur ein wenig büffeln, mehr nicht. Schließlich sind die Grundlagen der BWL keine Hexerei.

Selbst wenn Sie folgenden Hinweis für selbstverständlich halten: Seien Sie niemals – auch nicht gegenüber den Extrem-BWLer:innen – arrogant. Es mag ja durchaus sein, dass die BWL eine der vermutlich jüngsten Hilfswissenschaften ist (insbesondere im Vergleich zur Mathematik, Physik, Philosophie etc.). Es mag auch sein, dass Ihnen die vereinfachten Problemstellungen der klassischen BWL eher banal vorkommen. Aber es wird einen Grund geben, warum sich Ihre Interviewerin oder Ihr Interviewer dafür entschieden hat. Seien Sie also nett, freundlich und offen.

Der schwierigere Fall: Fachfremde Interviewende befragen fachfremde Bewerber:innen

Schwieriger ist es, wenn fachfremde Bewerber:innen von fachfremden Interviewer:innen geprüft werden. Sind Ihre Interviewer:innen selbst als Exot:innen eingestiegen, wissen sie aus Erfahrung, was auf Sie zukommt – genau deswegen werden Sie auch von ihnen befragt. Jetzt müssen Sie aufpassen, denn es kann durchaus sein, dass Ihre Interviewerin oder Ihr Interviewer das Gleiche studiert hat wie Sie.

Als Erstes wird die Interviewerin oder der Interviewer herausfinden wollen, ob Sie auf Ihrem Fachgebiet wirklich so viel Expertise haben, wie Sie in der Papierbewerbung angegeben haben. Es ist (leider) keine Ausnahme, dass Interviewer:innen Bewerber:innen vor sich sitzen haben, die als Studienschwerpunkte Internationale Politik, Internationale Wirtschaftspolitik, Politische Theorie oder Philosophie angeben und bei fachspezifischen Fragen maximale Ahnungslosigkeit beweisen. Grundbegriffe und Überblickswissen Fehlanzeige? So wird das nichts.

Machen Sie es besser. Wenn Sie schon wenig Ahnung von BWL haben, dann sollten Sie wenigstens Ihr Studiengebiet extrem gut beherrschen. Wenn Sie auch hier wenig zu bieten haben – dann tun Sie nicht so als ob. Lassen Sie alles, was Sie im Interview nicht mit fundiertem Wissen belegen können, in Ihrer Papierbewerbung weg. Es besteht die Gefahr, dass Sie als Blender:in dastehen – und Sie gerade deswegen nicht den Einstieg schaffen.

Neben Ihrem fachspezifischen Know-how werden fachfremde Interviewer:innen Ihre Beratungsfertigkeiten sehen wollen. Es geht darum zu zeigen, dass Sie in Ihrem Wissensgebiet das kleine Beratungseinmaleins anwenden können: Gehen Sie strukturiert an das Problem heran? Wenden Sie die 80/20-Regel an? Kommen Sie auf den Punkt? Konzentrieren Sie sich auf das Wesentliche, gerade dann, wenn Sie sehr viel Expertise auf einem Fachgebiet mitbringen?

Gerne werden Fachfremde mit komplizierten akademischen Abschlussarbeiten darum gebeten, ihr Werk in wenigen Sätzen für jedermann verständlich darzustellen. Bereiten Sie sich auf so eine Frage vor. Erklären Sie Ihrer Oma, was Sie in der Robotik eigentlich vier Jahre lang gemacht haben. Wenn Oma kapiert, wieso dieser Leiter, an dem Sie geforscht haben, die Menschheit weiterbringt, dann sollten es Ihre Interviewerpartner:innen auch verstehen.

Unterschiedliche Case-Typen erfolgreich meistern

von Dr. Stephan Baur

Im Recruiting-Prozess von Unternehmensberatungen sind Case-Bearbeitungen an der Tagesordnung. Nach einer Begrüßung könnte Ihr Bewerbungsgespräch mit der Aufforderung starten: „Erstellen Sie bitte ein Marketingkonzept für ein Hotel!" Sie haben sich noch nie mit Marketing beschäftigt und kennen die Tourismusindustrie nur als Gast? Dennoch kein Grund, nervös zu werden! Selbst wenn Sie einschlägige Vorkenntnisse in der Branche besitzen, werden die Interviewer:innen genauer nachbohren, um zu sehen, wie Sie auf Fragen und Einwände reagieren. Lassen Sie sich nicht aus dem Konzept bringen!

Aber warum verwenden Unternehmensberatungen diese Fallstudien und Aufgaben, deren Lösung Bewerber:innen nicht kennen können? Cases sollen Bewerber:innen in eine Situation versetzen, mit der Unternehmensberater:innen jeden Tag konfrontiert sind: Sie müssen sich schnell in neue und ungewohnte Situationen hineindenken und zügig ein Lösungskonzept für eine definierte Aufgabenstellung erarbeiten. Mithilfe eines Case können die Interviewenden schnell erkennen, wie eine Kandidatin oder ein Kandidat eine derartige Aufgabe bewältigen kann. Die Kriterien, die im Rahmen eines Case abgeprüft werden können, sind vielfältig: Die Fähigkeit zu strukturieren, analytisches und logisches Denken sowie Kreativität sind im Interview immer gefragt. Man sollte sich jedoch nicht abschrecken lassen: Mit der richtigen Vorbereitung schaffen Sie die besten Voraussetzungen, um jeden Case zu lösen.

Der Abschätzungs-Case

Wie oft drückt ein Consultant täglich die Enter-Taste einer PC-Tastatur? Wie viele gebrauchte Autos wechseln in Deutschland jährlich ihre Besitzerin oder ihren Besitzer? Wie viele Fußbälle gibt es in Europa? Die Themenstellungen in Abschätzungs-Cases sind unerschöpflich und unberechenbar. Hier gilt es, strukturiert an die Lösung heranzugehen, damit Sie alle wesentlichen Aspekte in Ihren Überlegungen berücksichtigen. Ihnen fehlen wichtige Informationen? Fragen Sie nach – in der Regel verraten Ihnen die Interviewer:innen dann mehr Details. Wenn nicht, nehmen Sie die erhaltenen Informationen als Basis und treffen Sie Annahmen. Bringen Sie dabei Ihre eigene Lebenserfahrung ein: Denken Sie an das Tippen Ihrer Abschlussarbeit, die Anzahl an Gebrauchtwagenverkäufen im Bekanntenkreis und die Fußballvereine aus Ihrer Stadt. Sicherlich helfen Ihnen diese Erfahrungen im Case weiter und geben Ihnen auch Ansatzpunkte, um sich selbst Abschätzungs-Cases zur Übung zu überlegen. Zudem hilft es, wenn Sie eine ungefähre Vorstellung von den Einwohnerzahlen in Deutschland haben oder der Stadt, in der Sie wohnen.

Der Business Case

Business Cases geben Unternehmensberatungen die Möglichkeit, die Fähigkeiten ihrer Bewerber:innen unter praxisnahen Voraussetzungen zu beurteilen. Viele der Cases beruhen auf tatsächlichen, aber stark vereinfachten Projekterfahrungen der Berater:innen und geben Bewerber:innen einen guten Einblick in die Beratungstätigkeit und eine typische Projektsituation. Oft werden auch offene Fragen formuliert: Stellen Sie sich vor, Sie haben eine Million Euro zur Verfügung und möchten ein Unternehmen gründen. Welche Branche wählen Sie? Zeigen Sie die Profitabilität Ihres

Unternehmens auf. Ein Verständnis für wirtschaftliche Grundbegriffe ist von Vorteil - auch wenn Sie keinen wirtschaftswissenschaftlichen Hintergrund mitbringen. Ein gutes Allgemeinwissen und Erfahrungen aus Praktika und Studium helfen, um die Interviewer:innen mit realitätsnahen Grundannahmen zu beeindrucken.

Wenn Sie in die Detailanalyse eines Business Case eintauchen, versetzen Sie sich in die Lage des Unternehmens. Um zu vermeiden, dass Sie sich in den zahlreichen potenziellen Problemstellungen verlieren, bieten Sie Ihrem Gegenüber früh eine Grundstruktur für Ihren Lösungsansatz an. So können Sie rasch in die Diskussion mit einsteigen und eventuell einzelne Aspekte ausklammern.

Im Rahmen aller dieser Cases kann es auch sein, dass Sie quantitative Abschätzungen (im Kopf oder auf dem Papier) machen sollen. Dies wird Ihnen sicherlich dank Ihrer guten Vorbereitung und der Wiederholung der Grundrechenarten keine Probleme bereiten. Sollten Sie sich dennoch einmal verrechnen, dann bemühen Sie sich, nicht nervös zu werden, sondern gehen Sie nochmals in Ruhe den Rechenweg durch.

Es kommt vor, dass Business Cases auch von einer Gruppe von Bewerber:innen gelöst werden sollen, um deren Teamfähigkeit zu beobachten. Finden Sie Ihre Rolle im Team! Allerdings kann nicht jeder Wortführer:in sein. Beteiligen Sie sich aktiv an Diskussionen und Analysen, und treiben Sie nicht nur stumm Ihre eigene Analyse voran. Reflektieren Sie im Vorfeld Teamerfahrungen aus Studium oder Praktika: Auf welche Stärken können Sie sich verlassen, und wobei benötigen Sie Unterstützung?

In der Vorbereitung auf den Business Case kann es hilfreich sein, sich mit Grundzügen der Betriebswirtschaft, wie zum Beispiel einer Gewinn-und-Verlust-Rechnung oder einer Bilanz, aber auch mit den einschlägigen Lösungsmodellen wie Porters Five Forces oder den 4 Ps des Marketing vertraut zu machen, die in diesem Ratgeber im Kapitel „Frameworks zur Bearbeitung von Cases“ (ab Seite 106) näher betrachtet werden. Interviewer:innen kennen oft die angewendeten Modelle und werden deshalb nicht sonderlich beeindruckt sein. Sie sollten diese Modelle also nur als Starthilfe betrachten und eigene Ansätze entwickeln.

Der Brainteaser

Eineinhalb Hühner legen an eineinhalb Tagen genau eineinhalb Eier. Wie viele Eier legt ein Huhn an einem Tag? Falls Sie nicht das Glück hatten, bereits während Ihrer Vorbereitung über den gefragten Brainteaser gestolpert zu sein, gilt es Ruhe zu bewahren. Ihre Analysefähigkeit und Ihr Vorstellungsvermögen werden in dieser Situation auf die Probe gestellt. Oft landen Sie bei Ihrem Lösungsweg in einer Sackgasse und müssen noch mal von vorne anfangen. Dies bedeutet jedoch nicht, dass Sie gescheitert sind. Sie sollten Ihre Überlegungen aussprechen, eventuell geben die Interviewer:innen Ihnen zusätzliche Hinweise. Ändern Sie Ihren Blickwinkel, und überzeugen Sie sie auch mit unkonventionellen Ansätzen. Vermutlich sind Sie so auch darauf gekommen, dass ein Huhn an einem Tag genau zwei Drittel Eier legt.

Neben den verschiedenen Fallstudien sollten Sie im Bewerbungsgespräch eines nicht vergessen: Überzeugen Sie durch Ihre Persönlichkeit. Ihre Gesprächspartner:innen suchen neben Ihrer fachlichen und analytischen Klasse auch zukünftige Kolleg:innen, die neue Perspektiven einbringen und mit denen die Arbeit Spaß macht.

Case Studies und Brainteaser zur Übung finden Sie im vierten Kapitel.

Tipps für Case-Interviews:

1. **Bleiben Sie ruhig!** Lassen Sie sich nicht unter Druck setzen. Sollten Sie merken, dass Ihre Antwort nicht den Vorstellungen Ihres Gegenübers entspricht, bewahren Sie Ruhe. Wichtig ist, dass Sie weiterhin konzentriert bleiben und nach Alternativen suchen. Übrigens: Man muss nicht alle Fragen richtig beantworten, um bei einer Bewerbung Erfolg zu haben.
2. **Strukturieren Sie!** Die Aufgabenstellungen eines Case sind mitunter sehr komplex. Umso wichtiger ist eine strukturierte Herangehensweise. Geben Sie Ihrem Gegenüber das Gefühl, dass Sie durch Ihre eigene Ordnung der Themenbereiche die Problemstellung verstehen und im Griff haben. So wird es für Sie auch leichter, nach Detailausführungen zu den Kernpunkten des Case zurückzufinden. Als hilfreich erweist es sich hierbei auch, die Aufgabenstellung und die Annahmen des Case zu notieren, sodass Sie sich während der Bearbeitung immer sicher sein können, dass Sie die richtige Frage beantworten.
3. **Arbeiten Sie ergebnisorientiert!** Verlieren Sie sich nicht in Details, und beziehen Sie sich immer wieder auf die Ausgangsfrage. So gelingt es Ihnen, in der gesetzten Zeit die geforderte Lösung zu erarbeiten. Bedenken Sie: Die Dauer des Interviews ist begrenzt. Je schneller Sie zu einer Lösung kommen, desto mehr Zeit haben die Interviewer:innen, Sie durch weitere Fragen als interessante Gesprächspartnerin oder interessanten Gesprächspartner kennenzulernen.
4. **Teilen Sie Ihre Gedanken!** Ein richtiges Ergebnis im Case genügt nicht für den Interviewerfolg. Der Lösungsansatz spielt eine entscheidende Rolle. Sie sollten also die Interviewer:innen an Ihren Überlegungen teilhaben lassen, um zu zeigen, dass Sie die Problemstellung erfasst und eine gute Lösung erarbeitet haben.
5. **Stellen Sie Fragen!** Aus Ihrer Sicht fehlen Informationen für ein erfolgreiches Lösen des Case? Fragen Sie nach! Dies gilt ebenso, wenn Ihnen Einzelheiten während des Case unklar erscheinen.
6. **Begeistern Sie!** In der Unternehmensberatung müssen Sie Ihre Kunden überzeugen. Hierzu sollten Sie in der Lage sein, mit Ihren Ideen zu begeistern und Ihr Gegenüber mitzureißen. Das setzt neben der inhaltlichen Qualität Ihres Vortrags auch ein selbstbewusstes Auftreten und entsprechende kommunikative Fertigkeiten voraus.
7. **Seien Sie Sie selbst!** Zwar kommt es bei einer Fallstudie in erster Linie auf fachliche Kompetenz an. Dennoch werden sich die Interviewenden fragen, wie die Zusammenarbeit mit Ihnen im Team wäre. Arroganz und Überheblichkeit können hier trotz sehr guter Fachkenntnisse zum Ausschlusskriterium werden.
8. **Zeigen Sie sich auch bei virtuellen Case-Interviews von Ihrer besten Seite!** Im Rahmen des Bewerbungsprozesses kann es vorkommen, dass Sie einzelne Interviews virtuell führen. Die bisherigen Hinweise sind auch hier gültig. Zusätzlich gibt es für virtuelle Interviews noch das Folgende zu beachten: Stellen Sie sicher, dass Sie in einem ruhigen Raum ohne Nebengeräusche und Ablenkungen sind, und überlegen Sie sich, ob Sie den Hintergrund des Zimmers zeigen möchten oder einen geeigneten virtuellen Hintergrund wählen. Stellen Sie eine ausreichende Beleuchtung sicher und üben Sie im Sitzen zu präsentieren. Zuletzt: Stellen Sie sich Wasser und auch ggf. ein paar Snacks bereit.

Neun Stolpersteine beim Lösen von Cases

von Fedon Moog

Eine Menge Bewerbungsratgeber behaupten, Case-Interviews bei Unternehmensberatungen seien eine spezielle, maßgeschneiderte Angelegenheit. Das stimmt zwar in Bezug auf den Inhalt der Cases, aber nicht auf deren Beurteilung. Denn die Beurteilung der Leistung folgt ungeschriebenen, aber recht einheitlichen Standards. Firmenübergreifend sind die Kriterien für Erfolg, Mittelmaß und Scheitern ziemlich stereotyp. Welche Faktoren sind die wichtigsten, und welche Fehler führen mit hoher Sicherheit zur Ablehnung?

Cases sind zwar individuell – die Beurteilung ist aber einheitlicher, als man denkt

Unabhängig davon, bei welcher Unternehmensberatung Sie sich bewerben und wie selektiv das Unternehmen bei der Personalauswahl vorgeht – Berater:innen, die typischerweise ein Case-Interview mit Bewerber:innen durchführen, prüfen vier Faktoren: Struktur, Wissen, Geschäftssinn und Ergebnis. Natürlich werden Sie keine Beratung finden, die explizit genau diese oder nur diese vier Faktoren prüft. Dennoch: Es sind die wichtigsten Aspekte, die in eine Vielzahl von Einzelprüfungskriterien einfließen.

- **Struktur:** Bewerber:in entwirft einen Plan, hat diesen logisch strukturiert, folgt ihm und macht Annahmen während der Case-Bearbeitung transparent.
- **Verständnis:** Bewerber:in versteht den Case, und kennt sich zumindest grob mit dem (Geschäfts-)Umfeld aus, in dem der Case angesiedelt ist.
- **Gespür:** Geschäftssinn ist erkennbar. Bewerber:in fokussiert sich auf die businessrelevanten Fragestellungen.
- **Ergebnis:** Der Case endet mit einem (Zwischen-)Ergebnis, das mindestens plausibel, idealerweise auch richtig ist.

Als Faustregel gilt: Erfüllen Bewerber:innen alle vier Kriterien, haben sie den Case gemeistert. Drei von vier sind okay bzw. Mittelmaß. Weniger heißt: Die Bewerber:innen haben den Case nicht bewältigt. Ob das nun bedeuten muss, dass sie als künftige Mitarbeiter:innen nicht infrage kommen, hängt vom Unternehmen und dessen Auswahlstandards ab. Auch wenn es kaum eine Personalerin oder ein Personaler zugeben würde – von der Laune der Interviewpartner:innen hängt das Glück natürlich auch ab, vor allem bei Grenzfällen.

Was bedeuten die Bewertungskriterien nun in der Praxis? Am einfachsten ist es, einen exemplarischen Case durchzugehen, der einem auch im Interview begegnen könnte – mit dem Ziel, mögliche Stolpersteine zu (er)kennen und diesen geschickt auszuweichen.

Aufgabenstellung des exemplarischen Case

„Ein befreundeter Skilehrer möchte netto mehr verdienen. Ihm ist aufgefallen, dass es in seinem Skigebiet nur wenige Möglichkeiten gibt, Snacks und Getränke direkt auf der Piste zu kaufen. Er fragt Sie, ob es sich lohnen würde, wenn er mit einer Art mobilem Kiosk (im Sinne eines Bauchladens) im Skigebiet unterwegs wäre. Was raten Sie ihm?"

Auf den ersten Blick sieht dieser Case einfach aus. Es gibt wenige Zahlen und Fakten, der Case ist nicht kompliziert dargestellt. Zudem spielt er in einem Umfeld, das einigen Bewerber:innen möglicherweise bekannt ist (anders als vielleicht IT-Netzwerke, Backoffice-Prozesse einer Bank etc.). Doch hinter der Oberfläche stecken eine Reihe von Fallen, die sich auch in anderen Cases wiederfinden.

Struktur

Beratung lebt davon, unstrukturierten Kunden zu helfen, passende Lösungen zu finden. Meistens kennen die Kunden unendlich mehr Details ihrer Branche. Was vielen Kunden aber fehlt, sind die Methoden, um strategische Fragen zu beantworten. Hier können Berater:innen wie Sie helfen.

Fehler 1: zu breit denken
Das erste K.o.-Kriterium bei einem so breiten Case lauert darin, den Case nicht einzuschränken. Es ist zwar verlockend, die Frage des Skilehrers aus steuerlicher, rechtlicher, organisatorischer, logistischer, Marketing- und Pricing-Sicht zu beleuchten. Realistischerweise wird man das allerdings in 20 bis 35 Minuten nicht schaffen.

Eine mögliche Einschränkung könnte man vornehmen, indem man eines der vielen Frameworks anlegt. Wichtig ist, ein passendes Framework einzusetzen. Man könnte zum Beispiel Porters Five Forces einsetzen, alternativ auch eine Marketingbetrachtung (4 Ps) oder eine Gewinnabschätzung (Kosten/Umsätze im Vergleich zum aktuellen Nettoeinkommen des Skilehrers). Experimentieren Sie besser nicht zu viel – lieber ein bekanntes Framework als eine bunte Lösung, in der Sie und Ihre Gesprächspartnerin oder Ihr Gesprächspartner den Überblick verlieren.

Fehler 2: keinen Plan skizzieren
Natürlich sind Sie intelligent und clever. Deswegen wollen Sie auch Berater:in werden. Vielleicht glauben Sie, dass nur Halbschlaue einen Plan auf Papier skizzieren. Falsch! Ohne Plan werden Sie sich verrennen. Auf jeden Fall aber werden Sie Ihre Interviewerin oder Ihren Interviewer irgendwo auf Ihrem genialen, aber intransparenten Lösungsweg verlieren. Selbst wenn Sie begnadet sind – Ihr Gegenüber wird davon ausgehen, dass Sie keinen Plan haben. Also: Skizzieren Sie Ihr Lösungsvorgehen, und sprechen Sie es mit Ihrem Gegenüber durch. „Erstens schaue ich mir an…, zweitens werde ich…" Nutzen Sie die Gelegenheit, um klärende Fragen zu stellen.

Fehler 3: einen Plan haben, ihn aber nicht einhalten
Häufig fangen Bewerber:innen gut an: Sie denken nach, strukturieren das Problem und schreiben den Lösungsweg auf einen Zettel. Die Interviewer:innen freuen sich. Und dann passiert es leider, dass die Bewerber:innen sich von ihrem Plan lösen. Manchmal liegt das an der Aufregung: Man kann nicht mehr geradeaus denken und vergisst selbst, dass man ja einen Plan skizziert hat.

Manchmal aber liegt es auch an den Interviewer:innen, die Fragen stellen, um zu verunsichern, Druck aufzubauen oder einfach nur abzulenken. Sie wollen sehen, wie Sie mit solchen Situationen umgehen. Das Beste ist, freundlich, aber bestimmt darauf hinzuweisen, dass Sie nun die Bearbeitung des Case kurzzeitig unterbrechen, aber gleich zum Case zurückkehren werden. Wenn es zeitlich kritisch wird, weisen Sie darauf hin, dass die Beantwortung dieser Extra-Frage möglicherweise die finale Antwort auf die Frage des Skilehrers in Gefahr bringt. Damit zeigen Sie, dass Sie den Fokus auch unter Druck nicht verlieren.

Fehler 4: intransparent vorgehen
Angenommen, Sie haben sich dafür entschieden, für den Skilehrer das Gewinnpotenzial zu ermitteln, und Sie haben dieses Ziel mit Ihrer Interviewerin oder Ihrem Interviewer abgestimmt. Sie planen, zunächst die Umsatzseite zu analysieren, um besser zu verstehen, welche Produkte für welche Skifahrergruppen und zu welchem Preis angeboten werden könnten. Viele Bewerber:innen vergessen dabei jedoch, Ihr Gegenüber im detaillierten Denkprozess mitzunehmen.

Wenn Sie festlegen, nur Energy-Drinks anzubieten, von drei Euro pro Stück ausgehen und abschätzen, wie viele Skifahrer:innen auf der Piste an solchen Drinks interessiert wären, müssen Sie dies erklären. Es reicht nicht, sich einfach an das Flipchart zu stellen und „500 Euro pro Tag“ hinzuschreiben. Stellen Sie sich vor, Ihre Interviewerin oder Ihr Interviewer ist blind, und Sie wollen ihnen über den Gehweg helfen – auch in so einer Situation würden Sie erklären, was Sie nun genau machen und warum.

Verstehen

Oft heißt es, man brauche keinerlei Fachkenntnisse, um einen Bewerbungsprozess erfolgreich zu durchlaufen. Das mag in Ausnahmefällen stimmen. In der Regel müssen Sie aber zumindest sehr genau begreifen, um was es in einem Case eigentlich geht. Das setzt voraus, dass Sie den Case zu 100 Prozent durchdringen und das Umfeld des Case zumindest einschätzen können.

Fehler 5: den Case nicht verstehen
Logisch, Sie müssen nachvollziehen können, um was es in diesem Case geht. Bei dem Skilehrer-Case sollte das kein Problem sein. Schwierigkeiten kann es aber bereiten, wenn Sie zu etwas Untypischem aufgefordert werden, z. B. einen Umsetzungsplan bzw. einen Netzplan zu erstellen oder eine Rede zu halten. Grundsätzlich gilt: Wenn Sie auch nur einen Hauch Unsicherheit verspüren, ob Sie den Case richtig verstanden haben und die an Sie gestellte Aufgabe: Fragen Sie nach! Es ist besser zu fragen, als auf Verdacht in die falsche Richtung zu starten. Das könnte Ihnen als Mangel an Struktur ausgelegt werden. Zudem gilt: Interviewer:innen werden Ihnen Fragen fast immer nachsehen.

Um das richtige Framework für die Case-Lösung anzuwenden, müssen Sie das Umfeld verstehen, in dem der Case spielt. Sie müssen sich vorstellen können, wie das Geschäftsmodell in der Praxis aussieht. Sie müssen vernünftige Annahmen treffen können, etwa in Bezug darauf, was die meisten Skifahrer:innen interessiert, wie ein Skigebiet funktioniert und was ein Bauchladen ist. Wenn Sie noch nie Skifahren waren, dann haben Sie ein Problem. Der größte Fehler, den Sie jetzt machen können, wäre zu bluffen. Fragen Sie nach! Sagen Sie, dass Sie noch nie Skifahren waren. Tun Sie nicht so, als sei alles klar, wenn Sie in Wahrheit Zweifel haben.

Gespür

Ärgerlicherweise kann man Gespür nicht auswendig lernen. Streber:innen haben hier keine Chance. Den richtigen Riecher für ein gutes Geschäft, eine kreative Strategie oder einen vernünftigen Umsetzungsplan können Sie nicht üben. Interviewer:innen prüfen dieses schwer zu fassende Gespür oft unbewusst ab. Schließlich würden Berater:innen niemals zugeben, ein derartig schwammiges Kriterium heranzuziehen. Britische Berater:innen würden möglicherweise von „common sense" sprechen.

Fehler 6: weltfremd denken

Bei unserem Skilehrer-Case haben Sie viele Möglichkeiten, mangelnden Geschäftssinn zu beweisen. Sie könnten beispielsweise auf die Idee kommen, warme Snacks anzubieten (das wird logistisch kaum funktionieren). Sie könnten auch vorschlagen, Skistöcke anzubieten (Skifahrer:innen verlieren die Stöcke gelegentlich beim Liftfahren). Auch das ist keine sonderlich pragmatische Idee, weil Stöcke schwer sind und in sehr individuellen Größen angeboten werden. Beide Ideen sind hübsch, aber funktionieren wohl eher nicht.

Fehler 7: zu theoretisch vorgehen

Einer der größten Fehler von Bewerber:innen ist, dass sie einen Case verkomplizieren, anstatt ihn zu vereinfachen. Beim Skilehrer könnte das bedeuten, dass man nicht das Umsatzpotenzial (grob) überschlägt, sondern sich in vielfältigen Szenarien bezüglich der Produkt- und Kundenvarianten verirrt. Theoretiker:innen würden eine Matrix aufmalen, Kundensegmente nach Interesse und Alter aufzeigen, Einkaufskosten danebensetzen, sich vielleicht noch über Sourcing bestimmter Warengruppen Gedanken machen. Alles richtig, aber trotzdem nicht hilfreich. Eine so weitverzweigte Analyse lässt sich in der Kürze der Zeit kaum umsetzen.

Besser ist es, sich zunächst zu überlegen, wie vielen Skifahrer:innen unser mobiler Bauchladen überhaupt pro Tag begegnen könnte. Die Kundengruppen spielen bei dieser Betrachtung zunächst einmal keine Rolle. Ist die Zahl klein, macht eine Segmentierung keinen Sinn, weil die Geschäftsidee unseres Skilehrers vermutlich nicht funktionieren wird (es sei denn, er bietet hochpreisige Produkte mit großer Marge an).

Ergebnis

Berater:innen mögen geniale Strateg:innen sein. Der Kunde wird in der Regel aber nicht am Gedankenprozess seiner Berater:innen, sondern an einem Ergebnis interessiert sein. Dasselbe gilt für die Interviewer:innen. Auch wenn es seltsam klingen mag: Ihre Interviewer:innen sind Ihre Kund:innen. Sie wollen von Ihnen beraten werden. Vor allem aber wünschen sie sich eine Antwort auf ihre Frage. Kein Ergebnis zu liefern ist daher keine Option.

Fehler 8: gar kein Ergebnis liefern

Cases können eine eigenständige Dynamik entwickeln. Man startet mit dem Skilehrer, plaudert hier und da, schiebt noch einen Brainteaser dazwischen – und zack, die Zeit ist um. Das ist schlecht für die Interviewer:innen, zeigt es doch, dass sie den Prozess nicht sonderlich gut gemanagt haben. Es ist aber auch schlecht für Sie als Bewerber:in – denn im Zweifel wird notiert, dass Sie keine Lösung für den Case gefunden haben (auch wenn das ungerecht erscheinen mag).

Um sich abzusichern, sollten Sie Ihre (Zwischen-)Ergebnisse am Ende des Case darstellen. Vier Punkte sind hierbei wichtig:

- Was war die Aufgabe?
- Wie sind Sie die Aufgabe angegangen?
- Was haben Sie herausgefunden?
- Was empfehlen Sie?

Auch wenn man zu keinem konkreten Ergebnis gekommen ist, lässt sich das als Ergebnis darstellen. Wenn Sie also festgestellt haben, dass die Geschäftsidee des Skilehrers stark von der Größe des Skigebiets und von rechtlichen Rahmenbedingungen abhängt (Lizenz für den Bauchladen), verkaufen Sie diese Erkenntnis als Ergebnis. Das ist zwar nicht sonderlich spannend, aber besser als gar nichts.

Fehler 9: ein völlig unplausibles Ergebnis anbieten

Selbst wenn Sie einen tollen Plan herausgearbeitet haben, strukturiert vorgegangen sind, Zwischenfragen beantwortet haben – Sie sind am Case gescheitert, wenn Ihre Empfehlung komplett danebenliegt. Kommen Sie beim möglichen Umsatz auf 100.000 Euro pro Monat, dann sind Sie vielleicht ein bisschen zu optimistisch für die Beratung. Oder Sie haben tatsächlich eine geniale Geschäftsidee und sollten sich überlegen, ob Sie wirklich als Greenhorn in der Beratung anfangen wollen.

BWL-Basiswissen zur Case-Bewältigung

von Thiemo Purkart

Die Grundlagen der Betriebswirtschaftslehre (BWL) sowie deren Grundkonzepte sind eine wichtige Basis für die Arbeit in einer Unternehmensberatung. Zusammen mit den im nächsten Beitrag erläuterten Frameworks sind sie essenziell für die Bearbeitung von Case Studies. Die Modelle und Methoden der BWL basieren auf dem Grundsatz, dass Mittel und Waren in der Regel nicht unbegrenzt verfügbar sind. Die BWL umfasst den gesamten Prozess unternehmerischer Tätigkeiten von der Planung über die Organisation und die Steuerung bis hin zur Durchführung und Kontrolle. Grundlegend für die BWL ist das sogenannte ökonomische Prinzip. Es beschreibt die betriebswirtschaftliche Notwendigkeit, die nötigen Mittel zur Erreichung der Unternehmensziele möglichst ideal einzusetzen. Die Ziele (z. B. Nutzen-, Gewinn- oder Umsatzsteigerung) können auf verschiedene Art und Weise erreicht werden:

- **Minimalprinzip:** Bei vorgegebenem Ziel ist der Mitteleinsatz so gering wie möglich zu halten.
- **Maximalprinzip:** Bei vorgegebenem Mitteleinsatz ist das höchstmögliche Ziel zu erreichen.
- **Optimalprinzip:** Weder das zu erreichende Ziel noch die verfügbaren Mittel sind fest vorgegeben. Die Auswahl der besten Handlungsalternative erfolgt über eine Funktion, die die anfallenden Kosten dem erzielbaren Nutzen gegenüberstellt.

Grundlagen der Betriebswirtschaftslehre

Die Grundlagen der Betriebswirtschaftslehre bilden die einzelnen Funktionen innerhalb eines jeden Unternehmens. Alle hier genannten Funktionen spielen prinzipiell in jedem Unternehmen eine Rolle und sind lediglich je nach Branche oder Ausrichtung eines Unternehmens unterschiedlich stark ausgeprägt. Ein Dienstleistungsunternehmen beispielsweise hat in der Regel weniger stark ausgeprägte Logistikbereiche als ein Unternehmen aus dem produzierenden Gewerbe. Aber auch ein Dienstleistungsunternehmen greift auf „Lieferanten" (z. B. andere Dienstleister) zurück und betreibt eine „Produktion" (z. B. Wissensgenerierung, Wissensspeicherung), die gesteuert werden muss. Bei der Bearbeitung von Case Studies sind entweder einzelne Funktionen im Detail zu erläutern und ein spezifisches Problem zu lösen, oder es muss der übergreifende Zusammenhang der einzelnen Bereiche innerhalb und außerhalb des Unternehmens hergestellt werden.

Logistik

Die Logistik beschäftigt sich mit den Waren- und Informationsflüssen zwischen Lieferanten (Beschaffungsmarkt), Produktion, Lagern und Kunden (Absatzmarkt). Ebenso sind Abfallentsorgung und Recycling ein wichtiges Aufgabengebiet dieser Teildisziplin. Grosvenor Plowman hat mit der Formulierung der sogenannten Seven Rights eine bekannte Kurzdefinition der Logistik formuliert: Es gilt, das richtige Gut in der richtigen Menge, im richtigen Zustand, am richtigen Ort, zur richtigen Zeit, für den richtigen Kunden und zu den richtigen Kosten bereitzustellen.

Logistikkette nach Ihde

Produktionswirtschaft

Die Produktionswirtschaft behandelt die Planung und Steuerung von Produktionsprozessen sowie deren vor- und nachgelagerte Aufgaben, wie etwa die Bedarfsplanung oder Qualitätskontrolle. Im Allgemeinen unterscheidet diese spezielle Betriebswirtschaftslehre (SBWL) nach der Art der Produkterzeugung zwischen Fertigungs- und Prozessindustrie. In der Fertigungsindustrie werden Produkte in der Regel durch die Montage einzelner Bauteile hergestellt (z. B. Autoindustrie, Maschinenbau etc.). Die Prozessindustrie erzeugt Waren im Zuge durchgängiger Produktionsprozesse, die als Ergebnis stets eine bestimmte Menge, wie etwa Gewicht oder Volumen, eines Produkts haben (z. B. Chemie-, Stahl-, Pharmaindustrie etc.).

Marketing

Das Marketing setzt sich zum Ziel, betriebswirtschaftliche Entscheidungen optimal an den Anforderungen des Marktes auszurichten. Im sogenannten Marketingmix werden die langfristig geplanten Vorgaben in konkrete Aktivitäten betreffend Produkt (Product), Preis (Price), Kommunikation (Promotion) und Distribution (Placement) umgesetzt. Mit der steigenden Bedeutung des Dienstleistungssektors wurde der klassische Marketingmix um die Perspektiven Personal, Prozesse und physisches Umfeld erweitert, um die besonders in diesem Industriesektor relevanten Aspekte zu erfassen.

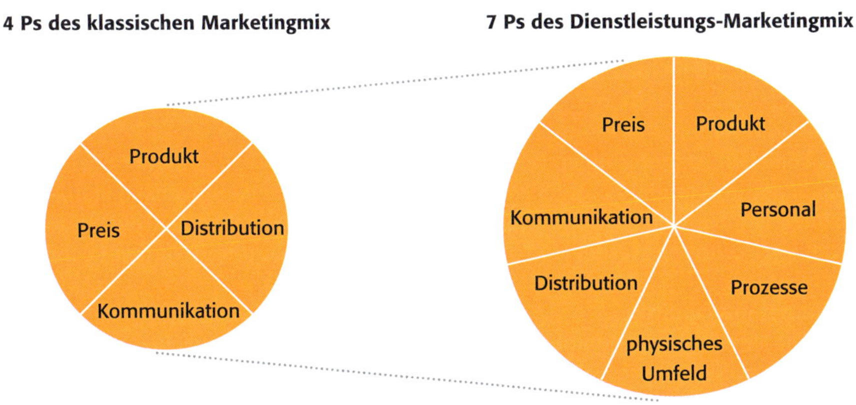

Marketingmix nach Homburg

Finanzwirtschaft

Die Finanzwirtschaft beschäftigt sich mit drei wichtigen Aufgaben unternehmerischen Handelns: Beschaffung von Kapital, Investition und Risikomanagement. Bei der Finanzierung von Unternehmenszielen kommen der Absatzmarkt für die eigenen Produkte, aber auch die Mittel des Kapitalmarktes zum Einsatz. Durch die finanzielle Bewertung von Investitionsalternativen werden Entscheidungshilfen gegeben, wie das Kapital des Unternehmens optimal eingesetzt werden kann. Im Rahmen des Risikomanagements erfasst und bewertet die Finanzwirtschaft die Risiken des unternehmerischen Handelns, wie etwa Kredit- und Anlagerisiken, Umweltrisiken oder auch Produkt- und Absatzrisiken. Nach nationalem und internationalem Gesetz (z. B. Aktiengesetz, Sarbanes-Oxley-Act – SOX etc.) sind zahlreiche Unternehmen gesetzlich verpflichtet, ihren Fortbestand durch gezieltes Risikomanagement abzusichern.

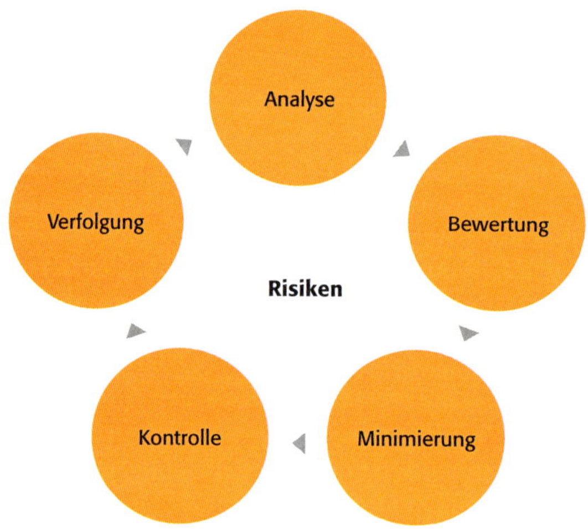

Regelkreis des Risikomanagements

Internes und externes Rechnungswesen

Im Rechnungswesen werden Methoden und Werkzeuge entwickelt und eingesetzt, die es ermöglichen, Finanzströme innerhalb und außerhalb des Unternehmens zu erfassen und einzelnen Situationen und Positionen zuzuordnen. Das interne Rechnungswesen bildet mit der Kosten- und Erlösrechnung die Grundlage zur Steuerung und Kontrolle unternehmensinterner Leistungserbringung durch das Unternehmens-Controlling. Das externe Rechnungswesen unterliegt meist handels- und steuerrechtlichen Anforderungen (z. B. Handelsgesetzbuch – HGB, International Financial Reporting Standards – IFRS etc.) und dokumentiert die Vermögens-, Finanz- und Ertragslage des Unternehmens für Außenstehende. Die wichtigsten Elemente des externen Rechnungswesens sind die Bilanz sowie die Gewinn-und-Verlust-Rechnung.

Unternehmenspolitik

Mit der Unternehmenspolitik legt ein Unternehmen fest, auf welchen Gebieten es tätig ist und welche Verhaltensgrundsätze für diese Tätigkeiten gelten müssen. Die wichtigste Aufgabe der Unternehmenspolitik besteht darin, den verschiedenen Interessen von Eigentümer:innen (Shareholder) und anderen Anspruchsteller:innen

(Stakeholder; z. B. Angestellte, Kunden, Lieferanten etc.) gerecht zu werden. In jüngster Vergangenheit sind die Aufgaben der Unternehmenspolitik unter dem Begriff „Corporate Governance" in den Mittelpunkt des öffentlichen Interesses gerückt.

Organisation und Personalwesen

Das Organisationsmanagement beschäftigt sich mit der Aufbau- und Ablauforganisation eines Unternehmens, in neuerer Zeit auch mit der Systemkonfiguration. Die Aufbauorganisation, z. B. visualisiert durch ein Organigramm, legt fest, wie einzelne Arbeitsschritte im Unternehmen aufgeteilt werden. Die wichtigsten Bausteine der Aufbauorganisation sind dabei u. a. Betriebsstätten und Werke, aber auch kleinere Einheiten wie etwa Abteilungen, Stabsstellen oder Berichtslinien. Die Ablauforganisation bestimmt und optimiert die Koordination zwischen den Organisationseinheiten zur Erstellung der gesamtbetrieblichen Leistungen. Die resultierende Form von Aufbau- und Ablaufstruktur hat wiederum großen Einfluss auf die Gestaltung und Anpassung der Systemkonfiguration. Die Systemkonfiguration definiert, welche Arbeitsmittel den einzelnen Einheiten der Aufbauorganisation zur Verfügung stehen, und legt fest, wie die Ablauforganisation dadurch unterstützt wird, z. B. durch Kommunikations- und Informationssysteme.

Die Hauptaufgaben des Personalwesens liegen in der Personalführung (Personalplanung und -entwicklung, Kommunikation etc.) und der Personalverwaltung (Personaleinsatz und -betreuung, Lohn- und Gehaltswesen etc.). Auch diese Disziplin der BWL unterliegt zahlreichen Gesetzen und Regelungen. International agierende Unternehmen müssen sich dabei mit einer Vielzahl unterschiedlicher Bestimmungen auseinandersetzen, um eine gleiche und faire Behandlung der Mitarbeiter:innen zu gewährleisten.

Informationsmanagement

Informationsmanagement ist einer der am stärksten wachsenden Bereiche in heutigen Unternehmen. Das Informationsmanagement bekommt insbesondere dann großes Gewicht, wenn es darum geht, Informationen und Daten aus verschiedenen Bereichen und den dort genutzten Informations- und Anwendungssystemen innerhalb eines Unternehmens oder z. B. auch nach Fusionen allgemein zugänglich und auswertbar zu machen. Die drei Kerninformationstypen, die zur Steuerung eines Unternehmens benötigt werden, sind:

- Informationen, die eine Aussage über die Zielerreichung der Unternehmensstrategie ermöglichen
- Informationen, die zur Erfüllung rechtlicher und anderer Verpflichtungen dienen
- Informationen, die die Mitarbeiter:innen des Unternehmens benötigen, um ihre täglichen Aufgaben optimal zu erfüllen

Das Informationsmanagement ist eine der wichtigsten Querschnittsfunktionen im Unternehmen, da es insbesondere durch die Bereitstellung der Informations- und Systeminfrastruktur die Arbeitsgrundlage für die meisten anderen Unternehmensbereiche schafft. Mit dem Informationsmanagement wird unternehmensweit festgelegt, wie und wo Informationen gespeichert werden, wer Zugang zu diesen Informationen braucht und bekommt sowie welche Werkzeuge zur Analyse und Nutzung der Daten bereitgestellt werden.

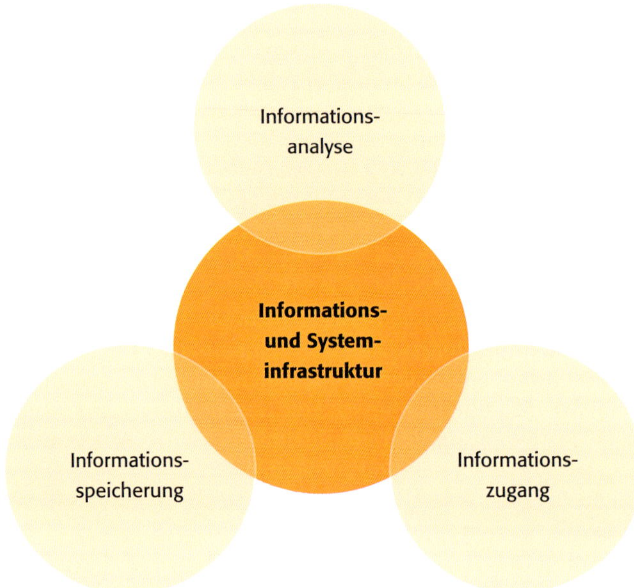

Kerngebiete des Informationsmanagements

Betriebswirtschaftliche Grundkonzepte

Die im Folgenden erläuterten betriebswirtschaftlichen Grundkonzepte bilden – gemeinsam mit den im nächsten Beitrag beschriebenen Frameworks – die Grundlage für die Bearbeitung von Case Studies. Häufig stehen diese Grundkonzepte im Kontext mit den oben aufgeführten Funktionen innerhalb jedes Unternehmens. Bei Fragestellungen aus dem Bereich Marketing spielen oftmals die Konzepte zur Preispolitik eine Rolle, in der Produktionswirtschaft dagegen Skalen-, Verbund- und Dichtevorteile sowie Erfahrungskurven und Produktlebenszyklen. Für Case Studies aus den Bereichen Finanzwirtschaft oder Rechnungswesen werden häufig die Gewinn-und-Verlust-Rechnung, die Bilanz oder bestimmte Kennzahlen benutzt.

Preispolitik
Die Preispolitik beschäftigt sich maßgeblich mit den zwei wichtigsten Marktfaktoren eines Produkts: der Preisuntergrenze und der Preisobergrenze. Die Preisuntergrenze lässt sich aus den Material- und Produktionskosten der Herstellung berechnen und definiert somit die Gewinnschwelle. Die Preisobergrenze ist in der Regel marktorientiert und wird unter anderem von den Preisen konkurrierender Unternehmen oder auch dem Kaufverhalten der Kundschaft beeinflusst. Das Ziel der Preispolitik ist die Maximierung des Gewinns, der mit einzelnen Produkten oder Dienstleistungen erzielt werden kann. Die gängigsten Preisstrategien sind die Festpreisstrategie (Hochpreis- oder Niedrigpreisstrategie), die Wettbewerbspreisstrategie (Preisführer, -folger oder -kämpfer) und die Preisabfolgestrategie (mit der Zeit sinkende oder mit der Zeit steigende Preise; auch als Abschöpfungs- bzw. Penetrationsstrategie bekannt).

Skalen-, Verbund- und Dichtevorteile

In der BWL spricht man von Skalenvorteilen (Economies of Scale), wenn sich die produzierte Menge über die Zeit stärker vergrößert als die Menge der dafür eingesetzten Mittel. Die häufigsten Ursachen für das Auftreten von Skaleneffekten sind steigende Automatisierung, effizientere Arbeitsteilung und Produktionsstätten sowie die Erfahrungskurve. Skaleneffekte können ein entscheidender Faktor in der Preispolitik sein, ermöglichen sie es doch einem Unternehmen, ein Produkt mit der Zeit immer günstiger zu produzieren und somit entweder den Profit zu steigern oder den Preis zu senken.

Darüber hinaus lassen sich Kostenvorteile auch durch effektivere Produktionsmethoden oder eine sinnvolle Erweiterung der Produktpalette erreichen. Realisieren lassen sich diese sogenannten Verbundvorteile (Economies of Scope) beispielsweise durch die Nutzung derselben Produktionsstätten und -mittel für zusätzliche Produkte und Dienstleistungen. Dies führt zu einer Senkung des Anteils der fixen Kosten je Produkt oder Serviceleistung.

Eine dritte Möglichkeit, Kosten zu senken, ergibt sich, wenn die Nachfrage räumlich konzentriert ist. Diese Dichtevorteile (Economies of Density) lassen sich besonders bei Unternehmen realisieren, deren Produkte und Dienstleistungen im Transport von Gütern bestehen oder vom Anschluss an ein Versorgungsnetz abhängen, z. B. Post- und Paketdienste, Schienen- und Straßenverkehr, Wasser-, Strom- und Gasversorger etc.

Erfahrungskurve

Die Erfahrungskurve ergibt sich aus der Betrachtung der Auswirkungen von Skalen-, Verbund- und Dichtevorteilen. Anhand dieses Konzepts lässt sich aufzeigen, dass sich ein möglichst hoher Marktanteil zu Beginn eines Produktlebenszyklus vorteilhaft auf die langfristige Wettbewerbsfähigkeit auswirkt. Wichtig ist bei dieser Betrachtung, dass sich die Erfahrungskurve nicht auf die absolute Produktionsmenge bezieht, sondern auf die kumulierte. Vereinfacht ausgedrückt trägt dies der Tatsache Rechnung, dass man pro produzierter Einheit immer weniger dazulernen und somit optimieren kann. Die Erfahrungskurve ist branchenabhängig und lässt deshalb keine generellen Aussagen zu. Für das produzierende Gewerbe geht man davon aus, dass sich die Produktionsstückkosten bei einer Verdoppelung der kumulierten Produktionsmenge um 20 bis 30 Prozent senken lassen.

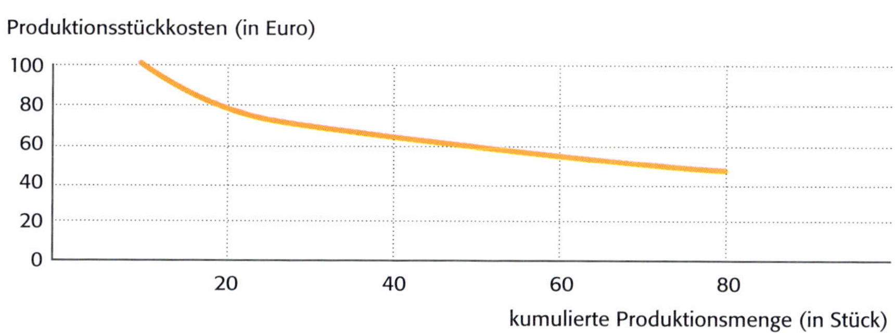

Erfahrungskurve (exemplarisch)

Produktlebenszyklus

Das Modell des Produktlebenszyklus beschreibt die typischen Phasen, die ein Produkt oder eine Dienstleistung durchläuft. Es beginnt mit der Entwicklung und endet mit der Ablösung des Produkts durch einen Nachfolger oder den vollständigen Rückzug aus dem Markt. Das Produktlebenszyklus-Management (kurz: Produktmanagement; engl. Product Lifecycle Management) ist das Kerngebiet der Produktpolitik eines Unternehmens. Dadurch wird entschieden, wie ein Unternehmen auf neue Anforderungen mittels Produktinnovation reagiert oder sich durch Produktvariation auf veränderte Bedingungen einstellt.

Eines der wichtigsten Ereignisse im Produktlebenszyklus ist der Durchbruch der Einnahmen-/Ausgabenkurve durch null, der sogenannte Break-even. Ab diesem Punkt hat das Produkt genug Umsatz erwirtschaftet, um nicht nur die Produktions- und Vertriebskosten zu decken, sondern auch die bis dahin entstandenen Entwicklungskosten. Jedes Unternehmen ist bestrebt, die Phasen des Wachstums und der Reife so lange wie möglich auszudehnen, indem es beispielsweise durch die Preispolitik oder gezieltes Marketing seine Marktposition gegen andere Wettbewerber verteidigt.

Ein oft unterbewertetes Handlungsgebiet des Produktmanagements ist die Sättigungsphase. Gelingt es dem Unternehmen in dieser Phase nicht, durch Diversifikation oder Differenzierung den Rückgang der Verkäufe abzufangen, muss das Produkt konsequent und rechtzeitig aus der Produktion und vom Markt genommen werden, bevor Verluste entstehen. Besonders zu beachten ist dabei, dass sich die durch ein Produkt anfallenden Kosten nicht allein durch die Einstellung der Produktion auf null reduzieren lassen. Vielmehr fallen die sogenannten Verkaufsfolgekosten, wie z. B. Service- und Garantieleistungen oder die Bereitstellung von Ersatzteilen, weiterhin an.

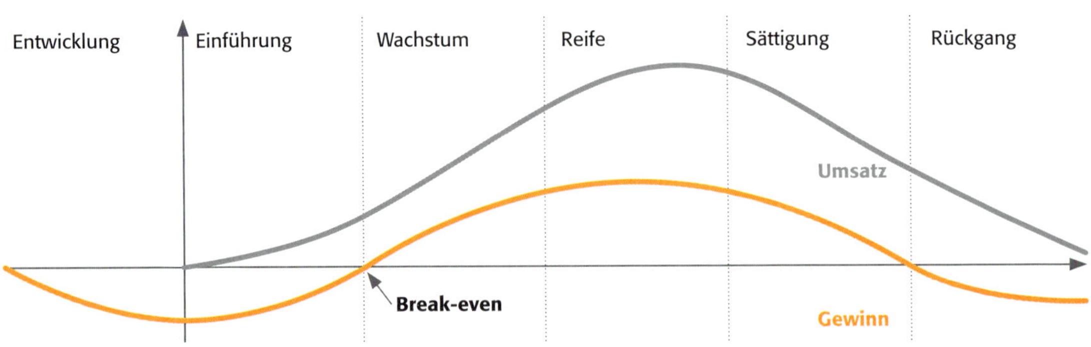

Produktlebenszyklus nach Vernon/Hirsch

Gewinn-und-Verlust-Rechnung (GuV)

Die Gewinn-und-Verlust-Rechnung (GuV) fällt unter das Aufgabengebiet des externen Rechnungswesens und ist neben der Bilanz ein Hauptbestandteil des Jahresabschlusses. Da sich die GuV primär an unternehmensexterne Instanzen richtet, z. B. Kapitalgebende, Kunden, Lieferanten, Arbeitnehmer:innen etc., unterliegt sie zahlreichen nationalen und internationalen handels- und steuerrechtlichen Vorschriften, z. B. Handelsgesetzbuch (HGB), International Financial Reporting Standards (IFRS),

International Accounting Standards (IAS), United States Generally Accepted Accounting Principles (US-GAAP) etc. Die Rechengrößen der GuV sind die Aufwendungen und Erträge zur Ermittlung des Betriebsergebnisses oder Jahresüberschusses eines Geschäftsjahres. Obwohl diese Größen grundsätzlich periodengerecht erfasst werden müssen, gibt es Unterschiede in den einzelnen Vorschriften, wie das Betriebsergebnis daraus zu berechnen ist. Die US-GAAP schreiben das sogenannte Umsatzkostenverfahren (UKV) vor, während das HGB, aber auch die IAS zusätzlich das sogenannte Gesamtkostenverfahren (GKV) zulassen. Der wesentliche Unterschied zwischen den Berechnungsmethoden ist, dass das UKV nur die Umsätze und Kosten der in der Periode abgesetzten Produkte und Dienstleistungen berücksichtigt, während das GKV auch Bestandsveränderungen an fertigen und unfertigen Erzeugnissen einbezieht.

Gewinn- und Verlustrechnung

	Gesamtkostenverfahren (GKV)		**Umsatzkostenverfahren (UKV)**
	Periodenumsatz		Periodenumsatzerlöse
+/–	wertmäßige Bestandsveränderungen an fertigen und unfertigen Erzeugnissen	–	Periodengesamtkosten (Kosten des Umsatzes)
–	Periodengesamtkosten		
=	**Betriebsergebnis/Jahresüberschuss nach GKV**	**=**	**Betriebsergebnis/Jahresüberschuss nach UKV**

Neben der Erfüllung von rechtlichen Anforderungen hat das UKV zudem den Vorteil, dass sich mithilfe der Kostenstellen- und Kostenträgerrechnung die Ergebnisse über Absatzgebiete, Kundenbereiche oder Unternehmensteile aufgliedern lassen. Im GKV werden Aufwendungen und Erlöse lediglich auf einzelne Kostenarten, z. B. Material-, Personal-, Energiekosten etc. aufgeteilt.

Bilanz

Die Bilanz bildet zusammen mit der GuV den Jahresabschluss eines Unternehmens. Wie die GuV auch, richtet sich die Bilanz primär an unternehmensexterne Instanzen und erfüllt aufgrund ihrer Vergangenheitsorientierung in erster Linie eine Dokumentationsfunktion. Im Gegensatz zur GuV bezieht sich die Bilanz immer auf einen bestimmten Zeitpunkt, den sogenannten Bilanzstichtag, und weist die Vermögens-, Finanz- und Ertragslage eines Unternehmens zu diesem Zeitpunkt aus. Die Bilanz gliedert sich in Vermögen (sogenannte Aktiva) zur Auskunft über die Mittelverwendung und Verpflichtungen (sogenannte Passiva) zum Ausweis der Mittelentstehung und der Finanzierung des Unternehmens.

Innerhalb der Aktiva wird das Vermögen in zwei Gruppen aufgeteilt: zum einen das sogenannte Anlagevermögen, das im Unternehmen langfristig verwendet wird, zum anderen das sogenannte Umlaufvermögen, das dem Unternehmen nur kurzfristig zur Verfügung steht. Die Passiva werden in drei Gruppen untergliedert: das Eigenkapital, das das von den Anteilseigner:innen eingebrachte Stamm- bzw. Grundkapital zuzüglich der erwirtschafteten Rücklagen und Gewinne umfasst; die Rückstellungen, die beispielsweise für Pensionen oder Steuerzahlungen gebildet werden; außerdem das Fremdkapital, das die von Dritten zur Verfügung gestellten Mittel ausweist.

Analog zur GuV müssen Aufwendungen und Erträge auch bei der Bilanz periodengerecht erfasst werden. Zu diesem Zweck können auf beiden Seiten der Bilanz zusätzlich sogenannte Rechnungsabgrenzungsposten gebildet werden, die es ermöglichen, Vermögen und Verpflichtungen der richtigen Bilanzperiode zuzuordnen, z. B. wenn der Zeitpunkt der Lieferung und Rechnungsstellung in eine andere Abrechnungsperiode fällt als der Zahlungseingang.

Bilanz

Aktiva	**Passiva**
A. Anlagevermögen	**A. Eigenkapital**
I. Sachanlagen	I. Gezeichnetes Kapital
II. Immaterielle Vermögensgegenstände	II. Kapitalrücklagen
III. Finanzanlagen	III. Gewinnrücklagen
B. Umlaufvermögen	IV. Gewinnvortrag/Verlustvortrag
I. Vorräte	V. Jahresüberschuss/Jahresfehlbetrag
II. Forderungen und sonstige Vermögensgegenstände	**B. Rückstellungen**
III. Wertpapiere	I. Rückstellungen für Pensionen und ähnliche Verpflichtungen
IV. Kassenbestand, Bundesbankguthaben, Guthaben bei Kreditinstituten und Schecks	II. Steuerrückstellungen
C. Rechnungsabgrenzungsposten	III. Sonstige Rückstellungen
	C. Verbindlichkeiten
	I. Anleihen
	II. Verbindlichkeiten
	III. Erhaltene Anzahlungen
	D. Rechnungsabgrenzungsposten
Bilanzsumme	**Bilanzsumme**

Kapitalstrukturkennzahlen

Eigenkapitalquote: Die Eigenkapitalquote drückt den Anteil der Eigenmittel am Gesamtkapital bzw. der Bilanzsumme eines Unternehmens aus.

- Eigenkapitalquote [%] = (Eigenkapital ÷ Gesamtkapital) × 100

Fremdkapitalquote: Die Fremdkapitalquote gibt den Anteil des Fremdkapitals am Gesamtkapital bzw. der Bilanzsumme an.

- Fremdkapitalquote [%] = (Fremdkapital ÷ Gesamtkapital) × 100

Verschuldungsgrad: Der Verschuldungsgrad gibt das Verhältnis von Fremdkapital zu Eigenkapital an.

- Verschuldungsgrad [%] = (Fremdkapital ÷ Eigenkapital) × 100

Erfolgskennzahlen/Gewinnkennzahlen

Zur Berechnung des Gewinns eines Unternehmens haben sich zahlreiche Varianten mit unterschiedlicher Zielrichtung und kontextbezogener Aussagekraft entwickelt. Als Ausgangslage dient all diesen Kennzahlen der Jahresüberschuss, der in der Gewinn-und-Verlust-Rechnung ausgewiesen wird.

- **EBT** Ertrag vor Steuern (Earnings before Taxes): Im Gegensatz zum Jahresüberschuss ist der Gewinn vor Steuern unabhängig von Steuereffekten wie z. B. Steuernachzahlungen oder Steuerminderung. Er eignet sich daher besser für den Vergleich des Gewinns verschiedener Abrechnungsperioden oder Unternehmensbereiche.
- **EBIT** Ertrag vor Zinsen und Steuern (Earnings before Interest and Taxes): Um die Vergleichbarkeit weiter zu erhöhen, wird zur Berechnung des EBIT der Jahresüberschuss zusätzlich zu den Steuereffekten auch um alle Zinsaufwendungen und -erträge bereinigt.
- **EBITA** Ertrag vor Zinsen, Steuern und Abschreibungen auf immaterielle Vermögenswerte (Earnings before Interest, Taxes and Amortisation): Diese Kennzahl ist gegenüber dem EBIT zusätzlich noch um die Abschreibungen auf Firmenwerte bereinigt.
- **EBITDA** Ertrag vor Zinsen, Steuern und Abschreibungen auf Sachanlagen sowie auf immaterielle Vermögenswerte (Earnings before Interest, Taxes, Depreciation and Amortisation): Als Erweiterung zum EBITA wird hier der Gewinn nicht nur um Abschreibungen auf Firmenwerte, sondern um alle Abschreibungen auf Vermögensgegenstände bereinigt. Diese Kennzahl ermöglicht somit den Vergleich von Unternehmen, die nach unterschiedlichsten Gesetzgebungen bilanzieren. Die Aussagekraft des EBITDA ist jedoch umstritten, da er im Vergleich mit dem EBT oder dem EBIT zahlreiche Aufwendungen ignoriert.
- **Geldfluss** (Cashflow): Der Cashflow wird aus der Differenz von Einnahmen und Ausgaben ermittelt und gibt an, in welchem Umfang ein Unternehmen finanzielle Mittel aus eigener Kraft erwirtschaften kann. Eine genauere Erklärung sowie die bekannten Berechnungsmethoden folgen auf den Seiten 104 und 105.

Gewinnkennzahlen

Jahresüberschuss + Steueraufwand – Steuererträge + außerordentlicher Aufwand – außerordentliche Erträge	
= EBT	
+ Zinsaufwand – Zinserträge	+ Zinsaufwand – Zinserträge + Abschreibungen auf Firmenwerte – Zuschreibungen auf Firmenwerte
= EBIT	**= EBITA**
+ Abschreibungen auf das Anlagevermögen – Zuschreibungen zum Anlagevermögen	+ Abschreibungen auf Sachanlagen – Zuschreibungen auf Sachanlagen
= EBITDA	

Rentabilitätskennzahlen

Als Basis zur Berechnung der meisten Rentabilitätskennzahlen wird in der Regel der Gewinn vor Steuern (Earnings before Taxes – EBT) benutzt. Dadurch wird eine vergleichende Bewertung der Rentabilität verschiedener Unternehmen oder Abrechnungsperioden, z. B. wegen unterschiedlicher Steuergesetze, möglich.

Umsatzrendite: Die Umsatzrendite (Return on Sales) bezeichnet das Verhältnis von Gewinn zu Umsatz innerhalb einer bestimmten Periode.

- Umsatzrendite [%] = (Gewinn ÷ Umsatz) × 100

Eigenkapitalrentabilität: Die Eigenkapitalrentabilität (Return on Equity) gibt an, wie hoch sich das Eigenkapital innerhalb einer bestimmten Periode verzinst hat.

- Eigenkapitalrentabilität [%] = (Gewinn ÷ Eigenkapital) × 100

Die Vergleichbarkeit zwischen verschiedenen Unternehmen allein auf Basis dieser Kennzahl ist nur eingeschränkt möglich, da durch die Senkung der Eigenkapitalquote (z. B. durch die Aufnahme von Fremdkapital) die Eigenkapitalrentabilität steigt. Dieser Effekt wird auch als Hebeleffekt (Leverage Effect) bezeichnet.

Gesamtkapitalrentabilität: Die Gesamtkapitalrentabilität (Return on Investment – ROI) gibt an, wie hoch sich das Gesamtkapital innerhalb einer bestimmten Periode verzinst hat.

- Gesamtkapitalrentabilität [%]
= [(Gewinn + Fremdkapitalzinsen) ÷ Ø Gesamtkapital] × 100

Da das Gesamtkapital aus Eigenkapital und Fremdkapital besteht, müssen zur Berechnung der Gesamtkapitalrentabilität sowohl der Gewinn (erwirtschaftet durch den Einsatz des Eigen- und Fremdkapitals) als auch die Fremdkapitalzinsen (an die Fremdkapitalgeber:innen abgeführter Gewinn) mit einbezogen werden. Durch die Verwendung dieser Kennzahl lassen sich die Nachteile der Eigenkapitalrentabilität umgehen.

Durch Erweiterung der obigen Formel um

- Umsatzrendite = (Gewinn + Fremdkapitalzinsen) ÷ Umsatz
- Kapitalumschlag = Umsatz ÷ Ø Gesamtkapital

erhält man eine ebenfalls weit verbreitete Darstellung zur Berechnung der Gesamtkapitalrentabilität bzw. des Return on Investment (ROI).

- ROI [%] = (Umsatzrendite × Kapitalumschlag) × 100

Cashflow

Der Cashflow ist eine betriebswirtschaftliche Kennzahl, die eine Aussage über die Fähigkeit eines Unternehmens erlaubt, die benötigten finanziellen Mittel selbst zu erwirtschaften. Im Zusammenhang mit dem Cashflow spricht man häufig auch vom sogenannten Innenfinanzierungspotenzial, das sich aus der Differenz von Einnahmen und Ausgaben innerhalb einer bestimmten Periode ergibt. Als Einnahmen und Ausgaben sind alle Erträge und Aufwendungen zu verstehen, die innerhalb der Periode zu Ein- oder Auszahlungen geführt haben, d. h. zahlungswirksam waren.

Bei der Berechnung des Cashflows im engeren Sinn, dem sogenannten Cashflow aus Geschäftstätigkeit oder auch operativem Cashflow, können zwei Methoden angewandt werden: Bei der indirekten Methode werden alle nicht zahlungswirksamen Erträge und Aufwendungen vom Jahresüberschuss abgezogen. Bei der direkten Methode ergibt sich der Wert aus der Addition der zahlungswirksamen Erträge und Aufwendungen. Darüber hinaus gibt es noch weitere Varianten von Cashflow-Kennzahlen, die entweder eine Aussage über einen bestimmten Bereich der unternehmerischen Tätigkeit (z. B. Cashflow aus Investitionstätigkeit, Cashflow aus Finanzierungstätigkeit etc.) oder einen bestimmten Teil des finanziellen Potenzials des Unternehmens treffen sollen (z. B. Free Cashflow – freies Kapital beispielsweise zur Rückzahlung von Krediten oder zur Ausschüttung an Anteilseigner:innen).

Cashflow aus Geschäftstätigkeit

Indirekte Methode	**Direkte Methode**
Jahresüberschuss	
+/– Abschreibungen/Zuschreibungen	[+] Einzahlungen aus Umsätzen
+/– Erhöhung/Minderung des Gewinnvortrags	+ Einzahlungen aus Forderungen
+/– Erhöhung/Minderung von Rückstellungen	– Auszahlungen aufgrund der betrieblichen Tätigkeit (z. B. Personal, Betriebsmittel etc.)
+/– Erhöhung/Minderung von Rücklagen	– Auszahlungen für Verbindlichkeiten
+/– Erhöhung/Minderung am Bestand fertiger und unfertiger Erzeugnisse	
= Cashflow aus Geschäftstätigkeit (operativer Cashflow)	

Cashflow aus Investitionstätigkeit

[+] Einzahlungen aus Anlagenabgängen (Desinvestitionen)
– Auszahlungen für Anlagenzugänge (Investitionen)
= Cashflow aus Investitionstätigkeit

Cashflow aus Finanzierungstätigkeit

[+] Einzahlungen von Eigenkapital
– Auszahlungen von Eigenkapital
+ Einzahlungen aus Aufnahme von Krediten/Verbindlichkeiten
– Auszahlungen zur Tilgung von Krediten/Verbindlichkeiten
= Cashflow aus Finanzierungstätigkeit

Free Cashflow

Cashflow aus Geschäftstätigkeit
– Cashflow aus Investitionstätigkeit
= Free Cashflow

Frameworks zur Bearbeitung von Cases

von Ali Aslan Gümüsay und David Liebig

Frameworks bieten Strukturen für die Lösung von Case Studies und sind daher wichtige Instrumente in Bewerbungsgesprächen. Sie stellen jedoch lediglich ein unterstützendes Hilfsmittel zur Lösung von Cases dar. Zur erfolgreichen Lösung eines Falls sind in der Regel Flexibilität und Kreativität gefragt, was zudem die Auslassung oder Anpassung von Frameworks sowie Outside-the-Box-Denken erfordert. Das Beherrschen der Frameworks alleine garantiert nicht, dass stets ein passendes Tool zur Falllösung zur Verfügung steht, das dann nur noch mit Inhalten zu füllen ist. Vielmehr sollten Bewerber:innen zeigen, dass sie in der Lage sind, schnell individuelle und kontextspezifische Strukturen zur Fallstudien-Bearbeitung zu schaffen bzw. bekannte Frameworks so umzugestalten bzw. zu verknüpfen, dass diese den meist komplexeren Ansprüchen des Case gerecht werden.

Ein Vorschlag für eine strukturierte Übersicht und Anwendung von Frameworks ist nachstehend dargestellt. Die Aufteilung erhebt dabei nicht den Anspruch auf Vollständigkeit. Sie bietet Bewerber:innen vielmehr Werkzeuge für die erfolgreiche Bearbeitung von Case Studies. Strategische Fallbeispiele können meist in drei Kategorien untergliedert werden: interne, externe und gemischte Fragestellungen. Je nach Fragestellung können unterschiedliche Frameworks genutzt werden. Dies bedeutet, dass man den Case für die Auswahl des richtigen Frameworks zunächst einer der drei Problemstellungen zuordnen sollte.

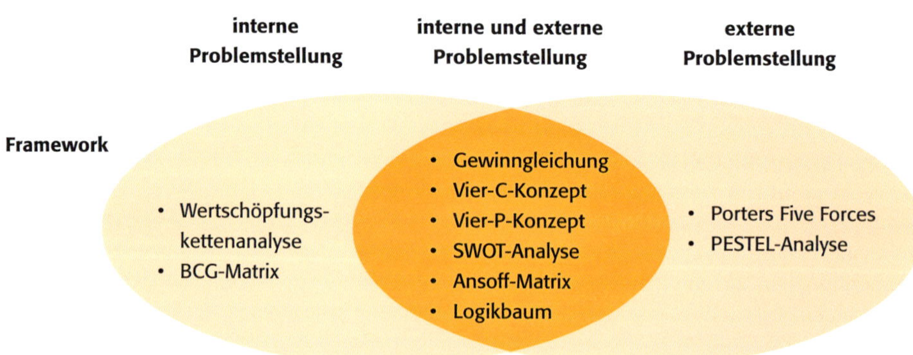

Untergliederung strategischer Fallbeispiele

Externe Problemstellung

Eine externe Problemstellung fokussiert sich auf die Faktoren, die außerhalb des Unternehmens zu finden sind. Nicht die internen Prozesse und Faktoren des Unternehmens stellen das primäre Problemfeld dar, sondern die Umwelt, der Markt, Kunden oder andere Unternehmen sowie von diesen erzeugte Effekte. Folgende zwei Frameworks werden zur Identifikation und Analyse externer Problemstellungen erläutert:

- Five-Forces-Modell
- PESTEL-Analyse

Interne Problemstellung
Fallbeispiele mit internen Problemstellungen betrachten unternehmensinterne Fragestellungen. Sie behandeln beispielsweise eine zu hohe Kostensituation bei den Vertriebsmitarbeiter:innen oder einen zu hohen Lagerbestand aufgrund einer fehlenden Prozesssichtweise. Für die interne Analyse sind folgende Frameworks hervorzuheben:

- Wertschöpfungskettenanalyse
- BCG-Matrix

Interne und externe Problemstellung
Meist sind sowohl interne als auch externe Betrachtungen des Falls notwendig, um herauszufinden, welche Problemstellung vorliegt. Neben der Anwendung der bereits vorgestellten Frameworks zur Analyse von internen und externen Problemstellungen können folgende Analyse-Tools für beide Analyseebenen verwendet werden:

- Gewinngleichung
- Vier-C-Konzept
- SWOT-Analyse
- Vier-P-Konzept
- Ansoff-Matrix
- Logikbaum

Ein gemischter Fall könnte beispielsweise der Gewinneinbruch eines Unternehmens sein. Dies kann sowohl unternehmensinterne Gründe haben, die sich auf die Kostensituation des Unternehmens niederschlagen, als auch externe Ursachen, die beispielsweise die abgesetzte Menge oder eine falsche Preispolitik betreffen. In diesem Fall sollten Bewerber:innen mögliche interne wie externe Ursachen erkennen und den Interviewer:innen eine strukturierte beidseitige Analyse präsentieren.

Five-Forces-Modell von Michael Porter

Das Five-Forces-Modell ist ein Analysewerkzeug, das von Michael E. Porter im Jahr 1979 entwickelt wurde. Porter definierte fünf Faktoren, die eine Branche maßgeblich beeinflussen und die es zur Bewertung der Wettbewerbsintensität und Branchenattraktivität zu berücksichtigen gilt. Für Unternehmen und Organisationen bietet die Betrachtung der fünf von Porter definierten Einflussfaktoren eine Möglichkeit zur systematischen Beobachtung der Marktkräfte sowie deren Zusammenspiel. Es handelt sich bei diesem Modell um ein strategisches Analysewerkzeug, bei dem in Case Studies die ganzheitliche Betrachtung der Umwelt im Vordergrund steht und nicht die Detailbewertung des Unternehmens. Ziel der Analyse anhand der Five Forces ist die Bewertung der Marktkräfte und die Ermittlung der Attraktivität einer Branche.

Die Betrachtung der Haupteinflussfaktoren auf eine Branche und das Verständnis für die Zusammenhänge werden in Case-Interviews häufig und gern abgefragt. Die Anwendung des Five-Forces-Modells bietet eine Möglichkeit der ersten Bearbeitung.

Fünf Faktoren des Five-Forces-Modells

Im Folgenden wird das Modell näher erläutert:

Verhandlungsmacht der Lieferanten

Als einen Einflussfaktor bestimmt Porter die Verhandlungsmacht der Lieferanten. Im Case-Interview ist hier beispielsweise die Anzahl sowie die Größe und Marktmacht der Lieferanten abzuschätzen. Bei nur wenigen Anbietern im Markt (Oligopol) werden diese ihre starke Machtposition ausnutzen und erhöhte Preise verlangen. Sofern es sich um einen fragmentierten Lieferantenmarkt mit geringen Marktanteilen der einzelnen Zulieferer handelt, hat das beziehende Unternehmen eine gestärkte Verhandlungsmacht und kann die verschiedenen Lieferanten gegeneinander ausspielen. Dies ist auch abhängig von den Möglichkeiten und/oder Kosten eines Produktwechsels. Im Fall eines Spezialprodukts fällt es in der Regel schwerer, das Produkt zu ersetzen bzw. ist ein Wechsel mit höheren Kosten verbunden.

Rivalität innerhalb der Branche

Die Rivalität innerhalb der Branche ist meistens der am stärksten wirkende Einflussfaktor. Hierbei ist zu hinterfragen, welcher Wettbewerbssituation das Unternehmen ausgesetzt ist. Anzahl und Marktmacht der Wettbewerber geben hier bereits eine gute Basis für die Bewertung. Häufig kann als erster Anhaltspunkt eine Abschätzung der Concentration Ratio (CR) herangezogen werden. Diese misst den Marktanteil der größten Unternehmen und gibt dadurch Auskunft über die Konzentration in einem Markt. Vereinen beispielsweise die vier größten Unternehmen mehr als 80 Prozent des gesamten Marktes, ist dies ein mögliches Indiz für eine hohe Konzentration in einem Markt, wodurch auf eine eher niedrige Konkurrenzsituation geschlossen werden kann. Hoch fragmentierte Märkte weisen demgegenüber in der Regel einen weitaus größeren Wettbewerb auf. Auch eine fehlende Produktdifferenzierung erhöht den Wettbewerbsdruck.

Verhandlungsmacht der Kunden

Die Marktmacht der Kunden ist eng mit dem angebotenen Produkt verbunden. Handelt es sich um ein undifferenziertes Standardprodukt, können Kunden möglicherweise schnell, günstig und unkompliziert den Anbieter wechseln. Hierbei ist insbesondere auch die Preissensitivität der Kunden einzubeziehen. Bei hoher Sensitivität werden Kunden bei Preissteigerungen schneller geneigt sein, einen Produktwechsel vorzunehmen. Zusätzlich ist die Anzahl der Kunden zu bewerten. Basiert der Absatz eines Unternehmens auf nur wenigen Schlüsselkunden, so ist deren Machtposition deutlich stärker einzustufen als die einer großen, unbekannten Kundenmasse.

Bedrohung durch neue Marktteilnehmer

Neue Marktteilnehmer können sich im Markt etablieren und stellen dabei eine potenzielle Bedrohung dar. In diesem Zusammenhang sind Eintrittsbarrieren in der Branche ein mögliches Hemmnis für Neueintritte. Bestehen beispielsweise rechtliche Beschränkungen in Form von restriktiven Lizenzen, ist der Eintritt von Wettbewerbern schwieriger bzw. seltener der Fall. Weiterhin stellen Kostenvorteile und Skaleneffekte einen wichtigen Bewertungspunkt dar. Besonders kapitalintensive Branchen wie Luft- und Raumfahrt, Pharma oder die Automobilindustrie bieten weniger Möglichkeiten für schnelle Neueintritte und sind dadurch eher weniger von neuen Wettbewerbern bedroht.

Bedrohung durch Substitute

Substitute sind Güter oder Dienstleistungen, die das Potenzial aufweisen, das bestehende Gut oder die bestehende Dienstleistung zu ersetzen. Sie stellen hierdurch eine direkte Bedrohung dar. Klassische Substitutionsgüter sind z. B. Butter und Margarine. Substitutionsprodukte, die unter anderem durch technologischen Fortschritt entwickelt werden, können das vom Unternehmen angebotene Produkt sogar überflüssig werden lassen.

PESTEL-Analyse

Die verschiedensten Umweltfaktoren wirken kontinuierlich auf Unternehmen ein. Die PESTEL-Analyse ist ein Umweltanalyse-Modell, das die strukturierte Betrachtung dieser verschiedenen externen Faktoren ermöglicht. Die Buchstaben sind ein Akronym und stehen für „political, economical, social, technological, environmental, legal", also die politischen, ökonomischen, soziokulturellen, technologischen, ökologischen und rechtlichen Faktoren. Es existieren verschiedene Zusammenstellungen der Buchstaben, wie zum Beispiel PESTLE; zudem gibt es Modelle mit weniger Faktoren wie STEP oder STEEP, die dementsprechend weniger Buchstaben im Akronym beinhalten. Je nach Fallstudie kann die Betrachtung der Faktoren auch auf eine Auswahl beschränkt werden.

Politische Faktoren

Zu den politischen Faktoren gehören unter anderem Wirtschaftsabkommen, Steuern oder andere Beschlüsse der verschiedenen Institutionen. Wirtschaftsabkommen können z. B. das Bewegen von Waren, Dienstleistungen, Personen und Kapital erleichtern, was für das einzelne Unternehmen positive wie auch negative Auswirkungen haben kann. Einerseits können sie für einen stärkeren Wettbewerb sorgen, andererseits mögen dadurch Faktorpreise sinken. Um die jeweiligen Auswirkungen im fiktiven Fallbeispiel zu analysieren, hilft es, mögliche Effekte zu benennen und sie seinem Gegnüber im Gespräch aufzuzeigen, sodass dieses den fiktiven Kontext erläutern kann.

Ökonomische Faktoren

Ökonomische Faktoren sind zum Beispiel Zinsraten, Währungsschwankungen, Inflation oder Arbeitslosigkeit. Ein Unternehmen, das sehr viel exportiert, mag unter einer starken heimischen Währung leiden, da es nur bedingt die gestiegenen Produktionskosten auf den Preis aufschlagen kann. Gleichzeitig kann ein Unternehmen so vergünstigt nötige Ressourcen importieren. Ein hoher Zinskurs kann größere Investitionen erschweren, weil die Kapitalbeschaffung dadurch teurer ist.

Soziokulturelle Faktoren

Soziokulturelle Faktoren wie die demografische Lage, die Einkommensverteilung oder das Arbeitsverständnis wirken sich auf Arbeitnehmer:innen wie auch Konsument:innen aus. So kann der demografische Wandel für ein Unternehmen bedeuten, dass es seine Kundenzielgruppe ändern, das Produkt anpassen oder neue Märkte erschließen muss.

Technologische Faktoren

Technologische Faktoren beinhalten Aspekte rund um Forschung, Innovation, Trends und Produktlebenszyklen. Ein Unternehmen kann seinen Wettbewerbsvorteil verspielen, wenn es nicht inkrementelle und disruptive Innovationen hervorbringt bzw. auf diese reagiert. Innovation umfasst hierbei nicht nur neue Erfindungen, sondern auch ihre Implementierung bzw. Kommerzialisierung.

Ökologische Faktoren

Zu den ökologischen Faktoren gehören unter anderem Emissionen, Ressourcenverbrauch und die Nutzung von Ökosystemen. Ressourcenknappheit kann zum Beispiel zu einem Preisanstieg oder zum Bedarf an alternativen Mitteln führen; eine Veränderung der Ökosysteme bzw. des ökologischen Bewusstseins kann die Nachfrage beeinflussen.

Rechtliche Faktoren

Zuletzt sind rechtliche Faktoren wie Gesetzesänderungen zu analysieren – sei es im Wettbewerbsrecht, Arbeitsrecht oder bei anderen Gesetzen an tatsächlichen wie potenziellen Produktions- und auch Vertriebsstandorten. Auch Entscheidungen zu Fusionen und Übernahmen sind stark von den rechtlichen Rahmenbedingungen abhängig.

BCG-Matrix

Die 1968 von der Boston Consulting Group (BCG) entwickelte Matrix bietet eine Portfolioübersicht und dient der Bewertung der unternehmensspezifischen Geschäftseinheiten (Business Units) oder Produkte. Sie ist die wohl bekannteste 2×2-Matrix und wird daher im Folgenden detaillierter beschrieben. Hintergrund der Bewertung von Produkten oder Geschäftseinheiten mithilfe der BCG-Matrix ist die andauernde und teilweise unreflektierte Weiterentwicklung von Unternehmen. Produktinnovationen wurden in der Vergangenheit vom Unternehmen geschaffen und am Markt etabliert, ohne jedoch näher auf den Markterfolg oder das Potenzial zu achten. Die BCG-Matrix positioniert die Bewertungsgegenstände, beispielsweise Produkte oder Business Units, anhand der zwei Dimensionen Marktwachstum und relativer Marktanteil.

Marktwachstum

Die Positionierung der Bewertungsgegenstände anhand der Marktwachstums-Dimension zeigt die Marktattraktivität eines Produkts und macht das zukünftige Entwicklungspotenzial transparent. Besonderen Einfluss hat dabei die Produktlebenszyklus-Kurve, die als Grundlage der Bewertung des Marktwachstums herangezogen wird. Ein Produkt, das am Beginn der Lebenszyklus-Kurve steht, sieht sich in der Regel einem hohen Marktwachstum ausgesetzt und ist dementsprechend in der BCG-Matrix hoch zu positionieren.

Relativer Marktanteil

Die Bewertung des relativen Marktanteils ergibt sich aus dem Verhältnis des eigenen Marktanteils zu dem des stärksten Konkurrenten. Ein relativer Marktanteil > 1 weist auf die Marktführerschaft eines Produkts bzw. der Geschäftseinheit hin, da in diesem Fall das Produkt des stärksten Wettbewerbers einen kleineren Marktanteil aufweist als das eigene. Je höher der relative Marktanteil des Produkts, desto weiter links steht es in der Matrix.

BCG-Matrix

Die Positionierung der unternehmensspezifischen Produkte und Geschäftseinheiten erfolgt in vier Quadranten, denen jeweils unterschiedliche Interpretationen und Handlungsempfehlungen zukommen:

Fragezeichen oder Question Marks

Fragezeichen sind Neuprodukte, die über ein hohes Wachstumspotenzial verfügen, bisher jedoch nur geringe Marktanteile erzielen konnten. Die Produkte bedürfen daher zunächst einer Bewertung in Hinblick auf das tatsächliche Potenzial, um zu einer Aussage über die Weiterentwicklung zu gelangen. In potenzialträchtige Produkte ist zu investieren. Rückflüsse zu Beginn der Markteinführung sind jedoch nicht zu erwarten. In weniger aussichtsreiche Produkte sollte hingegen desinvestiert werden. Bei den Fragezeichen ist somit eine Selektion vorzunehmen.

Stars

Hierunter fallen die Geschäftseinheiten und Produkte, die bereits hohe Rückflüsse generieren, große Marktanteile aufweisen und zudem über weiteres Potenzial verfügen. Trotz des hohen Investitionsbedarfs für die Festigung und den Ausbau der Marktsituation verfügen die Stars bereits über einen hohen Cashflow, der auch zukünftig als aussichtsreich einzuschätzen ist. Strategisch ist daher eine weitere Investition in die Stars zu empfehlen.

Cash Cows

Cash Cows sind durch einen hohen Marktanteil, jedoch nur niedriges Marktwachstum gekennzeichnet. Sie weisen eine hohe Profitabilität, allerdings keine langfristige Ausbaubarkeit auf. Cash Cows stellen allerdings die notwendige Liquidität zum Ausbau der anderen Produkte und Geschäftseinheiten zur Verfügung und sind daher weiter zu „melken". Für Produkte und Geschäftseinheiten der Cash Cows empfiehlt sich eine Abschöpfungsstrategie.

Poor Dogs

Schließlich befinden sich im rechten unteren Quadranten die Poor Dogs. Dabei handelt es sich um auslaufende Produkte, die über einen niedrigen Marktanteil und nur geringes Wachstum verfügen. Obwohl sie meist unprofitabel sind, verbrauchen Poor Dogs Ressourcen im Unternehmen. Mögliche Erträge sind daher kurzfristig weiter abzuschöpfen, langfristig sollte jedoch desinvestiert werden. Für die Poor Dogs empfiehlt sich daher eine Desinvestitionsstrategie.

Mithilfe der BCG-Matrix können im Rahmen von Fallstudien Geschäftseinheiten und Produkte bewertet werden. Möglicherweise lassen sich aber Cases durch abweichende und individualisierte Matrixformen treffender behandeln. In solchen Fällen sollten die Dimensionen der BCG-Matrix angepasst werden.

Wertschöpfungskettenanalyse

Zahlreiche Case-Interviews beschäftigen sich mit den internen Prozessen in Unternehmen. Das von Michael E. Porter 1985 vorgestellte Modell zur Analyse der Wertschöpfungskette (Value Chain) bietet in diesem Zusammenhang eine systematische Analyse der im Unternehmen ablaufenden Aktivitäten und Prozesse.

Im Case-Interview ist die Value Chain eine äußerst hilfreiche Methode zur strukturierten Identifikation unternehmensinterner Problemfelder. Nach Porter ist die Wertkette in primäre und sekundäre bzw. unterstützende Aktivitäten untergliedert. Bewerber:innen sollten das Problem zunächst anhand der primären Aktivitäten zu ergründen versuchen und anschließend Fragen zu den unterstützenden Aktivitäten stellen. Primäre Aktivitäten sind in diesem Zusammenhang unmittelbar auf den Kunden ausgerichtete Prozesse, wohingegen sekundäre Aktivitäten die primären unterstützen.

Primäre Aktivitäten umfassen folgende Bereiche:

- **Eingangslogistik:** Die Eingangslogistik umfasst den Wareneingang, die Qualitätskontrolle, gegebenenfalls die Lagerung und den anschließenden Transport.

- **Operationen:** Die Operationen stellen den Kern der Leistungserstellung im Unternehmen dar. Dabei kann es sich um eine Weiterverarbeitung oder Zusammenführung mit anderen Komponenten handeln.
- **Marketing und Vertrieb:** Marketing und Vertriebsleistungen umfassen alle mit dem Absatz der Produkte in Zusammenhang stehenden Aktivitäten, wie z. B. Werbeannoncen, Preispolitik etc.
- **Ausgangslogistik:** Die Ausgangslogistik umfasst eine weitere Lagerung und Distribution der im Unternehmen erstellten betrieblichen Leistung.
- **Kundendienst:** Serviceleistungen im Unternehmen finden im Anschluss an die Leistungserstellung und den Absatz des Produkts statt. Hierzu sind im Rahmen der Wertschöpfungskettenanalyse vor allem Kundenbetreuung, Ersatzteillieferung, Garantien etc. zu zählen.

Sekundäre Aktivitäten haben unterstützenden Charakter und sind daher abteilungsübergreifend zu betrachten:

- Als **Unternehmensinfrastruktur** wird die Unternehmensführung bezeichnet. Bei der Identifikation von Problemfaktoren können Bewerber:innen z. B. Fragen zur betrieblichen Infrastruktur stellen, da diese von der Unternehmensinfrastruktur festgelegt werden. Dazu gehören Ressourcen-Allokationen, Organisationsstrukturen, Strategiedefinitionen etc.
- Die **Personalwirtschaft** umfasst die Rekrutierung, die Einsatzplanung, Entlohnung und Freisetzung von Arbeitskräften. Darüber hinaus sind Trainings und Weiterbildungsmaßnahmen in diesem Bereich zu berücksichtigen.
- **Technologieentwicklung** betrifft die IT-Systeme im Unternehmen, die Datenspeicherung und -verwaltung, das unternehmensinterne sowie gegebenenfalls externe Daten- und Wissensmanagement.
- Abschließend ist als unterstützende Aktivität die **Beschaffung** von Produktionsfaktoren im Unternehmen von großer Wichtigkeit. Diese umfasst alle Kommunikations- und Informationsaustausch-Beziehungen zwischen dem Unternehmen und seinen Lieferanten.

Die hier vorgestellte Wertschöpfungskette von Porter stellt ein generisches Instrument dar, das unbedingt der Anpassung und Spezifizierung auf die jeweilige Unternehmenssituation bzw. den Case bedarf. Die Wertschöpfungskette bietet eine mögliche Prozessschritt-Übersicht an, die von der tatsächlichen abweichen kann und daher meist auf unternehmensspezifische Aspekte angepasst werden muss.

Primäre und sekundäre Aktivitäten der Wertschöpfungskette nach Porter

Gewinngleichung

Die aus den betriebswirtschaftlichen Grundlagen bekannte Gewinngleichung lässt sich ebenfalls als gute Strukturierungshilfe heranziehen. Die Gewinngleichung besteht in ihrer Grundform aus drei Bestandteilen: Gewinn = Erlöse – Kosten.

Häufig stehen Bewerber:innen im Case-Interview vor der Situation eines Gewinnrückgangs, oder das Unternehmen im Fallbeispiel ist sogar in die Verlustzone geraten. Anhand der Gewinngleichung kann nun eine strukturierte Analyse aufgebaut werden. Hierzu sind zunächst die Bestandteile der rechten Seite der Gleichung vertieft zu betrachten.

Erlöse
Eine Ursache für den Gewinnrückgang kann im abnehmenden Umsatz liegen. Der Umsatz ergibt sich aus der Anzahl der verkauften Produkte (Menge) zum jeweiligen Verkaufspreis. Da die abgesetzte Menge und der Preis den Umsatz bestimmen, sind diese beiden Bereiche von Bewerber:innen zu analysieren. Zu geringe Absatzzahlen können beispielsweise auf falsch eingeschätzte Kundenwünsche, eine verfehlte Produktpolitik oder eine mangelhafte Ermittlung des optimalen Vertriebskanals zurückzuführen sein. Möglicherweise ist jedoch die Verkaufsmenge im Interview-Case gleich geblieben oder gar gestiegen, wohingegen die Preise gesunken sind. Dies kann beispielsweise an durch den Vertrieb zusätzlich eingeräumten Rabatten liegen.

Kosten
Die Ursache für einen Gewinnrückgang kann neben einer Umsatzabnahme auch eine Kostensteigerung sein. Die Kosten der Gewinngleichung lassen sich in variable und fixe Kosten unterteilen. Fixkosten fallen unabhängig von der tatsächlich produzierten Menge der Produkte an. Hierzu gehört beispielsweise die Abschreibung für Maschinen. Variable Kosten hingegen sind abhängig von der produzierten Menge und fallen somit nur an, wenn tatsächlich ein Produktionsprozess stattfindet. Hierunter fallen beispielsweise die meisten Input-Faktoren, die in das Produkt einfließen. Dabei sollte auch bewertet werden, ob etwa Komplexitätsvereinfachungen möglich sind, weil das Produkt „over-engineered" ist.

Bewerber:innen können hierbei das Verhältnis der fixen und variablen Kosten untersuchen, wobei vor allem die Ausnutzung von Skalen- und Lerneffekten zu analysieren ist. Zudem sind vor diesem Hintergrund mögliche Investitionsplanungen zu beobachten. Neben dem Verhältnis fixer und variabler Kosten sollten Bewerber:innen auf die internen Prozesse des Unternehmens eingehen, wobei eine Verknüpfung mit der bereits oben dargestellten Wertschöpfungskette möglich ist.

Insgesamt stellt die Gewinngleichung somit ein gleichermaßen einfaches und effektives Mittel zur Fallbearbeitung dar: Gewinn = Menge × Verkaufspreis – (fixe Kosten + variable Kosten), siehe Grafik auf der nächsten Seite.

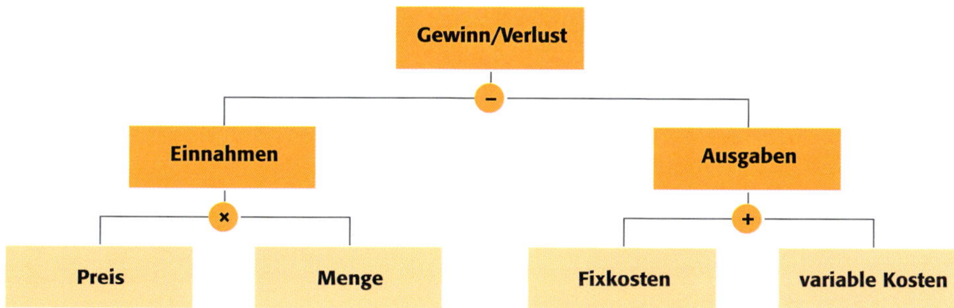

Vier-C-Konzept

Das Vier-C-Konzept (4 Cs) bewertet vier maßgeblich auf das Unternehmen wirkende Einflussfaktoren und ermöglicht hierdurch eine grobe Evaluierung des Kerngeschäfts. Die Einflussfaktoren sind dabei sowohl interner als auch externer Natur und bieten dadurch die Grundlage für eine umfassende und übergeordnete Bewertung.

Kunden (Customers)
Zur Bewertung des Kerngeschäfts eines Unternehmens sind zunächst die Kunden zu analysieren. Ähnlich wie in dem bereits vorgestellten Five-Forces-Modell stellt sich die Frage nach der Anzahl und Marktmacht der Kunden. Preissensitive Kunden reagieren anders auf Preiserhöhungen als weniger sensitive. Weiterhin sind in einigen Bereichen mögliche Stammkunden in Erwägung zu ziehen, die für einen kontinuierlichen Umsatz sorgen. Zusätzlich können Kunden in Segmente untergliedert und gegebenenfalls mit differenzierten Produkten angesprochen werden.

Wettbewerb (Competitors)
Eine weitere externe Bewertung ist in Bezug auf den Wettbewerb vorzunehmen. Auch dies ist analog zum Five-Forces-Modell durchzuführen, wobei auf die Stärke der Wettbewerber einzugehen ist. Zudem sind hierbei potenzielle neue Wettbewerber zu analysieren sowie hemmende Marktein- und -austrittsbarrieren in die Bewertung einzubeziehen.

Fähigkeiten (Capabilities)
Die Fähigkeiten eines Unternehmens sind in Bezug auf den Gegenstand der Geschäftstätigkeit zu bewerten. Bewerber:innen sollten die Ressourcen des Unternehmens abschätzen können, die diesem zu einem Wettbewerbsvorteil verhelfen. Hierunter können beispielsweise die Organisationsstruktur, besondere Logistiksysteme oder ein herausragendes Produktdesign fallen. Neben der Identifikation von positiven Fähigkeiten sind weitere Verbesserungspotenziale offenzulegen.

Kosten (Costs)
Zuletzt ist die Kostenstruktur eines Unternehmens zu betrachten. Hierbei können Bewerber:innen auf das Verhältnis von fixen zu variablen Kosten eingehen und auf eventuelle Risiken hinweisen. Zudem können Vergleiche zu anderen Unternehmen durchgeführt werden. Ebenfalls ist in diesem Zusammenhang auf Skaleneffekte einzugehen, die bei einer höheren Produktionsauslastung möglich werden.

Das Vier-C-Konzept bietet ein ausgezeichnetes Modell für die erste interne und externe Bewertung von Unternehmen und gibt in den meisten Case Studies insbesondere bei Marketingthemen eine gute Strukturierungshilfe. Allerdings sollten Bewerber:innen auch hierbei eine Erweiterung oder Einschränkung in Erwägung ziehen. Zudem analysiert das Vier-C-Konzept die Kernkompetenzen eines Unternehmens und bietet daher nur eingeschränkte Analysemöglichkeiten, wenn es um diversifizierte Unternehmen geht.

SWOT-Analyse

Die SWOT-Analyse unterstützt Bewerber:innen bei der Analyse von strategischen Fragen und Problemstellungen, die sowohl intern als auch extern begründet sein können. Sie stellt eine einfache und flexible, aber eher oberflächliche Methode dar, bei der sowohl die innerbetrieblichen Stärken und Schwächen (Strengths & Weaknesses) als auch die externen Chancen und Risiken (Opportunities & Threats) in die Betrachtung einfließen:

intern	**Strengths (Stärken)** • Konzentration auf High-Value-Kundschaft ermöglicht hohe Margen • Personenbeförderungsschein bereits vorhanden • langjährige Erfahrung in der Personenbeförderung	**Weaknesses (Schwächen)** • geringe Fahrerqualifikationen im Team vorhanden • geringes Startkapital für hochklassige Limousinen vorhanden • wenig bestehende Kontakte zu potenzieller Kundschaft
extern	**Opportunities (Chancen)** • steuerliche Absetzbarkeit von Limousinenservices • alter Fahrzeugbestand der Konkurrenzunternehmen • lokaler Markt für High-Value-Kundschaft vorhanden • Wirtschaftsaufschwung und aufstrebendes Marktumfeld	**Threats (Gefahren)** • problematischer Markt für qualifiziertes Personal und mehrsprachige Fahrer:innen • Existenz langjährig etablierter Konkurrenzunternehmen

SWOT-Analyse zur Eröffnung eines Limousinenservices

Aus dieser ganzheitlichen Betrachtung kann eine übergeordnete Strategie für das Unternehmen abgeleitet werden, die neben internen Prozessoptimierungen langfristige Zielrichtungen unter Berücksichtigung der Marktentwicklung umfasst. Eine effektive SWOT-Analyse zeichnet sich nicht dadurch aus, dass für jeden der vier Bereiche möglichst viele Themen identifiziert werden, sondern vor allem durch die Selektion der wichtigsten drei bis fünf Inhalte. Bewerber:innen sollten daher bemüht sein, den wirklichen Kern jeder Kategorie zu identifizieren.

Die SWOT-Analyse kann beispielsweise zur Bewertung von Unternehmen, Geschäftseinheiten, Produkten oder zur Standortplanung eingesetzt werden. Die einzelnen Analyseteile werden im Folgenden dargestellt:

Interne Analyse

Die interne Analyse fokussiert das Unternehmen selbst und dient dazu, die wesentlichen Stärken und Schwächen zu identifizieren. Hierbei empfiehlt sich ein klar strukturiertes Vorgehen, damit nicht der Eindruck vermittelt wird, dass man beliebig nach Stärken und Schwächen sucht. Bewerber:innen haben selbstverständlich die Möglichkeit, die SWOT-Analyse mit anderen Frameworks zu verknüpfen, sodass im Rahmen der internen Analyse beispielsweise die Wertschöpfungskette untersucht werden kann. Die im Unternehmen ablaufenden Wertschöpfungsstufen werden schrittweise durchgegangen und in Bezug auf ihre Stärken und Schwächen analysiert.

Neben der prozessorientierten Analyse können auch Abteilungen des Unternehmens wie Produktion, Marketing und Personalabteilung durchleuchtet werden. Andere Strukturen, beispielsweise die Betrachtung von verschiedenen Kosten und Produkten, z. B. anhand der Bilanz sowie Gewinn-und-Verlust-Rechnung, sind selbstverständlich ebenso anwendbar.

Zusätzlich sollte darauf geachtet werden, dass nicht nur materielle Stärken und Schwächen identifiziert, sondern auch immaterielle Bereiche miteinbezogen werden. Beispielsweise können das Produktdesign oder die äußerst hohe Qualifikation der Mitarbeiter:innen ein Herausstellungsmerkmal sein.

Wichtig ist bei der Durchführung der internen Analyse zudem die Gegenüberstellung des Untersuchungsgegenstands mit anderen Vergleichseinheiten (z. B. Unternehmen, Produkten etc.). Eine Stärke oder Schwäche des Unternehmens sollte nur dann als solche identifiziert werden, wenn es sich darin signifikant von den Wettbewerbern unterscheidet.

Externe Analyse

Die externe Analyse umfasst die Untersuchung und Identifikation der Chancen und Risiken. Sie beschäftigt sich mit der Umwelt des Unternehmens und betrachtet somit Einflussfaktoren, die in der Regel exogen sind. Da die Unternehmensumwelt kaum beeinflussbar ist, bedarf es einer Anpassung des Unternehmens an die Umweltsituation. Das Unternehmen kann somit lediglich reagieren.

Die externe Analyse sollte ebenfalls strukturiert gestaltet werden und umfasst beispielsweise die Themenbereiche Markt, Wettbewerb, Kunden und Zulieferer. Mögliche Chancen und Risiken ergeben sich dabei aus gesättigten Märkten, Bevölkerungsabnahme, demografischen Veränderungen in der Bevölkerung etc.

Im Anschluss an die interne und externe Analyse sind Handlungsanleitungen zu generieren und Empfehlungen abzuleiten. Vereinfacht kann dies durch die Kombination der vier Bereiche geschehen:

- **Stärken – Chancen:** Die Stärken eines Unternehmens sollten im Hinblick auf die gebotenen Chancen bestmöglich genutzt werden. Beispielsweise kann eine charismatische Unternehmensführerin oder ein charismatischer Unternehmensführer (Stärke) dazu genutzt werden, mithilfe neuer Medien (Chance) Online-Werbung für das eigene Produkt zu machen.

- **Stärken – Risiken:** Eine Unternehmensstärke kann ebenfalls dazu verwendet werden, auftauchenden Risiken zu begegnen. Beispielsweise kann die charismatische Führungskraft (Stärke) aktive Lobbyarbeit zur Verbesserung der politischen Rahmenbedingungen (Risiko) leisten.
- **Schwächen – Chancen:** Hierbei sollten sich Bewerber:innen fragen, wie die Chancen zu nutzen sind, um die Schwächen des Unternehmens zu reduzieren. Beispielsweise kann die Globalisierung (Chance) zu einem höheren Absatz in aufstrebenden Ländern verhelfen, wodurch durch verbesserte Skaleneffekte die Kostensituation des Unternehmens verbessert wird.
- **Schwächen – Risiken:** Bei dieser Kombination sollten Bewerber:innen für mögliche Bedrohungen sensibilisiert werden. Wenn das Unternehmen beispielsweise einen extrem hohen Energieausstoß bei der Erzeugung seiner Produkte hat (Schwäche), müssen bei einer Änderung der energiepolitischen Rahmenbedingungen in Richtung Restriktionen dringend Maßnahmen ergriffen werden.

Trotz ihrer Einfachheit bietet die SWOT-Analyse somit eine Methodik zur Analyse der internen und externen Situation und führt zudem zu sinnvollen Vorschlägen.

Vier-P-Konzept

Das Vier-P-Konzept (4 Ps) wurde von Jerome McCarthy entwickelt und umfasst als Hauptelemente die wichtigsten absatzpolitischen Entscheidungsdimensionen. Dieser Marketingmix dient der Ableitung konkreter Handlungsalternativen und hilft Bewerber:innen vor allem bei der Identifikation von Schwachstellen einer Produktpositionierung. Das Vier-P-Konzept umfasst die vier Bereiche Product, Price, Promotion und Place, die unmittelbar auf den Markterfolg eines Produkts einwirken. Die Methode unterstützt Bewerber:innen sowohl bei der Bewertung einer Neuprodukteinführung als auch bei der Identifikation von Stärken und Schwächen bestehender Produkte.

Product

Der Erfolg eines Produkts am Markt wird maßgeblich durch eine passende Produktpolitik beeinflusst. Das Produkt muss den Markterfordernissen gerecht werden und sich an den Bedürfnissen der Konsument:innen orientieren. Nur ein von den Konsument:innen wahrgenommener Nutzen des Produkts führt zum Kauf. Wichtig ist hierbei, dass das Produkt ein eindeutiges Differenzierungsmerkmal gegenüber anderen Produkten aufweist, wobei häufig von einem einzigartigen Verkaufsargument (USP – Unique Selling Proposition) gesprochen wird.

Neben dem Produkt selbst sind im Rahmen der Analyse auch weitere Aspekte der Produktpolitik zu analysieren. Beispielsweise können hierbei ein modularer Aufbau des Produkts, das Angebot von Nebenleistungen oder Zusatzausstattungen analysiert werden.

Price

Ein entscheidendes Kriterium für den Markterfolg ist die Preispolitik. Diese steht in Zusammenhang mit der Produktpolitik und ist daher nicht ohne deren Einbeziehung zu bewerten. Differenziert sich das Produkt stark von Wettbewerbsprodukten und leistet dieser Unterschied einen wesentlichen Vorteil, so ist in der Regel ein höherer Angebotspreis gerechtfertigt. Ein extrem niedriger Preis, beispielsweise bei einem Standardprodukt, kann ebenfalls sinnvoll sein und zu einer Verdrängung der Wettbewerber führen.

Zusätzlich sind hierbei auch mögliche Rabattaktionen, Sonderkonditionen, Skonti oder Boni zu analysieren, die ebenfalls einen Einfluss auf die Preispolitik des Produkts haben.

Promotion

Maßgeblichen Einfluss auf den Erfolg hat weiterhin die Werbung, die beispielsweise für eine Produktneueinführung durchgeführt wird. Bewerber:innen haben diesbezüglich die Art und das Medium der Werbung zu analysieren, deren Angemessenheit zu bewerten sowie Verbesserungspotenziale aufzuzeigen.

Place

Zuletzt ist im Rahmen des Vier-P-Konzepts auf die Distributionspolitik des Produkts einzugehen. Hierbei wird bewertet, welche Distributionskanäle für die Marktplatzierung optimalerweise zu wählen sind und wie die Kundschaft zielgerichtet angesprochen werden kann.

Die Ansoff-Matrix

Die Ansoff-Matrix, benannt nach ihrem Erfinder Harry Igor Ansoff, ist ein Instrument zur strategischen Betrachtung unterschiedlicher Wachstumsstrategien. Da sie die vier Produkt-Markt-Kombinationen beleuchtet, wird sie auch Produkt-Markt-Matrix genannt. Die vier Wachstumsstrategien sind Marktdurchdringung bei bestehenden Märkten und Produkten, Produktentwicklung bei bestehenden Märkten und neuen Produkten, Marktentwicklung bei neuen Märkten und bestehenden Produkten und Diversifikation bei neuen Märkten und Produkten. Entlang dieser vier Strategieoptionen können Unternehmen Szenarien der Produktgestaltung entwickeln, die Risiken und Nutzen abwägen und eine Wachstumsstrategie oder eine Kombination auswählen.

		Produkt	
		bestehend	**neu**
Markt	**bestehend**	Marktdurchdringung	Produktentwicklung
	neu	Marktentwicklung	Diversifikation

Ansoff-Matrix

Die vier Produkt-Markt-Optionen:

- **Marktdurchdringung:** Eine Intensivierung der Marktbearbeitung erfolgt z. B. durch Kosten- und Preissenkungen und verstärktes Marketing. Ziel ist es, den Marktanteil mindestens zu halten oder auszubauen, indem der Absatz bei bestehenden Kunden erhöht wird und/oder die Produkte an neue Kunden verkauft werden. Das Wachstumspotenzial ist hierbei begrenzt, wenn der Markt bereits gesättigt ist. Dafür ist das Risiko bei dieser Strategie meist gering.
- **Produktentwicklung:** Die Gestaltung von Neuprodukten oder neuen Produktlinien entsteht durch eine Weiterentwicklung oder die Einführung eines vollständig neuen Produkts in den bestehenden Markt. Das Unternehmen kann auf eine hohe Marktkenntnis und eine bestehende Infrastruktur zurückgreifen, z. B. bei Organisation, Logistik und Vertrieb.
- **Marktentwicklung:** Die Marktentwicklung erfolgt durch eine geografische Expansion in neue Exportmärkte oder eine Marktausweitung auf neue Kundenzielgruppen. Da bestehende Märkte häufig gesättigt sind, kann das Verkaufspotenzial durch neue Distributions- und Absatzkanäle wirksam erhöht werden.
- **Diversifikation:** Die Diversifikation ist ein doppelter Aufbruch, da sich das Unternehmen außerhalb von gegenwärtigen Produkten und Märkten bewegt. Sie ist damit die risikoreichste Strategie, weil wenig Synergieeffekte zu bestehenden Produkten vorhanden sind und das Unternehmen Neuland betritt. Ansoff unterscheidet hierbei drei Typen der Diversifikation: Die horizontale Diversifikation umfasst artverwandte neue Produkte im Einklang mit Kernkompetenzen des Unternehmens. Die vertikale Diversifikation ist eine Ausweitung der Wertschöpfungskette des Unternehmens auf vorgelagerte (Rückwärtsintegration) oder nachfolgende (Vorwärtsintegration) Prozesse. Die laterale/konglomerate Diversifikation schließlich ist die Ausweitung auf gänzlich neue Markt- und Produktgebiete.

Die Ansoff-Matrix wurde vor über 50 Jahren entwickelt und wird noch heute als Analysewerkzeug genutzt. Zwar beschränkt sie sich auf die beiden Faktoren Märkte und Produkte, ist wachstumsfixiert und erklärt weder die spezifischen Strategie- noch Implementierungsprozesse; dennoch ermöglicht sie eine unkomplizierte Strukturierung von Wachstumsstrategien. Die Ansoff-Matrix ist daher ein hilfreiches Instrument, um die unternehmerische Produkt- und Marktgestaltung in Cases zu analysieren und zu bewerten.

Logikbaum

Entscheidungs- oder Logikbäume dienen der strukturierten Herangehensweise an ein Problem und sind gleichermaßen für interne und externe Problemstellungen geeignet. Der Logikbaum zerlegt das Problem in seine Einzelteile und gewährleistet hierdurch eine übersichtliche Darstellung der Teilprobleme und Gesamtzusammenhänge. Der Top-down-Ansatz ist die am häufigsten verwendete Vorgehensweise, wobei jedoch ein Bottom-up-Ansatz ebenso gut denkbar ist.

Bei der Problemzerlegung muss jedoch beachtet werden, dass die Teilprobleme jeweils auf der richtigen Ebene angesiedelt sind und zudem dem MECE-Prinzip entsprechen. MECE steht hierbei für einen Ansatz, der „Mutually Exclusive" (ME) und „Collectively Exhaustive" (CE) ist. Die Bestandteile des Logikbaums sollen demnach überschneidungsfrei sein, gleichzeitig aber im Ganzen ausreichen, um das Problem zu erfassen. Beispielhaft kann dies anhand des Logikbaumes der Gewinngleichung verdeutlicht werden.

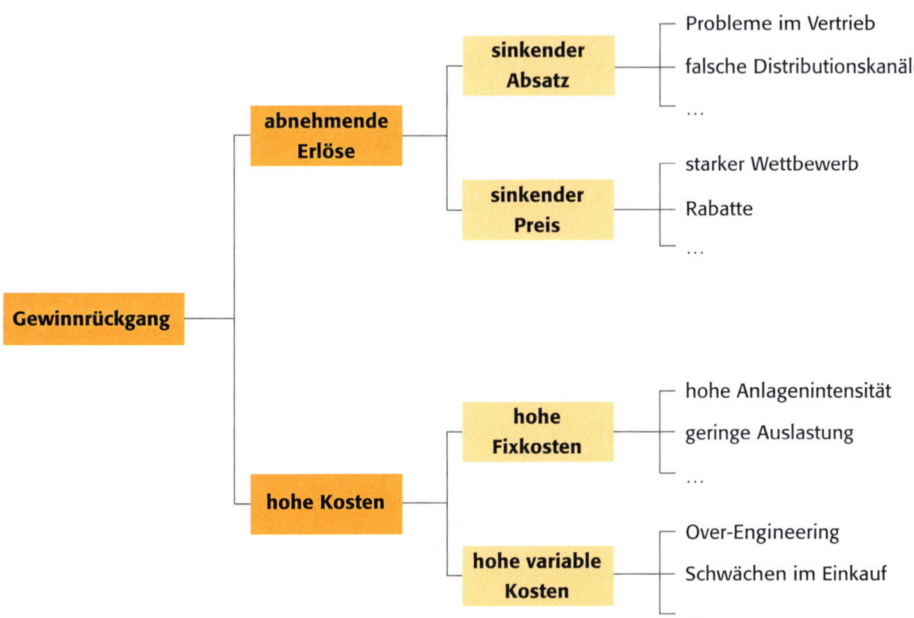

Logikbaum

Weitere Frameworks

Wie anfangs erwähnt, dienen Frameworks als Stütze bei der Bearbeitung von Fallstudien und sind besonders nützlich, wenn sie kritisch und kreativ angewendet werden. Es gibt zahlreiche Konzepte, die als Repertoire dienen. Fünf weitere seien hier kurz erwähnt:

- Benchmarking bezeichnet den Vergleich von Produkten, Dienstleistungen, Prozessen, Methoden und Praktiken zwischen Unternehmen, um Verbesserungspotenzial zu erkennen und entsprechend umzusetzen.
- Die Wettbewerbsmatrix von Michael Porter, die auch unter dem Konzept der generischen Strategien bekannt ist, ist ebenfalls ein Instrument für die Produktpolitik eines Unternehmens. Porter benennt darin die drei Wettbewerbsstrategien Differenzierung, Kostenführerschaft und Fokussierung.
- Eine Alternative zum Five-Forces-Modell bietet das Wertnetz von Adam Brandenburger und Barry Nalebuff. Es betont insbesondere kooperative neben kompetitiven Strategien und führt das Konzept von Komplementoren ein. Komplementoren sind Unternehmen, die zum eigenen Produkt bzw. zur eigenen Dienstleistung ergänzende Produkte oder Dienstleistungen anbieten.
- Das Konzept des Shared Value von Kramer und Porter verortet das Unternehmen in der Gemeinschaft und ist ein integrativer Ansatz von sozialem und wirtschaftlichem Fortschritt. Die Konkurrenzfähigkeit eines Unternehmens und das Befinden der Gemeinschaft bedingen einander in diesem Ansatz.
- Die Szenariotechnik dient als Analysemethode zur strategischen Unternehmensplanung, indem sie Trend- und Extremszenarien aufzeigt, woraus sich Handlungsempfehlungen für das betroffene Unternehmen ableiten lassen.

Abschließend ist anzumerken, dass zahlreiche weitere Frameworks herangezogen werden können, um Cases zu verstehen, zu strukturieren sowie Handlungsalternativen zu erkennen und aufzuzeigen. Herausragende Bewerber:innen zeichnen sich insbesondere durch einen neuartigen und kreativen Ansatz aus, der die bekannten Frameworks abändert oder selbstständig neue erschafft.

LINK-TIPP:

Mindmap zum Lösen von Case Studies

Der ehemalige e-fellows.net-Stipendiat Sebastian Paasch hat eine Mindmap angefertigt, die zeigt, wie man an Case Studies herangehen kann. Sie steht unter folgendem Link zum Download zur Verfügung: download.e-fellows.net/mind_map.pdf

Hilfreiche Basisdaten für Case Studies

Ob konkreter, realitätsnaher Business Case oder kreative Abschätzung – grundlegende Daten helfen nicht nur beim Meistern von Fallstudien, sie zeigen außerdem ein solides Grundwissen und eine gute Vorbereitung auf das Bewerbungsverfahren. Im Folgenden sind einige Basisdaten zu Deutschland, Europa und der Welt zusammengestellt.

Länderprofil – Deutschland

Basisdaten Deutschland

Fläche	**357 Tsd. km²**
N-S-Ausdehnung	ca. 870 km
O-W-Ausdehnung	ca. 630 km
Straßennetz (außerorts)	**230 Tsd. km**
Autobahnnetz	13 Tsd. km
Schienennetz	**34 Tsd. km**
Einwohnerzahl	**83,1 Mio.**
< 15 Jahre	11 Mio.
15 bis 65 Jahre	54 Mio.
≥ 65 Jahre	18 Mio.
männlich/weiblich	41 Mio./42,1 Mio.
Erwerbstätige	45 Mio.
Geburten	788 Tsd.
Anzahl privater Haushalte	**41,4 Mio.**
mit Internetzugang	38 Mio.

Viele weitere Daten und Statistiken zu den Themenfeldern Wirtschaft, Umwelt und Gesellschaft finden sich zum Beispiel auf der Website des Statistischen Bundesamts. Zusätzlich zu den oben genannten Fakten ist es nützlich, über aktuelle politische sowie wirtschaftliche Entwicklungen informiert zu sein. Hierzu empfiehlt sich die Lektüre der gängigen Tageszeitungen.

Zahlen, Daten, Fakten zu Europa

Kommt man im Interview auf das Thema Europa zu sprechen, ist es zunächst wichtig, abzuklären, „welches“ Europa gemeint ist: das geografische Europa, die Europäische Union oder etwa die Eurozone. Die folgende Übersicht der Basisgrößen bezieht sich auf Daten der Europäischen Union mit ihren 27 Mitgliedsstaaten.

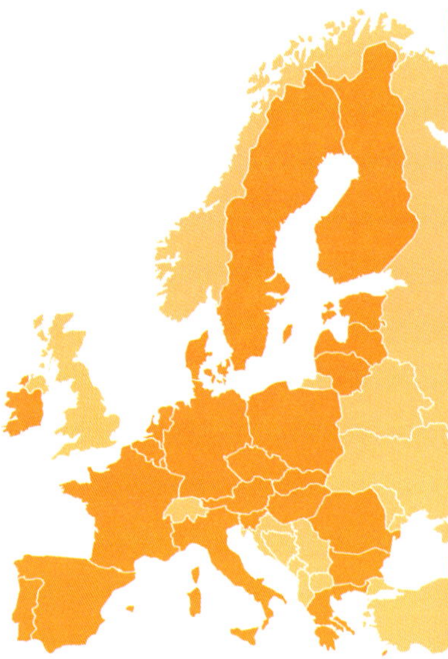

Basisdaten EU

Mitgliedsstaaten	**27**
Amtssprachen	**24**
Fläche gesamt	**ca. 4,1 Mio. km²**
flächengrößter Staat: Frankreich (exkl. Übersee)	544 Tsd. km²
flächenkleinster Staat: Malta	316 km²
Einwohnerzahl gesamt	**447,1 Mio.**
Euroraum (19 Länder)	341,2 Mio.
Frankreich	66,9 Mio.
Italien	60,5 Mio.
Spanien	46,7 Mio.
Polen	38,4 Mio.
Geburten gesamt pro Jahr	**5,1 Mio.**
Erwerbstätigenquote (15- bis 64-Jährige) gesamt	**73,1 %**
Frauen	68,4 %
Männer	79,3 %

Mithilfe von Eckdaten einiger EU-Staaten lassen sich nun, falls benötigt, die Größenordnungen z. B. von Einwohnerzahl oder Fläche weiterer Länder grob abschätzen. Statt ins Blaue hinein etwa die Fläche von Spanien zu schätzen, macht es einen besseren Eindruck, die Schätzung mit logischen Annahmen zu begründen:
„Die Fläche Spaniens ist etwas kleiner als die Fläche des größten EU-Landes Frankreich mit ca. 550.000 km². Sie ist allerdings weit größer als die Fläche Deutschlands mit ca. 360.000 km². Deshalb schätze ich die Fläche Spaniens auf rund 500.000 km².“

Auf der Website des statistischen Amts Eurostat der Europäischen Kommission sind zusätzlich zu den oben genannten Daten eine große Zahl von Statistiken, Grafiken und Veröffentlichungen über eine weite thematische Bandbreite frei zugänglich.

Basisinformationen – die Welt

Basisdaten global

Anzahl Staaten/Territorien	**ca. 270**
UN-Mitgliedsstaaten	**193**
Erdoberfläche	**510 Mio. km²**
Meeresfläche	ca. 360 Mio. km²
Landfläche	ca. 150 Mio. km²
landflächengrößte Staaten:	
Russland	17,1 Mio. km²
Kanada	10,0 Mio. km²
USA	9,8 Mio. km²
China	9,6 Mio. km²
landflächenkleinster Staat: Vatikanstadt	0,4 km²
Weltbevölkerung	**7,7 Mrd.**
bevölkerungsreichste Staaten:	
China	1.398 Mio.
Indien	1.392 Mio.
USA	329 Mio.
Indonesien	268 Mio.
bevölkerungsärmster Staat: Vatikanstadt	ca. 450
Anteil < 15 Jahre	**25 %**
Anteil ≥ 65 Jahre	**9,0 %**
Ø jährl. Bevölkerungswachstum	**1,1 %**
max. Bevölkerungswachstum: Angola	3,49 %
min. Bevölkerungswachstum: Cookinseln	–2,72 %

QUELLEN:

- CIA: www.cia.gov/the-world-factbook
- Destatis (Statistisches Bundesamt Deutschland): www.destatis.de
- Eurostat (statistisches Amt der Europäischen Kommission): ec.europa.eu/eurostat
- Lexas: www.lexas.de/erde/index.aspx
- United Nations, Overview: www.un.org/en/about-us

4. Case Studies zur Übung

Farbmenge für die Lackierung der ICE-Flotte der Deutschen Bahn

von Malte Horn

Aufgabenstellung

Die DB Fernverkehr AG ist eine Konzerntochter der Deutschen Bahn AG für den Schienenpersonenfernverkehr. Der größte Teil der Flotte besteht aus Intercity-Express-Zügen (kurz ICEs) verschiedener Baureihen. Die älteste ICE-Flotte ist die des ICE 1, die seit 1991 im Einsatz ist. Im Rahmen einer grundlegenden Modernisierung soll nun die gesamte Flotte des ICE 1 neu lackiert werden. Der Konzerneinkauf möchte von Ihnen wissen, wie viele Liter Farbe für die Neulackierung einzukaufen sind.

HINWEIS: Das Ziel des Case ist es, die Strukturierungs- und Analysefähigkeit der Bewerber:innen zu prüfen und zu sehen, wie der Lösungsweg, optimalerweise am Whiteboard, vorgetragen wird. Darüber hinaus wird das Vermögen zum Abschätzen und Plausibilisieren der Schätzungen betrachtet und geprüft, wie gut die Bewerber:innen sich mit dem System Bahn und seinen Dimensionen auskennen.

Lösungsweg

Als Erstes wird das Vorgehen strukturiert und die notwendigen Schritte zur Beantwortung der Frage dargestellt. Folgende Schritte sind notwendig:

- Schätzung der zu streichenden Oberfläche je Wagen
- Schätzung der Anzahl der Wagen je ICE
- Schätzung der erforderlichen Farbmenge für die berechnete Oberfläche
- Schätzung der Anzahl der gesamten ICE-Flotte sowie der Anteil der ICE-1-Züge

HINWEIS: Die erforderlichen Schritte sollten vor Beginn der Berechnungen von den Bewerber:innen aufgelistet werden.

Oberfläche eines ICE

Die Berechnung der Oberfläche lässt sich aufteilen in die Berechnung der zwei Seitenflächen abzüglich der Fensterfläche, plus die Dachfläche multipliziert mit der Anzahl der Wagen. Jeder Wert, ob richtig oder falsch, sollte plausibilisiert werden können.

Zur Herleitung der Breite eines Wagens kann beispielsweise die Anzahl und Breite der Sitze herangezogen werden; für die Länge, die Anzahl der Sitze oder Abteile. Die Höhe eines Wagens kann auf Basis der eigenen Körpergröße, Höhe der Gepäckablage und Einstieg über Stufen geschätzt werden. Für die Wagenanzahl eignet sich zum Beispiel die maximale Länge einer Bahnsteigkante oder die geschätzte Anzahl an Fahrgästen je Zug.

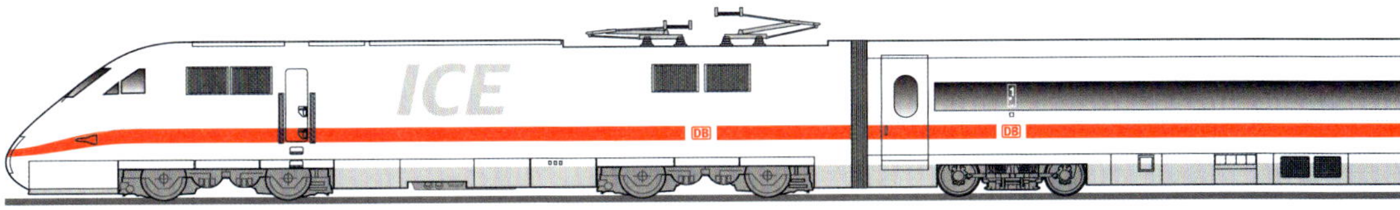

Anzahl der Wagen	Wagenlänge	Wagenbreite	Wagenhöhe	Fensterhöhe
12–14	ca. 27 m	ca. 3 m	ca. 3,5 m	ca. 0,6 m

Die Berechnung lautet wie folgt:

- Seitenflächen = (Länge × Höhe – Fensterfläche) × 2 = (27 m × 3,5 m – 27 m × 0,6 m) × 2 = 156,6 m²
- Dachfläche = Länge × Breite = 27 m × 3 m = 81 m²
- Gesamtfläche (Annahme: 14 Wagen) = 14 × (156,6 m² + 81 m²) = 3.326,4 m²

Farbmenge je Zug

Die benötigte Farbmenge ergibt sich aus der im vorangegangenen Schritt berechneten Oberfläche des Zuges multipliziert mit der Dicke der Lackschicht. Alternativ kann die Abschätzung auch über Erfahrungswerte plausibilisiert werden. („Als ich neulich mein 20 m² großes Zimmer gestrichen habe, brauchte ich genau einen 20-Liter-Eimer Wandfarbe.")

HINWEIS: Ob mit einer Lackdicke von 0,1 mm, 0,5 mm oder sogar 2 mm weitergerechnet wird, ist nicht relevant, solange für die Auswahl eine plausible Erklärung geliefert wird.

Bei einer 0,5 mm dicken Lackschicht ergibt sich folgende Rechnung:

- Farbbedarf = Oberfläche × Lackdicke = 3.326,4 m² × 0,5 mm = 3.326,4 m² × 0,0005 m = 1,6632 m³

Da 1 m³ ungefähr 1000 Litern entspricht, ergibt sich ein Farbbedarf von 1.663,2 Litern.

Anzahl der Züge in der ICE-Flotte

Die Anzahl der Züge in der ICE-Flotte sollte nicht geschätzt, sondern strukturiert hergeleitet werden. Hierbei empfiehlt sich eine Herleitung über die Bedienung der angebotenen Strecken in einer regelmäßigen Taktung. Die Abschätzung des Streckennetzes ergibt sich aus der Anzahl und Länge der Strecken. Die erforderliche Anzahl zur Bedienung der Strecken lässt sich aus dem Bedienungstakt im Pendelverkehr (hier Stundentakt) und der durchschnittlichen Fahrtgeschwindigkeit ermitteln.

HINWEIS: Da die Aufgabe einiges an Vorwissen im Bereich des Schienenverkehrs beansprucht, sollten Bewerber:innen hier nicht zögern, die nötigen Eckdaten zur weiteren Berechnung bei den Interviewpartner:innen zu erfragen.

Zur Ermittlung des Streckennetzes kann eine Grobskizze des Streckennetzes herangezogen werden. Zur Vereinfachung wird angenommen, dass es ca. 40 Strecken à 400 km gibt. Folgende weitere Annahmen könnten getroffen werden:

- ICE-Durchschnittsgeschwindigkeit: 100 km/h
- ICE-Taktung: einmal pro Stunde

Um darauf basierend zu ermitteln, wie viele ICEs für die Bedienung des Streckennetzes benötigt werden, muss die Streckenlänge zunächst verdoppelt werden, da die Züge auf einer Strecke nicht nur hin-, sondern auch wieder zurückfahren.

▸ 400 km × 2 = 800 km pro Strecke (Hin- und Rückfahrt)

Bei 100 km/h pro Stunde ergibt sich ein Zeitbedarf für einen Zug von acht Stunden für die Hin- und Rückfahrt:

▸ 800 km ÷ 100 km/h = 8 h

Bei einer Taktung von einem ICE pro Stunde ergeben sich somit acht ICEs, die zur Bedienung der Strecke benötigt werden:

▸ 8 h × 1 ICE = 8 ICEs pro Strecke

Die gesamte Anzahl an Zügen errechnet sich dann wie folgt:

▸ 8 ICEs × 40 Strecken = 320 ICEs (Real: 332 ICEs)

Größe der ICE-1-Flotte

Da jedoch nicht die gesamte ICE-Flotte neu lackiert werden soll, sondern nur die des ICE 1, ist der entsprechende Anteil zu berechnen.

HINWEIS: Bei diesem Schritt zeigt sich, wie gut die Bewerber:innen sich mit dem System Bahn auskennen. Sollten sie Schwierigkeiten haben, wird auch hier Hilfestellung geleistet.

Zur Vereinfachung wird davon ausgegangen, dass die verschiedenen Baureihen in der Flotte gleichmäßig aufgeteilt sind. Es gibt ICE 1, ICE 2, ICE 3, ICE 4 und ICE T.

Hieraus ergibt sich:

▸ 320 ÷ 5 = 64 (Real: 58 ICE-1-Züge)

Zur Berechnung der Farbmenge müssen die Ergebnisse noch kombiniert werden:

▸ Bei einer 0,5 mm dicken Lackschicht ergeben sich: 64 × 1.663,2 l = 106.445 l

Der Konzerneinkauf muss für die Neulackierung der ICE-1-Flotte somit ca. 106.445 Liter Farbe einkaufen.

Gepäckabfertigung am Frankfurter Flughafen

von Alexander Schrimpf

Aufgabenstellung

Im Zuge der Coronakrise beschäftigt sich der Frankfurter Flughafen mit den zukünftigen Rahmenbedingungen hinsichtlich seiner Auslastung. Um ein Gefühl dafür zu bekommen, wie groß das Reiseaufkommen ist, wird die Gepäckabfertigung in den Fokus gerückt. Vor diesem Hintergrund wird das Inhouse Consulting der Lufthansa beauftragt, eine Abschätzung zu treffen, wie viele Gepäckstücke pro Jahr vor der Covid-19-Pandmie abgefertigt wurden.

Lösungsweg

Folgende Schritte sind zur Beantwortung der Fragen notwendig:

- Schätzung der Anzahl der Flüge pro Jahr
- Schätzung der Anzahl der Passagier:innen pro Jahr
- Schätzung des Verhältnisses zwischen Business- und Urlaubsflügen
- Schätzung der Anzahl aufgegebener Gepäckstücke pro Passagier:in
- Ableitung der Anzahl aufgegebener Gepäckstücke pro Jahr

HINWEIS: Scheuen Sie im Interview nicht davor zurück, für die Aufgabenstellung relevante Werte, die Sie nicht kennen oder ableiten können, zu erfragen.

Schätzung der Anzahl der Flüge pro Jahr

Hierfür bieten sich zwei Möglichkeiten: Entweder Sie haben eine halbwegs aktuelle Zahl der Starts und Landungen im Kopf (die Zahlen werden jährlich vom Frankfurter Flughafen veröffentlicht), oder Sie nehmen eine Abschätzung über die Taktung der Starts und Landungen vor.

Für die Herleitung der Starts und Landungen machen wir folgende Annahme: 6 der 52 Kalenderwochen deklarieren wir als reiseintensive Wochen, insbesondere Pfingst-, Sommer- und Weihnachtsferien. Die anderen 46 Wochen sehen wir als „normale" Reisewochen mit üblichem Verkehrsaufkommen an. Für die reiseintensiven Wochen gehen wir davon aus, dass etwa alle 30 Sekunden ein Flugzeug startet bzw. landet. In den restlichen 46 Wochen rechnen wir bei normalem Verkehrsaufkommen damit, dass alle 45 Sekunden ein Flugzeug startet bzw. landet. Dabei treffen wir darüber hinaus die Annahme, dass sich die Flugzeiten auf 5 bis 23 Uhr beschränken und ein sechsstündiges Flugverbot besteht. Daraus ergeben sich:

- ▶ Reiseintensive Wochen: 6 Wochen × 7 Tage × 18 Stunden × 60 Minuten × 2 Starts und Landungen pro Minute (= alle 30 Sekunden) ≈ 90.000 Flüge
- ▶ „Normale Reisewochen": 46 Wochen × 7 Tage × 18 Stunden × 60 Minuten × 1,25 Starts und Landungen pro Minute (= alle 45 Sekunden) ≈ 430.000 Flüge

- Gesamtanzahl der Flüge pro Jahr: 90.000 + 430.000 = 520.000 Flüge

Schätzung der Anzahl der Passagier:innen pro Jahr
Für die Herleitung der Anzahl der Passagier:innen treffen wir die Annahme, dass ein durchschnittliches Flugzeug ca. 200 Plätze hat. Das heißt, für interkontinentale Reisen ist von deutlich größeren Flugzeugen und für innereuropäische Reisen von etwas kleineren Flugzeugen auszugehen. So gelangen wir zum Mittelwert von 200 Plätzen. Für die Auslastung nehmen wir eine Quote von 75 Prozent an.

- Passagierzahl pro Jahr: 200 Plätze × 75 % Auslastung × 520.000 Flüge = 78 Mio. Passagier:innen

Schätzung der Anzahl aufgegebener Gepäckstücke pro Passagier:in
Für die Abschätzung der Anzahl der Gepäckstücke gehen wir davon aus, dass in den reiseintensiven Wochen jede:r Passagier:in ein Gepäckstück aufgibt und jeder Flieger vollständig ausgebucht ist.

- 200 Plätze pro Flug × 90.000 Flüge = 18 Mio. Passagier:innen = 18 Mio. Gepäckstücke

Daraus abgeleitet bleiben noch 60 Mio. Passagier:innen (78 Mio. – 18 Mio.) übrig, die während der „normalen Reisewochen" unterwegs sind. Hier gehen wir davon aus, dass 50 Prozent der Flüge Business- bzw. Kurzstreckenflüge sind, sodass Personen in der Regel lediglich mit Handgepäck reisen. Für die übrigen 30 Mio. Passagier:innen nehmen wir an, dass nur jeder zweite ein Gepäckstück aufgibt. Daraus ergibt sich Folgendes:

- 60 Mio. Passagier:innen × 50 % (Reisen ohne Aufgabegepäck) = 30 Mio. Passagier:innen

- 30 Mio. Passagier:innen × 50 % (jede zweite Person gibt ein Gepäckstück auf) = 15 Mio. Gepäckstücke

- Gesamtzahl an Gepäckstücken pro Jahr: 18 Mio. Gepäckstücke + 15 Mio. Gepäckstücke = 33 Mio. Gepäckstücke

Abschließend lässt sich somit die Aussage treffen, dass in der Zeit vor der Covid-19-Pandemie am Frankfurter Flughafen ca. 33 Mio. Gepäckstücke pro Jahr abgefertigt wurden.

Analyse der Vorteilhaftigkeit von E-Sports-Investitionen

von Sebastian Serfas

Aufgabenstellung

Sie sind Teil eines Beratungsteams bei einem Unternehmen aus der Lebensmittelbranche, das eine breite Palette an Convenience-Nahrungsmitteln sowie ausgewählte Getränke produziert und über Supermärkte, Einzelhändler und das Internet deutschlandweit vertreibt. Bei einer Veranstaltung ist die Geschäftsführung auf das Themenfeld Gaming und E-Sports aufmerksam geworden und möchte nun wissen, ob insbesondere der E-Sports-Bereich eine interessante Ergänzung für die Marketingaktivitäten des Unternehmens sein könnte. Unter E-Sports sind professionell organisierte kompetitive Wettkämpfe zu verstehen, bei denen mehrere Spieler:innen oder Teams sich in einem Videospiel auf Computer, Konsole oder mobilen Endgeräten messen; diese werden meist live über das Internet übertragen und häufig von Kommentator:innen begleitet. Die Geschäftsführung bittet Sie um eine kurze Analyse und erwartet eine erste Einschätzung hinsichtlich mehrerer Fragestellungen.

HINWEIS: Für diesen Case ist kein spezifisches Fach- oder Branchenwissen notwendig. Er ist so konzipiert, dass sich mit etwas Nachdenken, auch ohne Kenntnisse zu E-Sports oder der Lebensmittelbranche, zu allen Fragen gute Antworten finden lassen.

Frage 1: Stellen Sie kurz dar, welche digitalen Marketingmöglichkeiten im E-Sports-Kontext grundsätzlich und ganz allgemein möglich bzw. denkbar wären.

Frage 2: Machen Sie anschließend drei Vorschläge für ganz konkrete Marketingkampagnen, die für das Unternehmen im E-Sports-Kontext vorstellbar wären.

Frage 3: Die Marketingabteilung schlägt vor, eine Kampagne durchzuführen, bei der auf einem bekannten Streaming-Portal während der Liveübertragung eines Turniers Werbeanzeigen für ein bestimmtes Convenience-Produkt eingeblendet werden. Im Vorfeld wurden bereits kleine Tests durchgeführt, die zu folgenden Erkenntnissen geführt haben: 25 Prozent der Turnier-Zuschauer:innen sehen die Werbung gar nicht, 40 Prozent gehören nicht zur Zielgruppe und 15 Prozent der erreichten Zielgruppe kaufen ein Produkt im Lauf der Folgewoche.

Bei einem Stückdeckungsbeitrag des Produkts von 25 Cent und geschätzten Gesamtkosten der Kampagne von 10.000 Euro, wie viele Zuschauer:innen müsste das Turnier insgesamt haben, damit sich die Kampagne rein finanziell direkt lohnt?

Frage 4: Welche weiteren Überlegungen sollten Ihrer Meinung nach noch in die Analyse bzw. Bewertung der finanziellen Vorteilhaftigkeit dieser Marketinginvestition (aus Frage 3) einfließen? Was würden Sie der Geschäftsleitung empfehlen?

Lösungsweg

HINWEIS: Es ist wichtig, sich im Case-Interview nicht durch ein ggf. unbekanntes Thema (hier: E-Sports) verunsichern zu lassen! Im Zentrum dieses Case stehen eigentlich ganz klassische Unternehmensberatungs-Skills wie zum Beispiel eine strukturierte Herangehensweise, Kreativität und Vorstellungskraft, logisches Denken, sicherer Umgang mit Zahlen und Business-Verständnis-Basics. Zudem ist es im Alltag von Unternehmensberater:innen nicht ungewöhnlich, sich schnell in neue, unbekannte Themen eindenken zu müssen.

Frage 1: Strukturierte Darstellung allgemeiner Marketingmöglichkeiten im E-Sports-Kontext

Bei dieser Aufgabe geht es nicht darum, so viele Marketingmaßnahmen wie möglich zu identifizieren. Der entscheidende Aspekt ist vielmehr das Vorgehen bei der Identifikation unter Nutzung einer logischen und gut kommunizierten Strukturierung. Hierfür bietet sich ganz „beratungstypisch" der Einsatz eines Baums an. Die folgende Abbildung zeigt einen beispielhaften Baum in Auszügen, wie er sich im Verlauf eines Case-Interviews ergeben könnte. Es sind natürlich auch andere Ausgestaltungen denkbar, die sich inhaltlich und strukturell unterscheiden können und auch vom Gesprächsverlauf abhängen.

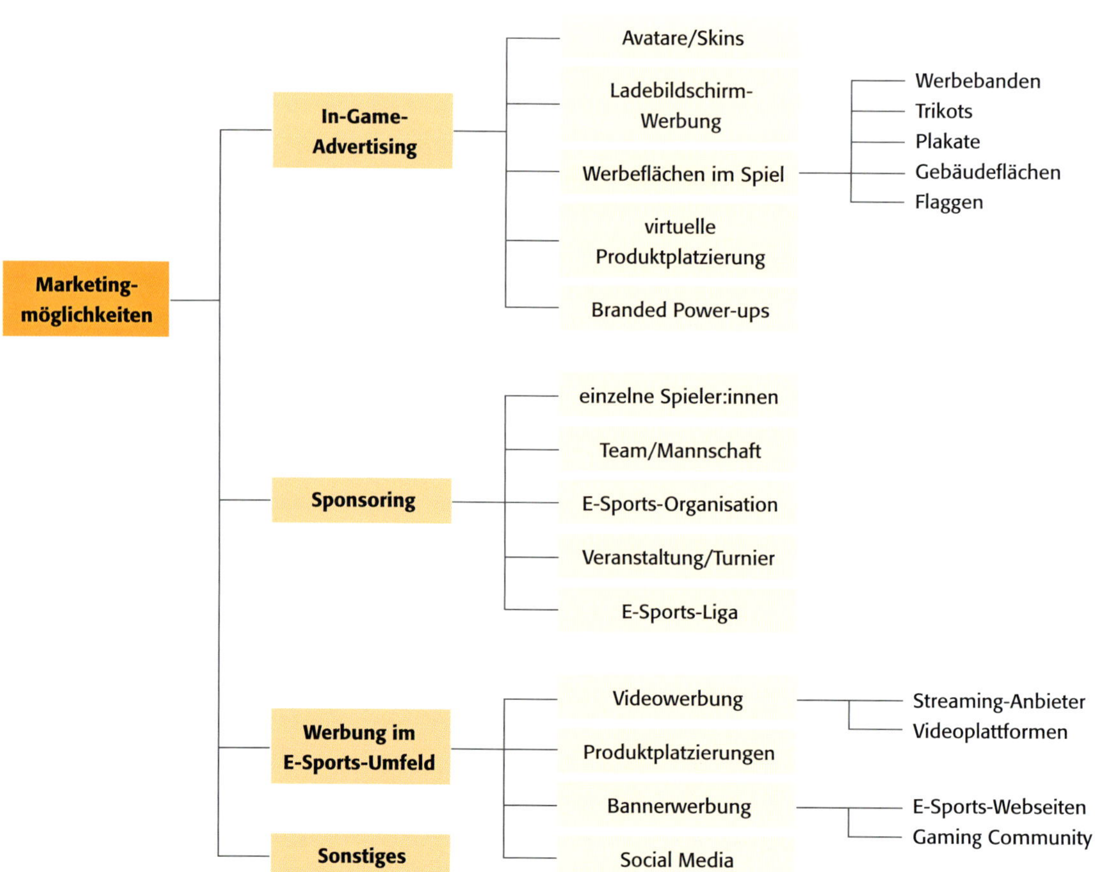

Als Hauptkategorien könnten beispielsweise In-Game-Advertising (d.h. Werbung direkt im Videospiel selbst), Sponsoring von E-Sports-Akteuren und Werbung im E-Sports-Umfeld (z.B. Video- oder Bannerwerbung) gewählt werden. Zudem bietet es sich an, für alle Werbemaßnahmen, die nicht in die bereits genannten Kategorien fallen, eine Auffangkategorie „Sonstiges" einzubauen (z.B. für Offline-Marketingmöglichkeiten, die bei der Frage nicht zu beachten sind, da die Geschäftsführung explizit digitale Varianten möchte).

Im Bereich des **In-Game-Advertising** gibt es zahlreiche Möglichkeiten. Beispiele sind spezifische Werbeflächen im Spiel (z.B. Werbebanden, Trikots, Plakate, Gebäudewände, Flaggen), spezielle Avatare/Skins, virtuelle Produktplatzierungen, Werbung im Ladebildschirm oder gebrandete Power-ups. Das „klassische" **Sponsoring** kann einzelne Spieler:innen betreffen, die entweder direkte Werbung für ein Produkt machen, ein Testimonial abgeben oder als Influencer:in fungieren. Alternativ können Teams bzw. E-Sports-Organisationen (bis hin zur Namensgebung), aber auch bestimmte Veranstaltungen bzw. Turniere oder sogar eine ganze E-Sports-Liga gesponsert werden. Zum Bereich der „einfachen" **Werbung im E-Sports-Umfeld** gehören unter anderem Videowerbung in Livestreams bei speziellen Gaming-Plattformen wie Twitch oder auf allgemeinen Videoplattformen wie YouTube, Bannerwerbung auf E-Sports-Webseiten oder -Communities, Produktplatzierungen bei E-Sports-Übertragungen, Social-Media-Werbung mit E-Sports-Bezug und vieles mehr.

Frage 2: Vorschläge für konkrete Marketingkampagnen im E-Sports-Kontext

Im Rahmen dieser Fragestellung wird nicht nach einer ganz bestimmten Lösung gesucht, der Lösungsraum ist bewusst weit offengehalten und der Kreativität sind wenig Grenzen gesetzt. Allerdings ist es absolut essenziell, dass die erarbeiteten Vorschläge das spezifische Case-Unternehmen berücksichtigen und darauf abgestimmt sind. Laut Angabe ist dieses vor allem im Bereich Convenience Food tätig (wörtlich übersetzt: „bequemes" Essen; d.h., Nahrungsmittel, die bereits teilweise oder sogar komplett vorverarbeitet sind und deshalb wenig oder gar keinen Zubereitungsaufwand für Verbraucher:innen bedeuten).

Jeder der ausgearbeiteten Kampagnen-Vorschläge sollte neben einer kurzen Darstellung des Ziels (was soll erreicht werden) und des beworbenen Produkts (wofür soll geworben werden) auch beispielhafte Marketingmaßnahmen (wie soll geworben werden) enthalten. Dabei bietet es sich an, zuerst die einzelnen Teilbereiche kurz vorzustrukturieren und diese anschließend zu konkreten Kampagnen-Vorschlägen zu kombinieren.

Potenzielle Marketingmaßnahmen wurden in der vorherigen Frage bereits erarbeitet und strukturiert. Bei den Kampagnen-Zielen könnte man zum Beispiel den Verkauf eines ganz bestimmten Produkts, die Vorstellung einer neuen Produktlinie oder die allgemeine Erhöhung der Bekanntheit der Marke bzw. des Unternehmens in den Mittelpunkt stellen. Während diese beiden Aspekte recht schnell geklärt werden können, sollten die Überlegungen bzgl. der zu bewerbenden Produkte etwas ausführlicher adressiert werden, da hier der Bezug zum Case-Unternehmen ins Spiel kommt. Hierbei können ganz unterschiedliche Ansatzpunkte gewählt werden (solange der Convenience-Food-Aspekt erhalten bleibt), zum Beispiel Produkte, die klassische Gaming-Klischees bedienen wie Fertigpizza, Instant-Suppen, Energy Drinks. Ein anderer Ansatzpunkt könnten Produkte sein, die in der Marketingkommunikation den Aspekt

Gesundheit stärker in den Mittelpunkt rücken, zum Beispiel gesündere (bzw. weniger ungesunde) Snacks, Riegel oder Joghurts zum Zwischendurch-Essen beim E-Sports schauen oder Fertigbeilagen wie Reis, die in einer Wettkampfpause nur noch mit frischem Gemüse kombiniert werden müssen. Denkbar wären auch Lebensmittel mit bestimmten Nahrungsergänzungsmitteln, die Gamer:innen oder E-Sportler:innen physisch oder mental fit halten sollen. Auch könnte der Aspekt Bequemlichkeit (einfach und schnell) von fertigen Komplett-Gerichten, die nur noch aufgewärmt werden müssen, besonders betont werden, sodass mehr Zeit für Gaming und E-Sports bleibt.

Aus all diesen Bausteinen können schließlich mögliche Kampagnen kombiniert werden. Dabei kommt es, wie bereits dargestellt, gar nicht so sehr darauf an, was genau auf welche Art und Weise kombiniert wird, sondern darauf, dass jeweils ein in sich stimmiges Paket entsteht, idealerweise mit einer guten Story und einer passenden Erläuterung.

Frage 3: Berechnung der finanziellen Vorteilhaftigkeit
Bei dieser Aufgabe geht es in erster Linie um die direkte finanzielle Vorteilhaftigkeit (andere Aspekte werden in der folgenden Frage adressiert). Dabei ist es sehr wichtig, dass Sie Ihre:n Interviewpartner:in Schritt für Schritt durch Ihre Überlegungen und Berechnungen führen. Auch hilft es oft, bei der Berechnung sinnvoll zu runden, da im Interview meist kein Taschenrechner genutzt werden kann.

Am einfachsten und leicht zu kommunizieren ist es, die Frage schrittweise von hinten anzugehen. Um die 10.000 Euro Kosten direkt über Produktverkäufe wieder zu verdienen, müssen mindestens 40.000 Einheiten von Zuschauer:innen gekauft werden.

- 10.000 Euro ÷ 0,25 Euro Stückdeckungsbeitrag = 40.000 Einheiten

Diese 40.000 kaufenden Zuschauer:innen stellen gemäß Marketing-Research 15 Prozent der mit der Werbung erreichten Zielgruppe dar; die gesamte erreichte Zielgruppe beträgt demnach per Dreisatz ca. 270.000 Zuschauer:innen.

- 40.000 kaufende Zuschauer:innen ÷ 15 % = 266.667 Personen

Diese Zielgruppen-Zuschauer:innen stellen wiederum 60 Prozent all derjenigen Zuschauer:innen dar, die die Werbung sehen, da 40 Prozent der werbung-sehenden Personen nicht zur Zielgruppe gehören. Ein weiterer Dreisatz ergibt somit ca. 450.000 die Werbung sehende Zuschauer:innen.

- 266.667 Zielgruppen-Zuschauer:innen ÷ 60 % = 444.444 Personen

Da die Werbung nur von 75 Prozent aller Zuschauer:innen gesehen wird (25 Prozent sehen diese nicht), führt ein letzter Dreisatz zu einer Gesamtzahl von ca. 600.000 Turnier-Zuschauer:innen.

- 444.444 werbung-sehende Zuschauer:innen ÷ 75 % = 592.593 Personen

An dieser Stelle bietet es sich an, das erhaltene Ergebnis noch mal gegenzurechnen:

- 600.000 Turnier-Zuschauer:innen × 75 % (sehen Werbung) × 60 % (gehören zur Zielgruppe) × 15 % (kaufen Produkt) × 0,25 Euro (Stückdeckungsbeitrag) ≈ 10.000 Euro

Der berechnete Wert scheint also zu passen.

Aus rein finanzieller Sicht lohnt sich die Investition in die anvisierte Marketingkampagne demnach ab ca. 600.000 Zuschauer:innen. Inwiefern das realistisch erreichbar ist, hängt von vielen Faktoren ab, zum Beispiel davon, um welches E-Sports-Spiel es sich handelt, wie groß und wie wichtig das Turnier ist, wie viele Übertragungen es gibt. In der Praxis signalisieren Interviewpartner:innen meist, ob und wie intensiv dies diskutiert werden soll.

Frage 4: Diskussion weiterer entscheidungsrelevanter Aspekte und Empfehlung

In der vorherigen Aufgabe wurde die unmittelbare finanzielle Vorteilhaftigkeit analysiert, d. h. die Frage, ob sich aus der Werbekampagne sofort genug Verkäufe ergeben, um die Kosten zu rechtfertigen. Es gibt jedoch weitere Faktoren, die die finanzielle Vorteilhaftigkeit beeinflussen können. Beispielsweise könnten Turnier-Zuschauer:innen später kaufen (nicht innerhalb der ersten Woche), Mehrfachkäufe tätigen (z. B. verschiedene Sorten oder Varianten ausprobieren), das Produkt zukünftig wiederholt kaufen (Stammkund:innen werden) oder an Freund:innen empfehlen. Alle diese Aspekte könnten die finanzielle Attraktivität der Kampagne weiter steigern. Ebenso könnte sich durch die Kampagne der Bekanntheitsgrad der Marke oder des Unternehmens in der Zielgruppe erhöhen, mit möglichen positiven indirekten Auswirkungen auf zukünftige Kauf- und Konsumentscheidungen.

Auf der anderen Seite könnte es sein, dass einige Turnier-Zuschauer:innen das Produkt vielleicht sowieso gekauft hätten (unabhängig von der Werbung), oder dass Kannibalisierungseffekte auftreten (es wird jetzt dieses Produkt gekauft, anstatt eines anderen Produkts des Unternehmens, das ansonsten gekauft worden wäre). Dies würde sich negativ auf die finanzielle Vorteilhaftigkeit der Kampagne auswirken. Zudem wäre es möglich, dass die Marketing-Research-Zahlen falsch oder verzerrt sind bzw. sich nicht von den durchgeführten kleinen Tests auf ein großes Turnier übertragen lassen oder dass einzelne Faktoren nicht angemessen in den Prozentsätzen berücksichtigt wurden (z. B. Zuschauer:innen aus anderen Ländern, in denen das Unternehmen gar nicht tätig ist).

Aus der gesamthaften Betrachtung aller Aspekte ist letztlich noch eine Empfehlung für die Geschäftsführung abzuleiten. Wie diese konkret ausfällt, hängt stark davon ab, welche Aspekte Sie im Rahmen Ihres Case-Interviews herausgearbeitet haben, wie Sie diese einschätzen, und wie das Gespräch verlaufen ist. Dabei können auch die bisher noch nicht adressierten nicht-finanziellen Aspekte in die Entscheidung mit einbezogen werden (z. B. inhärente Risiken, vorhandene Expertise, E-Sports-Spiel-Auswahl, kulturelle Herausforderungen, unerwünschte Nebeneffekte).

Im Prinzip stellt die diskutierte Marketingkampagne eigentlich einen guten und verhältnismäßig risikoarmen ersten Schritt im Bereich des E-Sports-Marketings dar: Die Kosten der Kampagne sind überschaubar, die nicht-finanziellen Risiken sind gering, es ist kein langfristiges Commitment notwendig, ein Rückzug ist jederzeit möglich und es wird wenig E-Sports-Expertise benötigt. Außerdem ermöglicht die Marketingkampagne vermutlich wertvolle Lerneffekte und Erkenntnisse auch dahingehend, ob zukünftig ein weitergehendes Engagement im E-Sports-Bereich erstrebenswert ist. Sofern die Zuschauerzahlen halbwegs realistisch erreichbar sind, wäre die Kampagne also tendenziell zu befürworten.

Lösungsstruktur auf einen Blick

Die folgende Abbildung verdeutlicht zum Abschluss noch einmal den Ablauf bzw. das Vorgehen von der allgemeinen Identifikation potenzieller Marketingmöglichkeiten über die Ausarbeitung konkreter Kampagnen-Vorschläge und die Analyse von deren Vorteilhaftigkeit bis hin zur finalen Entscheidung im Rahmen einer umfassenden Gesamtbetrachtung.

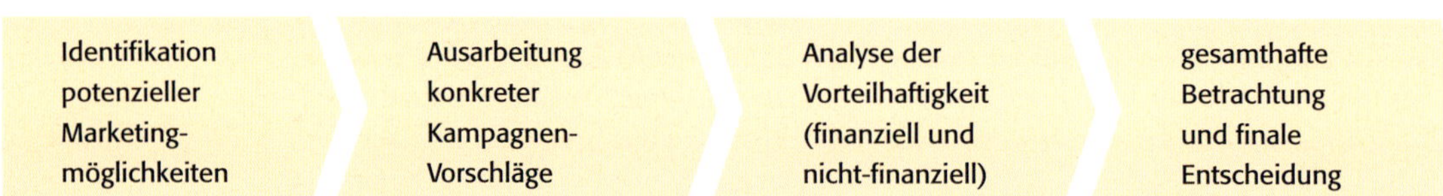

HINWEIS: Je nach Ziel, Vorkenntnissen der Gesprächspartner:innen, Rahmenbedingungen und Verlauf des Interviews können Schwerpunkte, Detaillierungsgrad und Intensität der Betrachtungen sowie der angestoßenen Diskussionen stark variieren.

DHL
DHL CONSULTING
INSPIRED BY DIVERSITY AND TEAMWORK
MANAGEMENT CONSULTANTS FOR THE MOST INTERNATIONAL COMPANY
DHL Consulting boasts an international team full of ambitious yet helpful and cooperative colleagues.
And we'd love to add you to our team!
dhl-consulting.com

Sanierung eines Büromöbelherstellers

von Moritz Miller

Aufgabenstellung

Interviewer:in: Die Büromöbel GmbH bietet für Gebäudeeinrichtungen innovative Bürolösungen an. Das Produktportfolio umfasst neben Tischen und Stühlen Aufbewahrungssysteme sowie visuelle Ausstattungen (Beamer, digitale Boards). Produziert wird an drei deutschen und einem osteuropäischen Standort. Obwohl an den Standorten ähnliche Wertschöpfungsschritte stattfinden, bestehen zwischen den Standorten komplexe Materialflüsse.

2018 wurde das Unternehmen von der Gebäude AG übernommen. Die Einschränkung der Autonomie der Büromöbel GmbH sowie der noch komplexere Materialfluss und ein intransparenter Auftragsdurchlaufprozess führten zu einer deutlichen Verschlechterung der Ergebnisse. Vor diesem Hintergrund bitte ich Sie, die folgenden zwei Aufgaben zu bearbeiten:
Frage 1: Was sind wesentliche Ursachen für die Schieflage des Unternehmens?
Frage 2: Ermitteln Sie Maßnahmen zur Verbesserung der Ertragslage.

Lösungsweg

Bewerber:in: Zunächst möchte ich die Situation kurz zusammenfassen. Es geht um ein produzierendes Unternehmen mit mehreren Standorten, welches mit komplexen Materialflüssen zu kämpfen hat. In dieser Situation wird es von einer Gruppe gekauft. Nach den vorliegenden Informationen scheint sich die Problematik verstärkt zu haben.

Interviewer:in: Das ist korrekt wiedergegeben.

Frage 1: Was sind wesentliche Ursachen für die Schieflage des Unternehmens?
Bewerber:in: Könnten Sie mir Informationen zu der Produktstruktur geben, damit ich die Situation besser beurteilen kann?

Interviewer:in: Die Büromöbel GmbH bietet vier Produktsegmente an. In der folgenden Tabelle sehen Sie die vier Segmente mit der Anzahl der angebotenen Artikel pro Segment. Es gibt zum Beispiel 70 verschiedene Artikel im Bereich Stühle. Zudem sehen Sie den Umsatzanteil.

Stühle	Tische	Aufbewahrung	visuelle Ausstattung
verschiedene Sitzmöbel in unterschiedl. Größen und Farben; höhenverstellbare und/oder drehbare Stühle	Bürotische; Besprechungstische in verschiedenen Formen, Klapp- und Stapeltische	mobile und fest stehende Korpusmöbel; Hochschränke	klassische und interaktive Whiteboard-Systeme; mobile Präsentationsflächen; Beamer
Artikelanzahl: 70	Artikelanzahl: 200	Artikelanzahl: 550	Artikelanzahl: 180
20 % Umsatzanteil	30 % Umsatzanteil	40 % Umsatzanteil	10 % Umsatzanteil

Bewerber:in: Es handelt sich offensichtlich um ein umfassendes Produktsortiment. Der größte Umsatz wird mit dem Segment Aufbewahrung getätigt. Hier liegt auch die größte Artikelvielfalt vor. Auf Basis der Anzahl der Artikel ist der Bereich ein Komplexitätstreiber. Mit 55 Prozent der Artikel werden 40 Prozent des Umsatzes erzielt. Der Bereich der visuellen Ausstattung ist ebenfalls ein Komplexitätstreiber. Mit 18 Prozent Anteil an der Artikelvielfalt werden nur 10 Prozent des Umsatzes gemacht. Zu hinterfragen ist jedoch, inwiefern die Artikelvielfalt Auswirkungen auf die Produktivität der Segmente hat. Gibt es Informationen zu der Produktivität der einzelnen Segmente?

Interviewer:in: Unsere Analyst:innen haben bereits eine Tätigkeitseinheiten-Analyse vorgenommen. Hierbei wurde festgestellt, dass bei den Produktgruppen Sitzmöbel und Tische eine im Vergleich zu den Umsatzerlösen überproportionale Ressourcenbindung vorliegt. In den Segmenten Aufbewahrung und visuelle Ausstattung sind anteilig weniger Ressourcen gebunden als Umsatz vorliegt.

Bewerber:in: Diese Information zeigt, dass die Artikelzahlen pro Bereich nicht direkt miteinander vergleichbar sind und die Artikelvielfalt innerhalb der Segmente nicht direkt mit der Produktivität zusammenhängt. Tische und Stühle haben anteilig weniger Artikel und dennoch eine höhere Ressourcenbindung.

In der Aufgabenstellung wurde ein komplexer Materialfluss genannt. An der Stelle möchte ich gerne nachfragen, an welchen Standorten die Produkte jeweils produziert werden und inwiefern Materialflüsse stattfinden.

Interviewer:in: In der folgenden Tabelle sehen Sie, an welchen Standorten Wertschöpfungsprozesse stattfinden. Die Wertschöpfung ist von oben nach unten dargestellt. Schlussendlich werden alle Produkte am Hauptstandort in Baden-Württemberg finalisiert und konsolidiert.

Stühle	Tische	Aufbewahrung	visuelle Ausstattung
Osteuropa	Osteuropa	Bayern	
Thüringen	Thüringen	Baden-Württemberg	Thüringen
Thüringen	Thüringen	Bayern	Thüringen
Baden-Württemberg	Baden-Württemberg	Baden-Württemberg	Baden-Württemberg

Bewerber:in: Bis ein Produkt fertiggestellt ist, durchläuft es bis zu drei Produktionsstandorte. Beim Segment der Aufbewahrung fällt auf, dass es sogar zwei Standorte jeweils nacheinander sind. Das bedeutet viele Transportwege und demnach hohe Transportkosten. Zusätzlich birgt die Vielzahl an Transportwegen ein nicht zu verachtendes Fehlerpotenzial. Es muss jedes Mal sichergestellt werden, dass die richtigen Waren auf dem richtigen Lkw auf dem Weg zur richtigen Produktionsstätte sind. Weiterhin unterliegt jeder Transportweg externen Einflüssen und der Abhängigkeit von beispielsweise externen Dienstleistern. Zu beachten ist außerdem, dass die Wertschöpfungskette nicht fortgeführt werden kann, wenn Material aus vorigen Stufen nicht vor Ort ist. Es könnten also Wartezeiten und Leerlauf entstehen, die intern zu Kosten führen und extern beim Kunden negativ auffallen.

Komplexe Materialflüsse führen also zu einer Art Teile- und Produkttourismus, die eigendynamisch Abhängigkeiten schaffen und sich bei kleinsten Unstimmigkeiten negativ auf die ganze Prozesskette auswirken können.

Dies beschreibt die Situation vor der Integration. Ich möchte auch auf die Integration eingehen. Für einen Vergleich eignet sich eine Analyse der Gewinn- und Verlustrechnung und die Ableitung relevanter Kennzahlen. Liegen die Daten vor?

Interviewer:in: Das ist ein sehr guter Ansatz. Wir haben Kennzahlen aus der Gewinn- und Verlustrechnung aus den Jahren vor und nach der Integration vorliegen. Der Rückgang der Gesamtleistung ist hauptsächlich auf Probleme bei der Auftragsabwicklung im Zuge der Integration der Büromöbel GmbH in die Unternehmensgruppe zurückzuführen. Was können Sie hieraus ableiten?

Angaben in Mio. Euro	vor Integration	nach Integration
Gesamtleistung	50,3	48,8
Rohertrag	29,8	26,9
Personalaufwand	15,5	14,8
EBIT	1,8	−4,2
Jahresüberschuss	0,1	−5,8

Bewerber:in: Zunächst fällt auf, dass die Büromöbel GmbH vor der Integration bereits nur noch knapp profitabel war. Nach der Integration hat sie dann sogar Verluste verzeichnet. Um die Gewinn- und Verlustrechnung der Jahre vor und nach der Integration konkret miteinander vergleichen zu können, müssen die Kennzahlen jeweils in einem Verhältnis dargestellt werden. Als Basis wähle ich, wie es auch in der Praxis häufig geschieht, die Gesamtleistung. Im Folgenden möchte ich auf die Kennzahlen eingehen.

Interviewer:in: Für die Berechnung der Verhältnisse dürfen Sie gerne großzügig runden.

Bewerber:in: Die **(1) Gesamtleistung** ist um 1,5 Mio. Euro zurückgegangen. Sie sagen, dass die Abweichung in der Gesamtleistung vorwiegend durch Schwierigkeiten bei der Auftragsabwicklung infolge der Integration entstanden ist. Es ist somit kein vorwiegendes Marktproblem für die Schieflage anzunehmen. Die Gründe für die negative Abweichung der Gesamtleistung sind auf interne Prozessschwierigkeiten aus der Integration in die Unternehmensgruppe zurückzuführen.

Bevor ich mit der Berechnung der **(2) Rohertragsmarge** beginne, möchte ich gerne fragen, ob das Unternehmen in den beiden Jahren merkliche Eigenleistungen aktiviert hat, da diese die Auswertung verfälschen würden. Die Gesamtleistung ergibt sich nämlich aus dem Umsatz, Bestandsveränderungen und aktivierten Eigenleistungen.

Interviewer:in: Das ist nicht der Fall gewesen. Eigenleistungen können außer Acht gelassen werden.

Bewerber:in: Alles klar. Vor der Integration lag eine Rohertragsmarge von ca. 60 Prozent (30 ÷ 50 = 0,60) vor. Nach der Integration lag die Marge nur noch bei ca. 56 Prozent (28 ÷ 49 = 4 ÷ 7; da 1/7 ungefähr 14 Prozent entspricht, ergibt sich 4 × 14 Prozent = 56 Prozent). Da der Rohertrag recht großzügig gerundet wurde, liegt die Marge bei etwas unter 56 Prozent. Sind die angenäherten Werte korrekt?

Interviewer:in: Mit den angenäherten Werten können Sie arbeiten.

Bewerber:in: Vielen Dank. Anhand des Rohertrags lässt sich ableiten, wie hoch der Materialaufwand gewesen ist. Das Unternehmen hat im Jahr nach der Integration folglich deutlich mehr Materialaufwand im Verhältnis zur Gesamtleistung gehabt. Dies kann zum einen auf gestiegene Materialpreise oder auf mehr benötigtes Material zurückzuführen sein. Gab es in dem Zeitraum Preissteigerungen auf dem Rohstoffmarkt?

Interviewer:in: Preissteigerungen auf dem Rohstoffmarkt lagen zwar vor, jedoch erklären diese nicht die negative Abweichung in der Rohertragsmarge.

Bewerber:in: Ein externer Markteinfluss als Hauptfaktor ist also auch hier im Bereich der Materialkosten auszuschließen. Im Hinblick auf die erfolgte Integration in eine Unternehmensgruppe mit ähnlichem Marktumfeld stellt sich die Frage, ob Synergien und Skaleneffekte nicht ausgenutzt wurden, wie beispielsweise die Bündelung der Materialbeschaffung zur Erzielung besserer Einkaufspreise aufgrund der höheren Beschaffungsmenge. Im Gegenteil, die Rohertragsmarge ist sogar gesunken. Dies könnte auf die Komplexitätssteigerung durch die Integration zurückzuführen sein.

Zuletzt scheint bei der **(3) Personalquote** keine große Veränderung stattgefunden zu haben. Sowohl vor als auch nach der Integration beläuft sich die Personalquote auf etwas unter 1/3 = 33 Prozent.

Interviewer:in: Die Einschätzung ist korrekt. Die exakten Werte belaufen sich vor der Integration auf 30,8 Prozent und nach der Integration 30,3 Prozent.

Bewerber:in: Die Personalquote ist demnach um 0,5 Prozentpunkte gesunken. Im Verhältnis wurde also geringfügig weniger Personalaufwand fällig als vor der Integration. Eine wesentliche Ursache für die Schieflage ist hier zunächst nicht zu erkennen, wenn auch Potenzial zur Verbesserung vorliegt. Darauf komme ich gleich im zweiten Teil zurück.

An dieser Stelle möchte ich die bisherigen Erkenntnisse konsolidieren und damit die wesentlichen Ursachen für die Schieflage des Unternehmens nennen.

Zusammenfassend lässt sich eine sinkende Leistung und ein sinkender Rohertrag bei konstanten internen Kosten festhalten. Die Komplexitätserhöhung in der Auftragsabwicklung im Zuge der Integration senkt die Leistung. Der sinkende Rohertrag resultiert im Wesentlichen aus einer hohen Sortimentsbreite und komplexen Wertschöpfungsprozessen zwischen den drei deutschen Standorten und dem Standort in Osteuropa sowie nicht ausgeschöpften Potenzialen der Integration in den Konzern. Bereits bestehende Schwierigkeiten aufgrund der Komplexität mehrerer Standorte und der Produktvielfalt wurden durch die Integration noch verstärkt.

Gibt es weitere wesentliche Ursachen, die ich bis hierhin noch nicht betrachtet habe?

Interviewer:in: Sie haben alle wesentlichen Punkte genannt.

Frage 2: Ermitteln Sie Maßnahmen zur Verbesserung der Ertragslage.

Bewerber:in: Dann möchte ich nun zum zweiten Teil der Aufgabenstellung übergehen und Maßnahmen zur Verbesserung der Ertragslage erörtern. Mein Lösungsansatz gliedert sich in zwei Maßnahmenbereiche:
a. Überdenken der Standort- und Produktvielfalt
b. Nutzbarmachung der Integration durch Synergie- und Skaleneffekte

a. Überdenken der Standort- und Produktvielfalt

Bei der vorherigen Betrachtung der Materialflüsse und Wertschöpfungsschritte ist aufgefallen, dass Produkte bis zur Fertigstellung mehrere Standorte durchlaufen, obwohl bekannt ist, dass die Standorte ähnliche Wertschöpfungsschritte leisten können. Eine Möglichkeit, die Transportkosten erheblich zu reduzieren und das Fehlerpotenzial durch die große Anzahl der Logistikprozesse zu verringern, wäre, sich auf zwei deutsche Standorte zu fokussieren und somit einen Standort zu schließen. Kernkompetenzen sollten weiter eigenständig ausgeführt werden und eine eindeutige Zuordnung von Produkten je Standort erfolgen, um den Teile-Tourismus zu minimieren und Spezialisierungseffekte zu erzielen.

Profitieren könnte das Unternehmen somit von einer Kostenreduktion bedingt durch den geringeren Logistikaufwand, die Personaleinsparung, das Outsourcing von nicht-Kernkompetenzen und die Reduktion des internen Aufwands durch entstandene Fehler aufgrund von Komplexitätstreibern.

Wichtig zu erwähnen ist jedoch, dass der Schritt, einen Standort zu schließen, grundsätzlich sehr ausführlich überdacht und weitere Analysen durchgeführt werden müssen. Solche Analysen umfassen zum Beispiel die Bewertung der Standortprofitabilität und die Berechnung der Kosten einzelner Produktionsschritte.

b. Nutzbarmachung der Integration durch Synergie- und Skaleneffekte

Der zweite Maßnahmenbereich ist das Nutzbarmachen der Integration in die Unternehmensgruppe sowie die Ausbesserung der bisher negativen Auswirkungen der Integration auf die Leistung des Unternehmens.

Ersteres beinhaltet das Generieren von Synergie- und Skaleneffekten. Im Rahmen von Zentralisierungsaktivitäten, bezogen zum Beispiel auf die Buchhaltung oder die Personalabteilung, können Einsparungen von Personalkosten erzielt werden. Des Weiteren würde die Bündelung der Materialbeschaffung aufgrund der höheren Beschaffungsmengen bessere Einkaufspreise ermöglichen. Eine Analyse der gruppenweiten Standorte könnte außerdem Potenziale weiterer Spezialisierungen aufdecken.

In dem Zusammenhang können ebenfalls Lerneffekte erzielt werden. Da die Unternehmensgruppe in einem ähnlichen Marktumfeld tätig ist, können effiziente Produktionsschritte ausgetauscht und gegenseitig optimiert werden. Beispielsweise können dadurch möglicherweise Ausschuss und somit Materialkosten sowie Produktionsaufwand reduziert werden.

Ein weiterer Punkt ist der Vertrieb. Bestehende Vertriebsnetzwerke können von dem jeweils anderen genutzt werden. Hierbei sind konkrete Abstimmungen notwendig, um damit keinen weiteren Komplexitätstreiber zu schaffen.

Ein nicht zu verachtender Faktor ist der „Clash of cultures". Auch die Mitarbeiter:innen müssen auf eine Integration vorbereitet werden und frühzeitig mit einbezogen werden. Eine mögliche Idee wäre, auch in der jetzigen Post-Merger-Phase Abteilungsleiter:innen zwischen der Büromöbel GmbH und der Gebäude AG für einen Zeitraum auszutauschen, um die gegenseitigen Arbeitsweisen intensiv kennenzulernen. Die Verzögerungen im Auftragsdurchlauf weisen darauf hin, dass die Unternehmen noch nicht harmonieren und als Gruppe agieren. Es ist nötig, die Prozesse zu analysieren und anzugleichen, um einen reibungslosen Ablauf zu gewährleisten und die Vorteile der Integration schließlich voll auszuschöpfen.

Auch den zweiten Aufgabenteil möchte ich abschließend zusammenfassen. Durch Synergie- und Skaleneffekte können sich Einsparungen in den Bereichen Einkauf, Personal und Produktionsaufwand durch Spezialisierung ergeben. Das Beachten und Aufeinander-Abstimmen der Unternehmenskulturen und Arbeitsweisen bildet zudem die Basis für eine funktionierende Prozessstruktur.

Interviewer:in: Das sind einige Maßnahmen zur Verbesserung der Ertragslage. Vielen Dank, aus meiner Sicht war das ein gelungener Case.

Shaping the Future of Mobility

von Patrick Bardens, Stephanie Köstner und Christian Zehner

Aufgabenstellung

In der heutigen Zeit sehen sich Unternehmen mit einem stetig steigenden Innovationsdruck konfrontiert. Damit sie die bestehende Marktstellung nicht verlieren, sind sie gezwungen, aktuelle Marktentwicklungen zu beobachten und flexibel zu reagieren. In dieser Hinsicht stellt uns der Klimawandel vor noch nie dagewesene Herausforderungen. Mit der stetig wachsenden Aufmerksamkeit aus Politik, Wirtschaft und Gesellschaft entsteht ein disruptives Marktumfeld.

Aufgrund dieser omnipräsenten Thematik hat unsere Kundin, ein international agierender Automobilzulieferer namens Automotive Supplier GmbH, darum gebeten, ihr Geschäftsmodell zu hinterfragen. Die Automotive Supplier GmbH agiert aktuell mit zwei Geschäftseinheiten:
- Combustion Engine Solution: Hersteller von Bauteilen für Verbrennungsmotoren
- E-Mobility Technology: Hersteller von Bauteilen für Elektromotoren

HINWEIS: Das vorgegebene Beispiel ist als rein fiktiv zu betrachten. Teilweise werden bewusst wenige bis keine Informationen bereitgestellt. Hintergrund ist, dass Bewerber:innen durch systematisches Nachfragen Annahmen treffen und Lösungswege erarbeiten sollen. Zu beachten ist, dass es nicht nur *die eine* Lösung gibt. Es kommt bei der Lösung vielmehr auf eine strukturierte Herangehensweise an. Entsprechend kann dieser Case auf verschiedenen Wegen gelöst werden. Im Folgenden werden mögliche Lösungsansätze vorgestellt.

Diese Fallstudie wird Ihnen präsentiert von

pwc

Pricewaterhouse-Coopers GmbH Wirtschaftsprüfungs-gesellschaft

Du willst mit deinem Job mehr bewegen? Mit deinen Ideen einen nachhaltigen Beitrag leisten? Als Deutschlands führende Wirtschaftsprüfungs- und Beratungsgesellschaft bieten wir dir dafür alle Chancen und Möglichkeiten. Denn bei uns gestaltest du die Zukunft von Unternehmen aktiv mit. In unserem weltweiten Netzwerk hast du die Gelegenheit, als Individuum zu wachsen, flexibel zu arbeiten, dauerhafte Beziehungen aufzubauen und Einfluss zu nehmen. Dabei möchten wir dir so viel Freiraum geben wie möglich. Damit du dich entwickeln und mehr aus deinen Zielen machen kannst: nämlich eine Karriere, die dich erfüllt.

Fragestellung 1

Interviewer:in: Die Geschäftsführung der Automotive Supplier GmbH stellt uns eine Prognose zur Neuzulassung von Pkws und leichten Nutzfahrzeugen in Deutschland nach Antriebstechnologien von 2018 bis 2030 zur Verfügung. Die Kundin bittet uns, allgemeine Trends zu identifizieren, die auch ihr eigenes Geschäft betreffen könnten. Wie würden Sie dabei vorgehen?

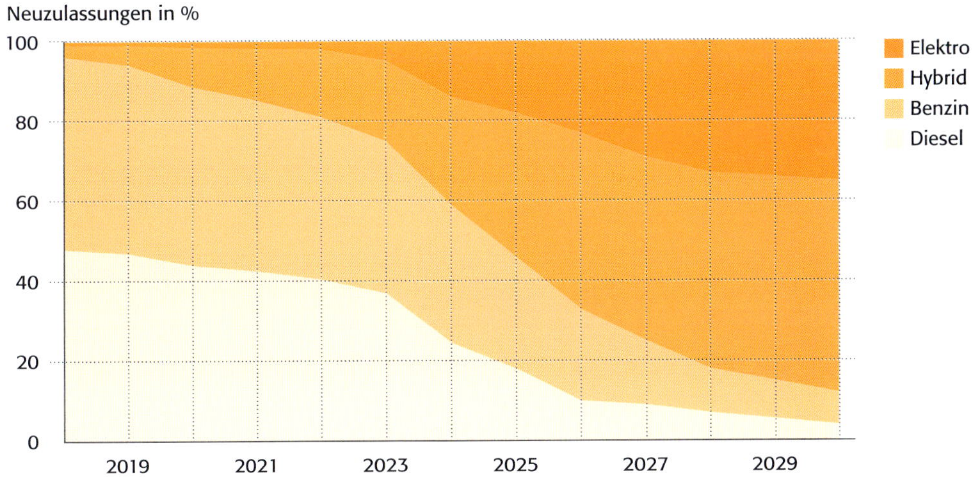

Prognose zur Neuzulassung von Pkws und leichten Nutzfahrzeugen nach Antriebstechnologien in Deutschland von 2018 bis 2030

Lösungsweg 1

Bewerber:in: Das Flächendiagramm dokumentiert den Marktanteil der Antriebstechnologien an den Neuzulassungen von Pkws und leichten Nutzfahrzeugen in Deutschland zwischen 2018 und 2021. Darüber hinaus wird eine Prognose der Entwicklung bis 2030 aufgezeigt. Auf Basis der bereitgestellten Zahlen in der Grafik lassen sich folgende Aussagen machen:

- Der **Marktanteil der fossilen Brennstoffe** (sprich: Diesel/Benzin) sinkt stetig von ca. 95 Prozent (2018) auf nur noch ca. 15 Prozent (2030).
- Besonders markant ist die Entwicklung des Hybridantriebs ab 2018. Lag der **Marktanteil des Hybridantriebs** im Jahr 2018 noch bei ca. fünf Prozent so wird er laut Prognose im Jahr 2030 bereits die 50-Prozent-Marke erreichen. Zur Erklärung: In hybriden Motoren sind sowohl Elektro- als auch Verbrennungsmotoren verbaut.
- Ab 2022 wächst der **Marktanteil des reinen Elektroantriebs** von weniger als 2 Prozent auf etwas über 30 Prozent im Jahr 2030.

Dies könnte darauf hindeuten, dass der Markt für Verbrennungsmotoren in Deutschland seine Monopolstellung verliert. Es ist hierbei anzunehmen, dass durch das Aufkommen der elektrifizierten Antriebe ein signifikanter Marktanteil abgetreten werden muss. Für eine weiterführende Analyse benötige ich zusätzliche Informationen, z. B. ein kurzes Unternehmensporträt. Können Sie mir ein solches zur Verfügung stellen?

Interviewer:in: Sie haben einige wichtige Punkte angesprochen. Ein kurzes Unternehmensporträt finden Sie ebenfalls in den Unterlagen. Nehmen Sie sich gerne einige Minuten zur Analyse.

Gründung	Hauptsitz	Standorte	Kunden	Mitarbeitende	Management	Inhabergruppe
1989	Augsburg, Deutschland	13 Standorte in fünf Ländern	ca. 25	1.967	CEO: Johanna S. CFO: Alois M. COO: Xenia H.	Heufer Holding

Unternehmenssituation

- global agierender, familiengeführter Automobilzulieferer
- Spezialisierung auf die Entwicklung und Herstellung von Motorkomponenten
- Operationen weltweit an 13 Standorten in fünf Ländern
- aufgeteilt auf zwei Unternehmenssparten, welche sich auf die Märkte für Motorkomponenten für Verbrennungs- und Elektromotoren fokussieren

Unternehmensaufbau

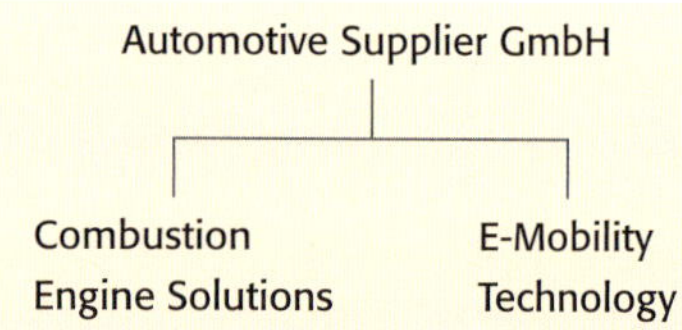

Finanzieller Überblick

Bruttoumsatz der Automotive Supplier GmbH (in Mio. Euro) nach Geschäftsjahr:

Bruttoumsatz der E-Mobility Technology (in Mio. Euro) nach Geschäftsjahr:

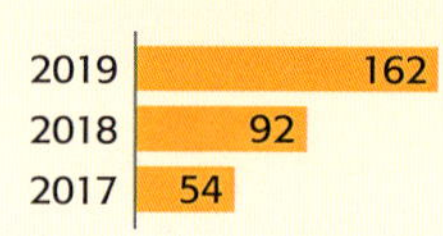

Unternehmensporträt der Automotive Supplier GmbH

HINWEIS: Zu jeder guten Vorbereitung eines Kundentermins gehört die gründliche Analyse des Unternehmens. In einem Interview wird nicht unbedingt erwartet, dass Bewerber:innen entsprechende Unternehmenszahlen aus dem Stegreif parat haben. Dennoch ist dies in realen Fällen, wo das Kundenunternehmen bekannt ist, unbedingt zu berücksichtigen.

Bewerber:in: Sehr gerne und vielen Dank. Bevor ich zu einer detaillierten Analyse komme, lässt sich von meiner Seite noch sagen, dass die aktuell bestehende Produktion des Unternehmens in Zukunft voraussichtlich zu einem Überangebot an Verbrennungsmotoren führen könnte, sollte die Fertigung von Teilen für diese Art von Motor auch zukünftig auf dem gleichen Niveau bleiben. Das wäre dadurch bedingt, dass, wie der ersten Grafik entnommen werden konnte, die Nachfrage nach Verbrennungsmotoren sinkt. Durch den noch wachsenden Markt für Elektromotoren kann ein höheres Marktpotenzial bedient werden, wenn frühzeitig Kapazitäten in diesem Bereich ausgebaut werden.

Interviewer:in: Danke für diesen Hinweis. Können Sie auf diese These ggf. etwas genauer eingehen und sie auch mit Zahlen untermauern?

Bewerber:in: Selbstverständlich! Mein Gedankengang ist folgender: Der Bruttoumsatz in der Geschäftseinheit Combustion Engine Solutions ist zwischen 2017 und 2019 von ca. 83 Prozent auf ca. 49 Prozent, gemessen am gesamten Bruttoumsatzanteil, signifikant gesunken. Wohingegen der Bruttoumsatzanteil der Geschäftseinheit E-Mobility Technology zwischen 2017 und 2019 von ca. 17 Prozent auf ca. 51 Prozent stark gewachsen ist.

Aus beiden Grafiken kann abgelesen werden, dass der Anteil der Geschäftseinheit E-Mobility Technology am Gesamtbruttoumsatz der Automotive Supplier GmbH stärker wächst als der Marktanteil von E-Motoren in Deutschland insgesamt. Dies geht daraus hervor, dass Verbrennungsmotoren im Jahr 2019 immer noch einen Marktanteil von 95 Prozent der Neuzulassungen in Deutschland haben, während der Anteil der Geschäftseinheit E-Mobility Technology im Jahr 2019 bereits 51 Prozent des Gesamtbruttoumsatzes der Automotive Supplier GmbH ausmacht.

Die Entwicklung des Bruttoumsatzes in den einzelnen Geschäftseinheiten geht einher mit der Entwicklung des Marktanteils der Neuzulassungen von Pkws und leichten Nutzfahrzeugen in Deutschland von 2018 bis 2030. Eine hohe Nachfrage zeichnet sich bei den Verbrennungsmotoren im Jahr 2022 ab. Das zeigt unter anderem ihr Marktanteil von ca. 80 Prozent an Neuzulassungen im Jahr 2022. Bis ins Jahr 2030 sinkt die Nachfrage nach Verbrennungsmotoren dann jedoch, während die für Elektromotoren steigt.

Fragestellung 2

Interviewer:in: Vielen Dank für die detaillierte Ausführung. Wie schätzen Sie im Jahr 2022 das Marktpotenzial für Pkws mit reinem Elektromotor in Deutschland ein?

Diese Fallstudie wird Ihnen präsentiert von

Standorte in Deutschland: 21

Standorte weltweit:
741 Standorte in 156 Ländern

Beschäftigte in Deutschland: 12.000

Beschäftigte weltweit: 295.000

PricewaterhouseCoopers GmbH Wirtschaftsprüfungsgesellschaft

Lösungsweg 2

Bewerber:in: Deutschland hat eine der höchsten Bevölkerungsdichten in Europa. Gleichzeitig hat der Individualverkehr in Deutschland einen besonders hohen Stellenwert. Pkws werden größer, leistungsfähiger und somit teurer. Im Gegensatz wird die Forderung von Umweltverbänden und der Politik, den Individualverkehr entweder einzudämmen oder nachhaltig zu gestalten, immer stärker. Eine annehmbare Lösung für dieses Dilemma ist es, den Pkw als präferiertes Fortbewegungsmittel der Deutschen emissionsfrei mit Elektroantrieb fahren zu lassen. Vor diesem Hintergrund möchte ich nun gerne das Marktpotenzial für Pkws mit reinem E-Motor abschätzen.

Das Marktpotenzial lässt sich mittels des Umsatzes pro Jahr messen, sprich:

- Umsatz = Anzahl verkaufter Einheiten × Preis pro Einheit

Die Anzahl verkaufter Einheiten berechnet sich aus der Anzahl der potenziellen Konsument:innen und der Absatzmenge pro Konsument:in. Der Preis pro Einheit hängt vom Fahrzeug ab.

Für meine nachstehenden Berechnungen werde ich die Zahlen einfachheitshalber ab- bzw. aufrunden. In Deutschland lässt sich die Absatzmenge vorerst durch die Betrachtung der potenziellen Konsument:innen eingrenzen, diese beläuft sich auf ca. 80 Mio. Nach meinem letzten Kenntnisstand liegt die Pkw-Dichte in Deutschland bei ca. 600 Pkws pro 1.000 Einwohner:innen. Das ergibt eine Gesamtzahl von ca. 48 Mio. Pkws in Deutschland.

Berechnung der aktuellen Pkw-Dichte in Deutschland:

- 80 Mio. potenzielle Konsument:innen × (600 Pkws ÷ 1.000 Einwohner:innen) = 48 Mio.

Interviewer:in: Das klingt nach einem guten Ansatzpunkt. Wie wollen Sie die Absatzmenge weiter eingrenzen?

Bewerber:in: Im nächsten Schritt ziehe ich die Informationen aus der Grafik zur Prognose der Neuzulassungen von Pkws und leichten Nutzfahrzeugen heran. Laut Grafik beläuft sich der Anteil der Pkws mit reinem E-Motor im Jahr 2022 auf ca. 2 Prozent. In den darauffolgenden Jahren wird dieser Anteil bis auf ca. 30 Prozent im Jahr 2030 stetig zunehmen.

Interviewer:in: Im Folgenden können Sie sich gerne auf das Jahr 2030 beziehen. Bitte nutzen sie die Anzahl an potenziellen Konsument:innen und den Durchschnittspreis aus dem Jahr 2022.

Bewerber:in: Wenn man von einer konstanten E-Pkw-Dichte von ca. 30 Prozent ausgeht, ergibt dies ca. 14,4 Mio. Pkws mit E-Motor im Jahr 2030. Die Preise für E-Pkws liegen aktuell zwischen 20.000 Euro und 100.000 Euro, deswegen würde ich von einem Durchschnittspreis von 60.000 Euro ausgehen. Dementsprechend beträgt das Marktpotenzial für Pkws mit reinem Elektroantrieb im Jahr 2030 ca. 864 Mrd. Euro.

Berechnung der E-Pkw-Dichte in Deutschland im Jahr 2030:

- 48 Mio. Pkws × (300 E-Pkws ÷ 1.000 Einwohner:innen) = 14,4 Mio.

Berechnung des Marktpotenzials für E-Pkws in Deutschland im Jahr 2030:

- 14,4 Mio. E-Pkws × 60.000 Euro = 864 Mrd. Euro

Fragestellung 3

Interviewer:in: Ich stimme mit Ihrer Meinung und der Vorgehensweise überein. Noch einen Schritt weitergedacht: Welche Lösungsansätze würden Sie der Kundin nun konkret vorschlagen? Ich möchte zudem darauf verweisen, dass Sie sich im Vorangegangen ausschließlich auf Deutschland bezogen haben. Wie Sie aber wissen, hat unsere Kundin Standorte auf mehreren Kontinenten.

HINWEIS: Der Teufel steckt im Detail. Nur weil eine Grafik zu Deutschland mitgebracht wurde, heißt das nicht, dass sich der Case ausschließlich auf Deutschland bezieht. Es ist im Rahmen des Denkbaren, dass eine andere Grafik gar nicht vorlag. In solchen Fällen bietet es sich an, diesen Tatbestand zu Beginn anzusprechen, um Missverständnisse auszuräumen.

Lösungsweg 3

Bewerber:in: Danke für den Hinweis an dieser Stelle. Ich würde mir kurz ein paar Minuten nehmen, um mir verschiedene Lösungsansätze und ihre jeweiligen Vor- und Nachteile zu überlegen.

Interviewer:in: Gerne.

HINWEIS: Um verschiedene Lösungsansätze strukturiert darzustellen, bietet es sich an, sie z. B. mittels einer Tabelle einander gegenüberzustellen.

Bewerber:in: Auf Basis der mir vorliegenden Informationen schlage ich konkret folgende Lösungsansätze vor. Bitte beachten Sie, dass ich die Geschäftseinheit Combustion Engine Solutions nachfolgend mit CES und die Geschäftseinheit E-Mobility Technology mit EMT abgekürzt habe:

	Option 1: Carve-out der Geschäftseinheit CES	**Option 2: Eingliederung der CES in die Geschäftseinheit EMT***	**Option 3: Neufokussierung der CES auf Emerging Markets**
Vorteile	Durch den Verkauf kann in die nachhaltig wachsende Geschäftseinheit investiert werden (z.B. mittels Investition in Forschung und Entwicklung).	Bestehende Ressourcen können genutzt werden und das Unternehmen verliert nicht an Größe.	Es kann ein Absatzmarkt mit 3,84 Mrd. potenziellen Endverbraucher:innen angesprochen werden. Bestehende Ressourcen bleiben im Unternehmen bestehen.
Nachteile	Die Fokussierung auf einen jungen, sich schnell verändernden Markt kann risikobehaftet sein. Auch wenn der Markt für reine Verbrennungsmotoren schrumpft, wächst der Markt für Hybridmotoren, in denen auch Verbrennungsmotorteile verbaut sind. Somit würde durch einen Carve-out eine zukünftig profitabel wirtschaftende Geschäftseinheit veräußert werden.	Durch die Eingliederung würden voraussichtlich hohe Umstrukturierungskosten bei der Transformation der Produktion der ehemaligen Verbrennereinheit entstehen.	Die Produktion muss ggf. in ein Schwellenland verlagert werden. Ob der Individualverkehr in den Emerging Markets jedoch einen ähnlich hohen Stellenwert wie in Deutschland haben wird, lässt sich schwer vorhersagen. Auch Schwellenländer erkennen das Problem des Klimawandels und versuchen ökologisch nachhaltig zu wachsen. Aus diesem Grund könnte die Geschäftseinheit nur für einen begrenzten Zeitraum gewinnbringend produzieren.

* Damit verbunden wäre eine Neuausrichtung der Produktion von Teilen für Verbrennungsmotoren auf Teile für Elektromotoren.

Fragestellung 4

Interviewer:in: In Anbetracht der Zeit bitte ich Sie, Ihre Gedanken kurz und prägnant zu halten. Wie würden Sie im Fall eines Carve-out der Geschäftseinheit vorgehen?

HINWEIS: Bevor es zum Verkauf der Combustion Engine Solutions kommen kann, müssen zunächst Zielkonflikte identifiziert und Prioritäten festgelegt werden. Zudem sollte der Verkaufswert gesteigert werden, indem Optimierungen vollzogen werden. Ein Carve-out-Prozess bietet die Möglichkeit, das Betriebsmodell zu hinterfragen und zu optimieren. Hierzu können verschiedene Hebel in Betracht gezogen werden, z. B. im Hinblick auf die Strategie, die Operational Excellence und den Footprint.

Lösungsweg 4

Bewerber:in: Carve-out-Transaktionen erfordern eine fundierte Bewertung, d.h. ein sogenanntes „Readiness assessment" sowie eine Separationsvorbereitung und -ausführung. Ich würde die Arbeitsbereiche wie folgt grob aufteilen:
1. Carve-out Readiness Assessment
2. Carve-out Preparation
3. Carve-out Execution

Interviewer:in: Ich gebe Ihnen gerne einen groben Überblick über die verschiedenen Aktivitäten in den von Ihnen genannten Arbeitsbereichen:

1. **Carve-out Readiness Assessment**
- Bewertung der Carve-out-Fähigkeit des derzeitigen Betriebesmodells in Bezug auf (i) Elemente der Wertschöpfungskette und (ii) Unterstützungsfunktionen
- Identifikation und Analyse von Unternehmensverflechtungen innerhalb der Geschäftseinheit Combustion Engine Solutions und Festlegung von Aktivitäten zur Erreichung der Veräußerung

2. **Carve-out Preparation**
- Ermittlung des Umfangs und Definition des Zielbetriebsmodells (Target Operating Model) von Combustion Engine Solutions
- Schätzung einmaliger und wiederkehrender Kosten aufgrund der Ausgliederung
- Entwicklung und Erstellung eines indikativen Arbeitsplans für die operative Durchführung
- Entwicklung eines generischen Zielbetriebsmodells für Combustion Engine Solutions

3. **Carve-Out Execution**
- Einrichtung und Leitung des Carve-out-Projektmanagements
- Entwicklung eines umfassenden Arbeitsplans für die Durchführung
- Umsetzung wertsteigernder Verbesserungen (z.B. Umsatzsteigerung, Kostenoptimierung)

HINWEIS: Die aufgeführten Tätigkeiten sind ein kleiner Auszug. Innerhalb des Teams Delivering Deal Value (DDV) bei PwC Deutschland beraten Sie Mandant:innen im Rahmen von nationalen und internationalen Unternehmenstransaktionen unterschiedlichster Größe in strategischen wie auch operativen Fragestellungen, in den Bereichen Post Merger Integration & Carve-out, Due Diligence sowie Restrukturierung & Prozessoptimierung.

Interviewer:in: Können Sie zum Abschluss auf mögliche Hebel zur Neuausrichtung eingehen, um den Unternehmenswert der Geschäftseinheit Combustion Engine Solutions zu optimieren?

Bewerber:in: In Bezug auf den Hebel der strategischen Neuausrichtung sollte geprüft werden, ob neue Märkte angesprochen werden können. Eine geografische Fokussierung auf Entwicklungsmärkte, wie den südostasiatischen Markt, wäre ein Beispiel für die Anwendung dieses Hebels. Hier wird der Trend zur E-Mobilität erst deutlich später erwartet. Außerdem sollte untersucht werden, ob eine Fokussierung auf Kernprodukte möglich ist. Da sich die Geschäftseinheit Combustion Engine Solutions ausschließlich auf Verbrennungsmotoren spezialisiert hat, ist dies hier nur beschränkt möglich. Zudem sollte auch überprüft werden, ob digitale Angebote (z. B. die elektrische Verknüpfung der Teile mit Sensoren) genutzt werden können.

Der Hebel im Bereich Operational Excellence umfasst, dass geprüft wird, ob eine Erhöhung der Produktionseffizienz über die gesamten Anlagen möglich ist. Des Weiteren sollte untersucht werden, ob Sonderfahrten durch verbesserte Planung vermieden und ob Instandhaltungskosten durch künstliche Intelligenz reduziert werden können.

Interviewer:in: Können Sie bitte in wenigen Worten erläutern, wieso es sinnvoll ist, die verschiedenen Hebel auf die Geschäftseinheit anzuwenden?

Bewerber:in: Das Ziel dieser Hebel ist die Optimierung der Geschäftseinheit und, damit verbunden, die Steigerung des Marktpreises.

Interviewer:in: Vielen Dank. Wir werden uns bis Ende kommender Woche mit einem detaillierten Feedback bei Ihnen zurückmelden. Auf Wiedersehen.

Bewerber:in: Vielen Dank für das angenehme Gespräch. Ich wünsche Ihnen einen schönen Tag.

Klingt gut? Mehr erfahren!

pwc

Pricewaterhouse-Coopers GmbH Wirtschaftsprüfungsgesellschaft

Friedrich-Ebert-Anlage 35–37
60327 Frankfurt am Main
www.karriere.pwc.de

Rebecca Bollweg
Personalmarketing & Recruiting
+49 69 95850
DE_Karriere@pwc.com

The opportunity of a lifetime!

Du bist auf der Suche nach einer Chance, dein Potential zu nutzen, zu wachsen, neue Skills zu entwickeln und mit einem richtig guten Team an interessanten Projekten zu arbeiten?

Dann starte deine Karriere in der Transaktionsberatung, im Consulting oder in der IT-Beratung bei PwC Deutschland und ergreife deine Chance, die Transformation der deutschen Wirtschaft mit zu gestalten?

pwc

The opportunity of a lifetime
pwc-karriere.de

© 2022 PricewaterhouseCoopers GmbH Wirtschaftsprüfungsgesellschaft. Alle Rechte vorbehalten.

Umsatzsteigerung bei einem Anbieter von Website-Baukästen

von Kim Dittmann und Verena De Smedt-Zügner

Interviewer:in: Ihr Kunde ist aus der Softwareindustrie, konkret handelt es sich um einen Anbieter für Website-Baukästen und Internet-Dienstleistungen. Nutzer:innen des Anbieters können zwischen einem kostenlosen und einem kostenpflichtigen Produkt wählen, um eigene Websites zu erstellen. Außerdem haben Nutzer:innen die Möglichkeit, ihre Websites um einen E-Commerce-Shop des Anbieters zu erweitern.

Während der Anbieter seit Jahren ein starkes Kundenwachstum verzeichnet, konnte er allerdings in letzter Zeit seine Umsätze nicht mehr steigern. Aus diesem Grund kommt die Geschäftsleitung auf Sie zu und bittet um Hilfe. Konkret möchte das Management Maßnahmen identifizieren, die helfen, Nutzer:innen von dem kostenlosen Produkt auf das kostenpflichtige Produkt zu verlagern.

Bewerber:in: Danke für die Informationen. Im ersten Schritt überlege ich mir, wie diese Umsatzsteigerung erreicht werden kann. Da der Fokus auf der Verschiebung von Nutzer:innen aus dem kostenlosen in das kostenpflichtige Produkt liegt, werde ich mich auf Maßnahmen in diesem Bereich konzentrieren. Um konkretere Hypothesen aufstellen zu können, würde ich gerne noch eine Frage stellen: Wie sehen das aktuelle Produktportfolio und die dazugehörigen Preispunkte aus?

Interviewer:in: Ihr Kunde bietet ein kostenloses Produkt mit selektierten Grundfunktionen sowie ein kostenpflichtiges Produkt für 10 Euro pro Monat an, welches einmal im Jahr im Voraus auf Basis eines jährlichen Vertrags zu bezahlen ist.

Bewerber:in: Vielen Dank für die Informationen. Hier muss man nun unterscheiden, ob das Unternehmen das aktuelle Produktportfolio beibehalten will oder bereit ist, sein Produktportfolio zu verändern, um vermehrt Nutzer:innen vom Wechsel in das kostenpflichtige Produkt zu überzeugen.

Im ersten Fall (Beibehaltung des aktuellen Produktportfolios) sehe ich folgende Möglichkeiten:

- Minderung der finanziellen Hürde der Jahresbetragszahlung durch eine monatliche Bezahlung bei gleichbleibendem jährlichem Vertrag,
- Einführung eines monatlichen Vertrags inkl. monatlichem Kündigungsrecht für das kostenpflichtige Produkt, um die finanzielle Hürde und die wahrgenommene Barriere zu senken,
- Einsatz stärkerer und gezielterer Kommunikationsmaßnahmen, um auf relevante kostenpflichtige Funktionen aufmerksam zu machen und das Kundenbedürfnis für die Funktionen und somit die Zahlungsbereitschaft zu erhöhen,
- Gratisnutzung der kostenpflichtigen Version für ein paar Monate,
- Gratisnutzung einzelner Features der kostenpflichtigen Version für ein paar Monate,
- Rabatt auf die kostenpflichtige Version,
- Preissenkung der kostenpflichtigen Version, wenn dadurch der Umsatz gesteigert werden kann.

Wenn der Kunde allerdings bereit wäre, sein Produktportfolio zu verändern und dafür ggf. Budget investieren kann, ergeben sich weitere Möglichkeiten:

- Attraktivere Gestaltung des kostenpflichtigen Produkts durch neue Funktionen bzw. Funktionszusammensetzungen,
- Einführung eines kleineren kostenpflichtigen Produkts mit Preispunkt unter zehn Euro, um die Zahlungshürde zu reduzieren,
- Einführung eines neuen teureren Produkts, welches als Ankerpunkt weitere Services beinhaltet (z. B. Beratung für die Erstellung eines E-Commerce-Shops), um einen psychologischen Zug weg vom kostenlosen Produkt entstehen zu lassen, sowie zur Ansprache einer weiteren zahlungspflichtigen Zielgruppe,
- Separate Monetarisierung von bestimmten Funktionen (z. B. individuelle E-Mail Accounts), die man zahlungspflichtig zum kostenlosen Produkt auf monatlicher Basis separat hinzubuchen kann,
- Limitierung der Funktionen innerhalb des kostenlosen Produkts, um so einen frühzeitigen Wechsel zum kostenpflichtigen Produkt notwendig zu machen.

Interviewer:in: Das sind alles interessante mögliche Maßnahmen, vielen Dank. Das Unternehmen möchte tatsächlich die Option testen, eine kleinere kostenpflichtige Produktversion einzuführen, welche sich preislich unter der aktuellen Produktversion von 10 Euro befindet. Lassen Sie uns für diesen Test mit einer Produktversion zu einem Preis von 5 Euro rechnen. Diese Version wird weniger Funktionen enthalten als die 10-Euro-Version, soll aber zum Teil auch eine neue Zielgruppe ansprechen, die weniger Bedürfnisse für die Erstellung ihrer Website hat, diese aber dennoch professionell gestalten möchte. Die Übersicht können Sie folgender Grafik entnehmen.

Free-Produkt	Medium-Produkt	Profi-Produkt
existiert	neu	existiert
Grundfunktionen	nützliche Zusatzfunktionen	vollumfängliche Funktionen
kostenlos	5 Euro	10 Euro

Eine generelle Frage vorab: Welche Informationen brauchen Sie, um berechnen zu können, um wie viel Prozent der Umsatz gesteigert werden kann, wenn Ihr Kunde mit diesem neuen Produkt auf den Markt geht?

Bewerber:in: Um das Umsatzpotenzial für die neue Produkteinführung gesamtheitlich berechnen zu können, brauche ich Informationen zur

- Ist-Situation, d. h. die Anzahl der Nutzer:innen im kostenlosen Free-Produkt, sowie die Anzahl der Nutzer:innen im kostenpflichtigen Profi-Produkt für 10 Euro,
- zukünftigen Situation, d. h. die zukünftige Anzahl der Nutzer:innen des kostenlosen Free-Produkts, die zukünftige Anzahl der Nutzer:innen des Medium-Produkts sowie des Profi-Produkts. Hier müssen auch die Nutzer:innen einbezogen werden, die vom kostenlosen Free- zum kostenpflichtigen Medium-Produkt wechseln (upgraden), aber auch jene, die vom Profi-Produkt zum Medium-Produkt wechseln (downgraden).

Zusätzlich sollte man, obwohl der Umsatz maximiert werden soll, dennoch auch einen prüfenden Blick auf die Kostensituation werfen, um sicherzugehen, dass sich die Produkteinführung lohnt.

Interviewer:in: Das ist richtig. Sie können die benötigten Informationen der Tabelle unten entnehmen.

Ist-Situation	Nutzer:innen	Wechsel zu anderem Produkt in % der Nutzer:innen	Monatlicher Betrag
Free-Produkt	4 Mio.	3 % zu Medium-Produkt	0 Euro
Profi-Produkt	0,2 Mio.	20 % zu Medium-Produkt	10 Euro

Bewerber:in: Vielen Dank für die Informationen. Damit kann ich als Erstes den aktuellen Umsatz berechnen, indem ich die Nutzer:innen mit ihrem monatlichen Betrag multipliziere. Hier erhalte ich einen aktuellen Umsatz von 2 Mio. Euro pro Monat. Das entspricht einem Jahresumsatz von 24 Mio. Euro.

Nun werde ich berechnen, wie hoch die zukünftige Anzahl der Nutzer:innen je Produkt ist, und wie viel Umsatz das Unternehmen mit den jeweiligen Produkten in Zukunft erwirtschaften wird:

Zukünftige Situation	Nutzer:innen	Monatlicher Betrag	Umsatz pro Monat	Umsatz pro Jahr
Free-Produkt	3,88 Mio.	0 Euro	0 Euro	0 Euro
Medium-Produkt	0,16 Mio.	5 Euro	0,8 Mio. Euro	9,6 Mio. Euro
Profi-Produkt	0,16 Mio.	10 Euro	1,6 Mio. Euro	19,2 Mio. Euro
Gesamtumsatz			**2,4 Mio. Euro**	**28,8 Mio. Euro**

Es kann somit eine 20-prozentige Umsatzsteigerung von aktuell 2 Mio. Euro pro Monat auf zukünftig 2,4 Mio. Euro pro Monat erzielt werden, basierend auf den vorliegenden Zahlen.

Interviewer:in: Das ist korrekt. Nun würde das Management gerne wissen, ab welchem Monat sich diese Produkteinführung lohnen würde, wenn die Kosten 3 Mio. Euro betragen. Könnten Sie dies bitte berechnen?

Bewerber:in: Sehr gerne. Wenn man sich den Mehrumsatz pro Monat ansieht, beträgt dieser 400.000 Euro. Bei Kosten von 3 Mio. Euro würde sich daher die Produkteinführung bereits im achten Monat lohnen.

Interviewer:in: Das Management bedankt sich vorerst für diese Kalkulation und fragt, ob Sie diese Produkteinführung generell empfehlen würden, auch im Hinblick auf nicht-finanzielle Aspekte wie Chancen und Risiken.

Bewerber:in: Der höhere Umsatz ermöglicht es dem Unternehmen zu wachsen und an neuen Produktfunktionen zu arbeiten. Man muss jedoch an dieser Stelle genauer hinsehen, da das Unternehmen mit dem Medium-Produkt zwar die Anzahl zahlender Nutzer:innen steigert, diese Nutzer:innen jedoch eine geringere Zahlungsbereitschaft aufweisen (5 Euro pro Monat) als aktuell zahlende Nutzer:innen (10 Euro pro Monat). Dies macht es womöglich schwieriger, in Zukunft Preiserhöhungen durchzuführen und Mehrumsätze durch einzelne separat buchbare Zusatzfunktionalitäten (Add-ons) zu erwirtschaften. Generell ist eine Umsatzsteigerung von 20 Prozent jedoch ein klar positives Signal, die Produkteinführung umzusetzen.

Interviewer:in: Vielen Dank für Ihre Einschätzung.

In einer Marktforschung hat Ihr Kunde getestet, ab welchem Prozentsatz sich eine Promotion auf das teuerste Produkt, das Profi-Produkt, lohnt. Die Teilnehmer:innen der Marktforschung sind Nutzer:innen, die aktuell das kostenlose Free-Produkt beziehen. In der Umfrage sehen diese Nutzer:innen nacheinander Promotion-Angebote für die kostenlose Nutzung des Profi-Produkts für einen Monat, drei Monate und sechs Monate. Allen Angeboten liegt eine jährliche Vertragslaufzeit zugrunde.

Zur Vereinfachung können Sie davon ausgehen, dass aktuell 100 Nutzer:innen das Free-Produkt und 100 Nutzer:innen das Profi-Produkt ohne Promotion wählen.

Profi-Produkt-Promotion-Test in der Marktforschung:

Das folgende Ergebnis wurde in der Marktforschung erzielt:
- Bei Promo 1 würden 32 Nutzer:innen das Profi-Produkt wählen.
- Bei Promo 2 würden 45 Nutzer:innen das Profi-Produkt wählen.
- Bei Promo 3 würden 57 Nutzer:innen das Profi-Produkt wählen.

Anhand des Ergebnisses kann man nun herausfinden, bei welchem Angebot der meiste Mehrumsatz entstehen würde. Wie würden Sie in der Berechnung vorgehen?

Bewerber:in: Ich habe eine Tabelle mit meinem Lösungssatz erstellt. Darin berechne ich zuerst den Gesamtumsatz pro Promotion-Level mithilfe der Anzahl der neuen Nutzer:innen und der kostenlosen Monate für die kommenden drei Jahre.

	Status quo	**Promo-Level 1**	**Promo-Level 2**	**Promo-Level 3**
	ohne Promotion	1 Monat kostenlos	3 Monate kostenlos	6 Monate kostenlos
Umsatz pro Profi-User im Jahr 1 mit Promotion	120 Euro	110 Euro	90 Euro	60 Euro
# Free-User	100	68	55	43
# Promo Profi-User	0	32	45	57
# Profi-User gesamt	100	132	145	157
Umsatz pro Jahr 1	**12.000 Euro**	**15.520 Euro**	**16.050 Euro**	**15.420 Euro**
Umsatz pro Jahr 2	**12.000 Euro**	**15.840 Euro**	**17.400 Euro**	**18.840 Euro**
Umsatz pro Jahr 3	**12.000 Euro**	**15.840 Euro**	**17.400 Euro**	**18.840 Euro**

Eine Promotion einzuführen, ergibt somit auf jeden Fall Sinn, da der Umsatz bei allen Promotion-Levels höher ist als im Status quo – und dies bereits im Jahr 1.

Um zu entscheiden, welches Promotion-Level eingeführt werden soll, muss das Unternehmen einschätzen, wie lange die durchschnittliche Customer Lifetime ist, also die Dauer, die ein Kunde einen laufenden Vertrag hat. Hierbei ergibt sich folgendes Bild des kumulierten Umsatzes je nach Customer Lifetime:

Umsatz gemäß Customer Lifetime, kumuliert	**Status quo**	**Promo-Level 1**	**Promo-Level 2**	**Promo-Level 3**
nach Jahr 1	12.000 Euro	15.520 Euro	**16.050 Euro**	15.420 Euro
nach Jahr 2	24.000 Euro	31.360 Euro	33.450 Euro	**34.260 Euro**
nach Jahr 3	36.000 Euro	47.200 Euro	50.850 Euro	**53.100 Euro**

Bei einer Lifetime von einem Jahr ist somit Promotion-Level 2 am vorteilhaftesten, bei einer Lifetime über oder gleich zwei Jahre, sollte sich das Unternehmen für Promotion-Level 3 entscheiden.

Interviewer:in: Vielen Dank für diese Berechnungen. Was würden Sie diesem Unternehmen final hinsichtlich Promotion-Maßnahmen empfehlen?

Bewerber:in: Wichtig ist, durch Tests (beispielsweise auf der Anbieter-Website) herauszufinden, ob eine Promotion mit einigen kostenlosen Monaten bei den Nutzer:innen als attraktiv wahrgenommen wird oder ob andere Promotionsarten effektiver wären. Ich sehe z. B. auch eine Promotion in Prozent auf den Gesamtpreis, anstatt kostenloser Monate, als vielversprechend an. Auch muss sich das Unternehmen im Klaren sein, dass eine solch starke Promotion Auswirkungen auf das zukünftige Verhältnis mit den Nutzer:innen haben kann, wenn diese z. B. auf eine nächste Promotion warten oder ihren kostenpflichtigen Vertrag doch früher als gedacht kündigen, da ihnen der normale Profi-Preis zu hoch erscheint. Daher sollte man die Kohorte der Kund:innen, die man über eine Promotion angesprochen hat, genau im Blick behalten und mit Kommunikationsmaßnahmen regelmäßig in ihrer Entscheidung für das Profi-Produkt bestärken.

Interviewer:in: Das hört sich sehr gut an. Vielen Dank!

Wachstumsstrategie einer Digitalisierungsagentur eines deutschen Bundeslandes

von Moritz Hahn

Aufgabenstellung

Interviewer:in: Ein Ministerium eines deutschen Bundeslandes bittet Sie, beim Aufbau und der Weiterentwicklung einer seiner Behörden zu unterstützen. Es handelt sich bei der Behörde um die DIGI-Agentur, die dem Ministerium unterstellt ist. Die DIGI-Agentur übernimmt für das aufsichtsführende Ländergremium für Digitalisierung operative Planungs-, Steuerungs- und Koordinierungsaufgaben. Dabei koordiniert und vernetzt sie alle beteiligten Akteure auf kommunaler und Länderebene.

Nach der Gründung der DIGI-Agentur im Jahr 2021 soll die Organisations- und Personalentwicklung auf solide Füße gestellt und den Empfehlungen guter Haushaltsführung gefolgt werden, indem eine systematische Ermittlung des Personalbedarfs vorgenommen wird. Darüber hinaus sollen etwaige Weiterentwicklungsmaßnahmen identifiziert und die Gesamtergebnisse dem Ländergremium für Digitalisierung und dem Haushaltsgremium vorgestellt werden.

Sie werden unter anderem mit der Organisationsuntersuchung mit Fokus auf der Personalbedarfsermittlung der DIGI-Agentur betraut.

Lösungsweg

HINWEIS: Bewerber:innen sollten die Aufgabenstellung wiederholen, um sicherzustellen, dass sie nichts missverstehen. An dieser Stelle verzichten wir zur Vereinfachung hierauf.

Bewerber:in: Bevor ich beginne, einen Lösungsweg zu skizzieren, möchte ich gerne verstehen, was eine sogenannte Organisationsuntersuchung und Personalbedarfsermittlung umfassen.

Interviewer:in: Organisationsuntersuchungen sind gemäß einer Definition des Bundesinnenministeriums systematische Betrachtungen von öffentlichen Organisationen und Behörden mit dem Ziel, nach der Analyse ein Optimierungskonzept für die jeweilige Aufgabenerfüllung zu erarbeiten. Dabei werden insbesondere Aufgaben, Prozesse, Strukturen und der Personalbedarf einer Organisation untersucht. In diesem Fall liegt der Untersuchungsfokus auf der Ermittlung des Personalbedarfs, den die DIGI-Agentur im Rahmen der operativen Planungs-, Steuerungs- und Koordinierungsaufgaben besitzt. Es wird vermutet, dass die Behörde personell zu geringfügig ausgestattet ist.

Bewerber:in: Danke. Und was genau wäre als Nächstes zu tun? Wie soll der Personalbedarf ermittelt werden?

Vorgehen bei einer Personalbedarfsermittlung

Interviewer:in: Als Erstes sollen alle Aufgaben nach Gesetzes- bzw. Beschlussgrundlage des Ländergremiums systematisch erfasst werden. Anschließend soll mit den Ansprechpartner:innen der jeweiligen Aufgaben der DIGI-Agentur gesprochen und die Bearbeitungsmenge und -zeit je Aufgabe erhoben werden. Dieses Mengengerüst wird dann als kalkulatorische Grundlage für die Ermittlung des Personalbedarfs dienen. Das Bundesinnenministerium nennt diese Methodik in der Personalbedarfsermittlung analytisches Schätzen.

► $\sum_{\text{Aufgabe}=1}^{n} \text{Personalbedarf}_{\text{Aufgabe}} = \text{Bearbeitungsmenge}_{\text{Aufgabe } n} \times \text{Bearbeitungszeit}_{\text{Aufgabe } n}$

Bewerber:in: Verstanden! Liegen uns Daten zu aktuellen Bearbeitungsmengen oder -zeiten aus der DIGI-Agentur vor, damit ich den Personalbedarf errechnen kann?

Interviewer:in: Leider nein. Die Aufgabenerbringung der Angestellten wird aufgrund der konzeptionellen Aufgabennatur nicht systematisch nach Menge und Zeit erfasst.

Bewerber:in: Schade. Gibt es sonst Daten/Unterlagen, die ich zurate ziehen kann?

Dokumentenanalyse

Interviewer:in: Ja, die DIGI-Agentur hat uns mehr als 20 Tätigkeitsdarstellungen zur Verfügung gestellt. Das sind Dokumente, die Aufschluss über Aufgabeninhalte und Qualifizierungserfordernisse der jeweiligen Stellen geben. Die Aufgabenbeschreibungen bilden die Aufgaben einer Vollzeitarbeitskraft ab. Nachfolgend erhalten Sie einen Auszug aus einer Tätigkeitsdarstellung. Wie würden Sie als Nächstes vorgehen?

lfd. Nr.	Aufgabe, ggf. einzelne Arbeitsschritte	Schätzung des Zeitanteils
1	**Fachbereich Qualitätsmanagement**	
	• **Strategische Steuerung und Planung sowie konzeptionelle Weiterentwicklung des Qualitätsmanagements (inkl. des Prozessmanagements)**	**50%**
	◦ Ableiten und Implementieren eines den Anforderungen entsprechenden Qualitätsmanagementsystems (u.a. Erstellen von entsprechenden Konzepten)	
	◦ Erarbeitung, Weiterentwicklung und Moderation des Strategieprozesses	
	• **Leiten des Controllings und Berichtswesens in der Geschäftsstelle sowie im Verbund**	**20%**
	◦ Durchführen von statistischen Analysen inkl. fachlicher Stellungnahmen	
	◦ Erstellen von Berichten für unterschiedliche Zielgruppen im Ministerium und Verbund	
	• **Organisieren und Durchführen von Qualitätskontrollen vor Inbetriebnahme neuer Teilnehmer im Verbund (Generalproben)**	**5%**
	◦ Durchführen von Schulungen bzw. Informationsveranstaltungen	
2	**Fachbereich Grundsatz**	
	• **Planen, Überwachen und Steuern des Haushalts**	**25%**
	◦ Erstellen, Abstimmen und Anmelden der mehrjährigen Finanzplanung für das Ländergremium für Digitalisierung sowie der jährlichen Haushaltsaufstellung/Finanzplanung	
	◦ Konzipieren, Etablieren, Überprüfen und Verbessern der geschäftsstelleninternen Prozesse zur Haushaltssteuerung und -überwachung inkl. Führen der Haushaltsüberwachungsliste	

Auszug aus der Tätigkeitsdarstellung der Fachbereiche „Qualitätsmanagement" und „Grundsatz"

Bewerber:in: Vielen Dank. Die Prozentangaben bedeuten übersetzt, dass z. B. alle Aufgaben unter „Strategische Steuerung und Planung sowie konzeptionelle Weiterentwicklung des Qualitätsmanagements“ einen Personalbedarf einer halben Vollzeitstelle in Anspruch nehmen, also 20 Stunden die Woche, korrekt?

Interviewer:in: Ja, genau. So sind die Prozentangaben zu lesen.

Bewerber:in: Spiegeln diese Daten, also die in der Tabelle gelisteten Aufgabeninhalte und Personalbedarfe, die aktuelle Realität wider?

Interviewer:in: Gut, dass Sie fragen. Genau das spiegeln Sie leider nicht wider. Zum einen hat sich die Organisation weiterentwickelt, d. h., weitere Aufgaben sind hinzugekommen, und zum anderen hat sich der Aufgabenumfang erhöht.

Bewerber:in: Das bedeutet, zur Präzisierung und Validierung der erfassten Aufgabeninformationen und Mengendaten sollten noch vertiefende Gespräche mit den Beschäftigten geführt werden?

Kalkulation des Personalbedarfs

Interviewer:in: Ja, das wäre eine gute Idee. Das ist zwar aufwendig, aber zur Qualitätssicherung notwendig.

Sie können an der Stelle davon ausgehen, dass all die notwendigen Interviews durchgeführt und die relevanten Daten erhoben wurden. In der Tabelle auf der folgenden Seite sehen Sie einen Auszug daraus. Ich würde Sie bitten, anhand der gegeben Mengendaten den Personalbedarf für das Qualitätsmanagement für die Jahre 2023 bis 2025 in der Einheit Vollzeitäquivalent (VZÄ) zu errechnen.

Bewerber:in: Sehr gern. Was ist genau unter einem Vollzeitäquivalent zu verstehen?

Interviewer:in: Das Vollzeitäquivalent ist eine Hilfsgröße, die bei der Messung von Arbeitszeit – und damit Personalbedarf – eingesetzt wird. Sie ist definiert als die Anzahl der gearbeiteten Stunden geteilt durch die Arbeitszeit eines Vollzeit-Erwerbstätigen, also 40 Stunden in unserem Fall.

Bewerber:in: Vielen Dank. Um den Personalbedarf je Aufgabe und Jahr zu errechnen, würde ich die Bearbeitungszeit und -menge miteinander multiplizieren und dann aufsummieren. Wären Sie mit dem Vorgehen einverstanden?

Interviewer:in: Damit wäre ich einverstanden. Jedoch ist das Vorgehen noch nicht vollständig, denn die Verhältnissetzung zur Kapazität einer VZÄ fehlt noch. Wie würden Sie das berücksichtigen?

		Fallzahlen				
		Bearbeitungszeit			**Prognose**	
Aufgabe	**Aufgabenbeschreibung**	in Min.	**Erläuterung**	**2023**	**2024**	**2025**
Leiten des Controllings und Berichtswesens	• Durchführen von statistischen Analysen inkl. fachlicher Stellungnahmen • Erstellen von Berichten für unterschiedliche Zielgruppen im BMI und Verbund	4.800	Berichte	0	3	4
Organisieren und Durchführen von Qualitätskontrollen	• Durchführen von Schulungen bzw. Informationsveranstaltungen	4.800	Servicecenter	1	2	2
Controlling	• eigenständige Erstellung der Monats- (intern) und Quartalsberichte (an Teilnehmende) des Verbundes	2.400	Berichte	0	16	20
	• Generierung und Auswertung von Daten	28.800	Grundaufwand (dispositiv-kreativ)	0	1	1
	• organisatorische Vorbereitung, Begleitung, Durchführung und Nachbereitung von Gremiensitzungen inkl. Protokollführung und Beschluss-Controlling	3.200	Sitzungen	6	12	12
	• Bearbeitung von Bürgeranfragen innerhalb des Beschwerdemanagements	120	Bürgeranfragen	0	160	300

Auszug aus den Aufgaben des Fachbereichs „Qualitätsmanagement" unter Angabe der Bearbeitungszeit und -menge

Bewerber:in: Ah, stimmt. Hierfür müsste ich wissen, wie viele Arbeitsminuten einer Arbeitskraft im Jahr durchschnittlich zur Verfügung stehen. Wissen wir das?

Interviewer:in: Ja, das Personalreferat der DIGI-Agentur teilt uns mit, dass wir von einer Jahresnormalarbeitszeit von 96.000 Minuten je Beschäftigtem ausgehen können.

Bewerber:in: Okay, danke.

HINWEIS: Der Bewerberin bzw. dem Bewerber werden an dieser Stelle in der Regel ca. zwei bis fünf Minuten zum Rechnen gegeben.

Bewerber:in: Ich erhalte für 2023 einen Personalbedarf von 0,25 VZÄ, für 2024 von 1,55 VZÄ und für 2025 von 1,88 VZÄ:

		Personalbedarf in VZÄ		
		Prognose		
Aufgabe	**Aufgabenbeschreibung**	**2023**	**2024**	**2025**
Leiten des Controllings und Berichtswesens in der Geschäftsstelle sowie im Verbund	• Durchführen von statistischen Analysen inkl. fachlicher Stellungnahmen • Erstellen von Berichten für unterschiedliche Zielgruppen im BMI und Verbund	0	0,15	0,2
Organisieren und Durchführen von Qualitätskontrollen	• Durchführen von Schulungen bzw. Informationsveranstaltungen	0,05	0,1	0,1
Controlling	• eigenständige Erstellung der Monats- (intern) und Quartalsberichte (an Teilnehmende) des Verbundes	0	0,4	0,5
	• Generierung und Auswertung von Daten	0	0,3	0,3
	• organisatorische Vorbereitung, Begleitung, Durchführung und Nachbereitung von Gremiensitzungen inkl. Protokollführung und Beschluss-Controlling	0,2	0,4	0,4
	• Bearbeitung von Bürgeranfragen innerhalb des Beschwerdemanagements	0	0,2	0,38
Gesamt (VZÄ)		**0,25**	**1,55**	**1,88**

Errechneter Personalbedarf für den Aufgabenbereich „Qualitätsmanagement"

Haushalterische Optionen

Interviewer:in: Sehr gut, vielen Dank. Wie sollte die DIGI-Agentur exemplarisch diesen ermittelten Personalbedarf umsetzen bzw. besetzen?

Bewerber:in: Ich kann mir vorstellen, dass sie zum einen den jährlichen Anstieg an Arbeitspensum nicht exakt mit jeweils einer weiteren Person zeitgenau besetzen können, und dass es sich zum anderen schwierig gestalten wird, halbe Stellen zu schaffen und zu besetzen.

Interviewer:in: Genau, das ist eine Herausforderung, die sich im Spannungsfeld aus der Aufgabenerbringung, dem haushälterischen Gebot nach Wirtschaftlichkeit und der Methodik des analytischen Schätzens ergibt. Was wären alternative Wege, um die Aufgaben trotzdem in den jeweiligen Jahren zu erbringen, sollten halbe Stellen nicht geschaffen oder besetzt werden können?

Bewerber:in: Ich kann mir vorstellen, dass die DIGI-Agentur möglicherweise auf temporäre Arbeitskräfte zurückgreifen kann bzw. entsprechende Stellen schaffen oder Aufgaben zeitweise fremdvergeben und in Form einer Dienstleistung einkaufen könnte.

Interviewer:in: Sehr gut. Ja, das wären weitere Optionen, die die DIGI-Agentur in Betracht ziehen könnte. Vielen Dank für Ihre Zeit.

Real-Estate-Visualisierung

von Anna-Luisa Heim und Brian Titze

Interviewer:in: Wohnungsportal ist eins der zwei größten Immobilienportale Deutschlands, auf dem sowohl private Anbieter als auch Immobilienfirmen Wohnungen und Häuser zur Miete und zum Verkauf anbieten. In den letzten Jahren hat sich der Markt zunehmend fragmentiert, und der Wettbewerb zwischen Anbietern ist stark gestiegen. Eine kürzlich veröffentlichte Studie zeigt, dass die Präsentation der Immobilie eine sehr wichtige Rolle bei der Attraktivität von Angeboten spielt. Gute Bilder werden als wichtigster Anreiz zum Anschauen einer Anzeige genannt, die auch die Verweildauer und Wahrscheinlichkeit einer Interessensanfrage stark positiv beeinflussen. Zudem heißt es in der Studie, dass der Einsatz neuer Visualisierungen wie 3D-Rundgänge oder virtuelle Renovierungen das Engagement mit einer Anzeige stark erhöht. Der CEO von Wohnungsportal bittet Sie daher, die Attraktivität einer möglichen Akquisition des Start-ups VisualCo zu prüfen. VisualCo bietet Visualisierungsservices wie professionelle Fotos, Videos, 3D-Scans sowie 2D- und 3D-Grundrisse im Immobilienbereich an.

Bewerber:in: Das ist ein spannendes Thema! Ich habe mir selbst schon oft bessere Anzeigen auf Immobilienportalen gewünscht. Bevor ich mit meiner Analyse beginne, würde ich gerne etwas mehr über Wohnungsportal und VisualCo erfahren. Kann ich davon ausgehen, dass sich das Geschäftsmodell von Wohnungsportal und seinen Wettbewerbern stark ähnelt und die Firma hauptsächlich durch Premium-Accounts und Anzeigen Geld verdient?

Interviewer:in: Das ist richtig. Auf Wohnungsportal können Anzeigen umsonst geschaltet und gesucht werden, allerdings können sowohl Immobilienfirmen als auch Privatpersonen Premium-Accounts einrichten und somit ihre Chancen erhöhen und Zusatzfeatures nutzen. Diese Option ist sehr beliebt. Wohnungsportal und sein größter Wettbewerber teilen sich knappe 70 Prozent Marktanteil, der Rest wird von einer Vielzahl kleinerer Anbieter beansprucht. Bisher konnte sich keines der beiden Unternehmen als beste Wahl für Kunden hervorheben.

VisualCo wiederum ist ein recht junges Unternehmen und bisher ohne klare Wettbewerber. Das Start-up arbeitet mit einem Netzwerk von Fotograf:innen zusammen, um professionelle Aufnahmen und Scans von Immobilien zu machen. Diese werden im Nachgang bearbeitet und den Kunden bereitgestellt. Die Fotograf:innen sind nicht bei VisualCo angestellt, sondern bekommen über VisualCos Plattform Aufträge, die sie annehmen und innerhalb einer bestimmten Zeit erfüllen. Bisher hat VisualCo hauptsächlich für einzelne Maklerbüros und Immobilienfirmen gearbeitet.

Bewerber:in: Vielen Dank für die zusätzlichen Informationen. Zum Verständnis möchte ich kurz zusammenfassen: Wohnungsportal möchte in einem fragmentierten Markt mit einem gleichstarken Bewerber einen Wettbewerbsvorteil gewinnen. Da die Präsentation von Immobilienanzeigen die wahrgenommene Attraktivität stark beeinflusst, wird die Akquisition eines Start-ups im Visualisierungsbereich in Betracht gezogen, welches sowohl professionelle Aufnahmen sowie andere, innovative

Visualisierungslösungen anbietet. Dadurch erhofft sich Wohnungsportal einen klaren Wettbewerbsvorteil sowie die Verbesserung der Attraktivität des Angebots. Ich würde mir gerne kurz Zeit nehmen, um einen Lösungsweg zu strukturieren.

HINWEIS: Die Bewerberin oder der Bewerber hat zunächst versucht, offene Fragen zu klären und anschließend die gegebenen Informationen zusammengefasst, um sicherzustellen, dass die Aufgabe und die Ausgangssituation richtig verstanden wurden. Es empfiehlt sich, danach die Gedanken zu ordnen und einen Lösungsweg zu skizzieren, anhand dessen man sich bis zur Lösung strukturiert vorarbeiten kann.

Bewerber:in: Ich würde gerne zunächst die Marktgröße des Immobilienmarktes berechnen und daraus den adressierbaren Markt ableiten. Danach werde ich eine Einschätzung zum Markt- und Company Fit sowie eine Bewertung des Kaufpreises abgeben. Abschließend möchte ich kurz die Umsetzbarkeit einschätzen, um dem CEO von Wohnungsportal eine Handlungsempfehlung zu geben.

Gibt es Daten, die ich für die Marktschätzung beachten sollte? Weiß Wohnungsportal, wie viele Deutsche im Jahr umziehen? Oder wie oft?

Interviewer:in: Ihr Vorgehen klingt gut. Leider haben wir nur eine Aufstellung von Einwohnerzahlen nach Altersgruppen in Deutschland, die für die Marktschätzung interessant sein könnte.

	2020	2019	2018	2017	2016	2015	2014	2013	2012
unter 1 Jahr	0,77	0,77	0,78	0,79	0,79	0,74	0,72	0,68	0,67
1–5 Jahre	3,99	3,96	3,88	3,79	3,68	3,59	3,44	3,40	3,37
6–13 Jahre	5,99	5,92	5,87	6,59	6,58	6,55	6,50	6,53	6,60
14–17 Jahre	3,00	3,03	3,06	2,37	2,42	2,44	2,43	2,44	2,41
18–20 Jahre	2,46	2,53	2,59	2,63	2,65	2,61	2,47	2,43	2,47
21–24 Jahre	3,70	3,73	3,72	3,68	3,68	3,72	3,75	3,82	3,90
25–39 Jahre	15,78	15,86	15,84	15,75	15,65	15,51	15,05	14,76	14,51
40–59 Jahre	23,38	23,60	23,90	24,10	24,29	24,51	24,66	24,80	24,93
60–64 Jahre	5,82	5,65	5,49	5,38	5,28	5,20	5,14	5,08	4,97
65+ Jahre	18,27	18,09	17,88	17,71	17,51	17,30	17,05	16,82	16,69

Zahl der Einwohner:innen in Deutschland nach relevanten Altersgruppen in Millionen (Stand 31.12.2020)

HINWEIS: Die Bewerberin oder der Bewerber sollte sich kurz Zeit nehmen, die gegebenen Daten zu sichten und auf Relevanz zu prüfen. Beim Market Sizing sind eine logische Vorgehensweise, treffende Annahmen und akkurate Berechnungen wichtiger als die Korrektheit der angenommenen Zahlen selbst. Eine strukturierte Erklärung zu den Annahmen und dem Rechenweg helfen der Interviewerin bzw. dem Interviewer, die Denkweise des Bewerbenden nachzuvollziehen und gegebenenfalls Hilfestellung zu leisten.

Bewerber:in: Vielen Dank für diese zusätzlichen Informationen. Wie ich sehe, hat Deutschland derzeit etwa 83 Mio. Einwohner:innen. Da davon auszugehen ist, dass ältere Mitbürger:innen selten umziehen und, ebenso wie Minderjährige, kaum Wohnungsportale nutzen, werde ich diese zwei Gruppen, die insgesamt 38 Mio. Einwohner:innen umfassen, in meiner Berechnung vernachlässigen.

- 83 Mio. Einwohner:innen – (Einwohner:innen < 18 + Einwohner:innen > 60) ≈ 45 Mio.

Ich vermute, dass wir zwischen dem 18. und 60. Lebensjahr etwa sechs Mal umziehen: So erfolgt zum Beispiel zuerst (1) der Umzug aus dem Elternhaus in die erste eigene Wohnung oder WG. Danach folgt (2) ein potenzieller Stadtwechsel oder Auslandsaufenthalte. Mit dem ersten festen Job leistet man sich dann (3) eine neue Wohnung. Später folgt ein (4) Stadt- oder Viertelwechsel, (5) der Zusammenzug mit der Partnerin oder dem Partner und (6) die Familiengründung. Daraus ergibt sich dann ungefähr ein Umzug alle sieben Jahre:

- 60 Jahre – 18 Jahre = 42 Jahre relevanter Zeitraum

- 42 Jahre ÷ 6 Umzüge = 1 Umzug alle 7 Jahre

Wenn alle Einwohner:innen etwa alle sieben Jahre umziehen, heißt das, dass 1/7 oder auch etwa 14 Prozent der Deutschen pro Jahr umziehen.

- 45 Mio. Einwohner:innen × 14 % = 6,3 Mio. Umziehende pro Jahr

Daraus ergibt sich, dass in Deutschland etwa 6,3 Mio. Menschen pro Jahr umziehen. Da Wohnungsportal auch Immobilien zum Verkauf listet, werde ich an dieser Stelle die Eigentümerrate außer Acht lassen. Zudem sind möglicherweise nicht alle Umziehenden aktiv an der Suche des neuen Zuhauses beteiligt. Allerdings kann man davon ausgehen, dass sich Suchende gemeinsam relevante Angebote anschauen und untereinander austauschen und daher die Professionalität der Anzeige trotzdem eine Rolle spielt. Zuletzt möchte ich anmerken, dass es verschiedene Wege der Wohnungssuche gibt, zum Beispiel über Bekannte, Zeitungsannoncen oder Makler:innen. Allerdings gehe ich davon aus, dass mittlerweile die meisten von mehreren Methoden Gebrauch machen, um eine Wohnung zu finden und auch Makler:innen auf Wohnungsportalen aktiv sind, um ihr Portfolio zu präsentieren.

HINWEIS: Die Bewerberin oder der Bewerber hat ein ganzheitliches Verständnis der Komplexität der Marktschätzung bewiesen, indem mehrere potenzielle Einschränkungen genannt wurden und Gründe dafür gegeben wurden, warum diese relevant oder nicht relevant für das Ergebnis sind. Grundsätzlich gibt es verschiedene Lösungswege und Lösungen für diese Aufgabe. Wichtig sind eine logische Herangehensweise, begründete Annahmen und sicheres Rechnen. Bei Marktschätzungen kann es helfen, sich einen Lösungsbaum zu skizzieren.

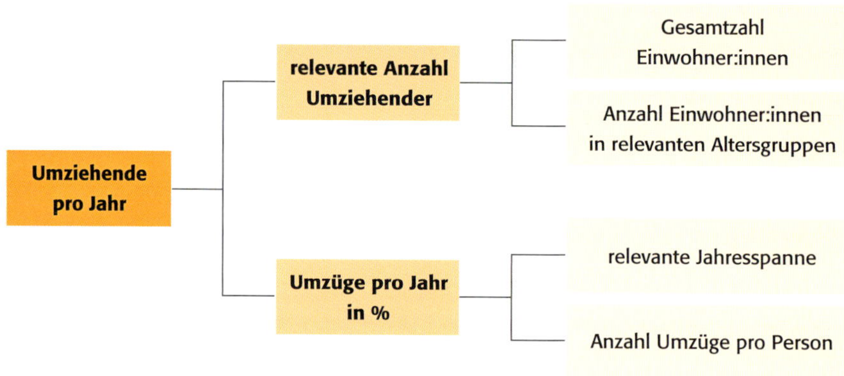

Interviewer:in: Das klingt logisch. Gehen wir davon aus, dass ein Drittel dieser Umziehenden generell als Premiumkund:in von Immobilienwebseiten erreicht werden könnte und ein:e Premiumkund:in etwa 60 Euro bezahlt.

Bewerber:in: Das würde bedeuten, dass die Größe des adressierbaren Marktes 126 Mio. Euro pro Jahr beträgt.

- 6,3 Mio. ÷ 3 = 2,1 Mio.
- 2,1 Mio. × 60 Euro = 126 Mio. Euro

Interviewer:in: Das sollten Sie für die Kaufpreisprüfung im Hinterkopf behalten. Vorher würde Wohnungsportal allerdings gerne wissen, ob eine Akquise überhaupt in Betracht kommt, um die Unternehmensziele zu erreichen.

Bewerber:in: Wohnungsportal möchte die Attraktivität des Angebots verbessern und sich einen Wettbewerbsvorteil sichern. Wie in der angesprochenen Studie erwähnt, spielt die Präsentation einer Immobilie die wichtigste Rolle für die Attraktivität einer Anzeige, daher scheinen mehrere Gründe für eine Akquise von VisualCo zu sprechen:

Verbesserung des Angebots

- Standardisierung der Immobilienpräsentation
- höhere Klickrate von Anzeigen durch ansprechende Thumbnails
- höhere Interaktion und Engagement durch visuelle Aufbereitung der Anzeigen
- längere Verweildauer auf Anzeigen durch professionelle und innovative Visualisierung (z. B. 3D-Grundrisse)
- höhere Besichtigungsrate
- Vergrößerung des Interessentenkreises für Anzeigen durch Tools wie virtuelle Renovierung
- …

Wettbewerbsvorteile

- gestärkte Markenwahrnehmung durch professionelle und attraktive Anzeigen
- visuelle Aufbereitung als wichtiges Entscheidungskriterium für Kund:innen bei der Wahl des Wohnungsportals
- Bereitstellung professioneller Visualisierung bietet Anreiz für Makler:innen, Wohnungsgenossenschaften, Privatpersonen etc., Wohnungsportal zu nutzen
- Vorreiterrolle in der Einbindung innovativer Visualisierung
- …

Da die Studie belegt, dass Kund:innen sehr interessiert an guter Visualisierung sind und bereits aktiv das Internet für die Immobiliensuche nutzen, sehe ich beim Market Fit keine Probleme.

Bei der Bewertung des Company Fit sehe ich einige Knackpunkte, die näher untersucht werden müssten: VisualCo bringt ein bereits bestehendes Fotografennetzwerk mit. Allerdings müsste geprüft werden, inwieweit dieses groß genug ist, um ein großes, deutschlandweit aktives Immobilienportal zu unterstützen, und wie kompliziert es wäre, das Netzwerk zu erweitern, falls nötig. Das Gleiche gilt für die Bearbeitung der Visualisierungen: Können diese standardisiert werden? Wie arbeitsintensiv sind die Erstellung und Bearbeitung der einzelnen Visualisierungen? Zudem sollte im Vorhinein bewertet werden, wie die Vergabe- und Bereitstellungsplattform von ViusalCo an Wohnungsportal angebunden werden kann.

Interviewer:in: Das klingt sehr vielversprechend! Eine unabhängige Due Diligence hat gezeigt, dass es durchaus möglich ist, VisualCos Plattform an die von Wohnungsportal anzubinden. Durch die Arbeit mit einem Netzwerk an freien Fotograf:innen kann der Fotografenkreis ohne größere Hindernisse vergrößert werden, allerdings fallen unter anderem Schulungen für neue Fotograf:innen an. Zudem muss sichergestellt werden, dass Fotograf:innen die Möglichkeit haben, sich die nötige Hardware zu leihen, falls sie diese nicht selbst besitzen. Der Kaufpreis von VisualCo liegt bei 26 Mio. Euro. Da es kaum vergleichbare Wettbewerber gibt, sind bisher keine Multiples bekannt, mit denen die Transaktion eingeschätzt werden kann. Würden Sie sagen, die Akquise lohnt sich?

Bewerber:in: Der adressierbare Markt pro Jahr entspricht 126 Mio. Euro, und Wohnungsportal hat einen Marktanteil von etwa einem Drittel, also 42 Mio. Euro. Die Akquise von VisualCo wirkt nicht unverhältnismäßig, wenn man bedenkt, dass Wohnungsportal sich jetzt eine Vorreiterrolle sichern kann, die langfristig einen Wettbewerbsvorteil bringt. Besonders in dem sehr fragmentierten Drittel des Marktes könnte Wohnungsportal mit einem visuell sehr starken Angebot schnell Marktanteile gewinnen. Da bereits viele Kund:innen die Premium-Option nutzen, vermute ich, dass ein verbessertes Angebot die Beliebtheit einer Premium-Option noch weiter steigert, zumal Wohnungsportal auch ein höheres Pricing für verschiedene Visualisierungen ansetzen könnte. Alles in allem würde ich dem CEO von Wohnungsportal empfehlen, mit der Akquise fortzufahren.

Interviewer:in: Ich stimme Ihnen zu. Besonders durch den Hebel Pricing und die Möglichkeit, Marktanteile von kleinen Anbietern zu übernehmen, wirkt diese Akquisition sehr vielversprechend. Vielen Dank für die Lösung dieser Fallstudie und das interessante Gespräch.

Workforce Transformation: Gestaltung von Reskilling- und Personalumbau-Maßnahmen eines Versicherungsunternehmens

von Dr. Julia Pradel

Aufgabenstellung

Die SaveYou AG, ein deutsches Versicherungsunternehmen mit ca. 3.200 Mitarbeitenden, steht vor dem Hintergrund verschärfter Marktbedingungen unter hohem Veränderungsdruck. Der Wettbewerb ist stark, und die Kundenanforderungen steigen permanent. Die Zeiten örtlicher Versicherungsagenturen mit persönlicher Beratung zu marktüblichen Produkten sind vorbei. Der moderne Kunde erwartet innovative Produkthighlights, die er auf Basis eines Self-Services über den kompletten Life Cycle – von der Angebotseinholung und Antragstellung über die Schadensmeldung bis hin zur etwaigen Vertragskündigung – in weiten Teilen selbst managen kann. Um diese Kundenanforderungen zuverlässig erfüllen zu können, ist es dringend erforderlich, neue Technologien einzusetzen, Prozesse zu optimieren und Daten intelligent zu nutzen.

Die SaveYou AG sieht sich aufgrund der veränderten Bedarfe gezwungen, die Zahl der eigenen bundesweiten Agenturen von 500 auf 100 zu reduzieren. Allein hierdurch werden rund 1.000 Stellen entfallen. Doch nicht nur das regionale Netz soll schwinden. Die SaveYou AG muss ihre Geschäftsmodelle grundlegend neu ausrichten, um am Markt bestehen zu können. Die Veränderung des Business ist mit einer massiven Veränderung der Anforderungen an das Personal verknüpft: Die SaveYou AG muss ihre Mitarbeitenden befähigen, mit agilem Mindset auf Herausforderungen und neue Geschäftsmöglichkeiten zu reagieren, Konkurrenten im Bereich Digital Insurance auf Augenhöhe zu begegnen und gleichzeitig im Kundenkontakt sowie Vertrieb auf Bedürfnisse mithilfe digitaler Lösungen antworten zu können. Dabei werden neue Technologien und Programmierkenntnisse eine ebenso große Rolle spielen wie das Verständnis für moderne Marketingstrategien, Customer Centricity und agiles Arbeiten.

VON RUNDSTEDT

v. Rundstedt & Partner GmbH

Seit über 35 Jahren helfen wir Menschen und Unternehmen dabei, berufliche Veränderungen als Chance zu meistern. Wir wissen, Veränderung ist niemals Routine, und gestalten Personalveränderungen smart, verantwortungsvoll und zukunftssicher. Wir sind ein Familienunternehmen, das Anstand, Meisterschaft und Verantwortung lebt. Wir schaffen für alle Mitarbeitenden ein Umfeld und eine Kultur, in der sie ihre Talente, Fähigkeiten sowie ihre Innovationskraft optimal einsetzen und ausbauen können, um einen nachhaltigen Beitrag für unsere Gesellschaft zu leisten.

Die SaveYou AG hat in Zusammenarbeit mit einer Strategieberatung die Basis ihrer zukünftigen Geschäftsmodelle erarbeitet und in diesem Zusammenhang ein Zielbild der Organisationsstruktur in fünf Jahren inkl. Kompetenzen und Kapazitäten festgelegt. Detaillierte Jobprofile liegen noch nicht vor. Auch ist unklar, welche Mitarbeitenden die Transformation mitgehen können. Nun wird von Rundstedt gebeten, die Auswirkungen der Business Transformation auf den Personalbestand zu veranschaulichen und sodann ein Konzept zu entwickeln, welches geeignet ist, die Veränderung der Ressource Mensch in einem annehmbaren Zeitraum zu realisieren.

Aufgabe 1: Bitte erläutern Sie – knapp und auf einem abstrakten Niveau –, welche analytischen Schritte die SaveYou AG durchlaufen muss, um die Veränderung der Belegschaft planen zu können. Erläutern Sie, weshalb die Bildung von Jobfamilien bei der Planung hilfreich ist.

Aufgabe 2: Auf Basis Ihrer Analyse in Aufgabe 1 können Sie Ihre Mitarbeitenden grob in drei Kategorien unterteilen:

1. Mitarbeitende, deren jetzige Stellen entfallen und deren Skill-Set so weit von den Zukunftsprofilen entfernt ist, dass eine Beschäftigung in der Zukunftsorganisation unrealistisch erscheint.
2. Mitarbeitende, deren jetzige Stellen entfallen und die ein Skill-Set haben, bei dem es realistisch erscheint, dass sie durch Up- oder teilweise umfangreiches Reskilling eine Position in der Zukunftsorganisation bekleiden könnten.
3. Mitarbeitende, deren Stellen sich nicht verändern und die in ihren bisherigen Positionen weiterhin benötigt werden.

Bitte entwerfen Sie für jede der drei Gruppen einen HR Action Plan. Wie lauten die Ziele, die Sie erreichen wollen? Mit welchen Mitteln können Sie diese erreichen? Welche Risiken bzw. Herausforderungen ergeben sich? Bitte fassen Sie die Kernaspekte in einer Übersicht zusammen.

Aufgabe 3: Welche rechtlichen Rahmenbedingungen sind zu beachten, um die geplante Personalveränderung (Personalum- und Personalabbau) in die Umsetzung zu bringen? Bitte beachten Sie die in Deutschland geltenden Regelungen zur Mitbestimmung. Ordnen Sie ein, inwiefern ein Interessenausgleich und Sozialplan für die SaveYou AG von Bedeutung sind und warum das Bündel an arbeitsrechtlichen Restriktionen die Handlungsmöglichkeiten der SaveYou AG in relevantem Umfang beschränkt.

Aufgabe 4: Bitte erläutern Sie kurz, welche Möglichkeiten die SaveYou AG hat, für die Veränderung ihrer Belegschaftsstruktur staatliche Fördermittel zu nutzen (z. B. SGB III, §§ 82, 110, 111).

Lösungsweg

Aufgabe 1: Anayltische Schritte bei der Belegschaftsveränderung

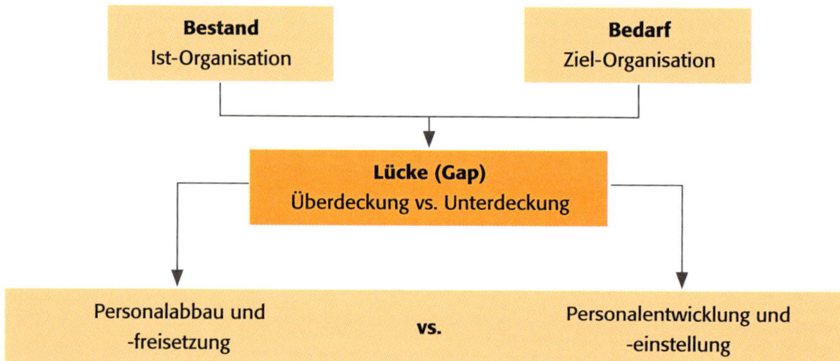

- Wie müssen wir unsere Organisation ressourcenseitig in Zukunft aufstellen, um langfristig erfolgreich zu bleiben?

Ziel und Ansatz der strategischen Personalplanung

Um die neue Unternehmensstrategie zum Erfolg zu führen, muss die SaveYou AG sicherstellen, dass das geeignete Personal zum richtigen Zeitpunkt in der richtigen Kapazität vorhanden ist. Damit dies gelingen kann, ist zunächst eine Analyse des aktuellen Personalbestands notwendig, damit dann im Anschluss ein Abgleich in Bezug auf den zukünftig benötigten Personalbestand vorgenommen und konkrete Maßnahmen und Meilensteine geplant werden können.

Bei einer strategischen Personalplanung kann die Fülle der vorliegenden Informationen leicht überfordern. Ziel sollte es daher sein, Komplexität zu reduzieren. Dies gelingt unter anderem dadurch, dass Jobs mit gleichen oder ähnlichen Anforderungen in Jobfamilien zusammengefasst werden.

Sodann lässt sich für alle Jobfamilien prüfen, inwiefern diese von der strategischen Veränderung betroffen sind und welche personalwirtschaftlichen Risiken (Alters-, Kapazitäts-, Kompetenzrisiken) im Planungszeitraum zu managen sind. Um den sich ergebenden Gap zwischen Ist und Soll zu schließen, können dann für alle Jobfamilien konkrete Personalmaßnahmen beschlossen werden, die einen Personalab- oder -umbau ermöglichen.

Aufgabe 2: HR Action Plan
Für Mitarbeitende, die in der Zukunftsorganisation nicht mehr eingesetzt werden können, sollte die SaveYou AG Personalmaßnahmen konstruieren, die einen möglichst reibungslosen (d.h. kostengünstigen, sozialverträglichen, imageschützenden) Personalabbau ermöglichen.

Zunächst ist zu prüfen, mit welchen Abgängen in den nächsten fünf Jahren aufgrund von altersbedingten Austritten und natürlicher Fluktuation ohnehin zu rechnen ist. Im Anschluss muss festgelegt werden, wie viele Personen darüber hinaus durch zusätzliche Initiativen herausgelöst werden sollen. Um einen sozialverträglichen Abbau zu realisieren, setzt die SaveYou AG idealerweise Altersmodelle ein, die lebensältere Mitarbeitende motivieren, das Unternehmen bereits vor ihrem gesetzlichen Renteneintrittsalter zu verlassen. Sofern sich in der Gruppe der jüngeren Arbeitnehmenden Personen befinden, die für die Zukunftsorganisation ungeeignet sind, müssen auch diese motiviert werden, das Unternehmen zu verlassen. Relevante Anreize im Rahmen von Freiwilligenprogrammen können durch attraktive Abfindungskonditionen gesetzt werden. Idealerweise bietet die SaveYou AG den abzubauenden Arbeitnehmenden zudem Unterstützung bei der Vermittlung in neue Arbeitsverhältnisse an. Dies kann über das Angebot von Einzel- und Gruppen-Outplacements erfolgen oder über die Einrichtung einer staatlich geförderten Transfergesellschaft. Sofern eine ausreichende Anzahl an einvernehmlichen Arbeitsvertragsauflösungen nicht gelingt, muss die SaveYou AG Kündigungsverfahren einleiten. Da diese in der Regel eine stark nachteilige Außenwirkung nach sich ziehen, sollten Kündigungen im HR Action Plan der SaveYou AG als Ultima Ratio verstanden werden.

Bei Mitarbeitenden, deren jetzige Stellen entfallen und die womöglich nach erfolgreichen Umqualifizierungen in der Zukunftsorganisation einsetzbar sind, liegt die Herausforderung in der sauberen Ermittlung des Skill-Gaps sowie in der Motivation der Mitarbeitenden, den Weg der Umqualifizierung und Versetzung mitzugehen. Je nach Persönlichkeitsstruktur (Offenheit für neue Erfahrungen, Ängstlichkeit, Anstrengungsbereitschaft) und bisheriger „Employee Mobility" ist der Wille, die Veränderung aktiv mitzugestalten, womöglich zunächst gering ausgeprägt. Karriereberatung und Coaching können helfen, Perspektiven zu klären, Ängste zu nehmen und Motivation zu erzeugen. Eine passende und qualitativ angemessene Qualifizierungsmaßnahme ist im Anschluss ebenso wichtig wie die Organisation eines reibungslosen internen Personalrekrutierungs bzw. -vermittlungsprozesses über Bereichsgrenzen hinweg.

Diese Fallstudie wird Ihnen präsentiert von

v. Rundstedt & Partner GmbH

Standorte in Deutschland: 17

Standorte DACH: 27

Beschäftigte in Deutschland: 186

Beschäftigte DACH: über 400

Tätigkeitsschwerpunkte: von Rundstedt ist einer der führenden Experten für Personalveränderungen im Rahmen umfangreicher Transformationsprozesse sowie der deutsche Marktführer im Outplacement. 79 Prozent der größten deutschen Unternehmen vertrauen uns. Wir beraten Unternehmen aller Branchen und Größen.

Da die Restrukturierung der SaveYou AG einen massiven Umfang hat, ist es wichtig, nicht nur über die Mitarbeitenden nachzudenken, die direkt von Abbau und Versetzungen betroffen sind. Denn gerade die Mitarbeitenden, die keine direkten Auswirkungen der Veränderungen verspüren, beobachten die Unternehmenssituation sehr genau und aus nächster Nähe. Um diese Mitarbeitenden in einer Phase der Unruhe nicht zu verlieren, ist eine erstklassige und transparente Kommunikation unabdingbar. Konkret gilt es zu verhindern, dass diese Mitarbeitenden unbegründet Ängste bezüglich der eigenen Zukunft im Unternehmen entwickeln. Sie sollten zu jeder Zeit wissen, dass die eigene Perspektive gesichert ist. Idealerweise hat die SaveYou AG schon vorher in ein breites Set an Bindungsinstrumenten der Mitarbeitenden (z. B. Altersversorgung, attraktive Arbeitsmodelle, Benefits wie Diensthandys und -laptops, Sportkurse etc.) investiert. Möglicherweise lässt sich das Angebot in dieser Phase aber gezielt um Retention-Maßnahmen erweitern (z. B. Resilienztrainings für alle Mitarbeitenden; Personalentwicklungsmaßnahmen auch auf bestehenden Positionen; ggf. Coachings und Bindungsprämien für Schlüsselmitarbeitende).

	Ziel	**Mittel**	**Risiken/Herausforderungen**
Mitarbeitende für Zukunftsorganisation ungeeignet	Herauslösen der ungeeigneten Mitarbeitenden	Nutzung von Altersmodellen, Abschluss von Aufhebungsverträgen im Rahmen von Freiwilligenprogrammen, Outplacement-Angebote, Transfergesellschaften, ggf. Kündigungen	Struktur der Belegschaft, Kündigungsgesetz und Sozialauswahl, hohe Kosten der Restrukturierung, Imageverlust bei Kündigungen
Mitarbeitende vsl. qualifizierbar für Einsatz in der Zukunftsorganisation	Umqualifizierung und Versetzung der Mitarbeitenden	Skill- und Potenzialanalyse, Karriereberatung und Coaching, Einleitung von Personalentwicklungsmaßnahmen und Versetzung	mangelnde Mobilisierbarkeit des Personals für verändertes Jobprofil, finanzielle Kosten sowie benötigte Zeit für die Qualifizierungsmaßnahme, unklarer Erfolg der umfangreichen Requalifizierung und späteren Versetzung (internes Recruiting)
Mitarbeitende unverändert in der Zukunftsorganisation einsetzbar	Halten der Mitarbeitenden	klassische Methoden der Mitarbeiterbindung, Retention-Maßnahmen für Schlüsselpersonen in erfolgskritischen Bereichen	Verlust von Leistungstragenden durch schlechte Kommunikation und Unruhe im Rahmen der Restrukturierung

Aufgabe 3: Rechtliche Rahmenbedingungen
In Deutschland ist die ordentliche Kündigung eines Arbeitsverhältnisses durch den Arbeitgebenden auf Basis des sogenannten Kündigungsschutzgesetzes (KSchG) massiv eingeschränkt. Das Kündigungsschutzgesetz findet Anwendung, sofern Arbeitnehmende mehr als sechs Monate bei einem Unternehmen beschäftigt sind und der Betrieb mehr als zehn angestellte Personen hat. Aus dem Kündigungsschutzgesetz ist ein allgemeiner und ein besonderer Kündigungsschutz ableitbar. Während der besondere Kündigungsschutz die Kündigung für bestimmte Personengruppen (z. B. Schwangere, Schwerbehinderte, Arbeitnehmervertretende, Auszubildende etc.) ausschließt oder erschwert, besteht der allgemeine Kündigungsschutz darin, dass die Gesetzgebung überhaupt nur bestimmte Kündigungsgründe (personenbedingte, verhaltensbedingte sowie betriebsbedingte Gründe) zulässt.

Im Fall der SaveYou AG wäre die Restrukturierung mit einem betriebsbedingten Kündigungsgrund verbunden, bei der soziale Gesichtspunkte zu berücksichtigen sind. Kriterien für die sogenannte Sozialauswahl sind dabei Länge der Betriebszugehörigkeit, die familiäre Situation, Unterhaltspflichten, Schwerbehinderung und Lebensalter. Beispielhaft ist ein Familienvater mittleren Alters, der mehrere Kinder in der Ausbildung finanzieren muss und seit 20 Jahren im Betrieb arbeitet, sozial schutzwürdiger und eher vor Kündigungen zu bewahren, als ein jüngerer alleinstehender Kollege ohne lange Betriebszugehörigkeit.

Im Betriebsverfassungsgesetz ist zudem das Mitbestimmungsrecht des Betriebsrats im Fall von Betriebsänderungen und arbeitgeberseitigen Kündigungen geregelt. Da bei der Restrukturierung der SaveYou AG eine durch den Arbeitgebenden herbeigeführte grundlegende Neuausrichtung der betrieblichen Abläufe stattfindet und umfangreich Personal freigesetzt werden muss, liegt eine Betriebsänderung vor. Dies hat zur Folge, dass die SaveYou AG mit ihrem Betriebsrat über einen Interessenausgleich verhandeln muss, in dem geregelt werden sollte, ob, wann und wie die Betriebsänderung durchgeführt wird. Ergänzend wird in einem Sozialplan der Nachteilsausgleich für die Arbeitnehmenden (Abfindungspakete etc.) vereinbart.

Auf Basis seines Mitbestimmungsrechts ist der Betriebsrat schließlich vor der Einleitung einer jeden personellen Einzelmaßnahme anzuhören. Dies gilt für Versetzungen ebenso wie für unternehmensseitige Kündigungen. Eine ohne Anhörung des Betriebsrats ausgesprochene Kündigung ist unwirksam. Ein echtes Vetorecht, das die Kündigung verhindert oder unwirksam macht, hat der Betriebsrat nicht. Allerdings ist ein Widerspruch möglich. Im Fall der SaveYou AG könnte der Betriebsrat zum Beispiel dann einen Widerspruch geltend machen, wenn eine fehlerhafte Sozialauswahl vorläge oder Arbeitnehmende an einem anderen geeigneten Platz im Unternehmen weiterbeschäftigt werden könnten, ggf. auch im Nachgang einer Qualifizierung. Ein Widerspruch des Betriebsrats verbessert die rechtliche Position der gekündigten Mitarbeitenden erheblich.

Aufgrund der engen kündigungsschutzrechtlichen Spielräume sowie der Mitbestimmungsrechte des Betriebsrats unterliegt die SaveYou AG in Deutschland Bedingungen, die es erschweren, über Kündigungs- und einseitige Veränderungsmaßnahmen jene Mitarbeitendengruppen zu erreichen, deren Abbau aufgrund der Business-Strategie erstrebenswert wäre. Umso mehr sind Lösungen zu konzipieren, die die freiwillige Veränderung der Arbeitnehmenden möglich machen.

v. Rundstedt
& Partner

Aufgabe 4: Möglichkeiten der Nutzung staatlicher Fördermittel

Um das von Arbeitslosigkeit bedrohte Personal auf dem Weg in eine neue externe Beschäftigung zu begleiten, könnten auf Basis der §§ 110 und 111 SGB III eine Transferagentur sowie eine Transfergesellschaft eingerichtet werden. Ziel von Transfermaßnahmen ist es, Arbeitnehmende so zu unterstützen, dass sie möglichst reibungslos den Weg in eine neue berufliche Zukunft finden. Typische Transfermaßnahmen sind Eignungsfeststellungen, Outplacement-Beratung, Bewerbungstrainings, Kurzqualifikationen und/oder Existenzgründungsberatungen.

Die staatliche Förderung besteht in der Bezuschussung von Transfermaßnahmen ebenso wie in der Beteiligung der Arbeitsagentur an den Lohnkosten der Arbeitnehmenden über einen Zeitraum von maximal zwölf Monaten bei Eintritt in eine Transfergesellschaft (60 bis 67 Prozent des ausgefallenen Nettoentgelts). Der Eintritt des Arbeitnehmenden in eine Transfergesellschaft erfolgt freiwillig durch Zeichnung eines Dreiseitigen Vertrags und ist für die SaveYou AG hochgradig attraktiv, weil der Arbeitnehmende hierüber rechtssicher das bisherige Arbeitsverhältnis auflöst.

Ergänzend könnte die SaveYou AG ihre Personalveränderung unter Rückgriff auf § 82 SGB III staatlich fördern lassen. Das sogenannte „Qualifizierungschancengesetz" hat das konkrete Ziel, Arbeitnehmende zu unterstützen, welche berufliche Tätigkeiten ausüben, die durch Technologien ersetzt werden können oder in sonstiger Weise vom Strukturwandel betroffen sind. Sofern die SaveYou AG für die Gruppe der Mitarbeitenden, die umqualifiziert werden sollen, einen Qualifizierungsbetrieb nach § 82 SGB III einrichtet, fließen staatliche Zuschüsse sowohl zum Arbeitsentgelt als auch zu den Weiterbildungskosten.

Diese Fallstudie wird Ihnen präsentiert von

VON RUNDSTEDT

v. Rundstedt & Partner GmbH
Bleichstraße 20
40211 Düsseldorf
www.rundstedt.de/karriere

Anna-Lena Kunz
Recruiting – People Development
+49 211 8396245
akunz@rundstedt.de

VON RUNDSTEDT
WIR GEBEN KARRIEREN
EINE NEUE RICHTUNG
VIELLEICHT BALD AUCH IHRER?
www.rundstedt.de/karriere

Strategy Review eines Chemieunternehmens

von David Kruft

Aufgabenstellung

Die Kautschuk AG ist ein international agierender Hersteller von Synthesekautschuk, einer auf petrochemischen Rohstoffen basierenden Alternative zu Naturkautschuk. Kautschuke, sowohl natürliche als auch synthetisch hergestellte, werden in einer Vielzahl von Anwendungen wie beispielsweise in Reifen, Matratzen und Handschuhen genutzt. Da Naturkautschuk den Nachteil hat, dass er aufgrund von Proteinen im Material bei Kontakt mit der Haut eine allergische Reaktion auslösen kann, wird der von der Kautschuk AG hergestellte Synthesekautschuk als latexfreie Alternative für OP-Handschuhe genutzt. Während der Markt für OP-Handschuhe aufgrund der weltweit alternden Bevölkerung und steigender Anzahl an Operationen kontinuierlich gewachsen ist, ist der Markt für latexfreie OP-Handschuhe überproportional mit zweistelligen Wachstumsraten gewachsen. Insbesondere in westlichen Ländern wechseln immer mehr Krankenhäuser zu latexfreien Produkten aufgrund der Gefahr einer allergischen Reaktion bei den Patient:innen.

Die Kautschuk AG ist mit ihrem Produkt der Marktführer für dieses Segment und nutzt zur Herstellung des Kautschuks ein über mehrere Jahre entwickeltes komplexes und patentiertes Verfahren, das die Produktion eines hochqualitativen Synthesekautschuks für medizinische Anwendungen ermöglicht. Aufgrund dessen hat die Kautschuk AG eine Monopolstellung im Markt und konnte in der Vergangenheit hohe Gewinne realisieren. Bisher haben nur einige wenige Wettbewerber versucht, das Produkt über andere Herstellprozesse zu imitieren. Da sie jedoch meistens die hohen Qualitätsanforderungen für Medizinprodukte nicht ganz erfüllen konnten, liefern sie lediglich an Kunden mit niedrigeren Anforderungen.

Die folgende Grafik zeigt vereinfacht dargestellt die Position der Kautschuk AG als Synthesekautschukhersteller in der Wertschöpfungskette für OP-Handschuhe.

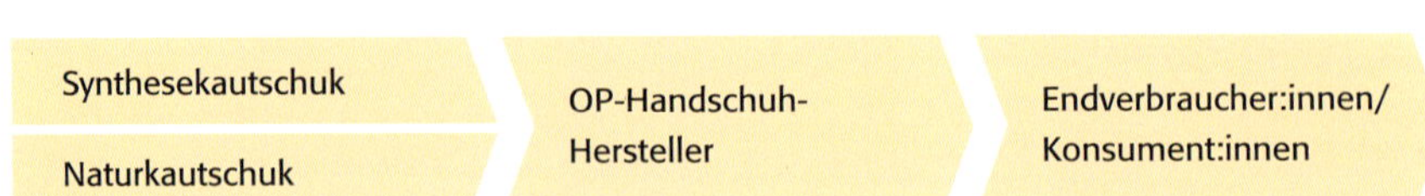

Vor Kurzem hat die Geschäftsführung der Kautschuk AG die Mitteilung erreicht, dass ein chinesischer Wettbewerber ein qualitativ vergleichbares Material zu einem deutlich günstigeren Preis an einen ihrer Kunden verkauft. In Anbetracht des steigenden Wettbewerbs- und Preisdrucks möchte die Geschäftsführung daher die aktuelle Strategie überprüfen und hat Sie als Berater:in mit Ihrem Team damit beauftragt.

Fragestellung 1

Wie würden Sie im Projekt vorgehen, um die aktuelle Strategie und mögliche Änderungsbedarfe zu analysieren? Zeigen Sie einen potenziellen Projektansatz anhand einer Skizze auf.

Lösungsweg 1

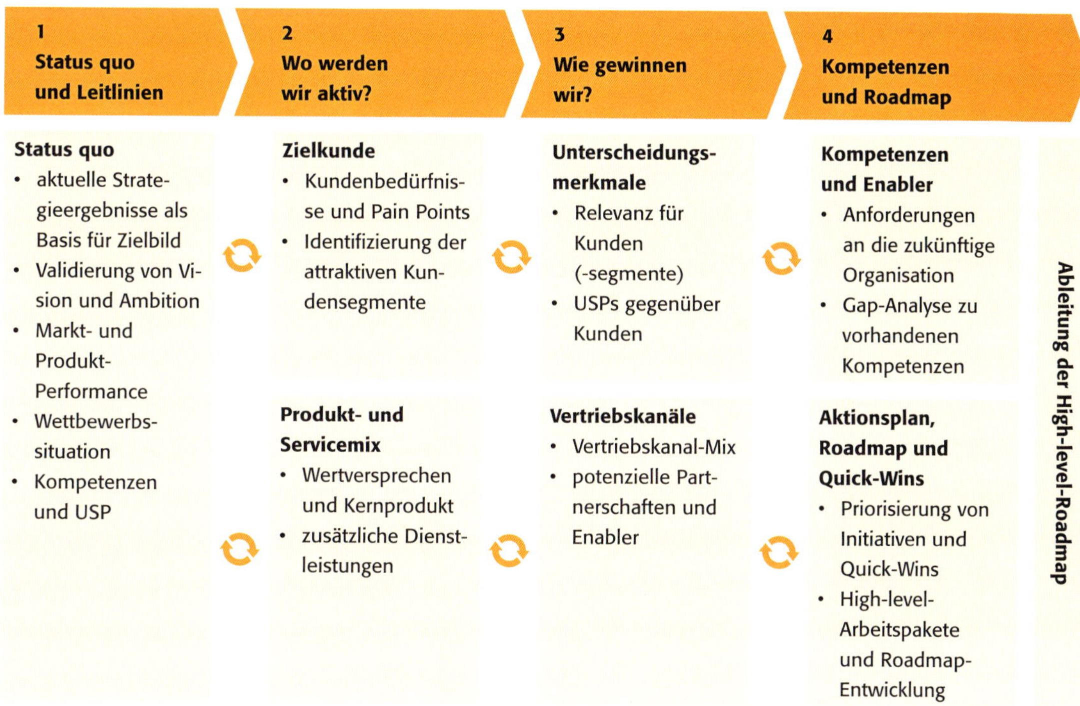

Im ersten Schritt geht es darum, den Status quo des Unternehmens und der aktuellen Strategie zu analysieren, um daraus die Vision und Ambition sowie deren Leitlinien (oder Rahmenbedingungen) für die Zukunft abzuleiten. Hierzu werden sowohl interne Analysen bezüglich der Kompetenzen, der Produkt-Performance und des Alleinstellungsmerkmals (USP) durchgeführt als auch externe Analysen bezüglich der Markt- und Wettbewerbssituation. Neben unternehmenseigenen Unterlagen können auch Experten- und Kundeninterviews durchgeführt werden. Im zweiten Arbeitspaket wird die zukünftige Entwicklung des Marktes analysiert. So wird z. B. untersucht, an welche Kunden die Kautschuk AG welche Produkte verkaufen möchte und welche Kundenbedürfnisse dadurch erfüllt werden. Das dritte Arbeitspaket zielt darauf ab zu ermitteln, wie sich die Kautschuk AG in den definierten Märkten gegenüber Wettbewerbern differenziert und gewinnt. Im letzten Schritt wird anschließend geprüft, welche Kompetenzen dazu notwendig sind, welche bereits vorhanden sind und welche noch benötigt werden. Daraus lässt sich abschließend eine High-level-Roadmap mit nächsten Schritten und Initiativen ableiten.

Fragestellung 2

Die Geschäftsführung der Kautschuk AG ist mit Ihrer Herangehensweise zufrieden und möchte nun mit dem Projekt starten. Nach einem ersten Workshop zur aktuellen Lage und Strategie des Unternehmens beginnt Ihr Team damit, ein Marktmodell für den Kautschukbedarf für OP-Handschuhe in den für die Kautschuk AG relevanten Märkten zu erstellen. Im Rahmen von Experten- und Kundeninterviews möchten Sie grundlegende Markttrends diskutieren und quantifizieren. Ihr:e Projektleiter:in bittet Sie in Vorbereitung auf die Interviews, erste Markttrends und -treiber zu identifizieren, die den Bedarf an Kautschuk für OP-Handschuhe beeinflussen.

HINWEIS: Der Synthesekautschuk der Kautschuk AG wird zu einem Großteil für OP-Handschuhe westlicher Länder genutzt. Bitte fokussieren Sie sich in Ihrer Analyse daher auf die Regionen Nordamerika und Europa.

Lösungsweg 2

Das Marktvolumen für den in OP-Handschuhen eingesetzten Kautschuk lässt sich auf drei grundlegende Treiber herunterbrechen, denen jeweils weitere Subtrends und -treiber zugrunde liegen:

a. Die Anzahl der durchgeführten Operationen
Da OP-Handschuhe nur einen Einsatzzweck haben, ist die benötigte Menge an Kautschuk proportional zur Anzahl der durchgeführten Operationen. Die Anzahl der durchgeführten Operationen wiederum hängt bspw. vom allgemeinen medizinischen Fortschritt ab. Im Vergleich zu früher können heute immer mehr Krankheitsbilder mithilfe von Operationen behandelt werden. Ein weiterer Faktor für die Anzahl der Operationen ist das durchschnittliche Alter der Bevölkerung. Insbesondere in den für die Kautschuk AG relevanten Märkten altert die Bevölkerung zunehmend, wodurch die Anzahl der Operationen in den vergangenen Jahren stark gestiegen ist. Es kann davon ausgegangen werden, dass die Anzahl der Operationen aufgrund des demografischen Wandels in Zukunft weiterhin steigen wird.

b. Die Anzahl benötigter Handschuhe pro Operation
Operationen benötigen eine Vielzahl an Personal, wie bspw. Chirurg:innen, Anästhesist:innen, OP-Pflegekräfte und weitere Hilfskräfte, die alle mindestens ein Paar OP-Handschuhe benötigen. Aus Angst vor einer Infektion mit einer Krankheit, bspw. durch das Punktieren eines Handschuhs mit einer Nadel, tendiert das Personal dazu, mehrere Lagen an Handschuhen zu verwenden („Double-gloving“). Diese Technik führt dazu, dass mehr Handschuhe pro Operation benötigt werden. Im Gegensatz dazu finden immer mehr technische Möglichkeiten Anwendung im OP-Saal. OP-Roboter könnten beispielsweise die Anzahl der benötigten Handschuhe stark reduzieren, da sie keine Handschuhe benötigen.

c. Der durchschnittliche Bedarf an Kautschuk pro Handschuh
Die Hersteller von OP-Handschuhen möchten ihre Kostenposition verbessern, indem sie weniger Material pro Handschuh benötigen. Es gibt daher einen allgemeinen Trend, dass die Menge an benötigtem Material pro Handschuh reduziert wird. Der Verlauf wird jedoch asymptotisch gegen eine physikalische Mindestdicke verlaufen,

weshalb man davon ausgehen kann, dass sich die Materialdicke nicht signifikant reduzieren wird. Zusätzlich besteht die Gefahr, dass alternative Materialien für OP-Handschuhe den Kautschuk komplett aus diesem Segment verdrängen.

HINWEIS: Die hier aufgezeigten Trends und Treiber sind nur Beispiele für potenzielle Antworten. Neben der Hauptanwendung im Klinikumfeld könnten OP-Handschuhe auch in anderen Segmenten (wie bspw. im Reinraum der Chipproduktion) verwendet werden.

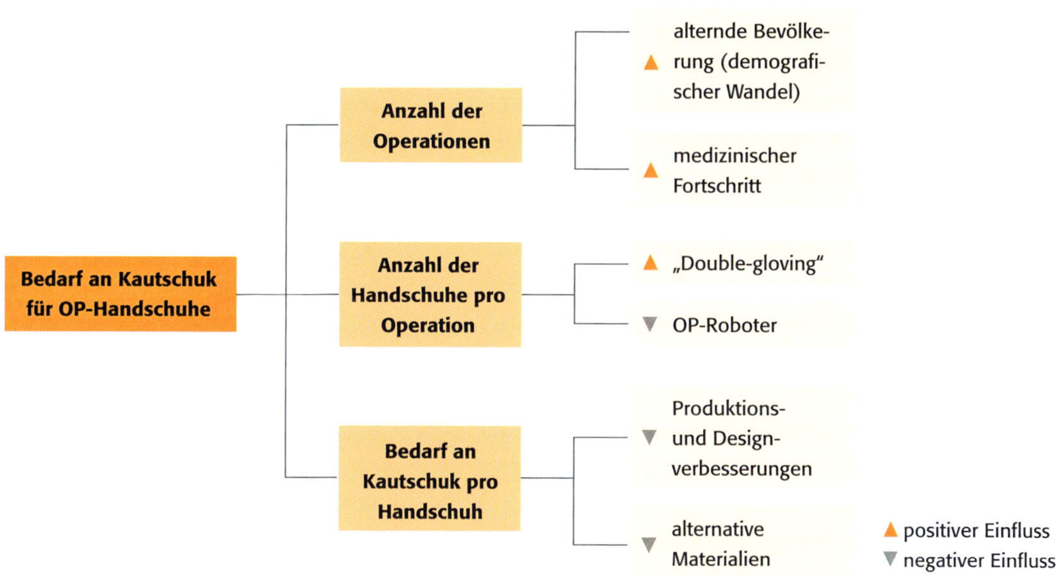

Fragestellung 3

Nachdem Sie die Experten- und Kundeninterviews durchgeführt haben, konnten Sie erste Erkenntnisse gewinnen:

1. Trotz des höheren Preises bieten die Handschuhe aus dem Synthesekautschuk der Kautschuk AG einen Mehrwert, für den die Kunden bereit sind zu bezahlen.
2. Der Markt für OP-Handschuhe insgesamt wird weiterhin stark wachsen, da aufgrund der Covid-19-Pandemie ein Aufholeffekt an Operationen erwartet wird.
3. Die Kosten für Kautschuk machen über 80 Prozent eines OP-Handschuhs aus. Produzenten von OP-Handschuhen sind daher daran interessiert, ihre Kosten zu reduzieren, bspw. durch die Verwendung von alternativen, günstigeren Materialien.
4. Kunden der Kautschuk AG arbeiten stetig daran, die Eigenschaften ihrer OP-Handschuhe zu verbessern und sind daran interessiert, enger mit der Kautschuk AG zusammenzuarbeiten, um beispielsweise die Produkt-Performance zu verbessern.
5. Alternative Materialien konnten sich bisher nicht durchsetzen, da sie deutlich teurer als das Material der Kautschuk AG sind. Ein chinesischer Wettbewerber der Kautschuk AG brachte jedoch vor Kurzem ein qualitativ gleichwertiges Material zu einem um 20 Prozent günstigeren Preis auf den Markt.

Die Geschäftsführung der Kautschuk AG möchte auf Basis Ihrer ersten Erkenntnisse eine Einschätzung von Ihnen bekommen, ob sie ihren Preis ebenfalls senken sollte und welche Auswirkung dies auf das Geschäft hätte. Ihr:e Projektleiter:in bittet Sie daher, diese Analyse durchzuführen. Sie erhalten von der Geschäftsführung hierzu folgende zusätzliche Informationen:

Kautschuk AG – Unternehmenszahlen

verkaufte Menge (2021)	30.000 Tonnen
durchschnittlicher Verkaufspreis pro Tonne	8.000 Euro
durchschnittliche EBIT-Marge	50 %

Des Weiteren geht die Geschäftsführung davon aus, dass der Markt in den nächsten Jahren auf ungefähr 40.000 Tonnen wächst und der chinesische Wettbewerber aktuell eine Produktionskapazität von 10.000 Tonnen zur Verfügung hat.

Lösungsweg 3

Geht man davon aus, dass die Kautschuk AG bei einem Preisnachlass den Markt weiterhin als Monopolist bedienen würde, würde das zukünftig zu produzierende Volumen an Synthesekautschuk 40.000 Tonnen betragen, was einer Steigerung um 33 Prozent entspricht.

Die Anpassung des Preises würde sich dabei direkt auf das Ergebnis auswirken, d. h., für jeden Euro Preisnachlass geht der Kautschuk AG ein Euro an EBIT-Marge verloren. Zudem wirkt sich ein Preisnachlass immer auf das gesamte verkaufte Volumen und nicht nur auf das zusätzliche aus, wodurch auch die bisher produzierten 30.000 Tonnen eine schlechtere EBIT-Marge abwerfen würden. Die folgende Rechnung zeigt, wie sich mit einem einfachen Dreisatz berechnen lässt, ob der Volumeneffekt oder der Preiseffekt überwiegt und welchen finanziellen Einfluss eine solche Preisänderung mit sich bringen würde:

reduzierte EBIT-Marge durch Preisanpassung	50 % – 20 % = 30 %
EBIT-Verlust durch geringere Marge	30.000 t × 20 % × 8.000 Euro = 48 Mio. Euro
EBIT-Gewinn durch zusätzliches Volumen	10.000 t × 30 % × 8.000 Euro = 24 Mio. Euro
Gesamteffekt	**24 Mio. Euro – 48 Mio. Euro = –24 Mio. Euro**

Würde die Kautschuk AG hingegen den Preis stabil halten, kann man davon ausgehen, dass der Wettbewerber das zukünftige Volumen bedienen wird, die Kautschuk AG jedoch weiterhin ihr bisheriges Volumen zum gleichen Preis verkaufen wird. Kosteneinsparungen aus dem operativen Bereich würden 1:1 an den Kunden weitergegeben und somit die absolute Marge nicht beeinflussen.

Neben der quantitativen Berechnung spielen weitere qualitative Faktoren eine Rolle, die bei der Entscheidung einer Preisanpassung berücksichtigt werden müssen. So muss z. B. analysiert werden, ob das zusätzliche Volumen weitere Skaleneffekte mit sich bringt, die die Fixkosten der Produktion reduzieren und somit den Verlust der EBIT-Marge eindämmen. Des Weiteren ist ungewiss, wie die Kunden der Kautschuk AG auf den neuen Lieferanten reagieren. Die Kautschuk AG hat als Markt- und Innovationsführer eine starke Position im Markt und lang etablierte Geschäftsbeziehungen zu ihren Kunden, weshalb davon auszugehen ist, dass diese nicht sofort abwandern. Die Kunden sind jedoch stark daran interessiert, ihre Kosten zu reduzieren, weshalb viele das neue Material zumindest ausprobieren würden. Dennoch kann die Kautschuk AG sich von dem neuen Wettbewerber durch zusätzliche Dienstleistungen, hohe Liefertreue und gleichbleibend hohe Qualität differenzieren.

Ein Preisnachlass könnte ebenfalls zu einem Preiskampf zwischen den beiden Wettbewerbern ausarten, da der neue chinesische Produzent erst Marktanteile gewinnen muss. Er könnte den bisher sehr margenträchtigen Markt für OP-Handschuhe unattraktiv machen, da aufgrund der Unwissenheit über die Kostenposition des neuen Wettbewerbs bei einem Preiskampf unklar wäre, wie tief dieser gehen würde.

Fragestellung 4

Bitte fassen Sie die gewonnen Erkenntnisse kurz zusammen und sprechen Sie Handlungsempfehlungen in Anbetracht des steigenden Wettbewerbs- und Preisdrucks aus.

Lösungsweg 4

Die Ergebnisse lassen sich abschließend in drei konkreten Handlungsempfehlungen für die Geschäftsführung der Kautschuk AG zusammenfassen:

1. Die Kautschuk AG sollte den Preis aufgrund eines Wettbewerbers nicht reduzieren, sondern operationelle Einsparungen (bspw. durch verbesserte Einkaufskonditionen, Prozessoptimierungen) bei den Herstellkosten an den Kunden weitergeben. Der neue Wettbewerber sollte kontinuierlich beobachtet werden, insb. mit Hinblick auf Kapazitätserweiterungen sowie Qualität und Liefertreue bei den Kunden.
2. Die Kautschuk AG als Markt- und Innovationsführer hat einen deutlichen Vertrauensvorsprung und gilt als Innovationstreiber. Dieses Vertrauen sollte genutzt werden um mit Kunden an weiteren Innovationsprojekten und Produktverbesserungen zu arbeiten. Zudem sollte die Kautschuk AG an neuen Produkten und Dienstleistungen als Ergänzung zum Synthesekautschuk arbeiten. Das könnte z. B. die Unterstützung der Kunden beim nachhaltigen Produktdesign für OP-Handschuhe sein.
3. Die Kautschuk AG sollte für eine Ergänzung der Kapazität einen Business Case aufstellen und berechnen. Es wird erwartet, dass der Markt in den nächsten Jahren weiterhin wächst. Um an diesem Wachstum weiterhin zu partizipieren und nicht in Lieferengpässe zu geraten, muss frühzeitig für eine Erweiterung der Produktionskapazität gesorgt werden. Bei Chemieanlagen sollte typischerweise ab einer Auslastung von ca. 80 Prozent über eine Erweiterung der Kapazität nachgedacht werden, da ansonsten kleinere Ausfälle im Betrieb zu Lieferschwierigkeiten führen können. Des Weiteren erfordern solche Projekte von der Planung über die Genehmigung bis hin zur Inbetriebnahme mehrere Jahre und müssen früh genug gestartet werden.

Herausforderungen bei der Einführung eines neuen CRM

von Felix Rank

Interviewer:in: Liebe:r Bewerber:in, vielen Dank für Ihre Zeit und Ihr Interesse an unserer Firma. Wir finden Ihren Lebenslauf sehr spannend und wollen daher gerne mehr über Sie, insbesondere Ihre analytischen Fähigkeiten sowie Ihre eigenständige Denk- und Arbeitsweise erfahren. Dafür sehen wir uns nun gemeinsam eine Fallstudie an, die Sie so oder ähnlich auch in einem unserer Projekte erwarten könnte.

Stellen Sie sich bitte die folgende Situation vor: Sie befinden sich in einem Team von drei Personen. Sie arbeiten in einem Kundenprojekt bei einem Versicherer. Ihr Auftrag lautet, den Marketingbereich bei der Einführung eines neuen Customer-Relationship-Management-Systems (CRM) zu unterstützen. Dieses verspricht die Möglichkeit der Automatisierung mehrerer Prozessschritte. Bei der Einführung kam es jedoch zu Problemen, die ich später genauer ausführen werde. Aufgrund dieser Schwierigkeiten hat der Versicherer nun unsere Beratungsfirma um Unterstützung gebeten.

Erzählen Sie mir gerne zunächst kurz, was Sie sich unter einem CRM vorstellen.

Bewerber:in: Unter einem CRM verstehe ich eine Software in Form einer Datenbank, welche Informationen über die Kund:innen eines Unternehmens und deren Interaktionen mit dem Unternehmen speichert.

Interviewer:in: Danke, das klingt gut und deckt sich mit meinem Verständnis. Ich würde noch hervorheben, dass die Erfassung von Kundenkontakten und -daten automatisiert erfolgen kann, und dass ein CRM weit mehr als eine reine Datenbank ist, sondern zum Beispiel auch der Analyse der Kundendaten dient, etwa, um Verkaufschancen besser auszunutzen.

Ein weiterer wichtiger Aspekt von CRM-Systemen ist die Integration in die Geschäftsabläufe von Unternehmen. Zu welchen Systemen sollte ein CRM sinnvollerweise Schnittstellen haben?

Bewerber:in: Da sich ein CRM um Kundendaten dreht, sollte es sicherlich eine Schnittstelle zu den Stammdaten der Kund:innen geben, zum Beispiel über einzigartige Schlüssel wie Kunden- oder Vertragsnummern. Außerdem können aus dem ERP-System (Enterprise-Resource-Planning-System) ausgewählte Kundeninformationen wie Aufträge oder Bestellungen in das CRM fließen. Auch die Marketing- und Vertriebssysteme sollten an das CRM angebunden sein, damit die Kund:innen entsprechend ihrer Bestellhistorie oder Vorhersagen gezielt beraten und angesprochen werden können. Das kann sowohl hinsichtlich bereits gekaufter Produkte oder Dienstleistungen als auch neuer Produktvorschläge geschehen.

Interviewer:in: Danke, das klingt sehr gut. Nun befinden wir uns ja in einer speziellen Branche, der Versicherungsbranche. Hat der Versicherer damit genügend Informationen für den Aufbau eines CRM?

Bewerber:in: Ich glaube, man muss hier unterscheiden, welche Daten der Versicherer selbst besitzt und welche Daten die anderen Stakeholder im Vertrieb besitzen, wie zum Beispiel die Agenturen. Wenn eine Kundin oder ein Kunde etwa den direkten Kontakt mit ihrer Kundenberaterin bzw. mit ihrem Kundenberater in der Agentur sucht, erfährt der Versicherer dies zunächst nicht. Um ein umfassendes CRM aufzubauen, sollte diese Information direkt im CRM oder in einem angebundenen System eingepflegt werden. Nur so kann der Versicherer auf die Kontakthistorie aus diesem Beispiel zugreifen. Außerdem können externe Datenquellen für ein umfassendes Bild der Kundin bzw. des Kunden genutzt werden.

Interviewer:in: Ihre Antwort zeigt, dass Sie schon ein sehr gutes Branchenverständnis haben, super! Wenn Sie sich weiter auf diese Branche konzentrieren, welche Prozesse könnten durch ein solches CRM automatisiert werden?

Bewerber:in: In der Versicherungsbranche ist es wichtig, genau über die Kund:innen Bescheid zu wissen, da viele passende Versicherungsangebote auch von den Lebensumständen abhängen. Wenn ich hier von einem Vollversicherer ausgehen darf, der sowohl Krankenversicherungen als auch Sachversicherungen wie Kfz- oder Hausratversicherungen anbietet, ergibt beispielsweise eine Kfz-Versicherung nur dann Sinn, wenn ein:e Kund:in auch ein Auto besitzt. Demzufolge ist es für ein passendes Versicherungsangebot wichtig zu wissen, in welchem Lebensabschnitt sich die Interessent:innen oder Kund:innen befinden.

Neben automatisierten Marketingaktionen für Personen mit definierten Merkmalen kann ein CRM auch die Kundenbeziehung unterstützen, indem es den Kundenberater:innen eine Kundenhistorie mit Interaktionen anzeigt, auf die Bezug genommen werden kann. Das kann zum Beispiel die Nachfrage bei einem behobenen Wasserschaden in der Wohnung sein oder Geburtstagsglückwünsche.

Interviewer:in: Das sind sehr gute Beispiele, vielen Dank. Wenn Sie von Kund:innen sprechen, was verstehen Sie darunter? Kann man den Kundenstamm untergliedern?

Bewerber:in: Ich bin bei meinen Antworten von Endkund:innen im Sinne von Privatpersonen ausgegangen. Da es auch Versicherungen für Firmen gibt, wie zum Beispiel Gebäude- oder Anlagenversicherungen, könnte ein CRM auch für Firmenkunden Anwendung finden.

Bei Firmenkunden sehe ich andere relevante Merkmale, welche in einem CRM gespeichert werden sollten. Beispielsweise wären dies branchenspezifische Trends und damit einhergehende sinnvolle Versicherungen bzw. Anpassungsvorschläge für bestehende Versicherungen.

Interviewer:in: Danke für die Klarstellung, genau darauf wollte ich hinaus. Lassen Sie uns im weiteren Verlauf auf den Aspekt B2C (Business to Customer) konzentrieren, also die Beziehung der Versicherung zu Privatpersonen.

Ihre persönliche Rolle innerhalb des Berater:innen-Teams besteht in der Unterstützung der Leiterin des Entwicklungsteams, die für die Anpassung des CRM an das Unternehmen zuständig ist.

Um einen effizienten Einsatz des neuen CRM zu ermöglichen, muss die Standardsoftware durch das Entwicklungsteam an die Bedürfnisse, die Vorgaben und Prozesse des Unternehmens angepasst werden. Welche konkreten Herausforderungen können Ihrer Meinung nach bei der Anpassung des CRM auftreten?

Bewerber:in: Ich gehe gerne gleich darauf ein, hätte zunächst aber noch eine Rückfrage zu der Fragestellung. Befinden wir uns an einem bestimmten Zeitpunkt in dem Projekt, oder sollen sich die Herausforderungen allgemein auf Projekte beziehen, bei denen ein CRM eingeführt werden soll?

Interviewer:in: Sie können sich allgemein halten, was den Zeitpunkt des Projekts angeht. Nennen Sie aber aber gerne konkrete Herausforderungen.

Bewerber:in: Danke für die Klarstellung. Ich sehe bei der Anpassung zunächst Herausforderungen in Bezug auf die Schnittstellen. Es muss Klarheit darüber geschaffen werden, ob die proprietären Systeme, welche ich vorhin genannt habe, eine Anbindung an das neue CRM erlauben. Außerdem spielt der Datenschutz bei einem CRM eine große Rolle, da hier personenbezogene Daten verwendet werden. Um diese Daten speichern zu dürfen, aber auch um etwa Werbung an Kund:innen zu versenden, müssen entsprechende rechtliche Grundlagen gegeben sein.

HINWEIS: Die Rückfrage ist sinnvoll und gut gewählt, um Unklarheiten zu beseitigen. Allerdings dürfen sich die hier gelieferten Antworten auf die Frage nach konkreten Herausforderungen dann gerne auf spezifische Problemstellungen beziehen.

Interviewer:in: Das geht schon in die richtige Richtung. Da Sie das Thema Datenschutz angesprochen haben, kann ich Ihnen gerne noch einen Hinweis aus der Praxis mitgeben. Bei Fragestellungen zum Datenschutz ist es essenziell, zwischen den Orten der Datenerhebung und der Datenverwendung zu unterscheiden. Beispielsweise können Daten aus Kundenanrufen bei der Hotline beim nächsten persönlichen oder Mailkontakt verwendet werden, wenn diese datenschutzkonform in einem CRM gespeichert werden und wenn die Verwendung erlaubt ist. Dies gilt auch für die Verwendung von externen Datenquellen, wie von Ihnen vorhin angesprochen.

Um etwas konkreter zu werden, habe ich ein Beispiel mitgebracht, das wir uns im Folgenden gemeinsam anschauen.

Nach Fertigstellung der Anpassungen und der Einführung des CRM reklamieren die Nutzer:innen eine hohe Diskrepanz zwischen ihren Erwartungen und dem Ergebnis des Entwicklungsteams. Die Nutzung des CRM wird dadurch auf unbestimmte Zeit verschoben. Wie hätte das vermieden werden können, und welche Maßnahmen können ergriffen werden, um das CRM nutzbar zu machen?

Bewerber:in: Ich gehe gerne zunächst darauf ein, wie das CRM nutzbar gemacht werden kann. Nach Möglichkeit sollte dies sowohl zeitnah als auch mit geringem Ressourcen- und Personaleinsatz geschehen. Um die Diskrepanz zu bemessen, kann eine Soll-Ist-Analyse Klarheit schaffen. Diese sollte sowohl die Nutzer:innen einbinden, da sie die Anforderungen an das System stellen, als auch den Hersteller des CRM und das Entwicklungsteam, da sie die Anpassungsmöglichkeiten des Systems kennen.

Zusätzlich sollte die Ergonomie, also die Bedienbarkeit des CRM überprüft werden, da den Nutzer:innen unter Umständen nicht alle neuen Funktionen direkt bekannt sind. Sobald die Unterschiede zwischen der Erwartung und dem eingeführten CRM transparent sind, können diese zur Umsetzung priorisiert werden.

Interviewer:in: Das geht in die richtige Richtung. Welche Merkmale würden Sie zur Priorisierung verwenden?

Bewerber:in: Aus der Perspektive der Nutzer:innen würde ich hier den quantifizierten Mehrwert einer Funktionalität als sinnvoll erachten. Aus Ressourcensicht sehe ich hier den technischen Aufwand, im Sinne der notwendigen Anpassungen am System, sowie die Umsetzungsdauer.

Interviewer:in: Klingt logisch. Wie sieht es mit der Vermeidung von solchen Problemen in der Zukunft aus?

Bewerber:in: Aufgrund Ihrer Schilderungen gehe ich davon aus, dass die Anpassungen am CRM vor der Einführung nicht ausreichend oder vielleicht nicht klar mit den Nutzer:innen abgesprochen wurden. Diese sollten in Zukunft früher eingebunden werden, zum Beispiel als Stakeholder oder über Befragungen mittels Studien. Diese können sowohl qualitativ, also als Interviews, als auch quantitativ, also über Fragebogen, durchgeführt werden. Methodiken wie aktives Zuhören stellen zudem das Verständnis sicher und können ebenfalls vor Überraschungen schützen.

Außerdem empfehle ich einen engeren Austausch zwischen dem Entwicklungsteam und den Nutzer:innen während der gesamten Entwicklungsdauer sowie bereits bei der Aufnahme der Anforderungen.

Interviewer:in: Danke für Ihre Einschätzungen. Könnten Sie bitte Ihre Vorschläge zur Fallstudie noch mal kurz als Fazit zusammenfassen?

Bewerber:in: Als Fazit kann ich sagen, dass die verzögerte Einführung des CRM, verursacht durch die Diskrepanz zwischen Erwartungen und dem Ergebnis, durch eine frühere Einbindung der Nutzer:innen möglicherweise verhindert werden könnte. Um unmittelbar Abhilfe zu schaffen, empfehle ich eine nach Nutzen und Aufwand priorisierte Bearbeitung der offenen Punkte. Zur Vermeidung ähnlicher Probleme in der Zukunft möchte ich auf die frühere und engere Einbindung der Nutzer:innen des CRM hinweisen.

Interviewer:in: Vielen Dank für die Vorschläge, die ich alle so unterstützen kann. Auch insgesamt hat mir das Gespräch sehr gefallen!

HINWEIS: Bei der Case-Lösung soll es darum gehen, die Problem- und Ursachenanalyse analytisch anzugehen und das Change Management strategisch und methodisch richtig zu planen. Dies hat die Bewerberin bzw. der Bewerber insoweit erfüllt, dass die Probleme richtig analysiert wurden und sinnvolle Lösungsvorschläge sowohl für die Behebung des akuten Problems (Remediation) als auch zur Vermeidung des Problems in der Zukunft geliefert wurden.

Stadtwerk goes sustainable: Bewertung des Marktpotenzials von Ladepunkten für E-Fahrzeuge

von Lisa-Marie Luft

Aufgabenstellung

EnergieLand ist ein sehr bekanntes überregionales Stadtwerk mit einem Vertriebsgebiet von rund 4 Mio. Haushalten in Deutschland. Das Stadtwerk hat in der Unternehmensstrategie verankert, in nachhaltige Geschäftsmodelle zu investieren, und ist bereits in Geschäftsfeldern wie Photovoltaik, nachhaltiger Wärmeversorgung und Elektromobilität aktiv. EnergieLand möchte die zukünftigen Potenziale für Elektromobilität für das eigene Einzugsgebiet abschätzen und wissen, welche Schritte hierfür notwendig sind.

Im letzten Jahr hat das Unternehmen bereits erste Kenntnisse im Bereich von öffentlichen (z. B. Ladesäulen, Ladeparks), halböffentlichen (z. B. Parkplätze des Handels) und privaten Ladevorrichtungen (Wallboxen) erworben. Die drei Mitarbeiter:innen schaffen es aktuell, mit ihrer vollen Kapazität (und) in Zusammenarbeit mit einem Partner-Handwerksbetrieb ca. 500 private Wallboxen und jeweils 100 Projekte für halböffentliche und öffentliche Ladesäulen zu projektieren.

Die neue Bundesregierung hat sich im Rahmen ihres Koalitionsvertrags das ambitionierte Ziel gesetzt, bis 2030 15 Mio. elektrische Autos auf deutschen Straßen zuzulassen. Wir nehmen an, dass es sich hierbei um vollelektrische Fahrzeuge (BEV) handelt. Hybride und Plug-in-Hybride schließen wir aus der Case-Betrachtung aus. Bis Ende 2021 sind gerade einmal 0,6 Mio. BEV auf deutschen Straßen zugelassen.

Diese Fallstudie wird Ihnen präsentiert von

HORVÁTH

Horváth AG

Wir Horváths sind gemeinsam mehr als nur ein Team. Wir bieten ein Umfeld mit freundschaftlicher Zusammenarbeit, unzählige Möglichkeiten zur persönlichen Weiterentwicklung, spannende Aufgaben mit fachlichem Tiefgang und eine steile Lernkurve. Auf Augenhöhe arbeiten und Erfolge nicht nur zu versprechen, sondern in die Tat umzusetzen: das schätzen unsere Kunden an uns. Wir überzeugen durch Kompetenz und ausgeprägte Umsetzungsstärke. Erfolge gestalten wir als Team und mit unseren Kunden. Unser Grundsatz? Successfully together!

Frage 1: Wie groß ist das (Stück-)Potenzial für EnergieLand im Bereich der drei verschiedenen Ladesäulensegmente bis 2030? Welche Annahmen müssen Sie dafür treffen?

Frage 2: Wie viel Personal (Vollzeitäquivalente, d. h. Vollzeitkräfte = VZÄ) sollte EnergieLand aufbauen, um die Nachfrage im Vertriebsgebiet zu decken? Welchen Marktanteil sollte es hierbei anstreben? Was sind Ihrer Einschätzung nach die größten bzw. stärksten Wettbewerber und warum? Welche weiteren Schritte, neben dem Personalaufbau, wären aus Ihrer Sicht notwendig, um die Potenziale zu erreichen?

Frage 3: Neben dem reinen Bereitstellen der Infrastruktur will das Stadtwerk weitere Geschäftsmodelle prüfen, um langfristig weitere Revenue Streams abzusichern. Welche Möglichkeiten gibt es aus Ihrer Sicht? Wie würden Sie eine Priorisierung unter Nicht-Berücksichtigung der regulatorischen Beschränkungen vornehmen?

Frage 4: Bitte fassen Sie Ihre Überlegungen in einer Entscheidungsvorlage für den Ausbau des Elektromobilitätsgeschäfts für den Kunden zusammen und beschreiben Sie, welche weiteren Schritte Sie empfehlen würden.

Lösungsweg

Frage 1: Berechnung des Bedarfs an neuen Ladepunkten im Vertriebsgebiet

Um das Potenzial im Vertriebsgebiet der EnergieLand zu ermitteln, müssen zunächst die Annahmen für die benötigten Ladepunkte in Deutschland gesetzt werden. Darauf basierend kann der Bedarf für neue Ladepunkte im Vertriebsgebiet der EnergieLand herunterskaliert werden. Diese Ableitung ergibt sich wie folgt:

	Beschreibung	Wert	Annahme
	Haushalte in Deutschland	40 Mio.	2 Personen je Haushalt bei ca. 80 Mio. Einwohner:innen
	Ladepunkte je Elektromobil	2 Stk.	1 Zuhause, 0,5 halböffentlich (Arbeitgeber, Supermärkte etc.), 0,5 öffentliche Ladesäulen
gesamte Ladepunkte	privat öffentlich halböffentlich	15 Mio. 7,5 Mio. 7,5 Mio.	Das Ziel von 15 Mio. BEV 2030 wird erreicht.
vorhandene Ladepunkte	privat öffentlich halböffentlich	0,6 Mio. 0,3 Mio. 0,3 Mio.	Die Ladepunkte sind bereits installiert.

Marktabschätzung des gesamten Potenzials 2022–2030 (Deutschland)

	Beschreibung	Wert	Annahme
	Haushalte im Einzugsgebiet	4 Mio.	Entspricht 10 % der Haushalte in Deutschland. Somit entspricht das Potenzial überall 10 %.
gesamte Ladepunkte	privat	1,5 Mio.	Entspricht 10 % des Werts für Deutschland.
	öffentlich	0,75 Mio.	
	halböffentlich	0,75 Mio.	
vorhandene Ladepunkte	privat	0,06 Mio.	Entspricht 10 % des Werts für Deutschland.
	öffentlich	0,03 Mio.	
	halböffentlich	0,03 Mio.	
Bedarf Vertriebsgebiet EnergieLand			
benötigte Ladepunkte	privat	1,44 Mio.	
	öffentlich	0,72 Mio.	
	halböffentlich	0,72 Mio.	
benötigte Ladepunkte im Vertriebsgebiet 2022–2030		**2,88 Mio.**	

Marktabschätzung des gesamten Potenzials 2022–2030 (Vertriebsgebiet EngergieLand)

Weitere Annahmen: Die Bedarfe für Ladepunkte in Deutschland sind gleich verteilt. Es erfolgt keine Berücksichtigung unterschiedlicher Entwicklungen oder Verkaufszahlen in den Regionen. Darüber hinaus nehmen wir einen linearen Hochlauf der Elektromobilität an. In der Realität wird er sich aller Erwartung nach jedoch etwas dynamischer gestalten.

Ergebnis: Im Vertriebsgebiet der EnergieLand müssen zwischen 2022 und 2030 2,88 Mio. Ladepunkte installiert werden. Pro Jahr entspricht dies ca. 0,32 Mio. Ladepunkten.

Frage 2: Personalbedarf, Wettbewerb, Marktanteil und weitere Schritte

Um den Personalbedarf für EnergieLand abzuleiten, sind die Annahmen weiter zu ergänzen. Hierbei ist zunächst der Marktanteil vor dem Hintergrund des Wettbewerbs entscheidend.

Die größten Wettbewerber würde man in einer detaillierten Wettbewerbsanalyse sicherlich noch deutlicher je Geschäftsfeld herausarbeiten. Klar ist aber, dass deutschlandweit agierende Energieversorger wie EnBW und E.ON zum stärksten Wettbewerb gehören, da sie über größere Skaleneffekte und unter Umständen ein breiteres Handwerkernetzwerk verfügen. Auch drängen vermehrt Start-ups in den Markt ein, beispielsweise IONITY oder COMPLEO, die oftmals auch von etablierten Marktteilnehmern gegründet wurden und stark mit Kapital ausgestattet sind.

Da die EnergieLand laut Beschreibung ein sehr bekanntes Stadtwerk ist, setzen wir die Annahme, dass sie einen Marktanteil von fünf Prozent avisiert. Obwohl der Wettbewerb sicherlich stark ist, wird das Stadtwerk in einem konservativen Szenario die fünf Prozent im eigenen Vertriebsgebiet erreichen.

Darüber hinaus nehmen wir an, dass bei halböffentlichen und öffentlichen Projekten im Schnitt vier Ladepunkte gesetzt werden.

Abschließend gehen wir davon aus, dass es sich um ein eingespieltes Team handelt. Prozesseffizienzen sind nicht weiter berücksichtigt, sollten aber zu einem späteren Zeitpunkt betrachtet werden.

Daraus ergibt sich folgende Ableitung für die benötigten Kapazitäten:

	Beschreibung	Wert	Annahme
Anzahl jährlich benötigter Ladepunkte	privat	0,16 Mio.	Bedarf 2022–2030 durch 9 Jahre geteilt
	öffentlich	0,08 Mio.	
	halböffentlich	0,08 Mio.	
Marktanteil jährlich benötigter Ladepunkte	privat	8.000 Stk.	Marktanteil 5 %
	öffentlich	4.000 Stk.	
	halböffentlich	4.000 Stk.	
Projektanzahl	öffentlich	1.000 Stk.	4 Ladepunkte pro Projekt
	halböffentlich	1.000 Stk.	

Marktanteil in Stück und Projekten EnergieLand

	Beschreibung	Wert	Annahme
VZÄ-Zuordnung (s. Aufgabenstellung)	Ladepunkte privat pro VZÄ	500	Da private Ladepunkte eine geringere Komplexität aufweisen, sind mehr Projekte je VZÄ möglich.
	Projekte öffentlich pro VZÄ	100	
	Projekte halböffentlich pro VZÄ	100	
VZÄ-Bedarf	Ladepunkte privat	16 VZÄ	8000 ÷ 500 Projekte/VZÄ
	Ladepunkte öffentlich	10 VZÄ	4000 ÷ 4 Ladepunkte ÷ 100 Projekte/VZÄ
	Ladepunkte halböffentlich	10 VZÄ	4000 ÷ 4 Ladepunkte ÷ 100 Projekte/VZÄ
benötigte VZÄ gesamt		**36 VZÄ**	

Personalbedarf EnergieLand

Ergebnis: Um den Bedarf zu decken und die relevanten Marktanteile zu heben, müsste EnergieLand neben den bestehenden 3 VZÄ weitere 33 VZÄ aufbauen, um eine Teamgröße von 36 VZÄ zu erreichen.

Weitere Schritte, um die Marktpotenziale zu realisieren, beinhalten beispielsweise die Optimierung von Prozessen durch Digitalisierung, die Identifikation weiterer Partnerschaften mit Handwerksbetrieben, um die Lieferfähigkeit sicherzustellen, die Durchführung von aktiven Marketings sowie den Aufbau von IT-Strukturen.

Frage 3: Weitere Geschäftsmodelle
Die weiteren Geschäftsmodelle lassen sich beispielsweise durch den Aufbau eines Innovationsradars darstellen:

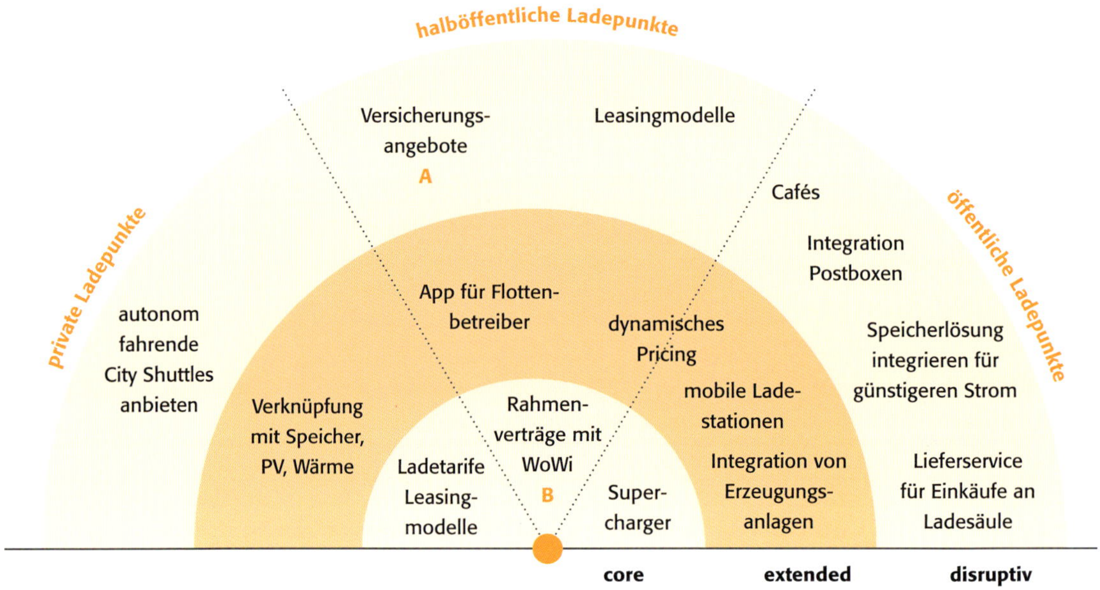

Um die verschiedenen Geschäftsmodelle zu bewerten, lassen sich verschiedene Raster anwenden. Zu empfehlen ist zum Beispiel der Abgleich von möglichen Profit-Pools mit dem strategischen Fit für die EnergieLand und der „Ability to Win", z. B. Kundenzugang, Wettbewerb im Markt etc. Beispielhaft dargestellt in der 4-Felder Matrix lässt sich die Priorisierung nach weiterer Bewertung der Geschäftsmodelle durchführen.

Diese Fallstudie wird Ihnen präsentiert von

Horváth AG

Standorte in Deutschland: Stuttgart (Zentrale), Berlin, Düsseldorf, Frankfurt am Main, Hamburg, München

Standorte weltweit: 10 (sowie weitere 70 Offices in 25 Ländern im Cordence Worldwide Network)

Tätigkeitsschwerpunkte: Managementberatung mit Schwerpunkt Performance Management und Transformation

Beschäftigte in Deutschland: über 750

Beschäftigte weltweit: über 1.000

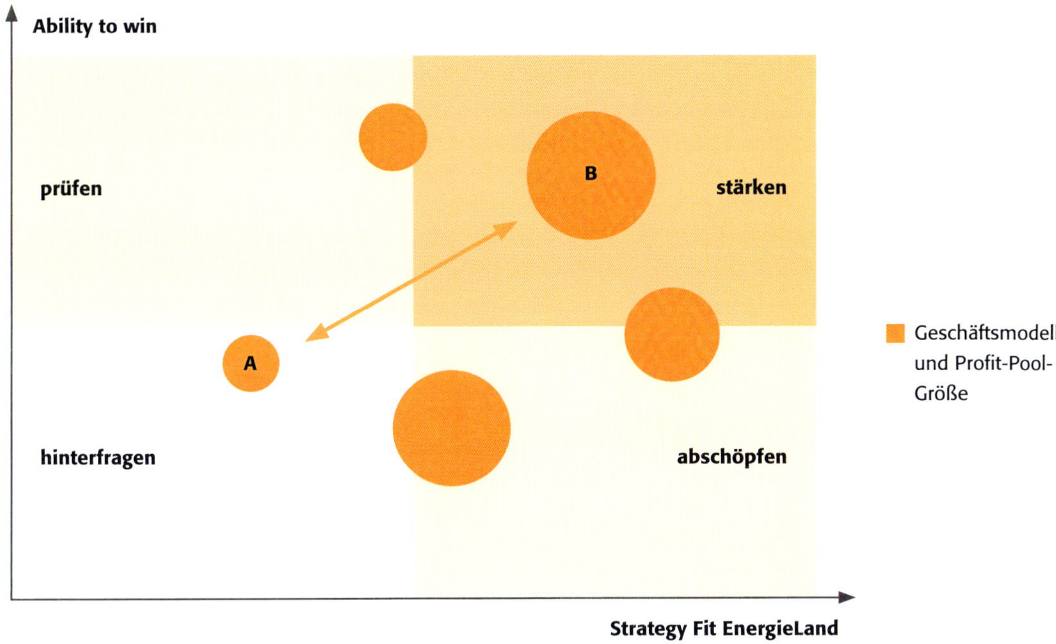

Priorisierungsmatrix

Zum Beispiel könnte man das Thema Versicherungsangebote (A) mit dem Geschäftsmodell Rahmenverträge für die Wohnungswirtschaft (WoWi) (B) vergleichen. Das Anbieten neuer Vertragsmodelle zum bestehenden Produkt in einem großen Markt wie der Wohnungswirtschaft liegt nah am strategischen Kerngeschäft der EnergieLand. Auch die „Ability to Win" ist durch die regionale Verankerung recht hoch. Daher kann man das Geschäftsmodell in der 4-Felder Matrix im Feld „Stärken" verorten. Versicherungsprovisionen hingegen sind nicht Teil des aktuellen Geschäfts. Darüber hinaus ist die EnergieLand bei ihren Kunden nicht für diese Leistung bekannt, weshalb die „Ability to Win" geringer ausfallen würde. Auch nehmen wir an, dass der Vertrieb von Versicherungen nicht direkt zur Unternehmensstrategie passt. Nach einer initialen Einschätzung würde also das Geschäftsmodell B höher priorisiert werden als das Geschäftsmodell A. Dies müsste aber basierend auf Fakten konkret abgeschätzt werden.

Frage 4: Zusammenfassung der Ergebnisse

Um die Fragestellungen zu einer Entscheidung weiterer Schritte zusammenzufassen, werden die Ergebnisse der Marktbetrachtung dargestellt und für die Entscheiderin bzw. den Entscheider konsolidiert. Sicherlich lassen sich hier auch andere Gliederungsformen verwenden, die Überleitung auf die nächsten Schritte hängt kausal mit den zuletzt bearbeiteten Fragestellungen zusammen.

Was ist der Markt?

Der Markt für Ladepunkte im Vertriebsgebiet beträgt ca. 320 Tsd. Ladepunkte pro Jahr, um die Ambition von 15 Mio. BEV in Deutschland bis 2030 zu erreichen. Will die EnergieLand einen Marktanteil von fünf Prozent erreichen, sind pro Jahr 16 Tsd. Ladepunkte im Vertriebsgebiet zu akquirieren und zu installieren.

Was müssen Sie tun, um das Potenzial zu heben?

Um die Masse an Projekten zu stemmen, ist ein Teamaufbau auf ca. 36 VZÄ notwendig (+33 VZÄ). Darüber hinaus werden Aktivitäten wie die Prozessoptimierung, Marketing und das Finden weiterer Handwerkspartner notwendig werden, sind aber bisher noch nicht weiter detailliert worden.

Wie sind die Potenziale für weitere Revenues?

private Ladepunkte			halböffentliche Ladepunkte			öffentliche Ladepunkte		
niedrig	mittel	**hoch**	niedrig	mittel	**hoch**	niedrig	**mittel**	hoch

Fazit/ Empfehlung

Das Potenzial für die EnergieLand, sich im Bereich Elektromobilität weiterzuentwickeln, besteht in allen drei Geschäftsfeldern. Um das detaillierte Potenzial bestimmen zu können, muss eine Priorisierung der identifizierten Potenziale je Geschäftsfeld vorgenommen werden, um darauf basierend in die weitere Planung zu starten.

Was sind die nächsten Schritte?

Priorisierung und Business Case je Geschäftsfeld detaillieren → **Investitions- und Umsetzungsplan** aufsetzen → Projektteam aufsetzen und **Umsetzung**

Entscheidungsvorlage und abschließende Empfehlung

Klingt gut?
Mehr erfahren!

HORVÁTH

Horváth AG
Rotebühlstraße 100
70178 Stuttgart
www.horvath-partners.com
www.successfullytogether.com

Sonja Stöckl
HR Marketing & Employer Branding
+49 711 66919-0
career@horvath-partners.com

HORVÁTH

1981 von Professor Dr. Dr. h. c. mult. Péter Horváth gegründet, gehört Horváth heute zu den internationalen Top Managementberatungen. Es ist das Zusammenspiel aus Vertrauen, Innovationskraft, Kompetenz, Offenheit und Unternehmertum, das uns so weit gebracht hat – und bis heute die Basis unseres Erfolgs ist.

Was dich bei uns erwartet? Einzigartiger Teamspirit, die individuelle Förderung von Kompetenzen, vielfältige Entwicklungsmöglichkeiten und unternehmerische Freiräume.

Unleash your Potential! With Horváth.

Successfully
Together

www.horvath-partners.com/karriere

Nachhaltige Business-Modell-Innovationen: To-go-Becher mit Pfand

von Lisa Cora Decker Alonso

Aufgabenstellung

Die Sustain Innovation AG ist ständig auf der Suche nach Innovationen, die die Welt voranbringen. Das Unternehmen interessiert sich für nachhaltige Lösungen insbesondere der Kreislaufwirtschaft, weiß jedoch nicht, welche Lösungen es umsetzen möchte. Zur Unterstützung hat es Sie als Consultant beauftragt. Sie sollen der Sustain Innovation AG dabei helfen, vielversprechende Lösungen zu identifizieren und diese zu vermarkten.

Fragestellung 1

Bei mehreren Konferenzen hat der CEO der Sustain Innovation AG von der Kreislaufwirtschaft gehört und würde nun gerne konkrete Lösungen besprechen. Insbesondere hat ihn das Potenzial von Pfandsystemen angesprochen, zum Beispiel der Einsatz von wiederverwendbaren To-go-Bechern. Daher möchte der CEO von Ihnen wissen, wie groß der Markt für wiederverwendbare To-go-Becher mit Pfandsystem ungefähr ist.

Lösungsweg 1

Auf Rückfrage erhalten Sie die Information, dass ein Becher 10 Cent an Umsatz und 5 Cent an Kosten generiert. Auf dieser Basis kann der Markt abgeschätzt werden.

In Deutschland leben rund 80 Mio. Menschen, von denen ca. die Hälfte Kaffee trinkt. Von diesen trinkt wiederum rund ein Fünftel täglich, ein Fünftel wöchentlich und zwei Fünftel monatlich einen Kaffee to go. Ein weiteres Fünftel trinkt seinen Kaffee ausschließlich zuhause oder im Büro.

Der Gewinn pro Becher kann auf 5 Cent bemessen werden. Ein Fünftel der Hälfte Deutschlands sind ca. 8 Mio. Menschen. Das heißt, der tägliche potenzielle Gewinn des ersten Fünftels liegt bei 0,4 Mio. Euro. Damit liegt der jährliche potenzielle Gewinn bei 146 Mio. Euro. Für das Fünftel, das nur einmal die Woche einen Kaffee to go trinkt, sind dies 20,8 Mio. Euro und für diejenigen, die im Schnitt einmal im Monat einen Kaffee to go trinken, 9,6 Mio. Euro pro Jahr. Damit liegt das Marktpotenzial bei 176,4 Mio. Euro pro Jahr.

Wenn man davon ausgeht, dass 80 Prozent der Kaffee-to-go-Konsument:innen den Pfandbecher nutzen würden, hat der Markt eine Größe von 141,12 Mio. Euro.

Einwohner:innen Deutschlands	80 Mio. (100 %)		
Kaffe trinkende Deutsche	40 Mio. (50 %)		
täglich	20 %	8 Mio. × 0,05 Euro × 365 Tage =	146 Mio. Euro
wöchentlich	20 %	8 Mio. × 0,05 Euro × 52 Wochen =	20,8 Mio. Euro
monatlich	40 %	16 Mio. × 0,05 Euro × 12 Monate =	9,6 Mio. Euro
nie	20 %	–	–
			176,4 Mio. Euro

Marktabschätzung To-go-Becher mit Pfand

Fragestellung 2

Der CEO der Sustain Innovation AG freut sich sehr zu sehen, dass die nachhaltige Lösung einen potenziellen Markt hat. Er bittet um eine detailliertere Ausführung des Business-Modells. Kosten und Umsätze bei Pfandsystemen werden nicht wie in klassischen Business-Modellen generiert. Ziel ist es, ein Business-Modell für To-go-Becher zu entwickeln, in dem unter anderem auch Partner und Rückholsysteme durchdacht werden.

Lösungsweg 2

Für diese Aufgabe gibt es viele Möglichkeiten, auf eine Lösung zu kommen. Zwei Möglichkeiten werden hier unter Verwendung der Frameworks des (1) Business Model Canvas und alternativ des (2) Business-Plans dargestellt.

(1) Business Model Canvas

Key Partners Schlüsselpartner, -lieferanten, -ressourcen	**Key Activities** Schlüsselaktivitäten, Vetriebswege **Key Resources** Ressourcen für das Business-Modell	**Value Proposition** Wert, Problem, Produkt, Bedürfnisse der Kund:innen	**Customer Relationships** Kosten, Art, Intensität **Channels** Marketingkommunikation, -kanäle, -methoden, -kosten	**Customer Segments** Welche Gruppe?, Priorisierung
Cost Structure wichtigste und höchste Kosten, Schlüsselaktivitäten		**Revenue Streams** Willingness to Pay, aktueller Preis, Preisgestaltung, Bezahlmethoden		

Key Partners: Hier ist es wichtig, Partner zu identifizieren, die einem dabei helfen, das Business-Modell möglich zu machen. Im Falle der To-go-Pfandbecher sind dies die teilnehmenden Cafés, die Becher ausgeben und zurücknehmen, und die Lieferanten (sowohl Hersteller als auch Partner), die sich um eine geeignete Distribution der Becher unter den Cafés kümmern oder die Becher sammeln und waschen. Hier könnte man überlegen, z. B. mit Getränkelieferdiensten zusammenzuarbeiten.

Key Activities: Unter Schlüsselaktivitäten versteht man die Aktivitäten, die am wichtigsten für den Unternehmenserfolg sind. Von größter Bedeutung für ein Pfandsystem ist die Ermöglichung der einfachen Abgabe und Rücknahme der Pfandbecher. Diese Key Activity kann größtenteils an die Cafés ausgelagert werden.

Key Ressources: Um Key Activities durchzuführen, benötigt man bestimmte Ressourcen. Auch hier wäre das Angebots- und Rückholsystem der Becher am wichtigsten. Darüber hinaus ist auch ein effizientes Supply-Chain-System, mit dem jedes Café immer genügend Becher zur Verfügung hat, sehr wichtig.

Value Proposition: Die Value Proposition ist der Kern des Unternehmens, der Grund, warum Menschen sich dazu entscheiden sollten, einen To-go-Kaffeebecher zu nutzen, und der Mehrwert, den dieser liefert. Ziel ist es, mit den To-go-Bechern Müll zu reduzieren, indem man einen Einwegartikel durch einen wiederverwendbaren ersetzt. Die einfache und schnelle Rückgabe der Becher ersetzt den klassischen Einwegbecher entsprechend und bietet damit einen nachhaltigen und guten Ersatz.

Customer Relationships: Die Beziehung zu den Kund:innen ist indirekt, da die Becher direkt bei den Cafés ausgegeben werden. Wichtig ist, dass das Rückholsystem keinen zu großen Aufwand birgt, da sonst der Mehrwert des Bechers geringer ist.

Customer Segments: Die Aufmerksamkeit für das Thema Nachhaltigkeit steigt stetig, jedoch unterschiedlich stark in verschiedenen Kundensegmenten. Der nachhaltige To-go-Becher richtet sich allgemein an Kund:innen mit höherem Interesse an Nachhaltigkeit, darunter können unter anderem Studierende und Beschäftigte fallen.

Channels: Die Channels, über die der Becher vertrieben wird, sind im Wesentlichen die teilnehmenden Cafés, Bäckereien und sonstige Partner, in denen Kaffee to go verkauft wird.

Cost Structure: Um den Becher anbieten zu können, hat man unterschiedliche Kosten. Dazu gehören die Kosten für die Becher selbst, Ausgaben für Marketing, Vertrieb und andere interne Bereiche des Unternehmens sowie die Kosten der Partnerschaften für die Herstellung der Becher und das Ausliefern, falls dies extern abgewickelt wird.

Revenue Streams: Umsatz generiert das Unternehmen immer dann, wenn Becher von Cafés gekauft werden. Diese profitieren wiederum von günstigeren Bechern und vom Pfand der Becher, die nicht zurückgegeben werden.

(2) Business-Plan
Ähnlich wie der Business Model Canvas kann die Aufgabe mit einem Business-Plan auch freier gelöst werden. Ein Business-Plan hat bestimmte Inhalte, die thematisiert werden sollten, allerdings ist die hier aufgeführte Aufzählung nicht abschließend. Auch andere Reihenfolgen, Strukturen und Inhalte sind denkbar.

Idee	Den Einsatz von Einwegplastik und -papier zu reduzieren, indem man ähnlich wie bei Pfandtrinkflaschen Pfandbecher einführt.
Markt	Das Marktpotenzial liegt bei 176,4 Mio. Euro. Pfandtrinkflaschen sind bereits seit einigen Jahren im Umlauf, allerdings sind Pfandbecher noch nicht etabliert.
Wettbewerb	Es gibt bereits Anbieter solcher Pfandsysteme, die z. B. auch Mehrwegbowls anbieten. Solange sich die Gesetzeslage nicht ändert, werden von den Kund:innen selbst mitgebrachte Gefäße in Cafés nicht befüllt werden können.
Zielgruppe	s. Customer Segments des Business Model Canvas
Vision/Ziel	Die Vision ist die Abschaffung von herkömmlichen Einwegbechern und der vollumfängliche Umstieg auf Pfandbecher. Es ist normal, To-go-Becher nach dem Kaffeetrinken zu sammeln oder direkt zurückzugeben. Die Abgabe ist auch nicht weiter problematisch, da sie direkt beim Café um die Ecke erfolgen kann, weil das Café ein Partner des Pfandsystems ist.
Strategie	Im Wesentlichen muss es ein großes Netzwerk an teilnehmenden Partnern geben, weshalb die Akquise von Partnercafés von wesentlicher Bedeutung ist. Die Rückgabe wird vereinfacht, und das ist wichtig für die Erfüllung der Value Proposition. Mit dieser Strategie ist es einfach, die Pfandbecher zu nutzen, sodass viele Menschen am Pfandsystem teilnehmen können, was wiederum das Ziel des Geschäftsmodells ist.

Fragestellung 3

Dem CEO der Sustain Innovation AG gefällt Ihre Ausführung und er möchte in das Business-Modell investieren. Laut ihm wird es die größte Hürde sein, Wachstum zu generieren, d.h., Menschen für das Business-Modell zu begeistern. Wie kann man möglichst viele potenzielle Kund:innen erreichen und davon überzeugen, To-go-Becher mit Pfand zu nutzen?

Lösungsweg 3

Ziel dieser Teilaufgabe ist es, Marketingaktivitäten zu identifizieren, mit denen man möglichst schnell viele potenzielle Kund:innen für das Pfandsystem gewinnen kann.

HINWEIS: Im Interview sollte man mögliche Marketingaktivitäten nicht einfach aufzählen, sondern strukturiert vorgehen. Dafür eignet sich die Verwendung eines Frameworks. Im Folgenden wird ein Marketingmix auf Basis des Vier-P-Konzepts (siehe S. 118) erarbeitet. Auch der Einsatz anderer Frameworks (z. B. 7 Cs) ist möglich.

Produkt: Da der Becher den Kaffee einfach tragbar machen soll, ist es sinnvoll, dass der Becher dementsprechend einen Deckel hat, damit man den Kaffee nicht verschüttet. Außerdem sollte der Becher in den klassischen Größen erhältlich sein, in denen Kaffee verkauft wird. Da der Becher von vielen unterschiedlichen Menschen genutzt wird, bietet sich eine Farbe an, die recht neutral ist, sowie ein widerstandsfähiges Material. Der Kaffeebecher ist so ein idealer Ersatz zum normalen To-go-Becher.

Preis: Das Becherpfand für die Endverbraucher:innen beläuft sich auf einen Euro, da man bei einem niedrigeren Pfand riskiert, zu wenige Becher zurückzubekommen, man jedoch auch nicht möchte, dass viele Kaffeetrinker:innen vor einem zu hohen Pfandpreis zurückschrecken. Da die Kosten eines Bechers bei 5 Cent für Herstellung und Lieferung liegen, werden (für einen Rohertrag von 50 Prozent) von den teilnehmenden Cafés 10 Cent pro Becher verlangt.

Platz: Damit möglichst viele Leute den Becher nutzen, ist es notwendig, dass die Becher in möglichst vielen Cafés verfügbar sind. Wenn viele Partnercafés am Netzwerk teilnehmen, erhöht das nicht nur die Präsenz der Pfandbecher insgesamt, sondern vereinfacht auch die Rückgabe. Damit gehören Cafés zu den wichtigsten Vertriebspartnern und die Sustain Innovation AG selbst dient nur als Plattform.

Promotion: Neben den teilnehmenden Cafés kann man potenzielle Kund:innen über unterschiedliche Kanäle erreichen, damit diese von der Option der To-go-Becher erfahren. Dazu kann man sich neben der Schaltung von Online-Werbung auch speziell an die Zielgruppe wenden und Werbung beispielsweise in Studierendenmensen, Biosupermärkten oder ähnlichen Orten platzieren.

Produkt	Preis	Platz	Promotion
• Produktentwicklung • Produktinnovation • Namensgebung • Serviceleisutng • Sortimentsplanung • Verpackung	• Preisbestimmung • Zahlungs- und Finanzierungsmöglichkeiten • Zahlungsbedingungen • Rabatte	• Lieferbarkeit • Transport • Lagerung • Standorte • Reinigung • IT-Infrastruktur • Website und Content	• klassische Werbung • PR • persönliche Werbung • Event-Marketing • Messen • Online-Marketing (SEO, Social Media …)
• angenehme Farbe • unterschiedliche Größen • nicht zu hochwertig • mit Deckel • Waschen und Rückholsystem einfach gestalten	• Zahlung/Erstattung des Becherpreises und -pfands wird zusammen mit den Cafés geregelt • Partnercafés zahlen 10 Cent pro Becher (via monatlicher Abrechnung) • Rabatte ab 50 Bechern (als Anreiz dafür, Partner zu werden)	• Lieferung an die Cafés • Waschen vor Ort • die Sustain Innovation AG dient als Plattform • Cafés sind Vertriebspartner	• Online-Marketing auf z. B. Instagram und TikTok • Werbung in Venues, Cafés

Fragestellung 4

Das neue Geschäftsmodell ist ein voller Erfolg. Damit die Sustain Innovation AG weiterhin kompetitiv bleibt, sollen für die Zukunft weitere Methoden festgehalten werden, mit denen das Unternehmen innovative Geschäftsideen entwickeln kann. Mit welchen Methoden können Unternehmen innovative Geschäftsmodelle oder -bereiche identifizieren?

Lösungsweg 4

HINWEIS: Meistens gibt es im Case-Interview eine Aufgabe, die etwas freier formuliert ist. Es geht darum, herauszufinden, ob die Bewerber:innen in der Lage sind, unternehmerisch zu denken, und welche Ideen sie haben, wenn sie spontan mit einer ungewohnten Frage konfrontiert werden. Es gibt bei der Beantwortung der Frage kein Richtig oder Falsch.

Um innovative Ideen für ein Unternehmen zu identifizieren, bietet es sich an, in eine Forschungs- und Entwicklungsabteilung zu investieren oder eine eigene Abteilung einzurichten, die sich allein mit innovativen Geschäftsideen beschäftigt. Um dort gezielt Ideen zu entwickeln, bieten sich Workshops mit Kreativtechniken an, um Probleme, sogenannte Pain Points, ausfindig zu machen, oder White-Spot-Analysen in der klassischen BCG-Matrix (siehe S. 110) sowie klassisches Brainstorming zu neuen Themen und Problemen durchzuführen, um nur ein paar der Möglichkeiten zu nennen.

Die oben aufgeführten Methoden können dabei nicht nur zur Identifikation innovativer Ideen angewendet werden, sondern auch dazu, bestehende Geschäftsmodelle zu optimieren oder zu erweitern, aktuelle Trends zu beobachten, Start-ups zu unterstützen, Mitarbeitervorschläge entgegenzunehmen, Ideenwettbewerbe zu veranstalten oder Ähnliches.

Technology M&A: IT-Carve-out im Fokus der C-Suite

von Christoph Berning, Hannah Bötzow und Ismail Ismail

Interviewer:in: Um höheren Kundenanforderungen gerecht zu werden, hat HealthFood, ein global operierender Einzelhandelskonzern, in den letzten Jahren deutlich in seine Transport- und Logistiksparte investiert. Im Zuge einer Neuausrichtung entschied sich die Unternehmensführung nun dafür, diese Transport- und Logistiksparte zu verkaufen. Im Rahmen der Ausgliederung der Sparte aus dem Unternehmen (= Carve-out) bittet uns der Chief Information Officer (CIO), bei der Abspaltung der zur Sparte zugehörigen IT-Systeme zu unterstützen. Dabei möchte er zunächst wissen, was aus IT-Sicht bei der Abspaltung einer Sparte aus dem Mutterkonzern beachtet werden sollte. Wie würden Sie dem HealthFood-CIO die Abspaltung aus IT-Sicht erklären, und welche übergeordneten Ziele sind zu beachten?

Bewerber:in: Das klingt nach einer interessanten Fragestellung! Meines Wissens sind in den letzten Jahren M&A-Deals verstärkt in den Fokus der IT gerückt und vermehrt nicht mehr nur Thema der Chief Financial Officers (CFOs), sondern auch der CIOs.

Dem CIO würde ich die Abspaltung aus IT-Sicht wie folgt erklären: Nachdem sich HealthFood dazu entschlossen hat, die genannte Sparte zu verkaufen, müssen beide Parteien (d. h. der Mutterkonzern und die abzuspaltende Einheit) voneinander getrennt werden. Dies beinhaltet nicht nur die operativen Prozesse, sondern auch die damit verbundene IT, wie z. B. Software, Hardware und Prozesse, die es dem Unternehmen ermöglichen, sein Tagesgeschäft auszuführen.

Was die Ziele betrifft, so unterscheiden sich diese im Hinblick auf das Mutterunternehmen (= *WholeCo*) und die zu veräußernde Einheit (= *NewCo*). Das Mutterunternehmen möchte so schnell wie möglich den „Kontakt" zur *NewCo* beenden, um sich auf das Kerngeschäft zu konzentrieren, ohne die *NewCo* weiter unterstützen zu müssen. Die ausgegliederte Einheit hat ebenso die schnelle Beendigung der Übergangsphase zum Ziel, jedoch aus dem Grund, dass so etwaige Unterstützungskosten, z. B. in der Benutzung der IT-Infrastruktur, vermieden werden können.

Interviewer:in: Danke! Der CIO findet die Erklärung plausibel und würde gerne wissen, warum sich andere Unternehmen normalerweise für ein Carve-out entscheiden.

Bewerber:in: Einer der Hauptgründe für Carve-outs ist es, Unternehmenseinheiten auszugliedern, die nicht mehr in die Unternehmensstrategie passen. In unserem Fall handelt es sich um einen Einzelhandelskonzern, der sich von seiner Transport- und Logistiksparte trennen möchte. Meine Vermutung ist, dass sich HealthFood mehr auf das Kerngeschäft konzentrieren und daher Transport und Logistik anderen, spezialisierten Firmen und Speditionen überlassen möchte, auch wenn HealthFood durch die eigene Transport- und Logistiksparte seine Gewinnmargen steigern konnte.

Die strategische Neuausrichtung bedeutet auch, dass Kosten reduziert werden können und flexibler auf Marktschwankungen reagiert werden kann. Zudem kann das freigesetzte Kapital durch den Verkauf der Sparte dazu genutzt werden, weitere Investitionen ins Kerngeschäft zu tätigen und die Marktposition zu stärken.

Interviewer:in: Sehr gut erkannt! Das sind genau die Gründe, warum HealthFood die äußerst erfolgreiche Transport- und Logistiksparte abspalten möchte. Der CIO würde nun gerne von Ihnen erfahren, was bei der Abspaltung auf ihn zukommt. Führen Sie ihn dafür durch die typischen Phasen eines Carve-outs und erläutern Sie die verschiedenen Aktivitäten, die aus IT-Sicht stattfinden müssen.

Bewerber:in: Gerne. Nehmen wir an, dass die Transport- und Logistiksparte an ein externes Unternehmen, z. B. an einen Finanzinvestor, d. h. an ein Private-Equity-Unternehmen, verkauft werden soll. Dabei soll die IT so ausgegliedert werden, dass sie eigenständig handelt und alle Aufgaben, die vorher von der Mutterunternehmens-IT übernommen wurden, ausführen kann.

Der Carve-out-Prozess kann grundsätzlich in drei Phasen eingeteilt werden: (1) „Pre-Signing", (2) „Pre-Closing" und (3) „Closing to Standalone".

In der **(1) Pre-Signing-Phase** werden grundlegende Punkte festgelegt, etwa was und wie separiert werden soll – in diesem Beispiel die Transport- und Logistiksparte. Darüber hinaus wird analysiert, welchen Wert die auszugliedernde Einheit hat und wie man diesen für einen potenziellen Käufer optimieren kann. Im Anschluss wird diskutiert, ob Transitional Service Agreements (TSAs) erforderlich sind und wenn ja, in welchem Bereich diese benötigt werden.

In der **(2) Pre-Closing-Phase** wird eine Separierungsstrategie für die abzuspaltende Einheit festgelegt. Basierend auf der jeweiligen Strategie wird ein grobes Konzept für die „neue IT" erarbeitet, bei dem auch entschieden wird, ob die IT lediglich getrennt oder der Zeitpunkt der Separierung genutzt wird, um die neue IT-Landschaft zu modernisieren. Für eine Modernisierung können viele Gründe sprechen. Die *NewCo* wird dadurch z. B. attraktiver für potenzielle Käufer, sodass ein höherer Kaufpreis erzielt werden kann. Wenn ein Teil der IT veräußert wird, ändern sich außerdem oft die Anforderungen daran. So hat ein kleineres Unternehmen mit 400 Mitarbeiter:innen andere Anforderungen an die IT als ein DAX-Unternehmen mit mehreren Tausend Mitarbeiter:innen. Im nächsten Schritt wird der Zielzustand festgelegt, die Planung erstellt und der Cutover an Day-1 ausgeführt. Day-1 beschreibt den Tag, an dem die Separierung offiziell stattfindet und die Sparte nicht mehr zur *WholeCo* gehört. Von hoher Bedeutung an Day-1 ist die sogenannte „Business Continuity". Es muss gewährleistet werden, dass die Kunden weiterhin unbeeinträchtigt bedient werden können.

In der **(3) Closing-to-Standalone-Phase** wird die Separierung abgeschlossen und somit der „Standalone"-Status erreicht. Das bedeutet, dass die *NewCo* ab diesem Zeitpunkt vollständig selbstständig operieren kann. Dabei wird sichergestellt, dass alle Pflichten, die in den TSAs verhandelt wurden, in der vorgegebenen Zeit erfüllt werden.

Interviewer:in: Vielen Dank. Sie haben den Prozess eines Standalone-Carve-out-Szenarios sehr gut beschrieben. In diesem speziellen Fall könnte man sogar von einem Turnkey Carve-out sprechen. Ein Turnkey Carve-out impliziert, dass der Käufer das Unternehmen bei der Schlüsselübergabe bereits vollständig autark und handlungsfähig übergeben bekommt.

Was könnte HealthFood noch mit der Transport- und Logistiksparte vorhaben, außer sie als eigenständiges Unternehmen an eine Private-Equity-Firma zu verkaufen?

Beweber:in: Ich denke, HealthFood hat zwei weitere Möglichkeiten. Zum einen muss das neu gegründete Unternehmen nicht zwangsläufig verkauft werden. HealthFood könnte es stattdessen als alleinstehendes Unternehmen an die Börse bringen. Darüber hinaus wäre es möglich, die Transport- und Logistiksparte an ein anderes Unternehmen, d. h. an einen strategischen Investor zu verkaufen, der die Sparte wiederum in das eigene Unternehmen eingliedert.

Interviewer:in: Eine weitere Möglichkeit wäre auch ein Joint venture, d. h. der Zusammenschluss mit einem ähnlichen Unternehmen, in diesem Fall z. B. mit einer weiteren ähnlich großen Transport- und Logistikfirma. Nehmen wir mal an, das Mutterunternehmen verkauft die abgespaltene Abteilung an ein anderes Unternehmen, also die zweite von Ihnen genannte Option. Worauf würde der strategische Investor aus einer IT-Sicht achten, bevor er sich entscheidet, die Einheit zu kaufen?

Bewerber:in: Um welche Art von Unternehmen handelt es sich? In welcher Branche arbeitet das Unternehmen, das die abgespaltene Einheit kaufen will?

Interviewer:in: Das ist für die Fragestellung irrelevant und kann vernachlässigt werden. Überlegen Sie sich, was ein Unternehmen aus IT-Sicht davon abhalten würde, eine abgespaltene Einheit zu kaufen.

Bewerber:in: Aus IT-Sicht würde eine Firma davon absehen, eine andere Firma bzw. Firmenabteilung zu kaufen, wenn z. B. die bestehende IT-Landschaft nicht in die kaufende Firma integrierbar ist. Beispielsweise werden spezielle Anwendungen genutzt, die nicht in die IT-Infrastruktur der Zielfirma passen. Die IT-Infrastruktur könnte aber auch veraltet sein, sodass es sich finanziell nicht lohnt, sie in die eigene Firmeninfrastruktur zu integrieren.

Interviewer:in: Genau, und welche Gründe hat demnach eine Firma, eine abgespaltene Einheit aufzukaufen?

Bewerber:in: Es können zum Beispiel IT-Synergien durch den Kauf geschaffen werden, indem Prozesse und Systeme vereinheitlicht werden. Es entstehen auch Skaleneffekte durch die Zusammenfassung von Anforderungen im Rahmen von IT-Anschaffungen. Die aktuellen IT-Mitarbeiter:innen, die mit der Abteilung ins eigene Unternehmen wechseln, verfügen über eine hohe Kompetenz sowie Erfahrung und die IT-Prozesse sind mit geringem oder mittlerem Aufwand in die eigenen Prozesse und Infrastruktur integrierbar.

Interviewer:in: Das ist korrekt, jedes Unternehmen ist gut beraten, im Rahmen der allgemeinen Due Diligence auch eine IT-Due-Diligence durchzuführen, um genau solche Sachverhalte im Voraus zu klären und um sogenannte „Red Flags“ zu identifizieren, die zu sehr hohen Kosten und Verlusten führen können. IT-Due-Diligences gehören bei M&A-Transaktionen heutzutage zur Regel! Fallen Ihnen weitere Punkte ein, wie das Unternehmen bei guter Planung Kosten reduzieren könnte?

Bewerber:in: Bei korrekter IT-Carve-out-Planung und -Durchführung sollte das Ziel sein, die Kosten, die mit der Separierung der IT-Systeme verbunden sind, möglichst zu minimieren. Außerdem gilt es zu beachten, die Kosten und die Aufwände der vorhin angesprochenen Transitional Service Agreements (TSAs) gering zu halten.

Interviewer:in: Das ist korrekt! Eine der größten Herausforderungen bei einem IT-Carve-out besteht darin, die auf die IT bezogenen einmaligen Kosten einzuschätzen, welche bei der Separierung entstehen. Im Wesentlichen gibt es drei große Blöcke: Wie von Ihnen richtig erkannt, unterscheiden wir zwischen den einmaligen Separierungskosten, Kosten für Transitional Service Agreements (TSAs) und den Stranded Costs:

- Zu den **Separierungskosten** zählen Kosten, die anfallen, um die Eigenständigkeit der auszugliedernden Sparte zu gewährleisten. Typischerweise trägt das Mutterunternehmen bzw. der Verkäufer einen Großteil dieser Kosten.
- **TSAs** fallen an, wenn die auszugliedernde Einheit nicht in der Lage ist, am Day-1 unabhängig vom Verkäufer zu agieren. Inhalt dieser Vereinbarung ist, dass der Verkäufer bestimmte Dienste der neuen Firma zu einem vorher definierten Preis zur Verfügung stellt, z. B. Bereitstellung von Netzwerk, Softwarelizenzen und Anwendungsmanagement-Support.
- Unter den **Stranded Costs** verstehen wir diejenigen Kostenbestandteile, welche die *WholeCo* weiterhin zahlen muss, auch wenn sich bspw. die Nutzerzahl verschiedener Hardware, Systeme oder Netzwerkdienste vermindert. Auf diesen Kosten bleibt das Mutterunternehmen sprichwörtlich sitzen.

Lassen Sie uns nun zu HealthFood zurückkehren und vorerst auf die Separierungskosten schauen. Hier möchte der CIO wissen, welche Kostenarten anfallen könnten.

Bewerber:in: Zunächst fallen mir hier die Kosten für das Personal ein, das damit beschäftigt ist, die IT-Systeme zu trennen und dies sowohl aufseiten des Mutterkonzerns als auch aufseiten der zu trennenden Sparte. In den meisten Fällen, schätze ich, werden neben den eigenen Mitarbeitenden auch externe Dienstleister hinzugeholt. Wenn Separierungskosten jene Kosten sind, die anfallen, um die Eigenständigkeit der *NewCo* zu gewährleisten, fallen hierunter bestimmt auch Investitionsausgaben (Capital Expenses = „CapEx“) wie Lizenzkosten oder Kosten für neue Hardware. Grob zusammengefasst ergeben sich Kosten für das eigene Personal, externe Dienstleister und Investitionen.

Interviewer:in: Das ist genau richtig! In der Praxis hat sich gezeigt, dass die höchsten Kosten für externe Dienstleister anfallen.

Lassen Sie uns nun gemeinsam über die TSAs reden. Der CFO des Käufers würde sich gerne einen Überblick über die monatlichen TSA-Kosten verschaffen. Für jeden Dienst wurde ein geplantes TSA-Enddatum festgelegt. Es wird aktuell aber davon ausgegangen, dass einige Services früher gekündigt werden können als geplant. Könnten Sie mir folgende Daten bitte vorstellen und sowohl die monatlichen TSA-Kosten bis zur Kündigung aller TSAs als auch die Gesamteinsparungen durch die voraussichtlich frühere Kündigung errechnen?

TSA-Service	TSA-Start	TSA-Ende (vsl.)	TSA-Ende (geplant)	TSA-Kosten (Euro/Monat)
ERP Operations & Support	01.11.2022	28.02.2023	31.03.2023	80.000
App. Support & Hosting	01.11.2022	28.02.2023	31.03.2023	70.000
Softwarelizenzen	01.11.2022	28.02.2023	30.04.2023	65.000
Helpdesk Support	01.11.2022	28.02.2023	31.03.2023	10.000
Information Security Services	01.11.2022	28.02.2023	31.03.2023	25.000
Netzwerkdienste	01.11.2022	31.03.2023	30.04.2023	120.000

Bewerber:in: Sehr gerne. Zu erkennen sind die verschiedenen TSA-Dienste, ihre Start- sowie voraussichtlichen und geplanten Enddaten und ihre monatlichen Kosten. Um die monatlichen Kosten zu modellieren, plane ich für jeden Monat bis zum geplanten TSA-Ende pro Service die monatlichen TSA-Kosten ein. Diese würden ab dem Folgemonat wegfallen. Ich sehe, dass das voraussichtliche TSA-Ende für jeden Service um ein bis zwei Monate vorgerückt ist. Daraus ergeben sich die Einsparungen. Konkret bedeutet das, dass die geplanten TSA-Kosten bei 2.035.000 Euro und die Ersparnisse durch das vorgezogene TSA-Ende bei 435.000 Euro liegen. Damit liegen die gesamten TSA-Kosten voraussichtlich bei 1,6 Mio. Euro.

TSA-Service	Nov 22	Dez 22	Jan 23	Feb 23	Mrz 23	Apr 23	Total
ERP Operations & Support	80	80	80	80	(80)	–	400
App. Support & Hosting	70	70	70	70	(70)	–	350
Softwarelizenzen	65	65	65	65	(65)	(65)	390
Helpdesk Support	10	10	10	10	(10)	–	50
Information Security Services	25	25	25	25	(25)	–	125
Netzwerkdienste	120	120	120	120	120	(120)	720
Geplante TSA-Kosten	370	370	370	370	370	185	**2.035**
Ersparnis	–	–	–	–	250	185	**435**
vsl. TSA-Kosten	370	370	370	370	120	–	**1.600**

Berechnung der geplanten TSA-Kosten sowie der Ersparnisse durch das vsl. frühere Ende (Angaben in Tsd. Euro; die ausgeklammerten monatlichen Kosten werden bei der Gesamtsumme nicht berücksichtigt, da diese nach dem geplanten TSA-Ende angefallen wären)

Interviewer:in: Korrekt. Das ist der richtige Weg. Hieran erkennt man auch die unterschiedlichen Interessen der involvierten Parteien. Die *NewCo* verfolgt das Ziel einer hohen Flexibilität, gerade in Bezug auf das frühzeitige TSA-Ende, während der Mutterkonzern danach strebt, so wenige Ressourcen wie möglich an die TSAs zu binden. Wann würden Sie sagen, würde sich der Verkauf der Transport- und Logistiksparte aus Sicht von HealthFood lohnen, Stichwort Separierungskosten?

Bewerber:in: Hierzu zunächst eine Frage: Ist HealthFood börsennotiert?

Interviewer:in: Ja.

Bewerber:in: Neben den IT-Separierungskosten fallen gewiss auch Kosten für andere Bereiche an. Nehmen wir an, dass sich die Gesamtseparierungskosten für HealthFood auf 20 Mio. Euro belaufen. Erzielt HealtFood nun einen Kaufpreis von 100 Mio. Euro für die Transport- und Logistiksparte, würde dies einen Gewinn von 80 Mio. Euro bedeuten. Da HealthFood börsennotiert ist, ist der Blick hierauf auch sinnvoll. Denn oftmals wird die Konzentration auf das Kerngeschäft von den Anlegern an der Börse belohnt. Wenn also eine positive Kursentwicklung folgt, hat sich der Verkauf gelohnt.

Interviewer:in: Das ist richtig, vielen Dank für das freundliche Interview!

Wachstumsstrategie eines IT-Dienstleisters im Banking

von Tjorven Magnussen und Jonathan Hontschik

Aufgabenstellung

Die Atruvia AG ist der Digitalisierungspartner der Genossenschaftlichen FinanzGruppe (Volksbanken und Raiffeisenbanken). Wir setzen auf nachhaltige Strategien und innovative IT-Lösungen. Unsere speziell auf Banken zugeschnittenen Leistungen reichen vom Rechenzentrumsbetrieb über unser Bankverfahren bis hin zur App-Entwicklung. Dabei nutzt das Unternehmen zukunftsweisende Technologien wie Smart Data, ergänzt um Kundensupport und Beratungsdienstleistungen. Zum Kundenkreis von Atruvia zählen rund 820 Volksbanken und Raiffeisenbanken in Deutschland, die Unternehmen der Genossenschaftlichen FinanzGruppe sowie zahlreiche Privatbanken und Unternehmen anderer Branchen. Atruvia ist im Besitz von Banken aus der Genossenschaftlichen FinanzGruppe.

Sie sind Berater:in im Atruvia Inhouse Consulting und erarbeiten strategische Initiativen zur Steigerung der Wettbewerbsfähigkeit der Genossenschaftlichen FinanzGruppe. Konkret haben Sie den Projektauftrag erhalten, Wachstumsoptionen zu identifizieren, um das Ergebnis von Atruvia zu steigern. Vor diesem Hintergrund werden Sie gebeten, die folgenden drei Fragen zu bearbeiten.

Frage 1: Bitte beschreiben Sie maßgebliche Erlös- und Kostentreiber von Atruvia.

Frage 2: Welche Wachstumsoptionen gibt es für Atruvia? Bitte diskutieren Sie verschiedene Möglichkeiten anhand eines geeigneten Frameworks und sprechen Sie eine Empfehlung aus.

Frage 3: Bitte errechnen Sie das Gewinnpotenzial für die von Ihnen vorgeschlagene präferierte Wachstumsoption.

ATRUVIA

Atruvia AG

Atruvia Inhouse Consulting ist die interne Strategie- und Managementberatung der Atruvia AG. Atruvia beschäftigt mehr als 4.600 Mitarbeiter:innen. Gemeinsam erwirtschaften sie einen jährlichen Konzernumsatz von rund 1,77 Milliarden Euro. Gestalte mit uns die Zukunft einer der größten Bankengruppen Deutschlands. Werde Teil unseres motivierten Teams. Unterstütze mit anspruchsvoller Beratungsleistung Atruvia bei der Entwicklung der digitalen Lösungen für das Banking von morgen. Starte mit uns deinen Karriereweg bei Atruvia in der Genossenschaftlichen FinanzGruppe. Wir verbinden. Füreinander.

Lösungsweg

HINWEIS: Der vorgestellte Lösungsweg ist ein möglicher Ansatz, um sich einer komplexen Fragestellung strukturiert zu nähern. Dabei steht nicht die inhaltliche Richtigkeit der Ergebnisse im Vordergrund, sondern vielmehr die strukturierte Vorgehensweise bei abstrakten Fragestellungen. Dies spiegelt wesentliche Herausforderungen des späteren Aufgabenfeldes wider und kann hier durch das eigene Vorgehen demonstriert werden.

Frage 1: Erlös- und Kostentreiber
Um die Ansätze für eine Ergebnisverbesserung herzuleiten, sollten Sie zunächst die Erlös- und Kostentreiber mithilfe eines Logikbaums identifizieren. Auf Nachfrage könnten folgende Informationen gegeben werden:

1. **Wie ist das Erlösmodell strukturiert?** Antwort: IT-Dienstleister erzielen Umsätze im Wesentlichen aus dem Vertrieb von Hard- und Softwareprodukten sowie aus der Erbringung von Beratungsleistung im Kontext ihrer Produkte und Lösungen.
2. **Wonach werden die Lösungen bepreist?** Antwort: IT-Dienstleister bieten oftmals ein Standardpaket an, das um Zusatzkomponenten erweiterbar ist. Die Bepreisung erfolgt i. d. R. nach Anzahl der Nutzer:innen. Im Beratungsgeschäft werden hingegen Tagessätze in Rechnung gestellt.

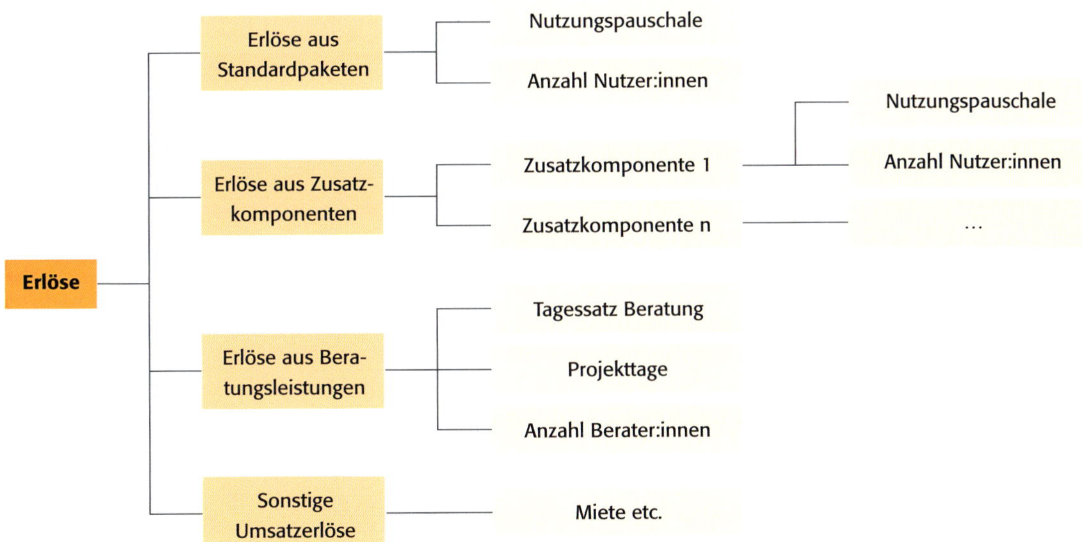

Erlöstreiber

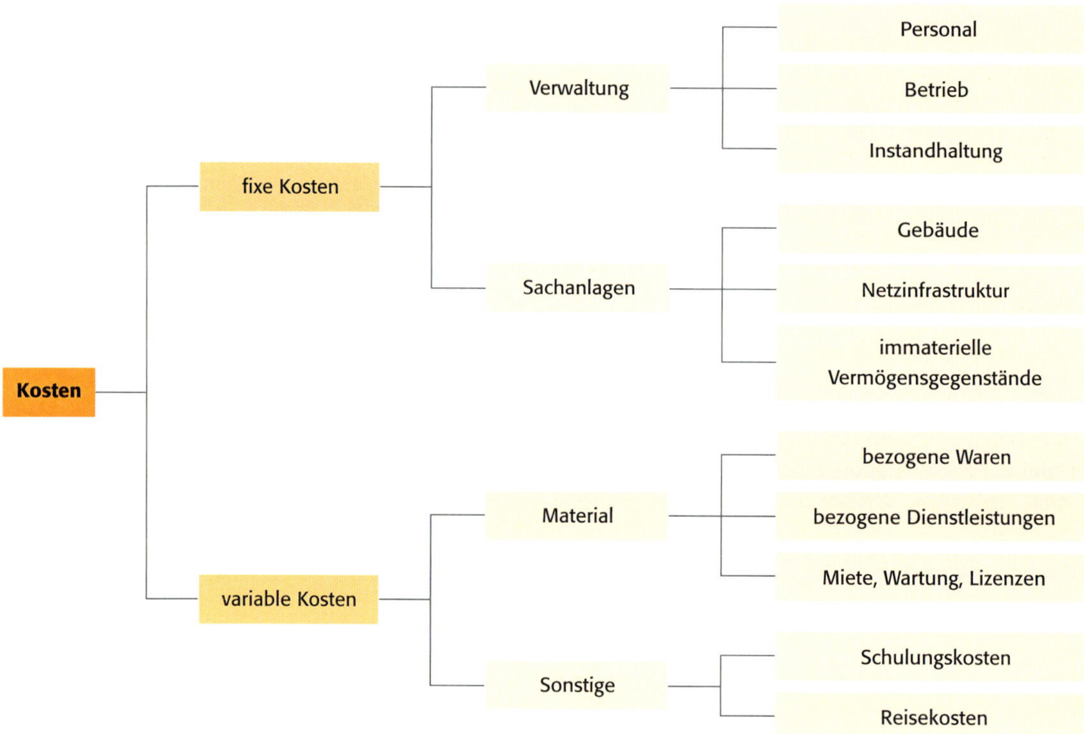

Kostentreiber

HINWEIS: Die dargestellten Erlös- und Kostentreiber erheben keinen Anspruch auf Vollständigkeit. Es handelt sich hierbei um eine Auswahl möglicher Treiber, welche für die folgende Fragestellung wesentlich sein können.

Frage 2: Wachstumsoptionen

Zur Herleitung von Wachstumsoptionen bietet sich die Ansoff-Matrix (siehe S. 119) an. Diese strukturiert vier unterschiedliche Ansätze in den Dimensionen Markt und Produkt. Sie sollten dieses Framework nutzen, um den Optionenraum einzuschränken, und den vielversprechendsten Ansatz in den Folgeschritten weiterverfolgen:

Diese Fallstudie wird Ihnen präsentiert von

Atruvia AG

Standorte: Karlsruhe, Münster, München, Frankfurt am Main, Berlin

Tätigkeitsschwerpunkte: interne Topmanagementberatung der Atruvia AG

Beschäftigte: 4.600
davon im Bereich Strategie und Inhouse Consulting: 20

Geplante Neueinstellungen 2023:
Berater:innen: 10
Praktikant:innen: 4

		Produkt: bestehend	Produkt: neu
Markt	bestehend	**Marktdurchdringung** bspw. Nutzungsintensität bestehender Produkte bei den bestehenden Kunden optimieren, etwa durch Beratungsleistungen	**Produktentwicklung** bspw. Entwicklung neuer Produkte, welche Mehrwerte für den bestehenden Kundenkreis bieten, zum Beispiel *Smart-Analytics*-basierte Vertriebsunterstützung
	neu	**Marktentwicklung** bspw. Refokussierung des Vertriebs auf die Erschließung neuer Marktsegmente mit dem bestehenden Produktspektrum	**Diversifikation** bspw. Eintritt in neue Märkte mit einem adaptierten Produktangebot auf Basis etablierter/beherrschter Technologien

Marktentwicklung und Diversifikation
Atruvia könnte das Ergebnis durch zusätzliche Umsatzpotenziale in neuen Märkten steigern. Im Kernmarkt der Genossenschaftlichen FinanzGruppe sind die Kunden von Atruvia oftmals auch die Eigentümer von Atruvia. Um diesen gerecht zu werden, ist die Bedienung bestehender Märkte der Erschließung neuer Märkte zunächst vorzuziehen.

Marktdurchdringung
In bestehenden Märkten könnte Atruvia die Produktnutzung durch gezielte Beratungsleistung intensivieren und dadurch den optimierten Einsatz von Atruvia-Lösungen gewährleisten. Allerdings ist abzuwägen, dass die Beratungsleistung z. B. im Vergleich zu Softwareprodukten keine Skalierbarkeit bietet, da die Leistungserbringung von den eingesetzten Ressourcen (verfügbare Berater:innen) linear abhängig ist.

Produktentwicklung
Demnach ist nach einer ersten High-level-Einschätzung die Entwicklung neuer Softwareprodukte im bestehenden Markt die vorteilhaftere Option zur Erschließung neuer Umsatzpotenziale. Im Allgemeinen sind hohe Skaleneffekte signifikante Erfolgsfaktoren für Softwareprodukte. Durch die komplexen Anforderungen (u. a. durch tiefgreifende regulatorische Vorgaben) an das Softwareprodukt ist jedoch mit einem gewissen Adaptionsaufwand aufseiten von Atruvia und ebenfalls einem gewissen Betriebsaufwand für jede Kundenverbindung zu rechnen. Dies wird im Folgenden an einem Beispiel tiefergehend betrachtet.

Als Beispiel für die Entwicklung einer neuen Lösung durch Atruvia soll das Thema *Smart Analytics* dienen. Es handelt sich dabei um eine Softwarelösung, die den Bankinstituten im Zielmarkt zusätzliche Effizienzvorteile verspricht, beispielsweise durch gezielte Vertriebsunterstützung oder Automatisierung. Dieses Wertversprechen eröffnet neue Umsatzpotenziale im bestehenden Markt.

Vorab empfiehlt es sich, Verständnis für die Branche und das gewählte Vertiefungsbeispiel zu demonstrieren, hier also Digitalisierung im Bankensektor, insbesondere *Smart Analytics*. Aktuelle Herausforderungen in der Branche sind z. B. neue Wettbewerber aus dem Technologiesektor (BigTech) und neue Finanztechnologie-Unternehmen (FinTech), die in den etablierten Bankenmarkt drängen. Zudem ist es für Banken häufig notwendig die Kostenbasis zu senken bzw. niedrig zu halten, da regulatorische Anforderungen und niedrigere Zinsmargen das Ergebnis signifikant belasten.

Die folgende Tabelle gibt einen beispielhaften Überblick der Mehrwerte von *Smart-Analytics*-Anwendungen für die Banken:

Anwendung	Konkretisierung	Ableitung Mehrwert
Automatisierung	• Dokumentenerkennung • Nachrichtenmanagement • Spracherkennung	• effizientere Prozesse in den Banken • optimierte Interaktion mit den Kund:innen und Erhöhung der wahrgenommenen Qualität
Vertriebsimpulse (Next Best Action)	• Omnikanal-Management • Kundesegmentierung • KI-basierte Prognosen aus Lebensereignissen • Transaktionsanalysen	• Vermeidung von Kundenabwanderung • Cross-Selling • zielgerichtete Anspielung von Themen, Kund:innen, Vertriebskanälen

Quelle: Bundesverband der Deutschen Volksbanken und Raiffeisenbanken (BVR)

Frage 3: Gewinnpotenzial für Atruvia

Atruvia bietet den Banken im eigenen Markt die neu entwickelte Softwarelösung *Smart Analytics* als Zusatzkomponente zu dem Standardpaket an. Bestimmen Sie zunächst den erwarteten Umsatz des Produkts und anschließend die Kosten, die bei Atruvia in Verbindung mit dem Produkt stehen. Aus den monatlichen Umsätzen und den Entwicklungs- und Betriebskosten leiten Sie anschließend den Gewinn und den Break-even-Point ab.

Schritt 1: Umsatzpotenzial

Idealerweise können Sie Größen zu Kunden- und Finanzkennzahlen aus Ihrer Gesprächsvorbereitung ableiten. Alternativ könnten auf Nachfrage folgende Informationen zur Abschätzung der Kundenanzahl der Genossenschaftlichen FinanzGruppe gegeben werden:

1. Insgesamt haben die Banken der Genossenschaftlichen FinanzGruppe eine Bilanzsumme von circa 1.100 Mrd. Euro und betreuen rund 30 Mio. Kund:innen.
2. Eine vereinfachte mögliche Segmentierung der Banken basierend auf den Bilanzsummen könnte wie folgt aussehen:

Segment	Rang nach Bilanzsumme	aggregierte Bilanzsummen in Mrd. Euro	Summe der Einlagen in Mrd. Euro	Summe der Spareinlagen in Mrd. Euro	Summe der Kundenforderungen in Mrd. Euro
1	1–74	489	366	66	303
2	75–444	485	355	98	301
3	485–812	90	67	21	53

Aus der Betrachtung des Erlösmodells von Atruvia wissen Sie, dass die Treiber des Umsatzes die Nutzungspauschale und die Anzahl der Nutzer:innen sind. Aus den gegebenen Werten sollten Sie nun einen sinnvollen Ansatz zur Herleitung der Kundenzahlen je Segment wählen. Eine geeignete Näherung kann über die Bilanzsumme erfolgen. Diese ist eine zentrale Kennzahl zur Größenbestimmung einer Bank. So kann eine begründete Schätzung der Kundenzahl im Verhältnis zur Bilanzsumme erfolgen.

gegebene Informationen			von Bewerber:innen herzuleiten	
Segment	**Rang nach Bilanzsumme**	**aggregierte Bilanzsummen** in Mrd. Euro	**Summe der Kund:innen**	**Summe der Banken**
1	1–74	489	~14 Mio.	74
2	75–444	485	~14 Mio.	370
3	485–812	90	~2 Mio.	368

Um das Umsatzpotenzial abzuschätzen, wird die geschätzte Kundenanzahl mit einer monatlichen Nutzungspauschale multipliziert, welche Atruvia den Banken in Rechnung stellt. Als eine realistische Nutzungspauschale könnten Sie zum Beispiel 15 Euro je 1.000 Kund:innen schätzen. Unbekannt ist in dieser Phase, wie viele Banken die neue Zusatzkomponente zur Nutzung von *Smart Analytics* buchen werden.

Zu diesem Zweck ist es sinnvoll, drei Szenarien unter selbst definierten Annahmen aufzustellen und diese zu begründen. So können Sie vorab einschränken, dass im Wesentlichen Banken mit hoher Bilanzsumme und vielen Kund:innen von den Mehrwerten von *Smart Analytics* (wie zuvor dargestellt) profitieren. Banken mit kleinerer Bilanzsumme und einer geringeren Anzahl an Kund:innen kennen diese vermutlich gut und werden eine *Smart-Analytics*-Lösung nicht so häufig nachfragen. Folgende Szenarien nehmen wir an:

- **optimistisches Szenario:**
  90 Prozent der Banken aus Segment 1 buchen das Zusatzpaket.
- **realistisches Szenario:**
  50 Prozent der Banken aus Segment 1 buchen das Zusatzpaket.
- **pessimistisches Szenario:**
  20 Prozent der Banken aus Segment 1 buchen das Zusatzpaket.

Sie werden von Ihrer Interviewpartnerin bzw. von Ihrem Interviewpartner an dieser Stelle darum gebeten, sich im Folgenden auf die Berechnung des Gewinnpotenzials für das realistische Szenario zu beschränken. Für dieses erstellen Sie anschließend ein Umsatzszenario:

	Anzahl Kund:innen	**monatliche Gebühr**	**monatlicher Umsatz**	**Anzahl Banken**
realistisches Szenario	50 % der Banken aus Segment 1 = **7,0 Mio.**	15 Euro pro 1.000 Nutzende	15 Euro × 7.000 Nutzende = **105.000 Euro**	50 % × 74 = **37 Banken**

Schritt 2: Kosten (basierend auf dem realistischen Szenario)
Um den Gewinn zu bestimmen, den Atruvia durch den Vertrieb der *Smart-Analytics*-Lösung erzielt, müssen die Kosten ermittelt werden. Unterscheiden Sie dabei zwischen einmalig anfallenden Kosten (Entwicklungskosten, Markteinführungskosten etc.), sowie monatlich laufenden Kosten (Supportkosten). Zur Komplexitätsreduktion vernachlässigen wir einen möglichen höheren Aufwand für die Erstinstallation bei einem Bankinstitut.

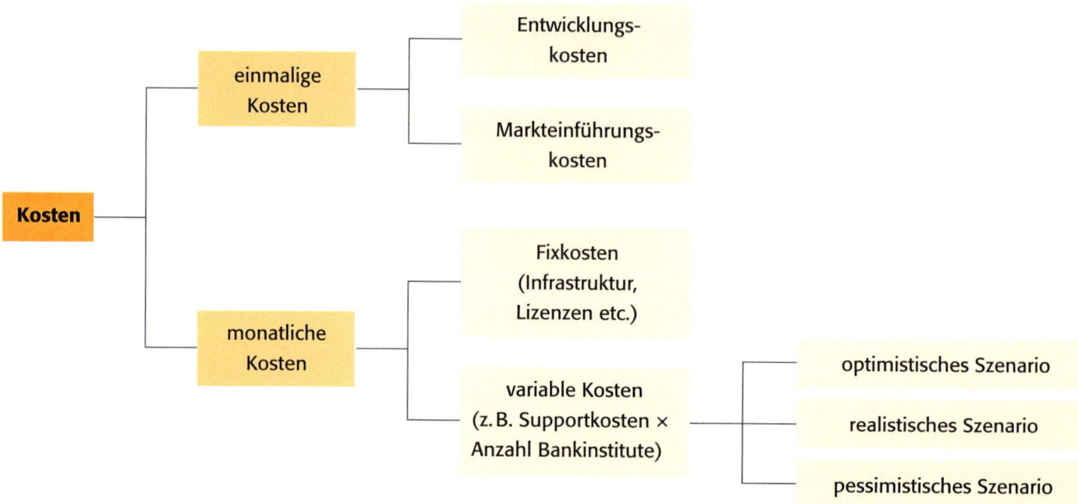

Annahmen über einmalige Kosten

Entwicklungs-kosten	Entwicklungsphase zum Prototyp	7 Monate (210 Tage, 140 Werktage)
	Tagessatz für eine:n Entwickler:in (interner Verrechnungssatz)	900 Euro
	Gemeinkostenpauschale	20 % vom Tagessatz in Euro
	Anzahl Mitarbeiter:innen im Entwicklerteam	5
Markteinführungs-kosten	Marketing	37.800 Euro (5 % der Entwicklungskosten)
	Erstellung von Schulungs- und Vertriebsunterlagen	200.000 Euro
	Schulungsaufwand für interne Mitarbeitende	100.000 Euro

Auf Basis dieser Annahmen können die einmaligen Kosten errechnet werden:

- Entwicklung = 140 Tage × 5 × (900 Euro + 900 Euro × 20 %) = 756.000 Euro
- Markteinführung = 37.800 Euro + 200.000 Euro + 100.000 Euro = 337.800 Euro
- einmalige Kosten (gesamt) = 756.000 Euro + 337.800 Euro = 1.093.800 Euro

	Annahmen über laufende Kosten	
monatliche Betriebskosten	Fixkosten (Infrastruktur, Lizenzen, Hardware)	5.000 Euro
	variable Kosten (Nutzersupport der Lösung)	2.000 Euro pro Bankinstitut (= eine halbe Mitarbeiterkapazität je Bankinstitut für den Support)

Daraus ergeben sich folgende laufende Kosten:

- Fixkosten = 5.000 Euro
- variable Kosten = 37 Banken × 2.000 Euro = 74.000 Euro
- laufende Kosten (gesamt) = 5.000 Euro + 74.000 Euro = 79.000 Euro

Schritt 3: Monatlicher Gewinn (basierend auf dem realistischen Szenario)
Mittels des zuvor errechneten monatlichen Umsatzes und der im vorherigen Schritt ermittelten laufenden Kosten kann nun der monatliche Gewinn ermittelt werden:

- monatlicher Gewinn = 105.000 Euro – 79.000 Euro = 26.000 Euro

Schritt 4: Break-even-Point (basierend auf dem realistischen Szenario)
Der Break-even-Point gibt an, nach wie viel Zeit die einmaligen Entwicklungs- und Markteinführungskosten wieder ausgeglichen werden. Er ergibt sich aus der Division der einmaligen Kosten durch den monatlichen Gewinn:

- Break-even-Point = 1.093.800 Euro ÷ 26.000 Euro ≈ 42 Monate ≈ 3,5 Jahre

Neben der rechnerischen Herleitung des Break-even-Points kann aus Zeitgründen auch eine Abschätzung mithilfe einer grafischen Darstellung erfolgen:

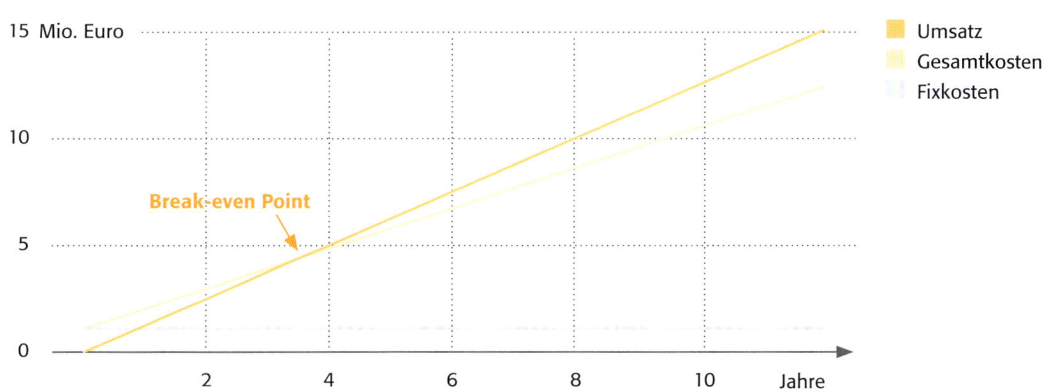

Eine Interpretation des Ergebnisses wäre, dass *Smart Analytics* realistischerweise nach etwa dreieinhalb Jahren den Break-even-Point erreicht hat. In der Regel ist das ein Zeitraum, in dem ein Unternehmen eine Investition als lohnend betrachtet.

Da in diesem Fall nur ein Szenario ausführlich beleuchtet wurde und der Eintritt eines pessimistischeren Szenarios vermieden werden sollte, ist es dringend zu empfehlen, dass Marktpotenzial in einer Marktanalyse vorab durch das Inhouse Consulting abschätzen zu lassen.

Lösungsstruktur auf einen Blick

Schritt 1: Identifikation der Kosten- und Erlöstreiber	**Schritt 2:** Herleitung der Wachstumsoptionen und Lösungsansatz	**Schritt 3:** Berechnung des Gewinnpotenzials für Atruvia
• Sammeln von Informationen, Klären von Fragen und Rahmenbedingungen • Darstellen des Geschäftsmodells mithilfe eines Logikbaums	• Identifizieren anhand eines geeigneten Frameworks, z. B. Ansoff-Matrix • Herleiten eines geeigneten Lösungsansatzes	• Treffen sinnvoller Annahmen und Vereinfachungen • Ermitteln des Umsatzpotenzials und Kosten auf Basis geeigneter Szenarien • Bestimmen des Break-even-Points und Aussprechen einer Empfehlung

Diese Fallstudie wird Ihnen präsentiert von

HINWEIS: Sämtliche Daten in dieser Case Study dienen lediglich der Veranschaulichung betriebswirtschaftlicher Zusammenhänge und haben keinen Bezug zu realen Größen der Atruvia AG.

Atruvia AG
GAD-Straße 2–6
48163 Münster
www.atruvia.de/karriere

Çağla Doğancı
Servicefeld Unternehmensstrategie
+49 170 3623345
cagla.doganci@atruvia.de

ATRUVIA

Ein Business Case ist für dich kein Gepäckstück?

Dann bist du bei uns richtig!

Gestalte mit dem Atruvia Inhouse Consulting das Banking von morgen. Das Atruvia Inhouse Consulting ist die interne Top-Management-beratung der Atruvia AG. Wenn du nicht nur auf dem Schachbrett Stratege bist und du Lust auf ein inspirierendes Team hast, dann sind wir dein Karrieresprungbrett und Partner für deine Zukunft. **Wir verbinden. Füreinander.**

atruvia.de

Potenzialanalyse von Ausbaugebieten für einen angehenden Internet Service Provider

von Leo Raddatz

Aufgabenstellung

Sie sind Teil eines Beratungsteams, welches Unternehmen bei Vorhaben rund um Digitalisierung unterstützt. Ihr aktuelles Beratungsmandat ist bei einem regionalen Energieversorgungsunternehmen (EVU) im Bundesland Brandenburg. Ihre Mandantschaft hat vor, in den Glasfasermarkt einzutreten, um so ihre Kund:innen neben Energieprodukten auch mit Internet zu versorgen. Das langfristige Ziel der Geschäftsführung ist es, Potenziale durch die Markenbekanntheit in den Versorgungsgebieten zu nutzen, um durch Cross-Selling-Effekte den Wert einzelner Kund:innen für das Unternehmen zu steigern.

Ihr Fokus liegt auf der Auswahl der Gebiete, in denen Ihre Mandantschaft eine Glasfaserinfrastruktur aufbauen sollte. Ziel ist es, auf Basis des Versorgungsgebietes Ihrer Mandantschaft das Gebiet mit dem höchsten Potenzial zu wählen. Da man sich noch unsicher ist, ob man sich gegen die Konkurrenz im Glasfasermarkt durchsetzen kann, gilt es im ersten Schritt der langfristigen Strategie, das Vorhaben an einer Gemeinde im Versorgungsgebiet zu erproben.

Hintergrundinformationen zur Bearbeitung des Case

- Im Strom- und Erdgasbereich werden Konzessionsverträge zwischen Gemeinden und EVU geschlossen. Die Energieversorgungsunternehmen verpflichten sich, für die Dauer der Konzessionsperiode Stromnetzbetreiber in einem Gemeindegebiet zu sein und erhalten im Gegenzug ein exklusives Nutzungsrecht für die öffentlichen Verkehrswege der Gemeinde. Ihre Mandantschaft hält zehn Stromkonzessionen und ist somit in diesen Gemeinden Versorger und genießt Markenbekanntheit.
- Die fortschreitende Digitalisierung führt zur intensiveren Nutzung des Internets und einem größeren Transport von Datenmengen. Der Bedarf einer stabileren und schnelleren Festnetzverbindung wird perspektivisch also weiter ansteigen.
- Glasfasern sind Lichtwellenleiter, welche Daten beinahe in Lichtgeschwindigkeit (300.000 km/s) übertragen können. Infolgedessen wird Glasfasertechnologie für Highspeed-Internet genutzt. Im Gegensatz zum Kupferkabel ist die Datenübertragung schneller und stabiler, jedoch ist der Ausbau von Glasfaserinfrastruktur sehr kostenintensiv und somit immer mit hohen Investitionen verbunden.
- Der Anteil von Glasfaseranschlüssen an allen stationären Breitbandanschlüssen in Deutschland im Juni 2021 betrug nur 6,4 Prozent. Der Markt birgt dementsprechend viele Potenziale, und der Ausbau von Glasfaserinfrastruktur wird vom Bund finanziell gefördert. So will Deutschland die Digitalisierung vorantreiben und schnellere Internetanschlüsse für die Zukunft sichern.
- Insbesondere ländliche Regionen sind nur sehr selten mit Glasfaserinfrastruktur erschlossen, da dort nur wenige Haushalte mit einer Glasfaserstrecke versorgt werden können. Generell gilt: Je mehr Anschlüsse durch eine Glasfaser erreicht werden können, desto geringer sind die Kosten im Ausbau, da mehr Haushalte mit der gleichen Menge an verlegter Glasfaser erreicht werden können.

- Für diesen Case betrachten wir nur die Glasfaseranschlusstechnik FTTH (Fibre To The Home), welche in der Regel wie folgt aufgebaut ist (vereinfachte Darstellung):

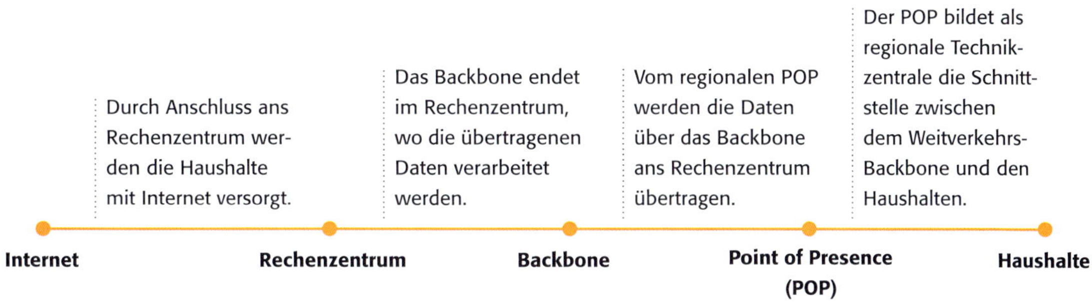

- Prinzipiell kann man in Deutschland über drei Techniken einen Zugang zum Internet erlangen: Das klassische Telefonkabel (Kupferkabel, „DSL/VDSL"), das Fernsehkabel (Koaxialkabel, „COAX") und Glasfaser (Glasfaserkabel, „FTTH"). Da VDSL- und COAX-Anschlüsse Hybridlösungen darstellen (Glasfaser bis zum Verteiler und ab da Kupfer), können sie Daten nicht so schnell und störungsfrei übertragen wie reine Glasfaseranschlüsse. Aufgrund des höheren Preises von Glasfaseranschlüssen und der teils geringen Nachfrage nach extrem schnellen Internetanschlüssen sind noch über 90 Prozent der Haushalte über die anderen Techniken ans Internet angeschlossen.

Fragestellung 1

Auf Basis der gegebenen Hintergrundinformationen zum Glasfasermarkt sollen Sie Ihren Kunden zunächst dabei beraten, welche Parameter bei der Gebietsauswahl beachtet werden sollten.

Lösungsweg 1

Für einen erfolgreichen Markteintritt im Glasfaserbereich bedarf es einer umfangreichen Analyse des Zielmarktes. Da mit Glasfaserprodukten, im Gegensatz zu den konkurrierenden Techniken, höhere Kosten verbunden sind, sollten die im Gebiet bereits verfügbaren Breitbandanschlüsse betrachtet werden. Je höher die verfügbaren Geschwindigkeiten durch bspw. VDSL in der Gemeinde sind, desto unwahrscheinlicher ist es, dass potenzielle Kunden einen Vertrag für einen Glasfaseranschluss abschließen. Ein weiterer Faktor im Markt sind die Konkurrenten. Plant ein anderer ISP (Internet Service Provider) bereits, in einer Gemeinde Glasfaserinfrastruktur auszubauen, sollte man nicht im gleichen Gebiet ausbauen. Da sich die Haushalte dann je nach Angebot auf die konkurrierenden Parteien aufteilen, rechnet sich das Vorhaben aufgrund der hohen Investitionen zum Ausbau des Glasfasernetzes nicht.

Auch soziodemografische Faktoren sollten in der Auswahl geprüft werden. Grundsätzlich nutzen ältere Generationen Internetprodukte weniger als junge. Die dominierende Altersstruktur einer Gemeinde spielt für den Glasfaserausbau also definitiv eine Rolle. Darüber hinaus führt eine hohe Kaufkraft der Anwohner:innen in der Gemeinde zu einem höheren Konsum, vor allem von Premiumprodukten. Da Glasfaseranschlüsse den anderen Techniken in jeder Hinsicht außer bei den Kosten überlegen sind, kaufen wohlhabende Haushalte i. d. R. eher Glasfaserprodukte als Haushalte mit niedriger Kaufkraft.

Neben Markt- und soziodemografischen Faktoren sind auch regionale Faktoren wichtig. Da ihre Mandantschaft Cross-Selling nutzen will, sollten ohnehin nur Gemeinden in Betracht gezogen werden, in denen der EVU die Konzession hält und somit als Energieversorger bekannt ist. Die allgemeine Anzahl der Haushalte in der Gemeinde, sowie die durchschnittliche Anzahl der Haushalte pro Anschluss können einen Einfluss auf das Potenzial einer Gemeinde für Ihre Mandantschaft haben. Wichtig sind auf regionaler Ebene zudem politische Faktoren. Da zum Ausbau von Glasfaserinfrastruktur Wegerechte beantragt werden müssen, kann eine gute Beziehung zur Gemeinde ausschlaggebend für einen erfolgreichen Markteintritt sein.

Des Weiteren sollten Ausbaukosten errechnet werden. Je länger bspw. die Distanzen zwischen Anschlüssen sind, desto höher sind die Kosten beim Verlegen der Glasfaserkabel. Auch die Kosten für den Anschluss ans Backbone und Rechenzentrum müssen in Betracht gezogen werden.

Fragestellung 2

Nachdem Ihre Mandantschaft nun die in der Gebietsauswahl zu betrachtenden Parameter kennt, sollen Sie eine Methode entwickeln, mit der die Ausprägungen der Parameter quantifizierbar in eine Gebietspunktzahl je Gemeinde errechnet werden können. Ziel ist es, die Ausprägungen und Präferenzen ihrer Mandantschaft zu den einzelnen Parametern zu gewichten und somit nach Betrachtung der Ausprägungen eine vergleichbare Kennzahl pro Gebiet zu erhalten.

Aus einer Umfrage bei der Geschäftsführung Ihrer Mandantschaft zu den einzelnen Parametern für die Gebietsauswahl resultierten folgende Ergebnisse. Bezüglich der Wichtigkeit wurde zudem angegeben, dass Parameter mit hoher Wichtigkeit dreimal, und mittelmäßig eingeschätzte Parameter doppelt so wichtig wie Parameter mit geringer Wichtigkeit sind:

	Einordnung der Ausprägungen der Parameter		Wichtigkeit für die Wahl des Pilotgebietes		
Parameter	**positiv**	**negativ**	**hoch**	**mittel**	**gering**
DSL-/VDSL-Verfügbarkeit	<70 %	>90 %			✗
COAX-Verfügbarkeit	<20 %	>50 %		✗	
FTTH-Verfügbarkeit	<5 %	>20 %	✗		
Ausbauprojekte Konkurrenz	nein	ja	✗		
dominierende Altersstruktur	< 35 Jahre	> 50 Jahre		✗	
Ø Kaufkraft der Haushalte	>30.000 Euro	< 20.000 Euro		✗	
Konzessionshalter	ja	nein	✗		
Anzahl Haushalte	>10.000	< 5.000	✗		
Haushalte je Anschluss	>1,6	<1,2			✗
politische Situation	gut	schlecht			✗
Kosten Glasfaserverlegung	<500.000 Euro	>900.000 Euro	✗		
Kosten Backbone	<50.000 Euro	>100.000 Euro		✗	
Kosten Rechenzentrum	<20.000 Euro	>40.000 Euro			✗

Lösungsweg 2

Die Herausforderung liegt darin, die qualitativen Angaben Ihrer Mandantschaft in quantifizierbare Kennzahlen umzuwandeln. Um die Gebiete miteinander zu vergleichen, müssen diese anhand der gleichen Vorgehensweise quantifiziert werden.

Im ersten Schritt entwickeln wir also ein Punktesystem für die Ausprägungen der Parameter. Die Geschäftsführung Ihrer Mandantschaft hat Ihnen mitgeteilt, ab wann ein Parameter positiv zu bewerten ist, und ab welchem Wert dieser negativ einzuschätzen ist. Zuerst müssen wir entscheiden welche Parameter quantitativ und welche qualitativ sind. Während die numerischen Parameter logisch betrachtet eine mittelmäßige Ausprägung haben können, nämlich dann, wenn der Wert zwischen den positiven und negativen Angaben liegt, haben die qualitativen Ausprägungen (z. B. Ausbauprojekte Konkurrenz: ja/nein) keinen Zwischenraum bei den Ausprägungen. Diese sind also entweder gut oder schlecht zu bewerten, während quantitative Werte Drei-Punkte-Abstufungen benötigen, um mittelmäßige Ausprägungen richtig einzuordnen.

Im zweiten Schritt beschäftigen wir uns mit der Wichtigkeit der Parameter, wobei es drei Stufen gibt: hoch, mittel und gering. Daraus ergibt sich, dass bspw. die politische Situation nicht gleich bewertet werden darf wie die Anzahl der Haushalte. Es muss in der Berechnung der Gebietspunktzahl beachtet werden, dass einige Parameter die Endpunktzahl nicht so stark beeinflussen dürfen wie die aus der Sicht Ihrer Mandantschaft wichtigsten. Entsprechend der Angaben sind drei Abstufungen zu bilden und die Punktzahl der Ausprägungen der Parameter entsprechend zu fakturieren:

- **Wichtigkeit** der Parameter DSL-/VDSL-Verfügbarkeit, Haushalte je Anschluss, politische Situation und Kosten Rechenzentrum ist **gering**. Punktzahlen der Ausprägungen werden mit **1** multipliziert.
- **Wichtigkeit** der Parameter COAX-Verfügbarkeit, dominierende Altersstruktur, durchschnittliche Kaufkraft der Haushalte und Kosten Backbone ist **mittelmäßig**. Punktzahlen der Ausprägungen werden mit **2** multipliziert.
- **Wichtigkeit** der Parameter FTTH-Verfügbarkeit, Ausbauprojekte Konkurrenz, Konzessionshalter, Anzahl Haushalte, Kosten Glasfaserverlegung ist **hoch**. Punktzahlen werden mit **3** multipliziert.

Im letzten Schritt werden die gewichteten Punktzahlen eines Gebietes summiert. Diese Gebietspunktzahl ist vergleichbar, und das Gebiet mit der höchsten Punktzahl birgt das größte Potenzial für Ihre Mandantschaft. Es ergibt sich folgendes Punktesystem:

	Punktzahl			Gewichtung
Parameter	**3 (positiv)**	**2 (mittelmäßig)**	**1 (negativ)**	**Multiplikator**
DSL-/VDSL-Verfügbarkeit	0–69 %	70–90 %	91–100 %	× 1
COAX-Verfügbarkeit	0–19 %	20–50 %	51–100 %	× 2
FTTH-Verfügbarkeit	0–4 %	5-20 %	21–100 %	× 3
Ausbauprojekte Konkurrenz	nein	–	ja	× 3
dominierende Altersstruktur	bis 34	35–50	ab 51	× 2
Ø Kaufkraft der Haushalte	ab 30.001 Euro	20.000-30.000 Euro	0–19.999 Euro	× 2
Konzessionshalter	ja	/	nein	× 3
Anzahl Haushalte	ab 10.001	5.000-10.000	bis 4.999	× 3
Haushalte je Anschluss	ab 1,7	1,2–1,6	bis 1,1	× 1
politische Situation	gut	–	schlecht	× 1
Kosten Glasfaserverlegung	bis 499.999 Euro	500.000–900.000 Euro	ab 900.001 Euro	× 3
Kosten Backbone	bis 49.999 Euro	50.000–100.000 Euro	ab 100.001 Euro	× 2
Kosten Rechenzentrum	bis 19.999 Euro	20.000–40.000 Euro	ab 40.001 Euro	× 1
Gesamtpunktzahl	**= Summe der gewichteten Punktzahlen aller Parameter eines Gebietes**			

Fragestellung 3

Die Planungsabteilung Ihrer Mandantschaft stellt Ihnen Daten zu den potenziellen Ausbaugebieten Gemeinde A, Gemeinde B und Gemeinde C zur Verfügung. Sie sollen diese anhand Ihres Punktesystems auswerten und das Gebiet auswählen, welches für das EVU das höchste Potenzial für den Glasfaserausbau hat.

	Ausprägung		
Parameter	**Gemeinde A**	**Gemeinde B**	**Gemeinde C**
DSL-/VDSL-Verfügbarkeit	92 %	88 %	98 %
COAX-Verfügbarkeit	37 %	48 %	54 %
FTTH-Verfügbarkeit	7 %	4 %	23 %
Ausbauprojekte Konkurrenz	ja	nein	nein
dominierende Altersstruktur	42	33	39
Ø Kaufkraft der Haushalte	21.367 Euro	19.822 Euro	33.219 Euro
Konzessionshalter	ja	ja	ja
Anzahl Haushalte	4.737	11.877	9.667
Haushalte je Anschluss	1,9	1,3	1,1
politische Situation	gut	gut	schlecht
Kosten Glasfaserverlegung	423.000 Euro	723.000 Euro	688.000 Euro
Kosten Backbone	63.000 Euro	44.000 Euro	121.221 Euro
Kosten Rechenzentrum	23.111 Euro	27.998 Euro	18.345 Euro

Lösungsweg 3

Zuerst muss man feststellen, welche Punktzahlen den Parametern der Gemeinden A, B und C aufgrund ihrer Ausprägungen zugewiesen werden. Dies findet man heraus, indem man überprüft, in welche Wertspanne die Einzelausprägungen fallen. In der Gemeinde B gibt es beispielsweise 1,3 Haushalte pro Anschluss, dieser Wert liegt zwischen 1,2 und 1,6, demensprechend erhält Gemeinde B für den Parameter Haushalte pro Anschluss eine Punktzahl von 2 (mittelmäßig). Diese muss anschließend noch gewichtet werden. Da die Anzahl der Haushalte pro Anschluss nach Angaben Ihrer Mandantschaft nur eine geringe Wichtigkeit hat, multiplizieren wir die ungewichtete Punktzahl 2 mit dem Faktor 1 und erhalten die gewichtete Punktzahl 2 für den Parameter Haushalte pro Anschluss in der Gemeinde B. Diese Vorgehensweise wiederholt man nun für alle Parameter einer Gemeinde und summiert die gewichteten Punktzahlen der Einzelparameter, um die Gesamtpunktzahl eines Gebietes zu erhalten, welche dann mit den anderen Gebieten verglichen werden kann. Durch die Auswertung der Gebiete ergeben sich folgende Punktzahlen:

Parameter	Gewichtete Punktzahl Gemeinde A	Gemeinde B	Gemeinde C
DSL-/VDSL-Verfügbarkeit	1	2	1
COAX-Verfügbarkeit	4	4	2
FTTH-Verfügbarkeit	6	9	3
Ausbauprojekte Konkurrenz	3	9	9
dominierende Altersstruktur	4	6	4
Ø Kaufkraft der Haushalte	4	2	6
Konzessionshalter	9	9	9
Anzahl Haushalte	3	9	6
Haushalte je Anschluss	3	2	1
politische Situation	3	3	1
Kosten Glasfaserverlegung	9	6	6
Kosten Backbone	4	6	2
Kosten Rechenzentrum	2	2	3
Gesamtpunktzahl	**55**	**69**	**53**

Gemeinde B hat mit 69 die höchste Gesamtpunktzahl. Ihre Mandantschaft sollte also Gemeinde B als Ausbaugebiet wählen, da das Potenzial für den Eintritt ins Glasfasergeschäft in diesem Gebiet am höchsten ist.

Brainteaser

von Felix Beckmann und Alexander Wittstamm

Aufgabenstellung

1. Büromiete
Um welchen Betrag verringern sich die monatlichen Mietkosten eines mittelständischen Unternehmens in München durch den Umstieg auf ein hybrides Arbeitsmodell?

2. Mitten im Unternehmen
Was steht mitten im Unternehmen und einmal in der Produktion, aber ist nie am Arbeitsplatz zu finden?

HINWEIS: Hier kann es hilfreich sein, sich die Wörter aufzuschreiben.

3. Haushaltsrechnung
Jan gibt monatlich 2/3 seines Einkommens für die Miete und 1/4 für Freizeitaktivitäten aus. Seine Freundin Marie, die doppelt so viel verdient wie Jan, gibt 2/5 ihres monatlichen Einkommens für die Miete und 1/3 für Freizeitaktivitäten aus.

Die beiden beschließen, den Rest ihres monatlichen Einkommens für eine Weltreise zurückzulegen. Welchen prozentualen Anteil ihres gemeinsamen Monatseinkommens sparen sie?

4. Kompass
Ihr Blick folgt einer Kompassnadel, die die Richtung „Norden" anzeigt. Um wie viel Grad müssen Sie sich nach rechts drehen, um den Nordstern zu sehen, der sich südwestlich von Ihnen befindet?

HINWEIS: Um diesen Brainteaser zu lösen, kann es hilfreich sein, sich den Kompass aufzuzeichnen.

5. Reifenproduktion
Eine Produktionsmaschine stellt zwölf Reifen pro Minute her. Wie viele Jahre würde es dauern, bis diese Maschine neue Reifen für alle privaten Pkws auf deutschen Straßen hergestellt hätte?

6. Chinesische Mauer
Wie viele Steine sind in der Chinesischen Mauer verbaut, wenn man davon ausgeht, dass sie an allen Stellen massiv ist?

7. Restaurants
Wie viele Restaurants gibt es in Deutschland?

8. Bachelorarbeit

Jan hat das Schreiben seiner Bachelorarbeit zu lange vor sich hergeschoben und nun bis zum Ablauf der Abgabefrist nur noch drei Tage Zeit. Wie schnell muss Jan mindestens tippen, damit er seine Arbeit noch rechtzeitig einreichen kann?

9. Straßenschild

Sie sitzen in einem Taxi in London und beobachten den Verkehr. Welches der drei folgenden Straßenschilder werden Sie im dortigen Straßenverkehr nicht sehen?

10. Start-up

Ein neu gegründetes Start-up möchte in einer Großstadt eine vegane Alternative zu Eiern etablieren. Eine vom Unternehmen selbst durchgeführte Studie zu dem Thema zeigt, dass das neue Produkt von 35 Prozent der veganen Konsument:innen angenommen wird. Wie viele Kund:innen erreicht das Start-up mit seiner Eier-Alternative?

11. Tresor-Kombination

Ein Consultant der Money Group wurde von seinem Chef beauftragt, Unterlagen aus dem Tresor seines Büros zu holen. Er hat folgende Zahlenkombination zum Öffnen des Tresors erhalten: 13151452_. Wie lautet die letzte Ziffer der Zahlenkombination?

12. Spiel-Dilemma

Ein trockener Alkoholiker wird in einer Küche vor die Wahl gestellt. Vor ihm stehen zwei Gläser mit gleich aussehender Flüssigkeit. Eine von ihnen ist hochprozentiger Alkohol, die andere stilles Wasser.

Das Dilemma: Entscheidet sich der trockene Alkoholiker für das Wasserglas, so bekommt er 100.000 Euro, trinkt er das Glas mit Alkohol, ist die Gefahr für ihn hoch, in seine Alkoholsucht zurückzufallen. Was sollte er tun?

Lösungsweg

1. Büromiete

Bei einem mittelständischen Unternehmen kann von einer Anzahl von ca. 100 Mitarbeiter:innen ausgegangen werden. Nimmt man an, dass pro Mitarbeiter:in eine Bürofläche von 10 m^2 benötigt wird und Flure, Toiletten und Besprechungsräume mit ca. 5 m^2 pro Mitarbeiter:in berücksichtigt werden, so ergibt sich eine Bürogesamtfläche von 1.500 m^2. Multipliziert man diese Grundfläche mit der durchschnittlichen Büromiete in München von ca. 20 Euro pro m^2, erhält man für die Gesamtmiete vor Umstellung auf das hybride Modell Kosten in Höhe von 30.000 Euro pro Monat.

Geht man davon aus, dass Büros durch das hybride Arbeiten nur noch zu ca. 60 Prozent ausgelastet sind, so ergibt sich ein Platzbedarf von 900 m^2 bei maximaler Auslastung. Diese 900 m^2 entsprechen Mietkosten in Höhe von 18.000 Euro (900 m^2 × 20 Euro). Somit können durch die Umstellung auf das hybride Modell Mietkosten in Höhe von 12.000 Euro (30.000 Euro - 18.000 Euro) eingespart werden.

2. Mitten im Unternehmen

Der Buchstabe „n“ ist der mittlere Buchstabe des Worts „Unternehmen“, steht gleichzeitig am Ende des Worts „Produktion“, kommt im Wort „Arbeitsplatz“ allerdings nicht vor.

3. Haushaltsrechnung

Nimmt man an, dass Jan monatlich 500 Euro verdient und Marie 1.000 Euro, so kann folgende Tabelle aufgestellt werden.

	Miete	Freizeitaktivitäten	Differenz
Jan	2/3 von 500 Euro = 333,33 Euro	1/4 von 500 Euro = 125 Euro	500 Euro – (333,33 Euro + 125 Euro) = 41,67 Euro
Marie	2/5 von 1.000 Euro = 400 Euro	1/3 von 1.000 Euro = 333,33 Euro	1.000 Euro – (400 Euro + 333,33 Euro) = 266,67 Euro

Die beiden werden also monatlich 308,34 Euro ihres Gesamteinkommens von 1.500 Euro für die Weltreise sparen. Das entspricht einem Anteil von ca. 20,6 Prozent.

4. Kompass

Der Nordstern leuchtet immer im Norden auf. Ein Kompass hat 360 Grad und ist in diesem Fall defekt. Der Nordstern befindet sich südwestlich von Ihnen. Norden und Südwesten liegen auf dem Kompass 225 Grad auseinander, wenn Sie dem Uhrzeigersinn folgen. Sie müssen sich also um 225 Grad drehen, um den Nordstern zu sehen.

5. Reifenproduktion

Deutschland hat ca. 80 Mio. Einwohner:innen, die sich in ca. 40 Mio. Haushalte aufteilen lassen. Nimmt man an, dass der durchschnittliche Haushalt 1,5 Pkws besitzt, so lässt sich die Gesamtzahl der Pkws in Deutschland auf 60 Mio. schätzen. Um 60 Mio. Pkws mit neuen Reifen zu versorgen, müssten 240 Mio. Reifen hergestellt werden. Da die Maschine 12 Reifen pro Minute herstellt, ergibt sich folgende Rechnung:

- 240.000.000 Reifen ÷ 12 Reifen = 20.000.000 Minuten
- Ein Tag besteht aus 1.440 Minuten.
- 20.000.000 Minuten ÷ 1.440 Minuten ≈ 13.889 Tage
- 13.889 Tage ÷ 365 Tage ≈ 38 Jahre

6. Chinesische Mauer

Die Länge der befestigten Chinesischen Mauer beträgt ca. 6.000 km. Geht man von einer durchschnittlichen Höhe von 7 m und einer durchschnittlichen Breite von 5 m aus (Höhe und Breite variieren z. T. stark), so ergibt sich ein Volumen der Mauer von 210.000.000 m^3 (7 m × 5 m × 6.000.000 m).

Die verbauten Steine bemessen sich im Durchschnitt auf ca. 40 cm × 15 cm × 10 cm, was einem Volumen von 6.000 cm^3 oder 0,006 m^3 entspricht. Demnach müssten in der Chinesischen Mauer, wenn man davon ausgeht, dass sie durchgehend massiv ist, 35 Mrd. Steine (210.000.000 m^3 ÷ 0,006 m^3) verbaut sein.

7. Restaurants

Um zur korrekten Anzahl zu gelangen, sollte man sich einen Referenzwert wie die ungefähre Anzahl der Restaurants im eigenen Heimatort suchen. Dividiert man nun die Anzahl der Restaurants durch die Einwohnerzahl dieses Ortes, erhält man einen Quotienten, der die Anzahl der Restaurants pro Person angibt. Diese Anzahl wird nun mit der Anzahl der in Deutschland lebenden Personen multipliziert (ca. 80 Mio.), wodurch man das Ergebnis erhält: In Deutschland gibt es aktuell ca. 70.000 Restaurants.

8. Bachelorarbeit

Drei Tage entsprechen 72 Stunden. Zieht man pro Tag noch 10 Stunden für Schlafen, Essen, Trinken, Toilettengang etc. ab, so verbleiben Jan realistisch gesehen 42 Stunden zum Schreiben der Bachelorarbeit. Eine durchschnittliche Bachelorarbeit umfasst ca. 40 Seiten mit ca. 12.000 Wörtern. Teilt man die Anzahl der Wörter durch die verbleibende Zeit, so erhält man eine benötigte Tippgeschwindigkeit von 4,76 Wörtern pro Minute. Die Abgabe ist unter diesen Voraussetzungen also möglich.

9. Straßenschild

Das Kreisverkehrschild wird man in London so nicht sehen. Da in Großbritannien auf der linken Straßenseite gefahren wird, fahren die Fahrzeuge dort auch in die entgegengesetzte Richtung durch den Kreisverkehr. Die Pfeile auf dem Schild zeigen demnach in die falsche Richtung.

10. Start-up

Ab einer Einwohnerzahl von 100.000 Einwohner:innen ist von einer Großstadt die Rede. Diese Einwohneranzahl kann also auch für die Stadt angenommen werden, in der sich das Start-up etablieren möchte. Der Anteil vegan lebender Personen liegt in Deutschland bei 3,2 Prozent. Das würde also 3.200 Veganer:innen in besagter Stadt entsprechen. Berechnet man nun die 35 Prozent derer, die das neue Produkt voraussichtlich annehmen, kommt man auf eine Anzahl von 1.120 potenziellen Kund:innen.

11. Tresor-Kombination

Die letzte Ziffer ist eine fünf. Die Kombination setzt sich aus dem Firmennamen „Money" zusammen. Die Zahlen stehen für die jeweilige Stelle der Buchstaben M-O-N-E-Y im Alphabet.

12. Spiel-Dilemma

Um sich für das Wasserglas zu entscheiden, sollte der Mann zunächst beide Gläser in den Gefrierschrank stellen. Aufgrund des Alkoholgehalts würde der Inhalt des Glases mit hochprozentigem Alkohol nicht gefrieren. So kann der Mann sicher das richtige Glas wählen.

Wie Sie als Mitglied von e-fellows.net immer einen Karriereschritt voraus sind

Einladung zu exklusiven Netzwerkevents

Mehr als 200 Karriereevents sowie Case Study Trainings mit den besten Unternehmensberatungen:

- *Consulting Day* für Studierende und Absolvent:innen
- *Karriere-Brunch Consulting* für Berufserfahrene
- *MBA Day* zur Vorbereitung auf Führungspositionen und Erweiterung des beruflichen Netzwerks

www.e-fellows.net/Events

Insider-Informationen aus der Unternehmensberatung

- Erfahrungsberichte zu Consulting-Projekten, Praktika und dem erfolgreichen Weg in die Beratung
- Bewerbungstipps von Recruiter:innen
- Blick hinter die Kulissen der großen Unternehmensberatungen

www.e-fellows.net/Consultingberichte

Sie sind ein kluger Kopf?
Von noch mehr Leistungen profitieren Sie, wenn Sie sich erfolgreich für das e-fellows.net-Stipendium bewerben.

Karriereratgeber als E-Book

Kostenlose Karriereratgeber der Reihe *e-fellows.net wissen* zum Download:

- *Weiblich, erfolgreich, MINT*
- *Traumjob IT*
- *Perspektive Jura*

www.e-fellows.net/Wissen

Aktuelle Jobs und Praktika im Consulting

- 3.000 Stellen für Studierende, Absolvent:innen und Young Professionals
- zu Ihrem Profil passende Praktikums- und Jobangebote per E-Mail, z. B. von Accenture oder Deloitte

www.e-fellows.net/Jobs

Kostenlos als Mitglied anmelden: www.e-fellows.net/Mitglied-werden

Wie Sie als e-fellows.net-Stipendiat:in noch schneller erfolgreich sind

50 geldwerte Leistungen für mehr Erfolg in Studium und Karriere

- 25 Abos, um bei Wirtschaftsthemen auf dem Laufenden zu bleiben, darunter *DIE ZEIT*, *WirtschaftsWoche* und *Handelsblatt*
- mit Business Source Premier und acht weiteren Datenbanken bequem von zu Hause aus recherchieren
- Vergünstigungen bei Online-Seminaren wie dem GMAT-Vorbereitungskurs
- mit Fernbus-Gutscheinen günstiger zu Bewerbungsgesprächen

Vernetzung mit mehr als 75.000 Stipendiat:innen und Alumni

- Erste-Hand-Informationen und Q&A zu Unternehmensberatungen von 25.000 Stipendiat:innen und 50.000 Alumni in der Online-Community
- Netzwerken mit anderen e-fellows.net-Stipendiat:innen bei City-Group-Treffen in vielen Unistädten

Persönlicher Kontakt zu McKinsey, Accenture, KPMG und Co.

- Online-Expertenforen zu Praktika, Bewerbung und Einstieg in die Beratung
- Coaching durch mehr als 200 berufserfahrene Mentor:innen
- Live-Cases mit dem Personalchef von McKinsey
- beste Verbindungen in die Personalabteilungen von 170 Unternehmen – auch außerhalb der Unternehmensberatung

Karriereratgeber und Fachbücher per Post nach Hause

- kostenlose Lieferung aller Karriereratgeber aus der Reihe *e-fellows.net wissen*, z. B. *Perspektive Unternehmensberatung*
- monatliche Verlosung von mehr als 200 Fachbüchern von 12 Verlagen

Für das Stipendium bewerben: www.e-fellows.net/Stipendiat-werden

5. Erfahrungsberichte

Alana Kirschbacher

Senior Consultant Telecommunications, Media & Technology bei Sopra Steria

Einmal um die halbe Welt und zurück – wie ich Unternehmensberaterin wurde

Eigentlich war für mich schon seit Beginn meines Bachelorstudiums klar, dass die Beratungsbranche ein sehr attraktives Berufsfeld für mich ist. Ich habe mich schon immer mit der Einstellung, man habe im Leben nie wirklich ausgelernt, identifizieren können. Gleichzeitig bin ich eine Person, die ihr Umfeld und die Prozesse um sie herum gerne aus vielen verschiedenen Blickwinkeln betrachten möchte. In der Unternehmensberatung werden diese beiden Prämissen in den Projekten und im Team Tag für Tag gelebt, was für mich letztendlich der ausschlaggebende Punkt dafür war, Unternehmensberaterin zu werden.

Trotz dieser Offenheit und Neugierde gegenüber dem Berufsfeld hatte es mich nach meinem Studium zunächst (wieder) nach Asien verschlagen. Ich wollte meine Studienerfahrungen um eine weitere Perspektive ergänzen und entschied mich, an einem Graduiertenprogramm des Deutschen Akademischen Austauschdienstes (DAAD) teilzunehmen. Die während meines Aufenthalts in einem so digitalisierten Land wie China gesammelten Eindrücke haben in mir das Interesse an den Themen IT und Digitalisierung geweckt, welches bis heute nicht nachgelassen hat. Ganz im Gegenteil: Meine Erfahrungen haben mich nachhaltig geprägt und mir bewusst gemacht, dass ich meine berufliche Zukunft an der Schnittstelle von Mensch und Maschine sehe.

Viele Wege führen nach Rom

Meine berufliche Laufbahn im IT-Bereich begann, vielleicht nicht ganz unüblich für Berater:innen, in einem Tech-Start-up. Auf dem Papier war ich für den HR-Bereich verantwortlich, doch in der Realität war ich auch in verschiedene Projekte in anderen Bereichen involviert und konnte hier meine Vorkenntnisse, zum Beispiel aus dem Bereich Change Management, in meine Arbeit miteinfließen lassen.

Für mich standen das breite Spektrum und die Vielfalt meiner beruflichen Erfahrungen nie im Konflikt mit meiner Karriere. Ich habe durch meine Tätigkeit in verschiedenen Bereichen, unter anderem in HR, der internen Kommunikation und im interkulturellen Management, zwar keine jahrelange Expertise in genau einem (Teil-)Bereich oder Thema aufbauen können, hatte mich aber schon zu Beginn meines Studiums aktiv für eine generalistischere Ausrichtung meiner beruflichen Laufbahn entschieden. Für mich ist es in der heutigen Zeit wichtiger denn je, über den Tellerrand hinauszublicken und zu verstehen, wie letztendlich alles miteinander verknüpft ist. Wo früher ein Produkt produziert oder ein definierter Prozess eingehalten wurde, wirkt diese Denkweise heute monolithisch und starr. Die Grenzen zwischen einzelnen Fachdisziplinen verschwimmen zunehmend, und es wird immer wichtiger, einen Gesamtüberblick über alle Bereiche zu haben anstatt sich auf einen kleinen Teil zu spezialisieren. Es ist wichtig, offen für neue Blinkwinkel und Herangehensweisen zu sein und stets neugierig zu bleiben. An dieser Stelle kann ich Absolvent:innen den Rat mit auf den Weg geben, dass es nur förderlich ist, den eigenen Fokus vielleicht an der einen oder anderen Stelle nicht zu eng zu ziehen und offen für neue Perspektiven zu sein.

Unternehmensberatung heißt für mich, Dinge nachhaltig zu verändern

In meiner jetzigen Position als IT-Beraterin habe ich das Gefühl, genau in dem beruflichen Umfeld angekommen zu sein, das zu mir passt: Ich habe auf meinen Kundenprojekten die vielfältigsten Gelegenheiten, neue Branchen und Themen kennenzulernen und gleichzeitig intern in meinem Team und direkten Arbeitsumfeld die Möglichkeit, meine Umwelt aktiv mitzugestalten. Wann immer ich das Potenzial sehe, die Dinge noch ein kleines bisschen besser zu machen, steht mir die Möglichkeit offen, den Prozess selbst in die Hand zu nehmen und die von mir anvisierte Veränderung direkt mit und im Team umzusetzen. Es ist mir wichtig, meine Umwelt positiv verändern zu können, und es ist umso schöner, wenn dies auch der Kerngedanke des eigenen Teams ist. Für mich hört das „Beraterinsein" nicht irgendwo auf, sondern ist eine allgegenwärtige Grundeinstellung, die für mich unabdingbar zum Berufsbild gehört. In diesem Sinne ist es in der Unternehmensberatung meiner Meinung nach besonders wichtig, sich selbst die Frage zu stellen (und zu beantworten), was man persönlich und als Berater:in verändern möchte.

In diesem Streben nach Veränderung gilt es jedoch, auf sich selbst zu achten und sich nicht im Prozess zu verlieren. Es gibt so viele gute Ideen und immer etwas, das noch besser gemacht werden könnte. Das wird sich nie ändern. Als Berater:in mit einem hohen Anspruch an die eigene Arbeit ist es jedoch entscheidend, im eigenen Handeln die Balance zwischen „guter Arbeit" und dem „zuviel" nicht zu verlieren. Ich persönlich habe mich intensiv mit den Themen Achtsamkeit und Resilienz auseinandergesetzt und empfehle dies auch allen zukünftigen Unternehmensberater:innen.

Ohne technischen Hintergrund in die Telekommunikationsbranche – geht das?
Die Antwort ist ganz klar: Ja! Wenn ich zum Ende meines Masterstudiums gefragt worden wäre, ob ich mich in den nächsten drei Jahren im Bereich Telekommunikation und IT sehen würde, hätte mich diese Frage zum Nachdenken angeregt. Zum damaligen Zeitpunkt hatte ich keine Berührungspunkte mit dieser Branche und wenig Detailkenntnisse. Wie kann das sein, obwohl die IT doch so wichtig für unsere zunehmend digitale Gesellschaft und Wirtschaft ist?

Heute weiß ich es sehr zu schätzen, in diesem dynamischen Umfeld zu arbeiten. Auch wenn es eine Herausforderung war, mich in die komplexen Prozesse und Strukturen einzuarbeiten, hat mir meine Neugierde und Offenheit, mehr über diese mir zuvor unbekannte Branche erfahren zu wollen, geholfen, schnelle Lernfortschritte zu machen. Natürlich hat mich auch mein Team sehr dabei unterstützt, Kenntnisse aufzubauen und meine Lernerfolge kritisch zu hinterfragen. Ich arbeite in einem sehr diversen Team und die Kolleg:innen kommen aus den unterschiedlichsten Fachdisziplinen. Auch das Geschlechterverhältnis ist, für diese Branche wahrscheinlich doch eher untypisch, sehr ausgewogen, sodass ich immer auch weibliche Vorbilder hatte und habe.

Ich bin der festen Überzeugung, dass die Identifikation mit dem Team und den Führungskräften einer der wichtigsten Aspekte bei der Entscheidung für (oder gegen) die Unternehmensberatung ist. Die Arbeit im Projekt, sei es bei den Kund:innen oder intern, ist immer eine Teamleistung, und wenn das Miteinander im Team nicht mit den eigenen Normen und Werten übereinstimmt, kann dies die eigene Zufriedenheit und Perspektive schnell nachhaltig trüben. Die vielfältigen Networking- und Karriereevents in der Branche sind in diesem Sinne eine sehr gute Gelegenheit, das eigene Team schon vor dem ersten Arbeitstag kennenzulernen, um eine versierte Entscheidung treffen zu können.

Kutlu Alp Öztas

Student im Masterstudiengang Maschinenbau an der RWTH Aachen

Mit Maschinenbaustudium in die Unternehmensberatung

Nach einer Tätigkeit als studentische Hilfskraft und einem Praktikum im Bereich Forschung und Entwicklung in der Automobilindustrie bin ich zurzeit als Werkstudent in der Unternehmensberatung tätig. Wie ich als Student des Maschinenbaus zur Beratung gekommen bin und welche Perspektiven ich für Maschinenbauer:innen in dieser Branche sehe, werde ich im Folgenden erläutern.

Von Ankara nach Aachen – mein Weg in die Unternehmensberatung

Als Absolvent der Deutschen Schule in Ankara im Jahr 2017 habe ich beschlossen, in Deutschland zu studieren. Seitdem wurde ich oft nach dem Grund für diese Entscheidung gefragt. Für mich gab es zwei wichtige Gründe: Zum einen bin ich durch den Besuch der Deutschen Schule bilingual aufgewachsen und habe somit einen engen Kontakt zu Deutschland. Zum anderen wollte ich aufgrund meiner Begeisterung für die Themen Technik und Innovation Maschinenbau studieren. Die deutsche Expertise in diesem Bereich hat mich sehr begeistert. Somit habe ich mich für den Studiengang Maschinenbau an der RWTH Aachen entschieden. Natürlich hat die Entscheidung für ein Auslandsstudium gewisse Herausforderungen mit sich gebracht. Dennoch kann ich heute sagen, dass es die richtige Entscheidung für mich war. Das Studium weit weg von der Heimat hat sehr zu meiner persönlichen Entwicklung beigetragen und meine Selbstständigkeit gefördert.

Nach dem dritten Semester habe ich angefangen, an der Universität als studentische Hilfskraft zu arbeiten. Dort konnte ich erstmals das theoretische Wissen aus den Vorlesungen zur Lösung von realen Problemstellungen anwenden. Gleichzeitig konnte ich ein tiefgehendes technisches Wissen im Bereich der Textil- und Kunststofftechnik aufbauen. Die dort gesammelten Erfahrungen haben mir dazu verholfen, einen Praktikumsplatz bei der BMW Group im Bereich der Forschung und Entwicklung zu erhalten. Dort war ich in der Abteilung Wasserstoffversorgung tätig und habe mich intensiv mit Wasserstoffdruckbehältern für Brennstoffzellenfahrzeuge beschäftigt. Während meiner Zeit dort entwickelte ich ein verstärktes Interesse am Thema Wasserstoff und verfasste daher auch meine Bachelorarbeit in diesem Bereich. Die Ergebnisse meiner Forschung veröffentlichte ich in zwei wissenschaftlichen Publikationen in internationalen Zeitschriften.

Im Anschluss an das Bachelorstudium habe ich nun mein Masterstudium im Bereich Maschinenbau an der RWTH begonnen. Nach intensiver Forschung an einer spezifischen Komponente wollte ich meinen Blickwinkel erweitern und die Rolle von Wasserstoff im gesamten Mobilitäts- und Energiesektor untersuchen. Gleichzeitig wollte ich auch die Schnittstellen zwischen verschiedenen Sektoren näher kennenlernen und sektorenübergreifende Tätigkeiten ausüben. Diese Wünsche führten zu meinem Einstieg als Werkstudent im Bereich Wasserstoff bei umlaut energy GmbH.

Einstieg in die Technologieberatung – was mache ich als Werkstudent?

Wenn man mich in den früheren Phasen meines Studiums gefragt hätte, was ein Werkstudent in der Unternehmensberatung macht, hätte ich höchstwahrscheinlich keine Antwort auf diese Frage gehabt. Heute kann ich jedoch sagen, dass es definitiv mehr als nur die Vorbereitung von Präsentationen ist. Als Werkstudent unterstütze ich im Bereich Wasserstoffanwendungen beim Wissensaufbau, der Bearbeitung von Kundenprojekten und im Ausbau des Geschäftsfeldes. Was mir besonders gefällt, ist die Tatsache, dass die Projekte sehr abwechslungsreich sind. Zum Beispiel fokussierte ich mich bei einem Projekt stark auf die technische Umsetzung einer Maschinenkomponente und suchte nach Innovationspotenzialen. Bei einem anderen Projekt führte ich eine Kostenanalyse für ein Bauteil durch und leitete Optimierungsmaßnahmen ab.

Ein wichtiger Skill, den man als Werkstudent in der Technologieberatung mitbringen sollte, ist also die Fähigkeit, sich schnell und effektiv in neue, zum Teil auch völlig unbekannte Inhalte einzuarbeiten. Im Laufe meines Werkstudiums habe ich schnell gelernt, anstelle von „Ich habe davon keine Ahnung" zu sagen: „Ich kann mich damit auseinandersetzen und mich einarbeiten". Dies hat es mir ermöglicht, meine Komfortzone zu verlassen und mich weiterzuentwickeln. So hatte ich die Möglichkeit, mit jedem Projekt neue Inhalte kennenzulernen und dadurch mein technisches sowie branchenübergreifendes Wissen zu erweitern. Außerdem arbeite ich durch die Vielseitigkeit der Projekte mit Menschen aus allen möglichen technischen Fachbereichen zusammen und kann vieles von ihnen lernen. Ich kann also aus meiner Sicht klar und deutlich sagen, dass die Vielseitigkeit der Aufgaben in eine sehr steile Lernkurve resultiert.

Eine weitere Sache, die ich als Werkstudent bei der Beratung sehr schätze, ist die Förderung der Selbstständigkeit sowie die Freiheit bei der Erarbeitung von Projekten. Natürlich hat man gewisse Vorgaben, an denen man sich orientieren muss. Dennoch kann man auch ruhig einmal über den Tellerrand hinausblicken und selbst Ideen einbringen. Wenn man also gerne Verantwortung übernimmt und einem das selbstständige Arbeiten viel Spaß bereitet, wird man als Werkstudent in der Technologieberatung viel Freude haben.

Wieso das technische Wissen wichtig ist

Aufgrund der dynamischen Situation am Energiemarkt stellt sich für Industriebetriebe die Frage, wie sie sich dauerhaft am Markt etablieren können. Dazu gehört es, innovativ zu bleiben und neue technische Lösungen zu entwickeln, sich gleichzeitig aber auch eine profitable Produktion zu bewahren. In diesem Kontext wird also zur Bearbeitung von Beratungsprojekten ein tiefes technisches Verständnis sowie ein Überblick über die aktuellen Entwicklungen am Markt vorausgesetzt. In meinem Fall haben mein technisches Studium sowie meine bisherigen Tätigkeiten in der Forschung sehr zum Verständnis der Problemstellungen in der Technologieberatung beigetragen. Im Werkstudium kann ich meine technische Expertise nun aktiv zur Bearbeitung von Kundenprojekten einsetzen. Dadurch kann ich das Thema Wasserstoff in der Energiewirtschaft vorantreiben und damit einen wichtigen Beitrag zur Realisierung der Energiewende leisten. Diese Tatsache motiviert mich, weiterhin spannende Projekte zu bearbeiten.

Fazit

Durch mein Werkstudium in der Technologieberatung konnte ich bisher wertvolle Erfahrung sammeln und mich stets weiterentwickeln. Ich empfehle es allen Interessierten, schon während des Studiums Praxiserfahrung zu sammeln und neue Bereiche kennenzulernen.

Jasmin Treptow

Consultant
bei CTcon GmbH

Von der studentischen Unternehmensberaterin zum Vollzeit-Consultant

Als ich vor über vier Jahren Mitglied der studentischen Unternehmensberatung STUNT e. V. in Bielefeld geworden bin, hatte ich nicht damit gerechnet, dass mich das Berufsfeld Beratung so fesseln würde. Meine Motivation, mich ehrenamtlich in einem studentischen Verein zu engagieren, lag anfangs vor allem darin, die theoretischen Inhalte meines damals noch anfänglichen Bachelorstudiums der Wirtschaftswissenschaften an der Universität Bielefeld zu vertiefen und auf die Praxis übertragen zu können. Gleichzeitig wollte ich die Chance nutzen, mich persönlich weiterzuentwickeln und Kontakte über meinen Studiengang hinaus zu knüpfen. All diese Erwartungen, aber auch noch vieles mehr, konnte ich in der Zeit meiner Mitgliedschaft bei STUNT e. V. verwirklichen. Heute, knapp fünf Jahre später, bin ich für die gesammelten Erfahrungen extrem dankbar und blicke auf eine unglaublich lehrreiche, spannende und vor allem schöne Zeit zurück.

Mein Weg in die studentische Beratung

Als ich mich im Frühjahr 2018 dazu entschloss, mich in der studentischen Beratung zu engagieren, war mein beruflicher Weg nach dem Studium für mich noch sehr offen. Mich interessierten viele verschiedene Richtungen der BWL. Um Klarheit zu gewinnen, habe ich nach den ersten Semestern aktiv verschiedene Praktika angetreten und mich gleichzeitig bei der studentischen Beratung beworben.

Die Potenziale, die ein Verein wie STUNT e. V. bietet, sind umfangreich und vielfältig. Die Anwartschaft als Einstieg in den Verein ist begleitet von vielen verschiedenen Schulungen zu Themen wie Projektmanagement oder Qualitätsmanagement, aber auch zu Soft Skills wie Rhetorik. Für mich waren die Lernerfolge und die Beziehungen, die man bereits zu Beginn knüpft und aus denen bei mir langjährige Freundschaften entstanden sind, wertvolle Erfahrungen, die man auch direkt einsetzen kann, weil man schon nach kurzer Zeit ins kalte Wasser geworfen und auf das erste Beratungsprojekt besetzt wird. Diese Anwärterprojekte sind entweder intern ausgelegt und greifen Problemstellungen innerhalb des Vereins auf oder sind Projekte mit einem externen Kunden – so auch bei mir. Damit war ich schon wenige Monate später als Projektleitung mit einem vierköpfigen Team an meinem ersten Beratungsprojekt beteiligt, das sich mit der Angebotsphase sowie der anschließenden Projekt- bzw. Beratungsphase über viereinhalb Monate erstreckt hat. Für uns alle bot dies eine sehr interessante und spannende Herausforderung. Von einer Zielgruppenanalyse über eine USP- und Markt- bzw. Wettbewerbsanalyse konnten wir viele erste Berührungspunkte zur Beratungstätigkeit sammeln und hatten bereits nach wenigen Monaten im Verein eine unglaublich steile Lernkurve hinter uns.

Die Möglichkeiten, sich neben der Projektarbeit intern in den Verein einzubringen, sind ebenfalls vielfältig. Studentische Beratungen sind meist in verschiedene Ressorts organisiert, die sich thematisch von der Kundengewinnung über die Personalentwicklung bis zum Qualitätsmanagement erstrecken. Gleichzeitig gibt es einzelne Kompetenzstellen, aber auch viele Arbeitsgruppen, die sich beispielsweise mit dem Datenschutz, dem Prozessmanagement o. Ä. beschäftigen. Durch all diese verschiedenen Themen und Aufgabenstellungen sammelt man so auch durch das interne Engagement Erfahrungen, kann den Verein mitgestalten und so gemeinsam wachsen.

Eine besonders spannende Zeit erlebte ich als Vorstandsvorsitzende für das Prozessmanagement. Die Verantwortung und die Learnings im Rahmen einer solchen Führungsposition kann man aus meiner Perspektive weder während eines Praktikums noch einer Werkstudententätigkeit gewinnen.

Daneben sind besonders die externen Projekte eine spannende Herausforderung. Als Mitglied kann man sich bei einer Projektausschreibung auf die Beratungsprojekte bewerben. Auf die Projektbesetzung folgt dann die klassische Angebotsphase, nach der bei erfolgreichen Verlauf, die eigentliche spannende Beratungstätigkeit anfängt.

Learnings und Vorteile der studentischen Beratungstätigkeit

Die vielfältigen Entwicklungs- und Wachstumsmöglichkeiten sind aus meiner Perspektive die größten Vorteile der studentischen Unternehmensberatung. Gleichzeitig ist das Netzwerk, das man sich im Verein aufbaut, sowohl persönlich als auch beruflich, unglaublich bereichernd. Während der Vorbereitung und Bewerbungsphase im Rahmen meines Berufseinstiegs hat es mir persönlich sehr geholfen, mich mit meinen „Mitstreiter:innen" aus dem Verein zu den Auswahlprozessen und Case-Interviews auszutauschen. Ähnliches gilt auch für die Wahl des Beratungsunternehmens für den Berufseinstieg. Für diese Entscheidung waren mir vor allem das Arbeitsumfeld und die Unternehmenskultur wichtig. Auch hier war der Austausch mit einigen Vereins-Kommiliton:innen über Erfahrungen aus Praktika etc. sehr hilfreich, um ein passendes Unternehmen zu wählen, das meinen Wertevorstellungen entspricht.

Viele der Themen, mit denen ich mich jetzt als Vollzeit-Consultant beschäftige, sind mir in der ein oder anderen Form bereits in der studentischen Beratung begegnet. Das schließt insbesondere das allgemeine, konzeptionelle und methodische Vorgehen ein. In meiner jetzigen Beratungstätigkeit, in der ich bereits früh Verantwortung übernehmen kann und tief in das Projektgeschehen eingebunden werde, ist es für mich persönlich sehr hilfreich, auf meine Erfahrungen aus der studentischen Beratung zurückgreifen zu können. Diese lassen mich an viele Themen selbstbewusster herangehen: von der Kommunikation mit externen Kunden über die Entwicklung verschiedener Konzepte und das methodische Vorgehen bis hin zur Problemlösung.

Fazit

Mein ganz persönlicher Mehrwert: Ich habe unglaublich viel Freude an der Beratung gewonnen, so viel, dass ich mich für den Berufseinstieg als Consultant entschieden habe. Die Unternehmensberatung ist für mich ein Berufsfeld, in dem man mit tollen Menschen in Kontakt kommt und zusammenarbeiten darf. Mich fasziniert, wie man im Team jeden Tag an neuen Herausforderungen wächst. Der Job als Consultant wird damit zu einer abwechslungsreichen und lehrreichen Tätigkeit, die mir in der Zeit als studentische Unternehmensberaterin, aber vor allem auch jetzt hauptberuflich bei CTcon extrem viel Spaß macht. Für mich war die studentische Unternehmensberatung ein spannender Weg, der mich letztendlich zu meiner beruflichen Leidenschaft geführt hat.

Heute bin ich über diese wertvolle Zeit als Mitglied bei STUNT e. V. und insbesondere als Projektleiterin, Vorstandsvorsitzende, Mentorin und vieles mehr sehr dankbar. Unabhängig davon, ob eine Karriere in der Beratung geplant ist oder nicht, die persönliche Weiterentwicklung und das enge Netzwerk in einem Verein sind meiner Meinung nach durch nichts Vergleichbares in der Studienzeit zu ersetzen.

Karen Schulze

Business Consultant Automotive & Manufacturing bei msg group

Finde eine:n Mentor:in und du wirst glänzen. Oder umgekehrt?

„Finde eine:n Mentor:in und du wirst erfolgreich." Aussagen wie diese habe ich während meines Masterstudiums und Berufseinstiegs unzählige Male gehört. Eine Mentorin oder ein Mentor als personifizierte Lösung aller Probleme. Ich habe eine:n Mentor:in gefunden. Sogar mehrere. Zeitgleich und auch nacheinander. Über die Universität, Vermittlungsplattformen und mein privates Umfeld. Ich dachte, dies sichere mir einen guten Praktikumsplatz, schnell einen guten Job ... Rückblickend hätte ich mir vieles davon sparen können.

Sichtbarkeit ist die Währung im Beraterallta g.
Gute Leistungen sind selbstredend die Basis für beruflichen Erfolg. Um jedoch in der Beratung Karriere zu machen, genügt es nicht nur, das fleißige Bienchen zu sein und abwartend auf eine Beförderung zu hoffen. Berater:innen müssen ihre guten Leistungen sichtbar machen und dafür sorgen, dass diese von den relevanten Personen wahrgenommen werden. Gerade in der Phase des Berufseinstiegs kann ein:e Mentor:in oder Sponsor:in eine wertvolle Stütze für den Aufbau des eigenen Netzwerks sein. Ein größeres Netzwerk wiederum erhöht die Sichtbarkeit. Darüber hinaus bietet Mentorship weitere wertvolle Vorteile, z. B. die Bereicherung des eigenen Arbeitsalltags um eine berufserfahrene Perspektive. Doch wie findet man eine:n Mentor:in?

Mentorship – how (not) to!
Wie ich eine:n Mentor:in suchte und lange keine:n fand.
Meinen ersten (und auch zweiten) Mentor fand ich über eine Art Speeddating-Format meiner Universität. An jenem Abend drängten sich zahlreiche Studierende in den Hörsaal. Selbst Stehplätze schienen plötzlich begehrt. Nachdem sich etwa ein Dutzend anwesender Mentor:innen unter Nennung von Arbeitgeber, Fachrichtung und Werdegang vorgestellt hatten, wurde ein weiteres Dutzend via PowerPoint durch den Veranstalter vorgestellt. Es folgte ein kurzes persönliches Kennenlernen. Ich erhielt einen Platz und war voller Vorfreude, mit Stefan das Thema meiner Berufsorientierung zu reflektieren und vielleicht sogar ein Praktikum vermittelt zu bekommen. Es folgten eine Handvoll eher unpersönlicher Treffen. Nach wenigen Monaten beendeten wir das Ganze. Bereichert haben die Treffen wohl keinen von uns beiden.

Kurz nach meinem Berufseinstieg wagte ich über eine Online-Plattform einen erneuten Versuch. Meine Wunschmentorin Birgit und ich hatten ähnliche Interessen. Sie war sehr interessiert an den Hintergründen meines Handelns und brachte mich durch ihre gezielten Rückfragen ein ums andere Mal ins Grübeln. Birgit war ein Glücksfall für mich und die Treffen mit ihr sehr inspirierend. Die anfangs festgesteckten Ziele haben wir binnen weniger Monate erreicht. Inzwischen haben wir keinen Kontakt mehr. Vermutlich weil der Zweck unseres Austausches erfüllt ist.

Zwischenzeitlich hatte ich das Buch *Lean in* von Sheryl Sandberg, COO von Meta Platforms (vormals Facebook Inc.) gelesen. Sie fordert Mentees dazu auf, zunächst selbst in Vorleistung zu gehen, bevor man eine:n potenzielle:n Mentor:in um etwas bittet.

Menschen unterstützen nachweislich bevorzugt Personen, von deren Leistung oder Potenzial sie überzeugt sind.[1]

Ihre Anregungen habe ich in die Tat umgesetzt und einem senioren Arbeitskollegen zunächst meine Unterstützung angeboten. Ich habe ihn gefragt, welche Herausforderungen er in der kommenden Zeit sehe, und ob ich ihn hierbei unterstützen könne. Ich rechnete mit einem Nein. Er nahm dankend an. In der folgenden Zeit teilte ich immer wieder Arbeitsergebnisse und Informationen mit ihm. Zudem fragte ich ihn um Rat. Er freute sich darüber. Einmal nahm ich all meinen Mut zusammen und bat ihn, ein mir bevorstehendes Kundengespräch gemeinsam zu simulieren und mir Feedback zu geben. Ohne Zögern sagte er zu. Wann immer ich ihm anschließend spiegelte, wie mir seine Ratschläge geholfen hatten, stand ihm die Freude ins Gesicht geschrieben. Zwischen uns war eine persönliche Bindung auf Augenhöhe entstanden. Er war mein Mentor geworden, ohne dass dieses Wort je fiel. Das Gefühl war großartig. Unser wechselseitiger Austausch hält bis heute an.

In meinem Fall entstanden aus formal festgelegten Mentor-Mentee-Verbindungen keine starken, nachhaltigen Beziehungen. Der zentrale Erfolgsfaktor für gelungene Mentorship war stattdessen eine persönliche und gegenseitige Bindung. Ich bin überzeugt davon, dass der Kausalzusammenhang im Titel dieses Berichts daher wie folgt lauten muss: „Glänze, und du wirst eine:n Mentor:in finden." Manchmal bin ich mir unsicher, welchen Beitrag ich für mein Gegenüber leisten kann. Interessiertes Nachfragen wirkte Wunder, immer. Gut vorbereitete Gespräche fielen positiv auf, immer.

Sie, dynamische Berufseinsteigerin, sucht ihn, erfahrenen Mentor. Er, dynamischer Berufseinsteiger sucht ihn, erfahrenen Mentor.

Stellen wir uns diese beiden Situationen bildlich vor. Beide dienen gleichermaßen der Karriereförderung. Im Fall der jungen Berufseinsteigerin bleibt nicht selten jedoch ein anrüchiger Beigeschmack. Eine im Harvard Business Review veröffentlichte Studie[2] ergab, dass etwa zwei Drittel hochrangiger Männer zögern, ein Einzelgespräch mit einer jüngeren Frau zu führen. Auch umgekehrt besteht dieser Effekt. Zudem entsteht Mentorship häufig zwischen Menschen, die sich als ähnlich empfinden oder im anderen eine frühere Version des eigenen Ichs sehen.[3] Folglich neigen hochrangige Männer zur Förderung eben junger Männer. Um diesem Hamsterrad zu entrinnen, müssen alle Beteiligten ein Bewusstsein für die bestehende Asymmetrie entwickeln. Ich befand mich in der Vergangenheit in solch ambivalenten Situationen und habe gute Erfahrungen damit gemacht, diese offen anzusprechen.

Fangen Sie an. Jetzt!

Schreiben Sie nun drei Personen auf, die Sie sich als Mentor:in wünschen. Vereinbaren Sie genau jetzt einen Austausch mit einer dieser Personen. Wie können Sie in einem ersten Schritt in Vorleistung gehen? Wie kann Ihr Gegenüber Sie künftig unterstützen? Entwickeln Sie Vorschläge und diskutieren Sie diese gemeinsam.

---

1 Singh et al. (2008): *Who Gets a Mentor? A Longitudinal Assessment of the Rising Star Hypothesis*
Allen et al. (2000): *Protégé Selection by Mentors: What Makes the Difference?*

2 Hewlett et al. (2010): *The Sponsor Effect: Breaking Through the Last Glass Ceiling*

3 Allen et al. (1997): *The Mentor's Perspective: A Qualitative Inquiry and Future Research Agenda*

Julia Wittemann

Independent Project Lead Strategy Consulting: Innovation & Transformation, M&A, ESG, Venture Development

You do you – Ansätze für ein erfolgreiches Karrieredesign

Nach einem interdisziplinären Studium an der Universität Mannheim, diversen Praktika, vielen Auslandsaufenthalten und erster Gründungserfahrung während des Masterstudiums stellte die Strategieberatung für mich den idealen Einstieg in die Berufswelt dar. Da ich an herausfordernden Themen mit Relevanz in einem internationalen Kontext arbeiten wollte, waren für mich insbesondere die Projektvielfalt und das einzigartige Umfeld attraktiv. Seit meinem Einstieg in die Beratung habe ich in großen Strategieberatungen auf internationalen Projekten sowie in kleinen Strategieboutiquen in Deutschland und im Ausland gearbeitet und bin inzwischen selbstständig.

Vor diesem Erfahrungshintergrund möchte ich Unterschiede zwischen großen und kleinen Beratungshäusern aufzeigen und erläutern, wie diese in der Entscheidungsfindung für den Einstieg mitgedacht werden sollten. Darauf folgen Gedanken zur Selbstständigkeit und welche Gestaltungsspielräume diese eröffnet. Mit meinem Beitrag möchte ich dazu ermutigen, den eigenen Karriereentwurf zu verwirklichen.

Size matters – großes Beratungshaus vs. Strategieboutique

Für Einsteiger:innen ohne vorherige Beratungserfahrung bieten große Strategieberatungen den geeigneten Rahmen, um sich mit der Arbeitsweise und den Strukturen im Consulting vertraut zu machen. Neben einem ausführlichen Onboarding werden dort auch nach dem Einstieg noch Trainings angeboten, die auf Projektanforderungen abgestimmt sind. Der Zugang zu umfangreichen Knowledge Pools international agierender Beratungen ist gerade zu Beginn hilfreich bei der Recherche und Projektvorbereitung. Zudem kann der Einblick in die unterschiedlichsten Projekte in verschiedenen Branchen dabei helfen, individuelle Interessen zu identifizieren. Weltweite Projekt- und Bürostandorte eröffnen außerdem die Chance, in heterogenen Teams international zu arbeiten und neben der fachlichen Weiterentwicklung auch das persönliche Wachstum zu beschleunigen.

Kleine Strategieberatungen haben oftmals eine funktionale oder Branchenspezialisierung und sind deswegen für Absolvent:innen interessant, die ihren Fokus durch vorherige Praxiserfahrungen bereits etwas schärfen konnten. Aufgrund kleinerer und wiederkehrender Teams und einer persönlichen Arbeitsatmosphäre, ist der Personal Fit hier sehr wichtig - auch, weil man nicht beliebig oft in Teams anderer Partner:innen wechseln kann. Die Arbeitsweise ist agil und der Gestaltungsspielraum groß. Jede:r bringt Ideen ein. Man hat sehr früh Kontakt mit dem Topmanagement auf Klientenseite und trägt Projektverantwortung. Der Leistungsdruck ist hoch. Das ist gleichzeitig aber auch eine Chance, sich selbst kontinuierlich herauszufordern und viel zu lernen. Diese Eigenverantwortung sollte man nutzen, um die Projektwahl mitzugestalten und so frühzeitig den individuellen Karrierepfad zu skizzieren.

Explore/Exploit – neue Wege oder herkömmliche Karriereregeln?

Bei der Entscheidung für den Einstieg sollte man sich als Absolvent:in bewusst machen, in welchem Umfeld man seine Stärken bestmöglich ausbauen kann. Bringt man wenig Erfahrung im Consulting mit und benötigt man feste Strukturen, eignet sich eine große Organisation mit vorgegebenen Abläufen vielleicht besser. In großen Beratungshäusern bleiben Leistungsträger:innen jedoch oft in dem Team, in dem sie gestartet sind, weil die Partnerin oder der Partner sie von Projekt zu Projekt mitnimmt. Dabei kommt man in der formalen Hierarchie zwar schnell voran, bleibt aber im „Exploit-Modus" hängen: wiederkehrende Themen, Branchen und Prozesse sowie effizientes Staffing führen zu Routine und Sicherheit. Dagegen gilt es in kleinen, sich möglicherweise noch in der Start-up-Phase befindlichen Unternehmen, sich neue Themen eigenständig zu erschließen. Für den Arbeitsalltag bedeutet dies permanentes Experimentieren. Dieser „Explore-Modus" ist auch essenziell, wenn es darum geht, Innovationen beim Klienten anzustoßen und neue Themen zu platzieren. Mir gefällt die Orchestrierung beider Modi: neue Möglichkeiten für den Klienten zu explorieren und diese dann auch auszuschöpfen. Denn: So kreiert man zukunftsweisende Lösungen und schafft nachhaltige Wertbeiträge.

All about the benjamins – Gestaltungsspielräume der Selbstständigkeit

Hat man mit einem Projekt beim Klienten eine echte Veränderung erwirkt und Sichtbarkeit beim Vorstand erlangt, entsteht häufig der Wunsch, die Zusammenarbeit fortzusetzen. Dies kann die Umsetzung der bereits entwickelten Strategie betreffen oder auch die Weiterarbeit an strategischen Fragestellungen. Ist man von der Zukunftsfähigkeit der Agenda des Klienten überzeugt, stellt ein solches Angebot eine gute Möglichkeit für den Schritt in die Selbstständigkeit dar. Persönliche Freiheit, faire Partizipation an den Einnahmen, Selbstbestimmtheit, Verwirklichung der eigenen Werte sowie schnelleres Wachstum sind wesentliche Vorteile der Selbstständigkeit. Zu Beginn bedarf es vielleicht eines überdurchschnittlichen Maßes an Mut, so etwa wenn man in der Pitch-Situation gegen weitaus erfahrenere, ältere, lautere und männliche Wettbewerber anzutreten hat. Doch man lernt schnell, dass sich kluge Konzepte und innovative Ideen durchsetzen. Stellt man das Team für ein Projekt zusammen, kann man sein Netzwerk an ehemaligen Beraterkolleg:innen nutzen.

Inhaltlich besteht kein Unterschied zur Projektarbeit in der Festanstellung. Natürlich ist man stärker in der Eigenverantwortung, das gilt für die Projektarbeit, aber auch für die fachliche Weiterbildung. Da gerade zu Beginn intensives Sparring zu Themen wie Leadership wichtig ist, sollte man sich bereits früh Mentor:innen suchen, mit denen man Karriereschritte gemeinsam vorbereiten und reflektieren kann. Auch die Erstellung eines Learning-Portfolios kann sinnvoll sein, um die eigene Weiterentwicklung im Einklang mit den Projektanforderungen voranzutreiben.

Neben der Freiheit bei der Projektauswahl war für meinen Schritt in die Selbstständigkeit außerdem entscheidend, dass ich meine Expertise nun auch in anderen Kontexten als zuvor in der Festanstellung einsetzen kann, etwa bei der Arbeit für institutionelle Klienten, NGOs, Start-ups und VCs.

Abschließend möchte ich Consulting-Interessierten noch Folgendes mit auf den Weg geben: Die Strategieberatung ermöglicht es, in kürzester Zeit an einer großen Themenvielfalt in unterschiedlichen Branchen zu arbeiten. Diese Chance sollte man wahrnehmen, um die eigene Wunschkarriere zu designen und diese entsprechend den individuellen Stärken und Zielen aufzubauen und auszugestalten, sei dies bei einem großen Beratungshaus, einer Strategieboutique oder in der Selbstständigkeit.

Julia Rottammer

Senior Consultant bei Roland Berger

Strategieberatung und Purpose: Unternehmen auf ihrem Weg zur Klimaneutralität beraten

Als ich mein Bachelorstudium in Management & Technology an der TU München angefangen habe, wusste ich noch nicht einmal, dass es Unternehmensberatungen gibt. Als erste Studierende an einer Universität in meiner Familie wurde nie wirklich über Business-Themen gesprochen.

Das änderte sich jedoch schnell, als ich im dritten Semester zu einer studentischen Unternehmensberatung in München gekommen bin. Dort lernte ich nicht nur tolle Leute kennen, sondern wirkte auch bei ersten Kundenprojekten mit. In kleinen Teams durfte ich u. a. zwei Mittelständler bei ihrer Vertriebs- und Marketingstrategie sowie bei Prozessoptimierungen beraten. Ich konnte damals viele verschiedene Blickwinkel auf die Unternehmenswelt kennenlernen und endlich mein trockenes Uni-Wissen praktisch anwenden. Es machte wirklich Spaß, im ambitionierten Team an innovativen Themen zu arbeiten. Ab da war für mich klar: Das möchte ich weiterverfolgen.

Nach verschiedenen Praktika in Start-ups und in der Industrie konnte ich 2016 ein Beratungsprojekt in Singapur mitgestalten, auf das ich mich initiativ beworben hatte. Dort unterstützte ich bei der Go-to-market-Strategie einer großen Versicherung und bei einer Produktstrategie für ein Healthcare-Unternehmen in Japan. Es war sehr bereichernd, so viele verschiedene Themenbereiche in so kurzer Zeit zu sehen und dabei immer wieder aus meiner Komfortzone rausgehen zu müssen. Danach wusste ich: Meinen Berufseinstieg möchte ich in einer großen Strategieberatung machen.

Bei einem Recruiting-Event bin ich dann auf Roland Berger aufmerksam geworden, die mich bei ihrem Flagship-Event „The Pitch" überzeugen konnten (Tipp: Solche Events gibt es mittlerweile viele. Es lohnt sich an einigen teilzunehmen, um verschiedene Arbeitgeber kennenzulernen). Nachdem ich meinen Master in Management mit Fokus auf Digital Business an der IE Business School in Madrid abgeschlossen hatte, bin ich dort im Bereich Digital eingestiegen.

#Digital: mit vollen Segeln in See stechen

Der Arbeitsalltag in einer großen Strategieberatung unterscheidet sich weniger als man denkt von der studentischen Beratung, wenn auch natürlich das Level an Professionalität und Internationalität deutlich höher ist. Im Rahmen meiner Beratungstätigkeit konnte ich Digitalisierungsthemen in den unterschiedlichsten Industrien kennenlernen. Die Themen reichten vom digitalen Plattformaufbau für einen Schraubenhersteller in den Niederlanden über die Erstellung einer digitalen Customer Journey für einen Tankkartenhersteller bis hin zur Einführung eines Zugangssystems für die digitale Patientenakte einer großen deutschen Krankenkasse. Letzteres stellte eine der größten Digitalrevolutionen der letzten Jahre im deutschen Gesundheitssystem dar. Mit hochmotivierten Kolleg:innen habe ich im Team gemeinsam an Problemlösungen gefeilt und konnte schon früh Verantwortung übernehmen, zum Beispiel indem ich dem Management Projektergebnisse vorgestellt habe. Außerdem war ich in ganz Europa unterwegs und habe insbesondere das Reisen sehr genossen.

#Nachhaltigkeit: die Segel neu setzen
Doch dann kam die Covid-19-Pandemie. Mein „normaler" Beratungsalltag war für zwei Jahre komplett auf den Kopf gestellt. Die Pandemie hat mich zum Nachdenken gebracht, und nach zweieinhalb Jahren im Digital-Bereich war für mich klar, dass ich meine Segel neu setzen wollte. Während der Lockdowns beschäftigte ich mich intensiv mit den Themen Klimawandel und Nachhaltigkeit und entschied mich daher für einen internen Wechsel in den Bereich Infrastructure mit dem Fokus auf Climate Action & Sustainability.

Der Wechsel war zu Anfang natürlich eine Herausforderung: Auch wenn ich das mir angeeignete Methodenwissen transferieren konnte, musste ich mich in das neue, komplexe Themengebiet erst einmal einlernen. Aber auch hier galt wie so oft im Leben: Man lernt nie aus, und am Schluss ist Motivation der Schlüssel zum Erfolg! Von neuen Herausforderungen sollte man sich nicht abschrecken lassen.

Erste Erfolge im neuen Themengebiet stellten sich dann auch schnell ein. So habe ich im November 2021 den Auftritt meines Beratungshauses auf der Weltklimakonferenz (COP26) in Glasgow federführend mitorganisiert und half kurz darauf einem großen nordeuropäischen Energieanbieter mithilfe einer Wasserstoff- und Methanolstrategie, die nationalen Dekarbonisierungsziele im Straßen- und Schiffstransport zu erreichen. Das war sehr spannend und hat mir gezeigt, dass die thematische Neuausrichtung meiner Beratungstätigkeit die richtige Entscheidung war.

#MakeAnImpact: als Beraterin Veränderungen aktiv mitgestalten
Früher dachte ich immer, man kann nur per Ehrenamt etwas Gutes für die Welt und Gesellschaft tun. Mittlerweile habe ich gelernt: Das ist nicht der Fall! Die Vorstandsetagen großer Unternehmen haben die Wichtigkeit von Nachhaltigkeit verstanden, und als Unternehmensberater:in hat man so die Chance, das Topmanagement auf dem Weg zur Klimaneutralität zu unterstützen. Der Klimawandel betrifft jedoch natürlich nicht nur (Privat-)Unternehmen. Berater:innen helfen auch öffentlichen Institutionen, ja ganzen Ländern (!), auf dem Weg zu Net Zero.

Auch intern nehmen wir das Thema mittlerweile sehr ernst. So wird zum Beispiel auf nachhaltige Reisemöglichkeiten wie den Zug gesetzt und von Firmenwagen mit Verbrennungsmotoren auf den Elektroantrieb umgestellt. Hier sollten auch weitere Unternehmen mitziehen, denn: Damit wir so nah wie möglich an der 1,5-Grad-Erderwärmung bleiben und nicht signifikant darüber hinauskommen, müssen alle Unternehmen solche Schritte gehen.

Ich bin sehr glücklich, dass ich meine Interessen, den Klimaschutz sowie die Strategieentwicklung, in meiner Tätigkeit als Unternehmensberaterin vereinen kann. Rückblickend habe ich sehr von meinem Wechsel aus dem Beratungsbereich Digitalisierung zur Klima- und Nachhaltigkeitsberatung profitiert. Das Wichtigste ist wohl, sich selbst treu zu bleiben und seine Bedürfnisse und Wünsche klar und deutlich zu kommunizieren. Nur dann kann sich auch etwas verändern.

Alexander Keil

Associate
bei Boston
Consulting Group

(seit Mai 2022)

Ein „Sprung ins kalte Wasser" – mein Projektstart und die ersten Tage als Berater

In der Unternehmensberatung ist es üblich, dass kein Tag wie der vorherige ist. Dass dies jedoch bereits ab dem zweiten Arbeitstag gelten kann, hat mich dann doch überrascht. Während meine Kolleg:innen die ersten Wochen im Institut verbrachten, einem kurzen Ausbildungsprogramm, bevor es auf das erste Kundenprojekt geht, wurde ich schon am zweiten Tag nach dem Einstieg bei meinem ersten Arbeitgeber, einer großen Managementberatung, auf ein Projekt besetzt. Ich bin direkt zum Kundenstandort gereist, habe mich den vielen Projektkolleg:innen vorgestellt und bin in die ersten Meetings und Themen eingetaucht. Dass mich sogar eines der Vorstandsmitglieder direkt zu Beginn sprechen und auf dem Projekt begrüßen wollte, hat mich sehr beeindruckt und ist mir bis heute im Kopf geblieben.

Auf dem Projekt, einem umfassenden Digitalisierungs- und Transformationsprojekt, war es von nun an meine Aufgabe, Präsentationen und Analysen für die regelmäßigen Steering-Comittee-Sitzungen sowie für die Partner-Meetings und weitere Termine abzustimmen und zu erstellen. Zudem unterstütze ich bei der Durchführung von Workshops zur Entwicklung von Zielprozessen sowie bei der Planung der Implementierungsaktivitäten. Im Rahmen dieser Aufgaben hatte ich sehr schnell direkten Zugang zu Kolleg:innen aus dem Management, was zugleich sehr spannend und zu Beginn auch durchaus herausfordernd war.

Wie man sich als Einsteiger:in von Beginn an einbringen kann

Als junger Consultant erscheint es oftmals schwierig, sich in Terminen und Workshops mit erfahrenen Kolleg:innen einzubringen. Ich erinnere mich, dass gerade zu Anfang unglaublich viele Eindrücke auf mich einprasselten, ich viele Personen kennenlernte und erst einmal einen Weg finden musste, um „mitschwimmen" zu können. Um beim Kunden möglichst schnell positiv herauszustechen und zu zeigen, dass ich einen Mehrwert für das Projekt darstelle, habe ich hohe Einsatzbereitschaft und Motivation gezeigt und mich schnell in die verschiedenen Themen eingearbeitet.

Als direkter Support für einen Key Stakeholder des Projekts hatte ich schon sehr früh die Möglichkeit, mit entscheidungstragenden Personen auf Kundenseite zu interagieren. Auch wenn dies natürlich sehr spannend und lehrreich war, brachte es auch die Herausforderung mit sich, dass ich in diesem Umfeld möglichst schnell einen sichtbaren Mehrwert schaffen musste. Sehr geholfen hat mir dabei die Erkenntnis, dass meine Vorschläge und Denkanstöße von erfahrenen Kundenmitarbeiter:innen geschätzt wurden und ich dadurch den Respekt hochrangiger Entscheider:innen auf Kundenseite gewinnen konnte.

Um in Meetings in diesen Runden einen sichtbaren Beitrag zu leisten, gibt es bestimmte Ansatzpunkte, die ich für mich zu nutzen versuchte, um damit eine proaktive Attitüde zu zeigen. Gerne möchte ich diese mit anderen Einsteiger:innen teilen: Zunächst kommt es aufgrund des hohen Termindrucks regelmäßig vor, dass einige Meeting-Teilnehmer:innen die Meetingunterlage vorher noch nicht gelesen haben. Wenn man selbst jedoch die wichtigen Informationen und Zahlen aus der Unterlage im Kopf hat, bietet sich häufig die Möglichkeit, mit einem kurzen Briefing oder einer

Erklärung einzuspringen. Außerdem sollte man es versuchen, potenzielle Kundenfragen bereits vor dem Meeting zu antizipieren, um gute Antworten oder weitere Unterlagen parat zu haben. Aus meiner Erfahrung heraus helfen diese Ansätze jungen Berater:innen, durch gute Vorausschau und Vorbereitung positiv aufzufallen und sich für weitere Aufgaben zu empfehlen.

Der richtige Umgang mit Stress und Drucksituationen

Durch meinen „Sprung ins kalte Wasser“ auf ein Projekt, das trotz Pandemie größtenteils vor Ort verlief, habe ich direkt das echte Beraterleben kennengelernt. Neben den langen Arbeitstagen mit engen Deadlines, regelmäßigen Reisezeiten und vielen Hotelübernachtungen, die eine gewisse Grundanspannung erzeugen, habe ich in meinem ersten Jahr auch einige Momente erlebt, in denen das Verhältnis und die Kommunikation mit dem Kunden deutlich rauer und konfrontativer wurde, als ich es bislang aus meiner Ausbildungszeit gewohnt war. Verständlicherweise kommt es in der Projektarbeit auch mal dazu, dass unvorhergesehene Entwicklungen eintreten, Deadlines gerissen werden oder unerwartete Abhängigkeiten entstehen, was zu sehr angespannten Situationen führen kann. Teilweise wurde es dabei so emotional, dass Kolleg:innen aus meinem Team oder auch ich selbst beruhigend und souverän eingreifen mussten, um das hohe Maß an Emotionalität auszugleichen. In solchen Momenten versuchte ich mir abzuschauen, wie meine erfahrenen Kolleg:innen reagieren und wie sie das Gespräch durch besonnene Fragen auf eine für alle Seiten gewinnbringende Lösung zusteuerten. Auch im Umgang mit dem hohem Erwartungs- und Zeitdruck habe ich in meinem ersten Jahr bereits viel dazulernen können. Das klare Priorisieren nach Dringlichkeit und Wichtigkeit sowie das Setzen eines Zeitlimits für einzelne Aufgaben hat mir dabei sehr geholfen. Zudem habe ich mir bei allen „Deliveries“ vor Abgabe eine Art Review-Prozess angewöhnt, der es mir ermöglicht, einen hohen Qualitätsstandard zu halten.

Was ich in meinem ersten Jahr in der Unternehmensberatung gelernt habe

Wenn ich heute auf mein erstes Berufsjahr zurückblicke, habe ich das Gefühl, in vielerlei Hinsicht enorm viel gelernt zu haben und an den Herausforderungen gewachsen zu sein. Neben einer hohen Einsatzbereitschaft und Motivation ist es zum Karrierestart in der Beratung wichtig, sich ein Netzwerk und gute Beziehungen zum Kunden aufzubauen. Da man als Berater:in bei Kundenprojekten auf viele verschiedene Charaktere sowie Arbeits- und Denkweisen trifft, hat man einen großen Vorteil, wenn man weiß, wie man diesen am besten begegnet. Es macht mir Spaß, mich auf die unterschiedlichen Persönlichkeiten einzustellen, mit ihnen ein funktionierendes Set-up zu finden und auch die mögliche Ablehnung von Veränderungen auf Kundenseite aufzulösen.

Besonders in den ersten Monaten hatte ich immer Sorge, dem Kunden Fragen zu stellen oder etwas nicht zu wissen. Als Berater sollte ich ja eigentlich die Person mit dem Lösungsansatz und der passenden Antwort sein. Allerdings habe ich die Beobachtung gemacht, dass es kein Problem, sondern vielmehr ein positives Zeichen ist, wenn man gute Fragen stellt und dadurch Denkanstöße gibt.

Ich blicke auf ein sehr spannendes und lehrreiches erstes Jahr in der Beratung zurück und freue mich auf weitere Jahre in diesem abwechslungsreichen Arbeitsumfeld.

Zwischen Milchpulver und Milliarden

Daniel Lentfer

Senior Consultant bei Integration Consulting

Wenn man über Work-Life-Balance und familienfreundliche Branchen nachdenkt, kommt einem die Beratungsbranche wohl nicht unbedingt als Erstes in den Sinn. Auch ich hatte bei meinem Einstieg in die Unternehmensberatung nicht gedacht, dass sich der Job gut mit meinem Verständnis von Familienleben kombinieren lässt. Aber wie so oft im Leben lohnt sich ein zweiter, genauerer Blick. Heute kann ich sagen, dass ich meinen Traumjob mit meiner Rolle als Vater von zwei Kindern gut miteinander kombinieren kann.

Einstieg in die Beratung

Zur Beratung bin ich eher zufällig gekommen. Nach einem Bachelor in Politikwissenschaft habe ich zunächst für verschiedene Nichtregierungsorganisationen (NGOs) politische Kampagnen entwickelt und organisiert. Um Hintergründe über ökonomische Zusammenhänge und rechtliche Regelungen, z. B. der europäischen Währungsunion, noch besser zu verstehen, absolvierte ich parallel zu einer europaweiten Kampagne einen Master in empirischer Ökonomik und einen LL.M. in Wirtschaftsrecht. Schlussendlich reizte es mich, tiefere Einblicke in wirtschaftliche Zusammenhänge zu gewinnen. Daher entschied ich mich für den Einstieg in die Beratung. Sie ermöglichte es mir, mehr über Wirtschaft zu lernen und meine Fähigkeit, Menschen für Themen und die Projektarbeit zu begeistern, einzusetzen. Denn: Wie auch bei NGOs geht es in der Beratung darum, mit kleinen Teams große Wirkung zu erzielen.

Gerade zu Beginn meiner Karriere war das viele Reisen ein reizvoller Bestandteil des Jobs. Fünf Wochen Los Angeles hier, zwölf Wochen São Paulo dort – ich habe mich darauf gefreut, in den Flieger zu steigen und in globalen Teams aus verschiedenen Büros, weltweit zusammenzuarbeiten. Das änderte sich aber ...

Eine neue Gleichung

Die Prioritäten im Leben haben sich für mich mit der Geburt meines ersten Kindes verändert und so habe ich nach der Geburt eine 14-monatige Elternzeit genommen. Lange hatte ich überlegt, wie ich das Gespräch klug angehe, und mir die Reaktionen auf meine Ankündigung ausgemalt: Was würden andere dazu sagen? Auch wenn es normal sein sollte, dass Väter eine längere Elternzeit nehmen, ist es das leider (noch) nicht. Umso mehr hat es mich überrascht, wie positiv meine Entscheidung im Unternehmen, aber auch darüber hinaus aufgefasst wurde. Am meisten bestärkt hat mich die Reaktion von anderen Vätern, die sagten, sie hätten es rückblickend gerne genauso gemacht. So habe ich Diskussionen über Milliardenumsätze und globale Strategien, gegen Wickeltisch, Krabbelkurs und Milchpulver eingetauscht.

Meine Elternzeit war eine erfüllende Phase, die ich um nichts in der Welt missen möchte. Sie war auch eine sehr lehrreiche Zeit, aus der ich einiges mitgenommen habe: Wie setze ich Prioritäten, wenn das Kind endlich schläft (und es war oft schwer genug, es überhaupt zum Einschlafen zu bringen)? Wie finde ich die Balance zwischen meinen Bedürfnissen und denen anderer? Wie gestalte ich meinen Alltag in einem verlässlichen Rhythmus für das Kind, ohne in einen Trott zu fallen? Wie nehme ich mein Gegenüber ernst, auch wenn es irrational scheint? All dies sind Situationen, die mich in meiner neuen Rolle als Vater herausforderten und an denen ich gewachsen bin. Nicht zuletzt habe ich einiges an Gelassenheit gewonnen, was mir nun auch im Arbeitsleben dabei hilft, bei Unerwartetem einen kühlen Kopf zu bewahren.

Familienfreundliche Unternehmensberatung?

In der Elternzeit habe ich auch meine berufliche Situation hinterfragt: Passen Beratung, das viele Reisen und die immer wieder neuen Herausforderungen zu der Konstanz und Bindung, die ich meinen Kindern bieten möchte? Ich bin zurück in die Beratung gegangen! Nicht zuletzt auch, weil ich immer wieder die Möglichkeit hatte, mich mit meinen Kolleg:innen darüber auszutauschen und meine Bedenken zu benennen. Ich will Beratung und Familie unter einen Hut bringen, ohne zum Wochenendpapa zu werden. Auch durch Gespräche mit anderen Eltern in ähnlicher Situation habe ich gemerkt, wie wichtig ein Arbeitgeber ist, der auf individuelle Bedürfnisse von Mitarbeitenden eingeht.

Um meine Tätigkeit als Berater mit dem Familienleben in der Zeit vor Corona miteinander vereinbar zu machen, bin ich zunächst in einen Bereich gewechselt, der Projekte zum Thema Nachhaltigkeit unterstützt. So konnte ich weiter an Projekten arbeiten, war aber nur punktuell direkter Ansprechpartner für Kunden und musste weniger vor Ort sein.

Corona, eine Chance!

Wo früher von Berater:innen erwartet wurde, vor Ort zu sein, haben Videokonferenzen Einzug erhalten. Wo früher selbstverständlich für eine Stunde Gespräch geflogen wurde, werden heute virtuelle Lösungen evaluiert. Ich glaube nicht, dass Video-Calls persönliche Interaktionen ersetzen können, aber sie können diese ergänzen. Diese neue hybride Arbeitswelt ist eine große Chance für die Vereinbarkeit von Beruf und Familie. Sie ermöglicht es, dass globale Teams näher zusammenrücken und dennoch flexibel bleiben. Wenn ich von zu Hause oder remote mit globalen Projektteams zusammenarbeite, kann ich meinen Tagesablauf selbst passend gestalten. Ich kann zum Beispiel die Kinder von der Kita abholen und dann abends weiterarbeiten, wenn die Kinder schlafen. Wenn es die Meetings erlauben, fange ich morgens um 7 Uhr an und mache dafür früher Feierabend. Diese Flexibilität weiß ich sehr zu schätzen.

Zum Abschluss möchte ich allen denjenigen, die sich wie ich eine Karriere in der Beratung sowie eine Familie wünschen, noch folgende drei Dinge mit auf den Weg geben, die für eine gute Vereinbarkeit von Beratung und Familie aus meiner Erfahrung heraus essenziell sind:

1. eine gelebte Unternehmenskultur, in der neben der Arbeit der Einzelne mit seinen Bedürfnissen eine zentrale Rolle spielt
2. ein Denken in Ergebnissen, nicht in Präsenzkultur
3. einen Spirit des Vertrauens und Ermöglichens statt Konkurrenzdenken

Diese drei Faktoren, gepaart mit den Möglichkeiten der hybriden Arbeitswelt, erlauben es mir und sicher auch vielen anderen, tagtäglich Verantwortung und Zeit für meine Kinder zu haben und gleichzeitig meine Karriere in der Unternehmensberatung zu verfolgen.

Sarah Heincke

Consultant
bei McKinsey

Optionen getestet, Beratung gewählt

Vor meinem Ingenieurwissenschaftsstudium an der TU Dresden war mir nicht bewusst, dass ich einmal Beraterin werden möchte. Doch während meines Studiums habe ich in der studentischen Unternehmensberatung echte Projekte von Unternehmen mitbegleitet und mir wurde klar: Das möchte ich auch nach meinem Studium machen. Heute bin ich Beraterin, weil der Job nie langweilig wird. Jeden Tag warten neue spannende Herausforderungen auf mich und meine Teams. Ich kann meinen Karriereweg flexibel nach meinen Interessen gestalten und lerne gleichzeitig so schnell, wie ich es mir in kaum einem anderen Beruf vorstellen könnte.

Verschiedene Industrien und Themenbereiche in kurzer Zeit – das bietet die Unternehmensberatung.

Für mich war es sehr wichtig, mir bereits vor meinem Einstieg ein Bild von der Beratungstätigkeit zu machen. Der Beruf ist aus meiner Sicht nämlich besonders und unterscheidet sich von anderen. In meiner Zeit in der studentischen Unternehmensberatung habe ich an Kongressen teilgenommen und mich mit berufstätigen Berater:innen der deutschlandweit bekanntesten Unternehmensberatungen ausgetauscht. Besonders spannend fand ich, dass es auf persönlicher Ebene mit vielen Berater:innen schnell gepasst hat. Um auszuprobieren, ob mir ein anderer Weg nicht doch besser gefallen würde, habe ich auch Praktika in klassischen Industrien absolviert, zum Beispiel in der Automobilbranche. Mir wurde allerdings immer mehr bewusst: Die Vielfalt und Schnelllebigkeit in der Unternehmensberatung passen gut zu mir. Ich wollte verschiedene Industrien und Themenbereiche in kurzer Zeit kennenlernen - genau das bietet die Unternehmensberatung.

Kein gewöhnlicher Beruf, aber genau das, was ich will.

„Arbeitsalltag" ist bei mir nicht der richtige Begriff, denn jeder Tag sieht anders aus. Wir arbeiten als Team an den Herausforderungen, und der Ansatz dafür sieht immer anders aus, je nach der aktuellen Herausforderung des Klienten. Das kann die Arbeit an Excel-Modellen beinhalten oder auch das Führen von Interviews. In der Regel startet mein Tag zwischen 8 und 9 Uhr mit einem internen Check-in im Projektteam, anschließend folgen Meetings mit dem Klienten, mit dem wir auf operativer Ebene zusammenarbeiten. Dabei handelt es sich um inhaltliche Meetings mit verschiedenen Mitarbeiter:innen, Expert:innen-Interviews oder Workshops. Dazwischen haben wir teaminterne Problem-Solving-Sessions mit unseren Kolleg:innen, in denen wir die nächsten Schritte besprechen. Danach bleibt Zeit für die Konsolidierung aller neuen Erkenntnisse, zum Beispiel in einer Präsentation, die wir regelmäßig mit dem Klienten teilen.

In meinem Beruf höre ich nie auf, mich weiterzuentwickeln.
Auf persönlicher Ebene helfen mir der Austausch mit meinem Team und das Teilen von Erfahrungen. Zusätzlich gibt es zahlreiche Coaching- und Weiterbildungsmöglichkeiten bei McKinsey. Ich habe zum Beispiel eine Partnerin als Mentorin, die mich bei der individuellen Gestaltung meiner Karriere unterstützt. Gleichzeitig können wir virtuell oder in persona Trainings absolvieren, die zu unserer persönlichen Entwicklung und unseren beruflichen Zielen passen. Es gibt auch die Möglichkeit, professionelle Coaches in Anspruch zu nehmen. Meine eigene Entwicklung würde ich jedoch auch der Arbeit an den Projekten zuschreiben. Durch die stetig wechselnden Herausforderungen habe ich mich wahnsinnig schnell entwickelt. Dabei werde ich immer von erfahrenen Projektleiter:innen und Partner:innen unterstützt, die schon jahrelange Erfahrung auf den jeweiligen Gebieten haben.

**Dynamik und Hilfsbereitschaft –
deshalb habe ich mich für die Beratung entschieden.**
Für mich zeichnet sich die Beratung, so wie ich sie bei meinem aktuellen Arbeitgeber kennengelernt habe, durch die unglaubliche Dynamik aus, die durch die Menschen entsteht, die hier zusammenarbeiten. Ich finde es toll, dass ich jede:n Mitarbeiter:in in der Firma – völlig unabhängig von Standort oder Berufserfahrung – einfach anschreiben und um Hilfe bitten kann. Es herrscht eine wirklich wertschätzende und hilfsbereite Atmosphäre. Außerdem finde ich es klasse, dass es mit vielen Kolleg:innen auf Anhieb klickt. Wir verstehen uns super und können auch über private Dinge sprechen. Über alle Kolleg:innen gibt es etwas Spannendes und Neues zu erfahren, sei es die Leidenschaft, in der Freizeit Möbel zu restaurieren oder Sportschuhe zu sammeln.

Wer steten Herausforderungen trotzen will, schnell persönlich wachsen möchte und wenig Stillstand bei der Arbeit sucht, ist perfekt für den Beruf als Berater:in geeignet. Um herauszufinden, ob dieser Beruf der perfekte Fit ist, habe ich drei Tipps: der direkte Austausch mit Unternehmensberater:innen, das Sammeln von praktischen Erfahrungen und das Austesten von anderen Optionen.

Jan-Sebastian Hovest-Engberding

Associate Partner bei Porsche Consulting

„New Work" in der Beratung – Auswirkungen von Covid-19 auf den Beraterjob

Die Covid-19-Pandemie stellt für viele Berufsfelder einen Einschnitt mit nachhaltigem Einfluss dar, so auch für die Beratung. Der Beginn der Pandemie war von Unsicherheit, Risiko- und Kostenkontrolle und einer schnellen, teils hastigen Umstellung auf virtuelle Zusammenarbeit gekennzeichnet. Es folgten wirtschaftliche Erholung, zunehmende Arbeitsbelastung und Kündigungsquoten, aber auch Veränderungsinitiativen. Anfang 2022 kann man feststellen, dass Covid-19 viele auch überfällige Veränderungen beschleunigt und das Berufsbild Beratung dauerhaft verändert hat.

Der Beginn der Pandemie – ein Rückblick
Der erste Lockdown im März 2020 war ein starker Einschnitt. Laufende Projekte, bereits gebuchte Hotels und Flüge, geplante Kunden-Meetings und Teamaktivitäten wurden von heute auf morgen obsolet. Zunächst einmal überwogen die Sorgen, ob (1) die aktuellen Projekte überhaupt fortgesetzt würden, da viele Kunden aufgrund der Unsicherheiten kurzfristig ihre Budgets einfroren und Projekte stoppten, (2) alle zugesagten Projektergebnisse im veränderten Arbeits-Setup innerhalb der geplanten Zeitleiste und mit der erwartbaren Qualität geliefert werden können, (3) sich die Teamdynamik und gelebte Kultur, die das Rückgrat für gute Arbeitsergebnisse und Mitarbeiterzufriedenheit sind, aufrechterhalten lassen, (4) absehbar neue Projekte akquiriert werden können und welche Implikationen dies für Neueinstellungen und Teamentwicklung hat und nicht zuletzt, ob (5) sich virtuelle Zusammenarbeit umsetzen und effizient gestalten lässt.

Ab dem zweiten Post-Covid-Arbeitstag kam zu den Sorgen zunächst die Erkenntnis, dass die Pandemie auch ihre Vorzüge hat. Morgens länger schlafen, aufgrund entfallender Anreisen, die eigene Kaffeemaschine, mittags selber kochen und gesünder essen, zwischendurch die Möglichkeit für ein kurzes Stretching oder sogar Work-out und abends bei der Familie sein. In Summe mehr Effizienz bei der Arbeit und dennoch mehr Zeit für Familie und Hobbys. Doch die Vorzüge der Effizienz hatten und haben ihre Schattenseiten. Mangels Reisezeiten und einer einfachen Verortung aller Kolleg:innen im Homeoffice wurden die Outlook-Kalender schnell von 8 bis 20 Uhr ohne nennenswerte Unterbrechungen durchgebucht. Die Frequenz und Länge von Calls – auch für relativ nichtige Themen – nahm rasant zu. Je nach Größe der Wohnung und Anzahl der Familienmitglieder konnte die so schöne Nähe insbesondere in den Stoßzeiten zur Belastung werden und sogar dazu führen, dass man die Stimme der dauertelefonierenden Partner:in abends nicht mehr hören konnte. Zudem entstanden, je nach digitaler Ausstattung, von der Internetverbindung bis zur Hardware teils extreme Ineffizienzen – von hakeligen Video-Calls zu überlasteten Rechnern.

So sollte mein erstes „Covid-Projekt" auch eines der intensivsten der letzten Jahre werden. Neben umfangreichen Abstimmungsschleifen mit dem Team, das an verschiedenen Orten Deutschlands saß und an unterschiedlichen Workstreams arbeitete, wurden auch die üblichen internen Themen in zahlreiche virtuelle Meeting-Formate überführt. In der Spitze bedeutete dies Calls von 8 bis 22 Uhr und inhaltliche Arbeit danach. Die Hoffnung auf eine baldige Rückkehr zur alten Normalität wuchs täglich und wurde verstärkt, als ab dem dritten Quartal 2020 die Geschäftslage in nahezu allen Beratungen anzog. Die Arbeitsbelastung nahm dramatisch zu, denn nicht nur wurde weiterhin ein durchgetakteter virtueller Meeting-Tag kultiviert, sondern die zu Beginn der Pandemie weit verbreiteten Einstellungsstopps und das teils schleppende Anlaufen der Recruiting-Maschinerie, taten ihr Übriges. Die zunehmende Aus- und Belastung führte zu einer industrieübergreifend erhöhten Kündigungswelle und somit zu einer sich weiter verstärkenden Belastung für die verbliebenen Kolleg:innen.

Ausgleiche in Form von zusätzlichem Urlaub, Freizeitangeboten oder Sonderzahlungen unterschieden sich je nach Beratung deutlich. Dies galt auch für Versuche, durch weitestgehend virtuelle Veranstaltungen und Trainingsangebote die Motivation zu steigern. Der Schlüssel zum Erfolg war ein ehrliches Bestreben, allen Mitarbeitenden maximale Flexibilität und gleichzeitig eine professionelle Arbeitsumgebung zu ermöglichen sowie Wege aus der dauerhaften Erreichbarkeit zu garantieren. Zusammen mit erneuten Investitionen in persönliche Events (meist in kleiner Runde), Neueinstellungen und Gratifikationen konnten für viele (aber definitiv nicht alle) Berater:innen zumindest die größten Problemfelder des digitalen Arbeitens überwunden werden.

Nachhaltige Veränderung des Beraterallltags nach der Pandemie – ein Ausblick

Obwohl das Leitprinzip „Client First" auch nach der Pandemie in der Beratung Bestand haben wird, hat Covid-19 die Consulting-Branche nicht nur temporär, sondern nachhaltig verändert und einige bereits bestehende Trends verstärkt:

1. Das „Geschäftsmodell Consulting", welches von seiner Teamdynamik und Präsenzkultur lebte, ist nicht mehr alternativlos.
2. Die Ansprüche der Mitarbeitenden, z. B. an Arbeitsplatzflexibilität, Vergütung oder Vereinbarkeit von Arbeit und Privatem sind auch außerhalb der Generation Z gestiegen und zu einem neuen Standard geworden.
3. Kundenerwartungen und die Akzeptanz bisher wenig hinterfragter Standards (z. B. Vor-Ort-Präsenz inkl. hoher Reisekosten) haben sich stärker in Richtung der Endergebnisse orientiert. Dies erschwert zum einen die Kundenbindung, lässt aber zum anderen mehr Möglichkeiten, eigene Aufgaben selbstbestimmter zu organisieren.

Anfang 2022 ist die Nachfrage nach Berater:innen sehr hoch und der Wettbewerb um die besten Talente intensiver denn je. Beratungen konkurrieren hier mit anderen Professional Service Firms, aber auch mit den großen Tech-Konzernen und wieder vermehrt mit klassischen Unternehmen, die eine ausgewogene Work-Life-Balance versprechen. Daher haben die meisten Beratungen ein neues attraktives Umfeld und Anreize geschaffen, um Mitarbeiter:innen zu halten und neue zu gewinnen. Solche Anreize umfassen z. B. die Einführung von „New Work"-Modellen mit weniger Vor-Ort-Präsenz, mehr zeitliche Selbstbestimmung von Berater:innen auf allen Levels, optimierte IT-Ausstattung für Flexibilität ohne Qualitätseinbußen, die Ausweitung von Trainings und Events sowie deutlich gestiegene Gehälter und sonstige Benefits.

Letztlich hat die Beratungsbranche in den letzten zwei Jahren zahlreiche notwendige Reformen durchgeführt und ist so zu einer (noch) attraktiveren Branche geworden. Die Beratung bleibt ein Berufsfeld mit überdurchschnittlichen Arbeitszeiten, aber auch überdurchschnittlich steiler Lernkurve und Verdienstmöglichkeit. Eine deutlich erhöhte Flexibilität und level-übergreifende Selbstbestimmung sowie stärkere Anerkennung von Work-Life-Bedürfnissen treten an die Stelle von ausufernder Reisetätigkeit und Face-Time. So kann ich der Pandemie nach zwei sehr anstrengenden Jahren in Hinblick auf die Beratungsbranche etwas Gutes abgewinnen.

6. Unternehmensporträts

Arthur D. Little GmbH

Standorte in Deutschland: Frankfurt am Main, München

Standorte weltweit: 43 Büros in Europa, Nord- und Südamerika sowie Asien

Tätigkeitsschwerpunkte: Managementberatung für multinationale Konzerne und mittelständische Unternehmen in den Themenschwerpunkten Automotive Mobility, Healthcare & Life Sciences, Energy & Utilities, Travel & Transportation, Financial Services, Operations Strategy & Transformation, Strategy & Organization, Technology & Innovation Management und Telecommunications, Information Technology, Media & Electronics

Beschäftigte weltweit: ca. 1.200

Geplante Neueinstellungen 2023: Arthur D. Little nimmt gemäß der positiven Geschäftsentwicklung monatlich Neueinstellungen vor. Wir sind aktiv auf der Suche nach Hochschulabsolvent:innen und Mitarbeiter:innen mit ein bis drei Jahren Berufserfahrung. Praktikant:innen sind jederzeit herzlich willkommen.

Arthur D. Little zählt seit 1886 zu den Innovationsführern in der Consulting-Branche und ist ein global aufgestelltes Unternehmen. Diese Internationalität ist im täglichen Projektgeschäft deutlich spürbar und ermöglicht unseren Berater:innen den Einsatz an unseren weltweiten Standorten. Unser internationales Trainingsprogramm, On-the-Case-Coachings und regelmäßige Assessments geben unseren Berater:innen die Möglichkeit, sich sowohl fachlich als auch persönlich stetig weiterzuentwickeln.

ARTHUR D LITTLE

The Squaire 13
60600 Frankfurt am Main
www.adlittle.com

Nasim Asmar
Human Resources
+49 175 5806-177
careers.ce@adlittle.com

Warum Arthur D. Little? Arthur D. Little ist die weltweit älteste Strategieberatung. 135 Jahre Erfahrung helfen uns dabei, unsere Kunden fit für die Zukunft zu machen. Unser Beratungsansatz ist einzigartig: Gemeinsam mit Großunternehmen und mittelständischen Kunden arbeiten wir side-by-side und nutzen unser internationales Open-Consulting-Netzwerk. Auf diese Weise entstehen originelle und pragmatische Lösungen. Mit einer leistungsstarken Kombination aus Kreativität und Rigorismus verbinden wir Menschen, Technologie und Strategie. Dieses Vorgehen gibt uns ein klares Profil und lässt sowohl unsere Kunden als auch unsere Mitarbeiter:innen den Unterschied in der Zusammenarbeit mit uns erleben.

Was zeichnet Ihre Unternehmenskultur aus? Arthur D. Little zeichnet sich durch eine offene Unternehmenskultur mit flachen Hierarchien inklusive Duz-Kultur aus, in welcher viel Wert auf die persönliche und berufliche Weiterentwicklung einer jeden einzelnen Person gelegt wird. Bei uns steht der Mensch im Mittelpunkt. Wir unterstützen unsere Mitarbeiter:innen durch aktives Mentoring auf ihrem Karriereweg und fördern den Teamzusammenhalt durch regelmäßige Teamevents und gemeinsame Office-Aktivitäten.

Was erwarten Sie in fachlicher/persönlicher Hinsicht? Wir suchen offene, authentische Persönlichkeiten mit einem ambidextrous Mindset, die Spaß an innovativen Projekten und der Zusammenarbeit im Team sowie mit dem Kunden haben. Wir erwarten überdurchschnittliche analytische und konzeptionelle Fähigkeiten, Kreativität, Durchsetzungsvermögen, Innovationsfähigkeit und eine hohe Eigenmotivation. Unsere Mitarbeiter:innen sind Teamplayer:innen und haben Freude an neuen Herausforderungen.

Welche Karrieremöglichkeiten gibt es? Bei Arthur D. Little gibt es grundsätzlich fünf Karrierestufen: Business Analyst, Consultant, Manager, Principal und Partner (jeweils w/m/d). Auf einer Karrierestufe verbringen unsere Mitarbeiter:innen in der Regel drei Jahre. Bei herausragenden Leistungen gibt es auch die Möglichkeit eines Fast Tracks bei der die Zeit auf einer Karrierestufe um ein gewisses Maß verkürzt werden kann.

Welchen Studienhintergrund haben Ihre Beschäftigten? Unsere Mitarbeiter:innen haben einen sehr guten Studienabschluss (Bachelor und/oder Master) und Interesse an wirtschaftlichen Themen und Fragestellungen. Wir möchten unsere Teams divers gestalten und sind aus diesem Grund jederzeit offen für Studiengänge mit einem anderen fachlichen Schwerpunkt. Allerdings setzen wir ein stark ausgeprägtes Interesse an wirtschaftswissenschaftlichen Inhalten voraus.

Dr. Sabine Kaiser

Jahrgang 1990

Consultant im Bereich Technology & Innovation Management

Gemeinsam machen wir den Unterschied

Während meines wirtschaftswissenschaftlichen Studiums habe ich mir oft Gedanken darüber gemacht, welchen beruflichen Weg ich einschlagen möchte. Schon früh kam die Idee auf, später in einer Strategieberatung zu arbeiten. Nach dem Masterabschluss entschied ich mich jedoch zunächst für eine Promotion im Bereich strategisches Management, speziell zum Themengebiet der „Business Ecosystems". Während der Promotion habe ich am Lehrstuhl gearbeitet und früh festgestellt, dass ich mir eine akademische Laufbahn auf Dauer nicht vorstellen kann. Also habe ich mich erneut in Richtung Beratung orientiert. Parallel zur Promotion machte ich so den Einstieg in die Branche als Werkstudentin bei Arthur D. Little.

Warum Arthur D. Little?

In der Zeit als Werkstudentin bei Arthur D. Little merkte ich schnell, dass ich hier die Arbeit an strategisch relevanten und zukunftsträchtigen Themen mit der Zusammenarbeit in einem Team aus inspirierenden und motivierten Kolleg:innen verbinden kann. Die perfekte Mischung also! Die Themen, mit denen sich ADL beschäftigt, sind stets aktuell und von neuen Technologien getrieben. Die Projekte sind enorm abwechslungsreich, und vor allem der teamorientierte, offene und freundschaftliche Umgang zwischen den Kolleg:innen ist kaum zu übertreffen. So habe ich mir den idealen Berufsalltag immer vorgestellt. Neben der beruflichen steht auch die persönliche Weiterentwicklung im Fokus. ADL bietet sämtliche Rahmenbedingungen, um früh Verantwortung für eigene Themen zu übernehmen – schon in meiner sehr junioren Rolle konnte ich Ideen einbringen und Themen aktiv mitgestalten. So war ich beispielsweise für Research und Analysen im Automobilsektor verantwortlich und durfte bei der Digitalisierungsstrategie für ein Medizintechnikunternehmen mitwirken.

In den letzten Zügen meiner Promotion habe ich mich auch über Einstiegsmöglichkeiten in anderen Beratungen informiert und wollte herausfinden, welche Alternativen sich mir bieten. Trotz vielfältiger Optionen war jedoch schnell für mich klar: Die spannenden Projekte, aber vor allem der respektvolle, fast familiäre Umgang und das großartige Miteinander im gesamten Team bei ADL sind nicht selbstverständlich und machen einen enormen Unterschied aus. Hier passt eben auch die menschliche Komponente. Aus diesem Grund habe ich mich nach meiner Tätigkeit als Werkstudentin für den Festeinstieg als Consultant bei Arthur D. Little entschieden.

Das macht die Arbeit bei Arthur D. Little für mich besonders

Meiner Meinung nach zeichnet sich ADL durch eine herausragende Kultur aus. Sowohl in der Zusammenarbeit mit den Kunden als auch innerhalb des Unternehmens wird eine offene Feedbackkultur gelebt und aktiv Kreativität und Innovation gefördert. Ab dem ersten Tag steht man mit dem Kunden im Austausch und übernimmt eigene Aufgabenbereiche innerhalb eines Projekts mit einem hohen Grad an Verantwortung. Auf diese Weise leistet man sowohl beim Kunden, als auch bei internen Themen sofort einen wichtigen Beitrag für den Erfolg des Unternehmens und kann das Arbeiten bei ADL mitgestalten. Ich habe aktiv beim Aufbau unserer „Female Community" mitgewirkt, in der wir Events und Trainings speziell für weibliche Kolleginnen organisieren. Wichtig ist aber vor allem, dass einem die Freiheit gegeben wird, sich für Initiativen zu engagieren, für die man sich selbst interessiert. Darüber hinaus werden auch die Stärken und Interessen der Mitarbeiter:innen individuell gefördert, sodass man sich neben Consulting-Trainings auch zu anderen Themen weiterbilden kann.

ARTHUR D LITTLE

MAKE THE DIFFERENCE AT ARTHUR D. LITTLE

Dr. Sabine Kaiser
Consultant
Frankfurt

"

Arthur D. Little zeichnet sich durch eine herausragende Unternehmenskultur aus. In der Zusammenarbeit mit dem Kunden und innerhalb des Unternehmens lebt ADL eine offene Feedbackkultur und fördert Kreativität und Innovation.

Mehr Informationen über Arthur D. Little und Deine Einstiegsmöglichkeiten findest Du unter www.adlittle.com. Bei Fragen kontaktiere gerne unser Talent Acquisition Team unter careers.ce@adlittle.com .

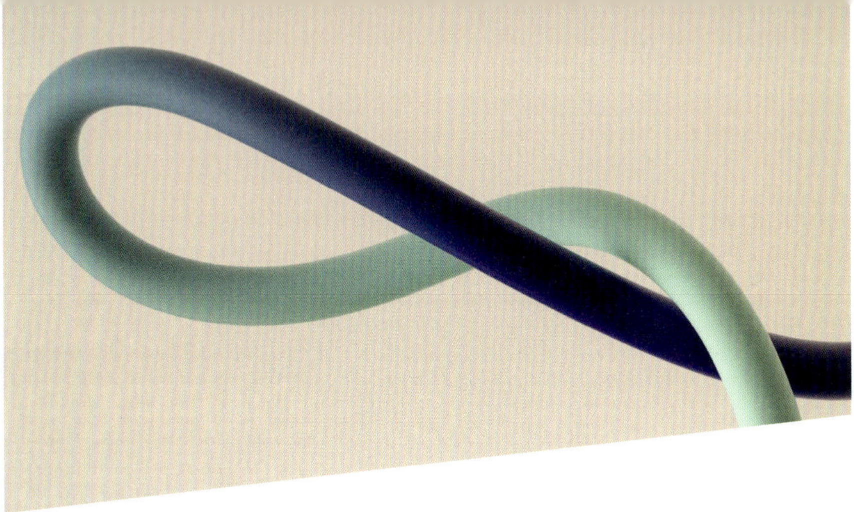

Atruvia AG

Standorte in Deutschland: Karlsruhe, Münster, München, Frankfurt am Main, Berlin

Tätigkeitsschwerpunkt: interne Topmanagementberatung der Atruvia AG

Beschäftigte in Deutschland: 4.600
davon im Bereich Strategie
und Inhouse Consulting: 20

Geplante Neueinstellungen 2023:
Berater:innen: 10
Praktikant:innen: 4

Atruvia Inhouse Consulting ist die interne Strategie- und Managementberatung der Atruvia AG. Atruvia beschäftigt mehr als 4.600 Mitarbeiter:innen. Gemeinsam erwirtschaften sie einen jährlichen Konzernumsatz von rund 1,77 Milliarden Euro. Gestalte mit uns die Zukunft einer der größten Bankengruppen Deutschlands. Werde Teil unseres motivierten Teams. Unterstütze mit anspruchsvoller Beratungsleistung Atruvia bei der Entwicklung der digitalen Lösungen für das Banking von morgen. Starte mit uns deinen Karriereweg bei Atruvia in der Genossenschaftlichen FinanzGruppe. Wir verbinden. Füreinander.

ATRUVIA

GAD-Straße 2–6
48163 Münster
www.atruvia.de/karriere

Çağla Doğancı
Servicefeld Unternehmensstrategie
+49 170 3623345
cagla.doganci@atruvia.de

Was zeichnet die Unternehmenskultur von Atruvia aus? Wir sind stolz, Teil der Genossenschaftlichen FinanzGruppe zu sein. Wir fühlen uns der genossenschaftlichen Idee „Was einer alleine nicht schafft, das schaffen viele“ verpflichtet. Dieser Grundgedanke prägt eine vertrauensvolle, respektvolle und ehrliche Zusammenarbeit innerhalb von Atruvia und im Inhouse Consulting in besonderem Maße. Die enge und vertrauensvolle Kooperation mit unseren Kolleg:innen im gesamten Konzern ist ein wesentlicher Erfolgsfaktor und Grundlage für den Mehrwert, den wir leisten.

Wie sieht das Projektportfolio konkret aus? Das Atruvia Inhouse Consulting ist Teil des Bereichs Unternehmensstrategie. Dadurch haben unsere Projekte oftmals direkten Bezug zur Strategie und sind stark konzeptionell geprägt. Umsetzungsprojekte begleitet das Inhouse Consulting, wenn sie für das Unternehmen von strategischer Bedeutung sind. Das Projektportfolio gestaltet das Inhouse Consulting in gemeinsamer Diskussion mit dem Vorstand und dem verantwortlichen Managementteam.

Was wird von Bewerber:innen in fachlicher/persönlicher Hinsicht erwartet? Du liebst ein dynamisches Umfeld und gehst lösungsorientiert an immer neue Herausforderungen heran. Du begeisterst dich für digitale Transformation und neue Trends, hast Spaß daran, im Team zu arbeiten und kreative Lösungen für komplexe Fragestellungen im Banking zu finden. Wir starten gerade mit einem kleinen Team und wollen stark wachsen. Dafür benötigen wir Top-Talente, die Lust haben mitzugestalten!

Warum sollten Bewerber:innen gerade bei Atruvia einsteigen? Wir begleiten strategische Projekte – von der Idee bis zur Umsetzung. Wir haben dadurch einen direkten Impact auf das Unternehmen und sehen die Ergebnisse unserer Projekte in Wirkung. Das unterscheidet uns von einer externen Beratung. Wir arbeiten dabei immer vertrauensvoll und Hand in Hand mit den Entscheider:innen des Konzerns. Das agile Zusammenarbeitsmodell von Atruvia und flache Hierarchien ermöglichen dir früh einen großen Gestaltungsspielraum in den Projekten im Inhouse Consulting. Deine persönliche Entwicklung ist ein wesentliches Ziel unserer Zusammenarbeit.

Wie sieht die Work-Life-Balance aus? Die Werte unseres vertrauensvollen und respektvollen Miteinanders spiegeln sich auch in der Arbeitszeitgestaltung wider. Natürlich gibt es in jedem Projekt unterschiedliche Belastungsphasen. Aber durch unser Arbeitszeitmodell ist ein Ausgleich und die Vermeidung dauerhafter Überlastungssituationen sichergestellt. Außerdem ist uns bewusst, dass die individuelle Lebensphase eine flexible Arbeitszeitgestaltung erforderlich machen kann. Darauf stellen wir uns gemeinsam mit dir ein.

Welchen Studienhintergrund haben Beschäftigte im Atruvia Inhouse Consulting? Wir sind überzeugt vom Mehrwert interdisziplinärer Teams und von den kreativen Ideen, die daraus entstehen. Im Atruvia Inhouse Consulting sind Absolvent:innen der Wirtschaftswissenschaften ebenso vertreten wie aus der (Wirtschafts-)Informatik oder Mathematik. Wir freuen uns auf deine Bewerbung – unabhängig vom Studienhintergrund.

Dr. Lea Mergemeier

Senior Management Consultant

Im Inhouse Consulting Strategie erlebbar machen und Transformation gestalten

Nach meiner Promotion im Bereich Wirtschaftswissenschaften war ich zunächst einige Jahre in der Strategiearbeit eines international agierenden Unternehmens tätig. Auf der Suche nach einer neuen, spannenden Herausforderung bin ich zum noch jungen Atruvia Inhouse Consulting gestoßen. Atruvia hat im Rahmen einer strategischen Neuausrichtung die Transformation zu einer agilen, cross-funktionalen Organisation gestartet. Das heißt: flache Hierarchien, ein Mehr an Geschwindigkeit und eine nachhaltige Unterstützung unserer Kunden als Digitalisierungspartner. Hier finde ich ein dynamisches Umfeld, wo ich zugleich proaktiv gestalten kann – wie gemacht für mich. In strategischen und transformatorischen Projekten kann ich meine Skills optimal einbringen und mich stets weiterentwickeln.

Mein Start ins Consulting war direkt ein Start in die Projektarbeit

Nach einem kurzen Onboarding und Kennenlernen meiner neuen Kolleg:innen bin ich mit meinem ersten Projekt gestartet. So konnte ich schon nach wenigen Wochen mit unserem Topmanagement sowie Kolleg:innen aus der gesamten Unternehmensgruppe zusammenarbeiten – eine sehr bereichernde Erfahrung. Neben der innovativen Arbeit am Banking von morgen wird die Stärke der engen Zusammenarbeit im Verbund der Genossenschaftlichen FinanzGruppe direkt spürbar. Das Atruvia-Motto „Wir verbinden. Füreinander." wird hier gelebt.

Mehrere Standorte – ein Team

Unser Team ist über die Hauptstandorte Karlsruhe und Münster verteilt, und wir arbeiten überwiegend virtuell oder hybrid zusammen – insbesondere zum Zeitpunkt meines Starts, als die Covid-19-Pandemie noch sehr präsent war. Nichtsdestotrotz konnte ich nach und nach meine Kolleg:innen im Team persönlich kennenlernen und die verschiedenen Standorte besuchen. Insgesamt ist Atruvia an fünf Standorten (Münster, Karlsruhe, München, Frankfurt am Main, Berlin) deutschlandweit vertreten. Durch unsere neuen Büroflächen mit Desk-Sharing, modernen Thinktanks und smarten Konferenzräumen wird ein noch agileres und kreatives Arbeiten ermöglicht – eine perfekte Umgebung für unser Inhouse Consulting. Neben der Projektarbeit gehört es für uns dazu, dass wir auch in regelmäßigen gemeinsamen Teamevents zusammenwachsen und Erfolge feiern.

Inhouse Consulting – eine Perspektive mit Zukunft

Meine Erwartungen haben sich bisher mehr als erfüllt. Der Karrierepfad im Inhouse Consulting bietet ein optimales Entwicklungsfeld mit individuell zugeschnitten Entwicklungspfaden.

Unser Inhouse Consulting hat einen klaren Wachstumskurs. Dadurch kann ich in diesem dynamischen Stadium aktiv mitgestalten – das ist ein tolles Privileg, welches mir viel Freude bereitet. Ich trage dazu bei, ein Umfeld zu gestalten, in dem meine aktuellen sowie zukünftigen Kolleg:innen und ich gerne arbeiten sowie ihr volles Potenzial entfalten können. Wir treiben dieses Ziel gemeinsam voran, ganz nach dem genossenschaftlichen Motto: „Was einer alleine nicht schafft, das schaffen viele."

ATRUVIA
Ein Business Case
ist für dich kein
Gepäckstück?
Dann bist du bei uns richtig!
Gestalte mit dem Atruvia Inhouse Consulting das Banking von morgen. Das Atruvia Inhouse Consulting ist die interne Top-Management-beratung der Atruvia AG. Wenn du nicht nur auf dem Schachbrett Stratege bist und du Lust auf ein inspirierendes Team hast, dann sind wir dein Karrieresprungbrett und Partner für deine Zukunft. Wir verbinden. Füreinander.
atruvia.de

BearingPoint GmbH

Standorte in Deutschland: Berlin, Düsseldorf, Frankfurt am Main, Hamburg, Leipzig, München, Stuttgart, Walldorf

Standorte weltweit: 41 Standorte in 23 Ländern

Tätigkeitsschwerpunkt:
Management- und Technologieberatung

Beschäftigte in Deutschland: 1.583

Beschäftigte weltweit: 4.648

Geplante Neueinstellungen 2023:
Wir wachsen kontinuierlich und suchen laufend sowohl Absolvent:innen und Young Professionals als auch erfahrene Consultants.

NEW Consulting starts with YOU:
BearingPoint ist eine unabhängige Management- und Technologieberatung mit europäischen Wurzeln und globaler Reichweite. Wir bieten Beratung, die Strategie mit Technologie vereint und verbinden Unternehmertum mit Innovationsgeist. Zu unseren Kunden gehören viele der weltweit führenden Unternehmen und Organisationen. Mit unserem tiefgreifenden Branchen-Know-how und unserer fachlichen Kompetenz verstehen und berücksichtigen wir die individuellen Bedürfnisse unserer Kunden – und helfen ihnen so, ihre Ziele zu erreichen.

BearingPoint®

Speicherstraße 1
60327 Frankfurt am Main
www.bearingpoint-careers.de

Ingeborg Gottschalk
Managerin Recruiting
+49 800 0001824
professionals@bearingpoint-careers.de

Was bietet BearingPoint seinen Talenten? Mit BearingPoint entscheidest du dich für spannende, abwechslungsreiche Projektarbeit bei internationalen Kunden, tägliches Lernen und vielfältige Entwicklungsmöglichkeiten. Neben einer individuellen Karriereplanung und einem attraktiven Vergütungsmodell findest du mit unseren Work-Life-Balance-Angeboten zudem viele Möglichkeiten, deine beruflichen und privaten Interessen und Wünsche ganz flexibel in Einklang zu bringen.

Wer passt gut zu BearingPoint? Zu unseren Teams gehören Kolleg:innen mit unterschiedlichen Fachhintergründen, die Branchenkenntnisse mit fachlicher und technischer Expertise vereinen. Zu uns passen daher ausgeprägte Teamplayer:innen mit hoher Motivation, Flexibilität und Kreativität. Neben überdurchschnittlichen Leistungen in Schule und Studium solltest du dabei anspruchsvolle Praktika, Auslandserfahrung, sehr gute Deutsch- und Englischkenntnisse sowie uneingeschränkte Mobilität mitbringen. Zudem sind analytische und konzeptionelle Fähigkeiten sowie Kommunikationsstärke gefragt.

Wie verläuft der Bewerbungsprozess? Wir stellen das ganze Jahr über neue Mitarbeitende ein, sodass keine bestimmten Fristen zu beachten sind. Gerne kannst du dich jederzeit online über unser Karriereportal bewerben. Für Berufseinsteigende findet nach absolviertem Online-Test der Career Day statt. In Gruppen durchläufst du verschiedene Übungen und stellst deine analytischen und sozialen Kompetenzen unter Beweis. Dabei wollen nicht nur wir dich persönlich und fachlich besser kennenlernen, sondern auch du selbst hast die Gelegenheit, dir ein Bild von uns und unserem Unternehmen zu machen. Bei erfolgreichem Bestehen erwartet dich dann ein Interview, in dem du deine potenziellen Vorgesetzten und weitere Berater:innen kennenlernst.

Wie sieht der Berufseinstieg bei BearingPoint aus? An unserem monatlich stattfindenden New Member Day erhältst du als Neueinsteiger:in einen Überblick über unser Geschäftsmodell, unsere Arbeitsweisen, Methoden und Tools. Anschließend wirst du von deinem „Onboarder" und deiner persönlichen Tutorin oder deinem persönlichen Tutor willkommen geheißen. Außerdem steht dir ein:e Karrierementor:in zur Seite, welche:r dir wertvolle Ratschläge zu deiner Laufbahnplanung gibt und in regelmäßigen Abständen deine Entwicklung mit dir bespricht. Einen tieferen Einblick in unsere interdisziplinäre Arbeitsweise bekommst du im Rahmen unserer einwöchigen Be.School. Hier erlebst du die BearingPoint-Kultur, erfährst mehr über unser internationales Netzwerk und bearbeitest mit Neueinsteiger:innen aus aller Welt verschiedene Case Studies. Nach diesem Einstieg wartet schon dein erster Projekteinsatz auf dich.

Was zeichnet die Personalentwicklung von BearingPoint aus? Internationale und nationale Trainings qualifizieren dich systematisch für den Beratungsalltag sowie die nächste Karrierestufe und ergänzen das On-the-Job-Lernen. Das Angebot reicht von der Be.School-Einführungswoche bis hin zum Training für erfahrene Manager:innen an der Yale-Universität. Die Aus- und Weiterbildung ist dabei fokussiert auf fachliche und technische Kompetenzen, methodische Kenntnisse sowie Soft Skills. Deine individuelle Entwicklung ist uns sehr wichtig. Unser Führungszielbild Empower to Inspire bietet dazu den Raum für die Entwicklung des Einzelnen, inspiriert durch Vernetzung und Wertschätzung und hat die nachhaltige Entwicklung von BearingPoint im Blick.

Olivia Doering

Jahrgang 1994

Business Consultant

Inside BearingPoint: Olivia berichtet

Als Business Consultant im Bereich Operations bei BearingPoint unterstütze ich Kunden bei der Optimierung von Geschäftsprozessen entlang der Supply Chain sowie der Implementierung von neuen Prozessen und Systemen. Dabei bin ich branchenübergreifend unterwegs und begleite Projekte in der Automobil- sowie Konsumgüterindustrie.

Welcome @ BearingPoint

Zu BearingPoint bin ich nach meinem Masterstudium an der Universität Mannheim gekommen. Ausschlaggebend bei der Entscheidung für BearingPoint waren hierbei die fachliche Kombination aus Management- und Technologieberatung sowie der freundliche Umgang während des Bewerbungsprozesses. Trotz meines Einstiegs knapp vor Beginn der Pandemie fiel es mir durch die angebotenen Trainings und den informellen Austausch leicht, mich in die Unternehmenskultur einzuleben und Kontakte zu knüpfen. Die Unternehmenskultur bei BearingPoint zeichnet sich durch Freundlichkeit und Offenheit untereinander und gegenseitige Unterstützung aus. Beispielsweise erhält jede:r neue Kolleg:in einen Buddy an die Seite, die oder der als informelle:r Ansprechpartner:in bei allen Fragen unterstützt.

Shaping (y)our future @ BearingPoint

Spannend war für mich beim Einstieg die Aussicht auf vielfältige Projektthemen. Im Bereich Operations setzen wir uns mit der Komplexität globaler Trends und Krisen und deren Auswirkungen auf die Wertschöpfungsketten auseinander. Wir beschäftigen uns beispielsweise mit der Digitalisierung von Prozessen entlang der Supply Chain, mit technischen Umstellungen und der Implementierung von innovativen Lösungen. Einen großen Themenblock bei unseren Projekten stellen die SAP S/4HANA Transformationen dar. Durch die gezielte Förderung von Innovationen hat BearingPoint unter anderem auch eigene Software Assets, wie den BearingPoint Inventory Navigator zur Optimierung von Beständen oder den BearingPoint Emissions Calculator zur Messung von CO_2-Fußabdrücken, entwickelt, und implementiert diese erfolgreich bei Kunden. Ich selbst bin im Bereich Vertriebs- und Distributionsprozesse mit Fokus auf SAP S/4HANA sowie im Themenbereich rund um die Supply-Chain-Planung unterwegs. Abseits der Projektarbeit unterstützt uns BearingPoint dabei, Soft Skill-, fachliche oder auch methodische Trainings zu absolvieren – so konnte ich in den vergangenen Jahren beispielsweise die Scrum-Master-Prüfung für agiles Projektmanagement sowie SAP-Zertifizierungen abschließen.

(Kick-)Start your career @ BearingPoint

In der Beratung ist oft kein Tag wie der nächste und jedes Projekt bringt neue Herausforderungen und Learnings mit sich. Darauf müssen sich Berater:innen einstellen und sollten die nötige Neugier und Motivation mitbringen. Ebenso essenziell ist es, ein gutes Netzwerk aufzubauen. Dies erleichtert nicht nur den Start, sondern verschönert auch den Arbeitsalltag und eröffnet neue Perspektiven.

BearingPoint®
NEW
STARTS
WITH
YOU
Your perspective.
Your career.
www.bearingpoint-careers.de

BwConsulting
Die Inhouse-Beratung der Bundeswehr

Standorte in Deutschland:
Köln (Hauptstandort), Berlin

Tätigkeitsschwerpunkte: methodische und fachliche Beratung des Verteidigungsressorts in den Themenfeldern Strategie & Steuerung, Prozesse & Organisation, Projektmanagement

Beschäftigte in Deutschland: ca. 200

Geplante Neueinstellungen 2023: 20

Nicht nur anspruchsvoll, sondern auch sinnvoll – das zeichnet unsere Arbeit aus. Denn als Inhouse-Beratung der Bundeswehr unterstützen wir die strategischen, leitungsrelevanten Projekte des Verteidigungsministeriums. Unsere Beraterinnen und Berater bringen ihre methodische und fachliche Expertise unmittelbar in wichtige gesellschafts- und sicherheitspolitische Themenfelder ein. So treiben wir Veränderungen im Verteidigungsressort voran, fördern dessen nachhaltige Weiterentwicklung und tragen zum erfolgreichen Management vielfältiger Projekte bei.

bwconsulting

Ferdinand-Porsche-Straße 1a
51149 Köln
www.bwconsulting.de

Felix Eckstein
Personalabteilung
+49 151 23220532
Felix.Eckstein@bwconsulting.de

Worin unterscheidet sich BwConsulting von seinen Wettbewerbern? Wir beraten das Verteidigungsressort inhouse und bringen so unser Know-how unmittelbar in dessen herausfordernde Themen ein – das macht uns einzigartig und ist sinnstiftend für unsere Arbeit. Dabei setzen wir auf Kontinuität: Unserem Personal bieten wir eine „Stay and grow"-Perspektive statt des sonst weit verbreiteten Up-or-Out. Nach unserer Meinung ist dies für die Systemkenntnis einer professionellen Inhouse-Beratung extrem wichtig.

Was zeichnet die Unternehmenskultur von BwConsulting aus? Beratung ist People Business – dieser Überzeugung folgen wir auch nach innen. Das drückt sich durch flache Hierarchien und den hohen Stellenwert von Teamorientierung in den Projekten, ebenso wie durch transparente Entscheidungen, eine unternehmensweite Duz-Kultur und durch die Berücksichtigung persönlicher Entwicklungslinien beim Projekt-Staffing aus. Zudem gibt es keine Denkverbote, mit Fehlern gehen wir wertschöpfend um. Außerdem haben wir mit unserer „Multiplikatoren-Gruppe" ein permanentes Sounding-Board mit Vertreter:innen aller Unternehmensteile.

Wie sieht das Projektportfolio konkret aus? Unser Projektportfolio ist top-priorisiert und wird unmittelbar von der Leitung des Verteidigungsministeriums festgelegt. Es umfasst eine Vielzahl von Gestaltungsfeldern – von Planungs- und HR-Fragen über die Prozess- und Organisationsentwicklung bis hin zu den Herausforderungen der Digitalisierung und Cybersicherheit. Aktuelle Projekte befassen sich u. a. mit Digitalisierungsstrategien, Rüstungs- und Nutzungsmanagement sowie Kulturentwicklung.

Kann man bei BwConsulting auch während des Studiums Erfahrungen sammeln? Ja, wir bieten hierzu die Möglichkeit zu Praktika oder Werkstudium an unseren Standorten in Köln und Berlin an. Während des Masterstudiums besteht zudem die Möglichkeit, im Rahmen unseres Masterandenprogramms Master@BwConsulting eine Abschlussarbeit in Zusammenarbeit mit uns zu schreiben. Aus der Erfahrung heraus empfehlen wir eine Bewerbung frühestens zum Ende des Bachelorstudiums, für ein Gap Year oder vor bzw. während des Masterstudiums und mit einer Dauer von mindestens drei Monaten.

Wie läuft das Bewerbungsverfahren bei BwConsulting ab? Idealerweise übermittelst du uns deine Bewerbung online über unsere Website. Solltest du dich für ein Praktikum oder eine Werkstudierendentätigkeit interessieren, laden wir dich bei entsprechender Passung zu einem digitalen Kennenlerngespräch ein, welches in der Regel mit zwei Mitarbeitenden des Beratungsbereichs stattfindet. Interessiert du dich für den Einstieg als (Senior) Consultant, laden wir dich bei entsprechender Eignung zu einem unserer Recruiting Days ein, die in Abhängigkeit vom aktuellen Pandemiegeschehen vor Ort oder online stattfinden: Hier möchten wir dich in mehreren Einzelgesprächen besser kennenlernen, mit dir über klassische Beratungsthemen sprechen und dich mit unserem Unternehmen näher vertraut machen. Bei einem Mittagessen mit unseren jungen Beraterinnen und Beratern kannst du zudem in ungezwungener Atmosphäre deine offenen Fragen klären – und im Idealfall endet der Tag mit einem Vertragsangebot für dich.

Fabian Brunner

Jahrgang 1992

Consultant

„Stay & Grow" als Teil der gelebten Unternehmenskultur

So bin ich zur Inhouse-Beratung der Bundeswehr gekommen

Auf die BwConsulting aufmerksam geworden bin ich während meines Masterstudiums der Politikwissenschaft und der Internationalen Beziehungen bei einer klassischen Online-Recherche. Da ich bereits Praktika im Auswärtigen Amt, der neuseeländischen Botschaft sowie eine Werkstudierendentätigkeit in der Bundestagsverwaltung absolviert hatte, erschien mir die Perspektive, die Beratung des öffentlichen Sektors kennenzulernen, äußerst reizvoll. Dieser erste Eindruck hatte sich nach meinen drei Monaten als Junior Fellow gefestigt. Danach gab mir die BwConsulting die Möglichkeit, bis zum Abschluss meines Masterstudiums als Werkstudent zu bleiben. In verschiedenen Projekten konnte ich so weitere praktische Erfahrung sammeln. Die vielseitigen Erfahrungen erleichterten mir dann auch den Einstieg als Consultant, da ich das Unternehmen und das Arbeitsumfeld bereits relativ gut kannte. Dass das Motto „Stay & Grow" bei der BwConsulting wirklich auch Teil der gelebten Unternehmenskultur ist, kann ich daher uneingeschränkt bestätigen.

Das macht die Arbeit bei der BwConsulting so besonders

Im Zusammenspiel mit den sehr guten Entwicklungsperspektiven für Studierende und Berufseinsteigende, würde ich die Orientierung am Gemeinwohl als für mich besonders bedeutsamen Aspekt meiner Arbeit bei der BwConsulting betrachten. Projekte mit dem öffentlichen Sektor und insbesondere mit dem Verteidigungsministerium empfinde ich als Politikwissenschaftler auch einfach spannender und sinnstiftender als Projekte mit rein privatwirtschaftlichem Fokus. An zentralen gesellschaftlichen Herausforderungen zu arbeiten, wie der Einsatzbereitschaft der Bundeswehr in geopolitisch angespannten Zeiten oder der Digitalisierung der Verwaltung, vereint für mich gesellschaftlichen Mehrwert mit persönlicher Weiterentwicklung und interessantem Praxisbezug. Dass man diesen Beitrag dann auch noch in interdisziplinären Teams, in denen Kolleg:innen aus unterschiedlichen Fachrichtungen ihre Expertise einbringen, leistet, führt am Ende zu einem spannenden Projektalltag.

Auf diese Weise werde ich in meiner Entwicklung unterstützt

Bereits als Fellow oder Werkstudierende:r bekommt man eigene Arbeitspakete zugewiesen und darf so früh Verantwortung für Produkte übernehmen. Dieser Anspruch kann besonders zu Beginn auch fordernd sein. Rückwirkend empfinde ich dies allerdings als ungemein fördernd. Gleichzeitig wird man nie alleingelassen, und bei Fragen oder Problemen fand ich immer ein offenes Ohr bei meinen Kolleg:innen. Ich bekam also schnell die Chance, mich wirklich einzubringen und war gleichberechtigter Teil des Teams. Auch die enge Zusammenarbeit mit den Kunden aus dem Ministerium und dem nachgeordneten Bereich ist überaus lehrreich. Darüber hinaus besteht in zahlreichen interaktiven Schulungen und in der Mitarbeit in projektübergreifenden Themenfeldern die Möglichkeit, sich fachlich und methodisch vielfältig weiterzubilden. Und auch die erfahrenen Mentor:innen unterstützen individuell beim Festlegen und Erreichen beruflicher Ziele. Insgesamt stehen einem bei der BwConsulting also zahlreiche Türen offen, sich in einem angenehmen Umfeld langfristig weiterzuentwickeln.

NIMM PLATZ, WENN DU IN ANDEREN MUSTERN DENKEN WILLST.

**BwConsulting.
Die Inhouse-Beratung der Bundeswehr.**

Die BwConsulting hat einen sehr speziellen Fokus: Als Inhouse-Beratung begleiten wir die strategischen Projekte des Verteidigungsministeriums und der Bundeswehr. Gemeinsam mit unseren Projektpartnern entwickeln wir Lösungen für komplexe Probleme, gestalten die notwendigen Veränderungen und denken die Zukunft unseres Ressorts.

www.bwconsulting.de/karriere

bwconsulting

CTcon GmbH

Standorte in Deutschland: Bonn, Düsseldorf, Frankfurt am Main, München

Tätigkeitsschwerpunkte: Managementberatung, Mangementtraining

Beschäftigte in Deutschland: 80

CTcon ist 1992 als Spin-off der WHU – Otto Beisheim School of Management in Vallendar bei Koblenz entstanden. CTcon begleitet das Management von der Analyse und der Konzeption bis zur Umsetzung und Verankerung von Strategien. Wir verbinden zielkonforme Steuerung und modernes Controlling zu einem umfassenden Ansatz. Mit individuellen Beratungs- und Trainingsleistungen stoßen wir nachhaltig wirksame Entwicklungen an. Erfahrung, Wissen und eine nach vorn gewandte Offenheit sind unsere wichtigsten Erfolgsfaktoren.

ctcon
MANAGEMENT CONSULTANTS

Burggrafenstraße 5
40545 Düsseldorf
karriere.ctcon.de

Julia Cedrati
Recruiting & Employer Branding
+49 211 577903-75
recruiting@ctcon.de

Was sind Ihre Kerngeschäftsfelder? CTcon bietet langjährige Expertise in den Geschäftsfeldern Managementberatung und -training. In der Beratung entwickeln wir in enger Zusammenarbeit mit unseren Kunden strategiekonforme Ansätze zur Unternehmenssteuerung und begleiten sie bei der maßgeschneiderten Umsetzung in Prozesse, Instrumente, Systeme und Anreizmodelle. Unser Beratungsspektrum reicht von der Analyse und Konzeption bis zur Implementierung. Im Geschäftsfeld Managementtraining bietet CTcon zusätzlich die Entwicklung und Durchführung von unternehmensspezifischen Qualifizierungsmaßnahmen, die Führungskräfte nachhaltig zu substanziellen Veränderungen bewegen und befähigen.

Was zeichnet Ihre Unternehmenskultur aus? Wenn Menschen einen hohen Anspruch an sich selbst, ihr Umfeld und ihre Arbeit haben, dann kann daraus etwas Besonderes entstehen. Es freut uns sehr, dass sowohl Bewerber:innen und Neueinsteiger:innen als auch langjährige Mitarbeiter:innen uns immer wieder eine außergewöhnliche Unternehmenskultur bestätigen. Wir sehen uns nämlich nicht nur als ein Team an der Tabellenspitze, sondern auch als eine eingeschworene Gemeinschaft, in der man mit Freude an Erfolgserlebnissen arbeitet. Unsere Kultur ist wesentlich für die professionelle Lebensqualität und Leistungsfähigkeit bei CTcon. Das ist es uns wert, intensiv daran zu arbeiten. Unter anderem mit regelmäßigen Befragungen, deren Ergebnisse mit dem gesamten Team diskutiert werden.

Wen suchen Sie genau? Im Team addieren sich Talente. In der richtigen Konstellation multiplizieren sie sich. Das ist unsere Idee von einem guten Team. Bei CTcon werden Projektgruppen mit Kompetenz und Fingerspitzengefühl für unterschiedliche Mentalitäten zusammengestellt. Uns geht es um die richtige Balance zwischen Generalist:innen und Spezialist:innen sowie Neueinsteiger:innen und erfahrenen Berater:innen, damit jedes Teammitglied individuelle Stärken einbringen und an jedem Projekt wachsen kann. Wenn Sie einen ausgezeichneten Universitätsabschluss haben und Auslandserfahrung mitbringen, wenn Sie ein:e starke:r Analytiker:in sind, unkonventionell denken, Menschen zusammenbringen können und auch noch ein guter Typ sind, dann finden wir den richtigen Platz für Sie in unserem Team.

Wie verläuft der Einstieg? Vertrauen ist eine der wichtigsten Arbeitsgrundlagen bei CTcon. Wir fördern Ihre Karriere vom ersten Tag an durch einen Coach, die oder der exklusiv für Sie den Überblick und die Erfahrung einer Senior-Projektleiterin bzw. eines Senior-Projektleiters einbringt – ohne Ihnen die Verantwortung abzunehmen. Als permanente:r Begleiter:in und Berater:in ist Ihr Coach projektübergreifend für Sie da. Ihr Coach unterstützt Sie in Ihrer täglichen Arbeit mit wertvollen Impulsen, stimmt sich mit der Projektleitung ab und bringt Sie auf diese Weise in Ihrer gesamten Entwicklung schnell und direkt auf den richtigen Kurs.

Fördern Sie im Rahmen der Weiterbildung ein MBA-Studium oder eine Promotion? Sollten Sie eine Promotion oder ein MBA-Studium anstreben, unterstützen wir Sie durch die engen Verbindungen zu unseren wissenschaftlichen Beiräten und im Rahmen unseres Fellow-Programms.

Paul Heintzenberg

Jahrgang 1990

Senior Consultant

Erfolgreich ist, wer mutig ist und eine eigene Meinung hat

Wie sieht Ihr beruflicher Werdegang aus?
Nach meinem Bachelor in BWL und Geografie an der LMU München bin ich zunächst für ca. zwei Jahre bei einer der Big Four eingestiegen. Nach einem daran anschließenden Master in International Management an der UvA in Amsterdam habe ich dann den Einstieg als Consultant bei CTcon gewählt. Der Charakter einer Boutiqueberatung mit klarer fachlicher Expertise, flachen Hierarchien und die Werte/Unternehmenskultur waren für mich die entscheidenden Argumente.

Wie haben Sie sich auf das Bewerbungsverfahren bei CTcon vorbereitet?
Ich habe mich intensiv mit CTcon und meinen Interviewpartner:innen auseinandergesetzt – neben dem Leistungsportfolio und den bedienten Branchen habe ich vor allem versucht, Informationen über die Unternehmenskultur zu erhalten und diese mit meinen eigenen Werten und Vorstellungen abzugleichen. Alles in allem hat CTcon einen super Eindruck hinterlassen, weshalb ich auch positiv und erwartungsfroh in die Interviews gehen konnte.

Würden Sie uns eine typische Frage aus Ihrem Bewerbungsverfahren verraten?
Eine Frage, die mir im Gedächtnis geblieben ist, war die nach meinen persönlichen Werten und was mich antreibt. Letztendlich habe ich auch hierdurch erfahren, dass ich eine große Schnittmenge mit dem habe, was CTcon ausmacht. Nur wenn diese Übereinstimmung gegeben ist, kann man langfristig erfolgreich sein.

Was sind Ihre drei Insidertipps zum Case-Interview?
Es gibt natürlich keinen allgemeingültigen Masterplan. Dennoch sind für mich drei Punkte von großer Bedeutung:
- Fokussiere dich auf das Wesentliche und bewahre Struktur in deiner Case-Lösung.
- Bewahre einen kühlen Kopf, auch wenn es stressig wird.
- Komm gut vorbereitet und sei mutig, deine Meinung zu sagen.

Was braucht man in der neuen digitalen Arbeitswelt, auf das man sich im Studium nicht vorbereiten kann, damit ein Projekt gelingt?
Mit der digitalen Transformation ist man als Berater:in täglich konfrontiert – sowohl im Rahmen einer internen Digitalisierungsagenda als auch in der Projektarbeit beim Kunden. Der Umgang mit Technologien wie RPA, Big Data oder Predictive Analytics ist dabei elementar. Ohne entsprechende Vorkenntnisse ist es daher von großer Bedeutung, Lernwillen zu zeigen sowie Lust und Offenheit, sich auf Neues einzulassen – nur so können gemeinsam mit dem Kunden die Chancen der Digitalisierung genutzt werden.

Welchen Karrieretipp haben Sie für angehende Beraterinnen und Berater?
Interessiert, neugierig und offen sein – das sind die wichtigsten Voraussetzungen, um als Berater:in erfolgreich zu sein. Letztendlich erfolgreich ist aber nur, wer mutig ist und seine eigene Meinung hat. Nur wer überzeugt von sich und dem eigenen Tun ist, kann auch Stakeholder in einem Projekt mitnehmen und somit eine erfolgreiche Beraterin bzw. ein erfolgreicher Berater sein.

Überraschen Sie uns mit mehr als einem Top-Abschluss. Dann überraschen wir Sie mit mehr als einer normalen Karriere.

Ein professionelles Zuhause: + 49 211 577 903-75

Sie haben einen der besten Abschlüsse und dann kommen wir und wollen auch noch überrascht werden? Ja! Von den anderen Seiten Ihres Lebens. Skills wie Kreativität, Enthusiasmus, Humor oder ein Unterhaltungstalent würden uns gefallen. Wir überraschen Sie dafür mit der Erfahrung, nicht als Anfänger, sondern als Aufsteiger in einem exzellenten Team zu beginnen.

CTcon ist die Top-Managementberatung für Unternehmenssteuerung. Unsere Klienten sind im DAX-40 und STOXX-50 notierte Konzerne sowie smarte Marktführer aus dem Mittelstand.

Für unsere vielseitigen Projekte suchen wir den richtigen Management Consultant (m/w/d) mit

- Ausgezeichnetem Universitätsabschluss
- Ökonomischem Hintergrund, idealerweise mit Vertiefung im Bereich Controlling/Finanzen
- Sehr guten Englischkenntnissen
- Analytischer und kommunikativer Stärke
- Unternehmergeist
- Hoher Sozial- und Teamkompetenz
- Begeisterung für digitale Transformation

Ihre Aufgaben

- Vertrauensvolle Zusammenarbeit mit unseren Klienten
- Ausarbeitung maßgeschneiderter Problemlösungen im Bereich Unternehmenssteuerung
- Entwicklung strategiekonformer Steuerungsansätze
- Umsetzung in Prozesse, Systeme und Anreizmodelle
- Übernahme erster Teilprojektverantwortung
- Mitarbeit an Querschnittsaufgaben

CTcon GmbH
Julia Cedrati | Recruiting und Personalmarketing
recruiting@ctcon.de | www.ctcon.de

Bonn | Düsseldorf | Frankfurt | München | Vallendar

ctcon
MANAGEMENT CONSULTANTS

PEOPLE. PASSION. PERFORMANCE.

DB Management Consulting

Standorte in Deutschland:
Berlin, Frankfurt am Main

Beschäftigte in Deutschland: ca. 100
(DB Management Consulting)

Beschäftigte weltweit: ca. 300.000
(DB-Konzern)

Geplante Neueinstellungen 2023:
Praktikant:innen pro Jahr: 50–60
Analyst:innen/Consultants: 5–8

Mit der Dachstrategie „Starke Schiene" setzt die Deutsche Bahn voll auf Wachstum im Personen- und Güterverkehr und den Ausbau der Kapazitäten. Denn Deutschland wird seine Klimaziele nur erreichen, wenn es im kommenden Jahrzehnt gelingt, massiv Verkehr auf die Schiene zu verlagern. Die Anzahl der Reisenden im Fernverkehr soll sich auf mehr als 260 Millionen pro Jahr verdoppeln. Statt heute 20 Millionen sollen künftig täglich 40 Millionen Menschen die Bahnhöfe der DB nutzen. Und bereits im Jahr 2038 wird das Unternehmen zu 100 Prozent mit Strom aus erneuerbaren Energien fahren. Bei DB Management Consulting sind wir maßgeblich in den Top-Projekten für die „Starke Schiene" beteiligt und beraten den DB-Vorstand und die Leitungen aller Geschäftsfelder bei der Entwicklung und Umsetzung wegweisender Mobilitäts- und Logistiklösungen.

Du möchtest einen Beitrag für nachhaltige Mobilität in Deutschland leisten und die Verkehrswende vorantreiben, denkst gerne strategisch voraus und bist ein echter Teamplayer? Dann bist du bei uns genau richtig.

DB

Kleyerstraße 19
60326 Frankfurt am Main
management-consulting.deutschebahn.com

Annette Wüllenweber
dbmc.karriere@deutschebahn.com

Warum sollten Absolvent:innen gerade bei DB MC einsteigen? Technische Innovationen, intelligente Transportsysteme und veränderte Bedürfnisse unserer Gesellschaft nach einer vernetzten grünen Mobilität – wir befinden uns inmitten eines epochalen Wandels, der großes Wachstumspotenzial für die Deutsche Bahn bietet. Bei DB Management Consulting sind wir maßgeblich in den Top-Projekten für die „Starke Schiene“ beteiligt. Im Auftrag des DB-Vorstands und der Geschäftsfeldleitungen entwickeln wir konzernweit wegweisende und tragfähige Lösungen für die Herausforderungen der Bahn und setzen sie wirksam um. Als interne Managementberatung der Deutschen Bahn bieten wir dir das Beste aus zwei Welten: Topmanagement-Beratung und die Möglichkeit, wie in keiner anderen Unternehmensberatung, Einblicke in die Welt eines internationalen Mobilitäts- und Logistikdienstleisters zu erhalten. Dabei arbeitest du in nächster Nähe zum Konzernvorstand, erhältst Verantwortung und knüpfst ein weitreichendes Netzwerk für deine weitere Karriere im Unternehmen.

Wie setzt sich das Projektportfolio zusammen? Wir sind konsequent auf die Geschäftsbereiche der Deutschen Bahn ausgerichtet und bringen die passende Funktional- und Methodenkompetenz mit, um dauerhaft erfolgreich zu sein. Mit einem Team aus 90 Berater:innen beraten wir Vorstände und Geschäftsfeldleitungen aller DB-Ressorts – vom Personen- und Güterverkehr bis zur Infrastruktur und Logistik. Unsere Projektvielfalt reicht von der Optimierung von Fahrzeugbeschaffungskonzepten im Regionalverkehr bis zur Strategiearbeit für die Digitale Schiene Deutschland. Als Inhouse-Beratung sind wir dichter dran am Kerngeschäft, an Entwicklungen und Trends der Mobilitäts- und Logistikbranche, allen Entscheidungsträgern und unseren Auftraggebern.

Unsere Arbeit muss nicht nur auf dem Papier bestehen: Wir unterstützen unsere Auftraggeber sowohl bei der Entwicklung von Strategien als auch bei der nachhaltigen Implementierung von Lösungen. Derzeit konzentrieren wir uns auf Projekte, die für die erfolgreiche Umsetzung der Konzernstrategie „Starke Schiene“ relevant sind und die Bahn robuster, schlagkräftiger und moderner werden lassen. Für eine robustere Aufstellung werden unter anderem mehr Kapazitäten im Personenverkehr durch den Einsatz modernster Technologien realisiert. Schlagkräftiger wird die Bahn durch eine Vereinfachung der gesamten Organisation und einer Vielzahl von (Prozess-)Abläufen. Moderner werden wir unter anderem durch einen schnelleren Takt im Personenverkehr und indem wir neue digitale Services für unsere Kunden entwickeln.

Welche Karriere-/Entwicklungsmöglichkeiten bietet DB MC? Als Talentschmiede für den Führungskräftenachwuchs des DB-Konzerns unterstützen wir dich von Anfang an zielgerichtet in deiner fachlichen und persönlichen Entwicklung. Du erhältst regelmäßig Feedback – sowohl direkt und informell als auch in Form von strukturierten Projektbeurteilungen. Mit deiner Practice-Leitung besprichst du regelmäßig deine individuellen Stärken, Entwicklungsfelder und -wünsche. Pro Jahr stehen dir zehn Schulungstage für Trainings, Kongresse und Coachings zur Verfügung. Nach einem erfolgreichen Karriereverlauf bei DB MC stehen dir viele Türen offen: 80 Prozent unserer Alumni verbleiben nach ihrem Werdegang bei DB MC in verantwortungsvollen Führungs- und Projektleiterpositionen im Konzern.

Wie sieht der Berufsalltag konkret aus? Je nach Projektsituation reist du zu Beginn der Woche mit der Bahn zum Standort deines aktuellen Projekts, welches in der Regel im Rhein-Main-Gebiet oder in Berlin angesiedelt ist. Dort arbeitest du im Projektteam beispielsweise an Analysen, holst die Sichtweise von Mitarbeitenden und Kunden ein oder bereitest Workshops und Abstimmungstermine vor. Freitags arbeiten wir in der Regel im Homeoffice.

Wie sieht die Work-Life-Balance aus? Unsere Flextime-Modelle bieten größtmögliche Flexibilität bei der eigenen Arbeitszeitgestaltung. Ob Homeoffice-Freitage, Sabbaticals oder Arbeiten in Teilzeit – gemeinsam finden wir für dich das passende Modell. Wir sind der festen Überzeugung: 100 Prozent geben geht nur, wenn es auch einen Ausgleich gibt. Uns ist wichtig, dass du ausreichend Zeit für Freizeit, Freundschaften und Familie hast. So bieten wir dir auf Wunsch beispielsweise bis zu 40 Urlaubstage oder Freizeitausgleichstage nach Projektspitzen an.

Natalie Edelmann, Senior Consultant: „Nach meinem Einstieg als Analystin wurde ich im Projekt in jeder Sekunde gefordert, meine Stärken einzusetzen und an meinen individuellen Entwicklungsfeldern zu arbeiten. In der Moderation von Terminen im Team und mit Kunden konnte ich schnell an Souveränität und Spontanität gewinnen."

Wer passt nicht zu DB MC? Ellenbogenmentalität ist bei uns fehl am Platz. Wir suchen leidenschaftliche und leistungsbereite Teamplayer, die Spaß an immer wieder neuen Herausforderungen haben und die Verkehrswende in Deutschland mitgestalten möchten. Zu uns passt, wer Kreativität mitbringt und unsere Auftraggeber und den Konzern voranbringen möchte.

Was sind die Einstellungskriterien bei DB MC? Unser Praktikantenprogramm richtet sich an Studierende und Absolvent:innen aller Fachrichtungen mit überdurchschnittlichem Diplom- oder Masterabschluss, die sich für Mobilitäts- und Logistiktrends begeistern und, je nach Karriere-Level, folgende Berufserfahrung mitbringen:

- Praktikum: idealerweise erste Praktikumserfahrung aus Industrie oder Beratung
- Analyst:in: Praxiserfahrung in der Beratung durch Praktika
- Consultant: mindestens zwei Jahre Berufserfahrung in einer Beratung

Wie läuft das Bewerbungsverfahren ab? Uns liegt eine gute Candidate Experience sehr am Herzen, deshalb ist unser Bewerbungsprozess schnell, effizient und persönlich. Solltest du uns mit deinen Unterlagen überzeugt haben, laden wir dich so schnell wie möglich zu einem (virtuellen) Gespräch mit zwei erfahrenen Consultants ein. Im Anschluss erhältst du innerhalb von 24 Stunden ein aussagekräftiges Feedback und bei einem gegenseitigen Fit ein Angebot für das Praktikum von uns. Der Bewerbungsprozess für den Festeinstieg besteht aus zwei (virtuellen) Interviewrunden. Auf das Erstgespräch mit zwei DB MC Berater:innen folgt ein Zweitgespräch mit der Practice-Leitung und der HR-Abteilung.

Was sind Insidertipps für die Bewerbung? Alle Bewerbungen werden persönlich von uns gescreent. Mache uns neugierig, mehr über deine Person erfahren zu wollen. Wir möchten auf einen Blick sehen, wo deine Stärken und deine bisherigen Erfahrungen liegen. Zu den Bewerbungsunterlagen gehört ein übersichtlicher CV, ein Anschreiben, aus dem die Motivation für ein Praktikum oder einen Festeinstieg bei DB MC deutlich wird, sowie Kopien relevanter Zeugnisse.

DB
Du willst Deine Zukunft gestalten. Und die der Mobilität gleich mit.
Willkommen, Du passt zu uns.
Als Inhouse Consultant (w/m/d).
Jetzt bewerben:
deutschebahn.com/inhouse-consulting

Deloitte

Standorte in Deutschland: 16

Tätigkeitsschwerpunkte:
Audit & Assurance, Risk Advisory, Tax & Legal, Consulting, Financial Advisory

Beschäftigte in Deutschland: ca. 9.000

Beschäftigte weltweit: ca. 345.000

Geplante Neueinstellungen 2023:
Absolvent:innen: ca. 1.200
Experienced Hires: 800
Praktikant:innen: 1.300

Die Einstiegsmöglichkeiten bei Deloitte sind facettenreich: ob du Design-Thinking-Expert:in bist, dich den Trends rund um 4.0 Supply Chain widmest, technologiebegeistert im Bereich SAP S/4HANA oder Cloud Solutions bist, ein Faible für Analytics oder Finance hast, im Bereich Cognitive & AI forschst, dich klassischer Strategiethemen oder Fragen rund um Talent und Organisation annimmst. Wir setzen auf interdisziplinäre und agile Projektteams, die namhafte Unternehmen verschiedenster Branchen von der Strategie bis zur Implementierung beraten – gerade wenn es um komplexe Themenstellungen wie Digital Transformation geht. In unserer Innovationsschmiede The Garage erfinden wir schon heute das Beratungsgeschäft von morgen.

Deloitte.

Schwannstraße 6
40476 Düsseldorf
www.deloitte.de

Deloitte Recruiting Team
career@deloitte.de

Was macht die Arbeit bei Deloitte so attraktiv? Als professionelles Full-Service-Unternehmen ist das Spektrum unserer Dienstleistungen außergewöhnlich breit. Unser ganzheitlicher Ansatz basiert auf dem Zusammenspiel unserer fünf starken Unternehmensbereiche Audit & Assurance, Risk Advisory, Tax & Legal, Financial Advisory und Consulting. Entsprechend interdisziplinär sind unsere Teams zusammengesetzt. Das verschafft unseren Mitarbeiter:innen äußerst vielseitige Aufgaben und vielfältige Blickwinkel – der Schlüssel zu unserem Erfolg. Vielfältig ist auch unsere Kundenstruktur, die von mittelständischen Unternehmen bis hin zu international agierenden Konzernen reicht. So besteht in jedem Bereich die Möglichkeit, spannende Einblicke in völlig unterschiedliche Industrien, Prozesse und Organisationsstrukturen zu erhalten oder durch einen internationalen Einsatz den eigenen Horizont zu erweitern.

Wie sieht der Einstieg im Consulting aus, und wie gestaltet sich der typische Arbeitsalltag? Alle Neueinsteiger:innen eines Monats starten gemeinsam an den zentralen Welcome Days, wo sie Antworten auf ihre ersten Fragen erhalten und das Wichtigste über unsere Kultur und unsere Strategie erfahren. Sollte es die Pandemie erforderlich machen, finden die Welcome Days virtuell statt. Danach geht es dann in die einzelnen Projekte. „Typische" Arbeitstage sind selten, da du dich im Consulting permanent neuen Herausforderungen stellst. Typisch ist sicherlich der Einsatz auf Projekten beim Kunden vor Ort, wobei das Kundenunternehmen, der Einsatzort und die Teamzusammensetzung sich von Projekt zu Projekt unterscheiden. Nach deinem Einstieg als Absolvent:in wirst du entsprechend deiner Qualifikationen an die Übernahme erster Aufgabenpakete herangeführt und übernimmst schnell Verantwortung im Rahmen deines Projekts. Darüber hinaus unterstützt du uns durch den Einsatz auf internen Projekten, wie z. B. der Erstellung von Fachstudien und -konzepten und im Recruiting.

Wodurch zeichnet sich die Unternehmenskultur bei Deloitte aus? Bei uns wird eine offene Duz-Kultur über alle Level hinweg gelebt. Jedem stehen jederzeit alle Türen und Ohren offen. Wir geben unseren Mitarbeiter:innen schon sehr früh Freiraum und Verantwortung und helfen ihnen, ihre Ideen zu realisieren.

Wir wissen, dass Innovation der Treiber zukünftigen Wachstums ist. Daher fokussieren wir uns stark auf die Digitalisierung und haben in den letzten Jahren zahlreiche Kompetenzzentren eingerichtet (z. B. Deloitte Digital, das Neuroscience Institute, das Cyber Intelligence Center oder das Analytics Institute), in denen Mitarbeiter:innen an der Entwicklung neuer Perspektiven, Ideen und Geschäftsmodelle arbeiten.

Wie fördert Deloitte seine Beschäftigen? Das Know-how unserer Mitarbeiter:innen ist unsere Stärke. Mit flexiblen Arbeitszeit- und Vergütungsmodellen, breit gefächerten Fort- und Weiterbildungsmaßnahmen, langfristigen Karriereperspektiven und internationalen Einsätzen in unserem globalen Verbund gewährleisten wir eine individuelle Förderung aller Mitarbeiter:innen. Auf jeder Karrierestufe unterstützen wir mit maßgeschneiderten Trainings, zum Teil auf dem Campus unserer eigenen Deloitte University. Wichtig ist uns, dass jede:r von jede:m lernen kann und soll. Dafür haben wir ein Trainingsangebot entwickelt, das aktuelle digitale Lernformate mit klassischen Lernmethoden kombiniert.

Mein Berufseinstieg im Consulting bei Deloitte

Daniel Haas

Consultant bei Deloitte

Mein Name ist Daniel und ich bin im Januar 2021, frisch nach meinem Studium, als Consultant im Team Mergers & Acquisitions eingestiegen. Unser Team gehört zum Bereich Strategy, Analytics und M&A innerhalb von Consulting bei Deloitte.

Wieso hast du dich für einen Berufseinstieg im Consulting und dort im M&A-Bereich entschieden?

Bei meinen Praktika und im Studium haben mir die Projekte am meisten Spaß gemacht, in denen man konzeptionell und strategisch ein Problem durchleuchtet und nach einer Lösung sucht. Ein wesentlicher Anteil an Analytik und Datenverarbeitung war mir dabei sehr willkommen. Hier hat mich zum einen die Investment-Perspektive und zum anderen das Thema Unternehmensstrategie interessiert. Das spiegelt sich auch in meiner Masterthesis wider, in der ich mich mit der Frage beschäftigt habe, ob und ab wann sich der Zukauf von Innovationen und Unternehmen lohnt. Lösungen zu entwickeln und dann den Kunden damit alleine zu lassen, erschien mir dabei schon immer zu kurz gegriffen. Ich wollte die ausgearbeiteten Konzepte auch umsetzen. M&A kombiniert das alles. Mithilfe bestimmter Methoden und Tools werden Konzepte und Investmentstrategien entwickelt, die dann gemeinsam mit dem Kunden tatsächlich auch operativ umgesetzt werden. So kam es zu meiner Entscheidung für eine Karriere im Bereich M&A.

Welche Rolle haben der Bewerbungsprozess und dein Team bei deiner Entscheidung für Deloitte gespielt?

Wie die meisten Bewerber:innen habe ich mich bei zahlreichen Unternehmen beworben und habe auch das ein oder andere Angebot bekommen. Deloitte unterschied sich aber schon im Bewerbungsprozess wesentlich von den anderen. Trotz Pandemie kam die Rückmeldung auf meine Bewerbung zügig. Der Bewerbertag war perfekt organisiert. Nach einer Unternehmensvorstellung ging es rasch in die Gruppen- und individuellen Gespräche. Hier hatte ich meine Entscheidung eigentlich schon getroffen, sofern ich ein Angebot bekommen würde. Die Gespräche mit meinen jetzigen Kolleg:innen liefen alle hervorragend. Alle waren merklich an meiner Person interessiert, konnten mir Optimierungspotenziale in meinen Herangehensweisen gut und fair aufzeigen und ließen sich auch gerne auf ein persönliches Gespräch ein. Auch im Umgang zwischen den Kolleg:innen fiel mir auf, dass die allgemeine Stimmung im Team wirklich positiv, locker und dabei stets professionell war. Lange Rede, kurzer Sinn – das Angebot, das dann folgte, konnte ich nicht ausschlagen. Heute, als Teil des Teams, hat sich mein Eindruck bestätigt. Wir arbeiten viel und hart zusammen. Da ist es einfach toll zu wissen, dass alle Kolleg:innen ein offenes Ohr haben, niemand die anderen mit dem Ellenbogen zur Seite stößt und wir uns insgesamt unterstützen – auch unter den schwierigen Umständen der Pandemie.

Consulting war schon lange dein Ziel. Jetzt bist du Consultant. Bist du also am Ziel? Wie geht es weiter?

Das Etappenziel ist erreicht. Dafür muss man sich mal kurz einen Augenblick nehmen und feiern. Doch danach geht es eigentlich erst los. Consulting ist kein Sprint. Es ist ein Marathon oder noch besser, ein Ironman. Es gibt verschiedene Disziplinen, in denen man sich immer wieder verbessern kann. Und letztlich geht es darum, für sich den richtigen Ausgleich zu finden zwischen Arbeit, Sport, Freund:innen und Familie. Und ja, das ist möglich. Deloitte bietet da jede Menge Unterstützung.

Deloitte.

A career built around you

Du willst mehr als nur einen Job? Du willst eine Karriere, die auf dich und deine Fähigkeiten zugeschnitten ist? Du willst einfach du selbst sein? Bei Deloitte erwartet dich ein Umfeld geprägt durch Freiraum und Flexibilität. Mehr als 345.000 Kolleg:innen in über 150 Ländern stehen bei uns für Vielfalt und Innovationskraft. Gestalte die Zukunft in einem unserer Businesses Audit & Assurance, Risk Advisory, Tax & Legal, Financial Advisory oder Consulting.

Most Attractive EMPLOYERS TOP 5 WORLD universum 2021

What impact will you make?
Connect at **careers.deloitte.com**

EY (Ernst & Young GmbH) Wirtschaftsprüfungsgesellschaft

Standorte in Deutschland: 20

Standorte weltweit: über 700 Büros in mehr als 150 Ländern

Tätigkeitsschwerpunkte: Wirtschaftsprüfung und prüfungsnahe Beratung, Steuer- und Rechtsberatung, Strategy and Transactions sowie Consulting

Beschäftigte in Deutschland: ca. 11.470

Beschäftigte weltweit: ca. 312.250 (internationale EY-Organisation)

Das Ziel von EY ist es, Dinge voranzubringen und entscheidend besser zu machen – für unsere Mitarbeitenden, Mandant:innen und die Gesellschaft in der wir leben. Dafür steht unser weltweiter Anspruch „Building a better working world". Deshalb bietet EY seinen Mitarbeitenden ein Arbeitsumfeld, in dem sie ihre besonderen Fähigkeiten entfalten können und sich gegenseitig inspirieren und motivieren. Als global aktive Organisation fördern wir den Aufbau starker und leistungsfähiger Teams, um unseren Mandant:innen den bestmöglichen Service zu liefern. Wann immer Mitarbeitende zu EY kommen und egal, wie lange sie bei uns bleiben: Von den außergewöhnlichen Erfahrungen, die sie bei EY machen, profitieren sie ein Leben lang.

EY
Building a better working world

Flughafenstraße 61
70629 Stuttgart
www.de.ey.com/karriere

EY-Recruitment-Center
+49 6196 996-10005
karriere@de.ey.com

Was zeichnet EY aus? Unser Denken und Handeln zeichnet sich durch Offenheit und Vielfalt, Integrität und gegenseitigen Respekt aus. Wir engagieren uns – mit Enthusiasmus, Überzeugung und Verantwortung. Uns motiviert das Wissen, auf dem richtigen Weg zu sein. Unsere Werte sind die Richtschnur für das tägliche Handeln unserer weltweit rund 312.250 Kolleg:innen. Sie stellen sicher, dass wir überall nach den gleichen Prinzipien agieren. Und unsere Werte machen deutlich, was uns auszeichnet und worin wir uns von unseren Wettbewerbern unterscheiden.

Welche Karrieremöglichkeiten bietet EY? Unsere Einstiegsmöglichkeiten bieten für alle das Passende – wo du auch gerade stehst oder hinwillst.

Absolvent:innen sowie Berufseinsteiger:innen können bei EY mit einem Praktikum oder als Trainee beginnen. Du kannst aber auch deine Ausbildung, dein Studium oder deinen Master bei oder mit uns machen. Mit einem Hochschulabschluss steht dir auch ein Direkteinstieg als Assistant oder Consultant offen.

Berufserfahrene finden bei EY ein breites Spektrum an Karrieremöglichkeiten. Sie übernehmen schnell Verantwortung und meistern spannende Herausforderungen. Wir fördern deine Karriereentwicklung durch kontinuierliches Coaching und eine individuelle Aus- und Weiterbildung.

Was sind die Einstellungskriterien bei EY? Wir suchen Talente mit guten bis sehr guten akademischen Leistungen, analytischen Fähigkeiten und idealerweise erster Praxiserfahrung. Daneben setzen wir vor allem auf soziale Kompetenz, Teamfähigkeit und Flexibilität.

Während wir weiterhin dynamische Talente mit wirtschaftlichem Hintergrund gewinnen möchten, setzen wir zunehmend auf technische Expertise aus einem erweiterten Talentpool. Denn nur mit einer Vielfalt an Denkweisen und Kompetenzen lassen sich Antworten auf die komplexen Herausforderungen unserer Mandant:innen finden. Bezüglich der Fachrichtungen decken wir ein breites Spektrum ab. Absolvent:innen der Fachrichtungen BWL, VWL, Jura, (Wirtschafts-)Informatik, Wirtschaftsingenieurwesen, (Wirtschafts-)Mathematik und Naturwissenschaften sind bei uns gleichermaßen willkommen.

Wie läuft das Bewerbungsverfahren bei EY ab? Den ersten Schritt in eine vielversprechende Karriere machst du mit einem Klick auf unsere Karriereseite unter www.de.ey.com/karriere. Über unser Jobportal kannst du dich online auf eine ausgeschriebene Position bewerben, die dir zusagt. Nach Prüfung deiner Bewerbung wirst du bei grundsätzlicher Eignung zu einem persönlichen Gespräch eingeladen.

Gwendolyn Krause-Traudes

Managerin im Bereich Supply Chain & Operations

Der Moment, wenn es „klick" macht

Einen Job im Consulting hatte Gwendolyn Krause-Traudes erst gar nicht auf dem Schirm. Irgendwas mit Supply Chain sollte es werden – aber bloß nicht monoton sein. Über einen Bekannten kam sie mit dem Beratungsgeschäft in Kontakt, war begeistert und wagte nach dem Studium den Direkteinstieg bei EY. Heute ist sie als Managerin im Consulting-Teil des Supply-Chain-Strategy-Teams.

Gwendolyn, was macht deinen Job im Consulting so besonders?
Ich arbeite hier an hochaktuellen Themen, die uns alle betreffen. Spätestens seit den pandemiebedingten Versorgungsengpässen ist das Supply-Chain-Management allen ein Begriff. Bei Themen wie Lieferengpässe, Nachhaltigkeit in der Supply Chain oder digitale Trends sind wir ganz vorne mit dabei, wenn es darum geht, die Zukunft mitzugestalten. Dabei befasse ich mich immer wieder mit Unternehmen und deren individuellen Herausforderungen, die ich mit meinem Team anpacke und löse. Dieser Moment, wenn es bei Kund:innen „klick" macht und sie sich dafür bedanken, dass wir ihnen entscheidend weitergeholfen haben, ist jedes Mal großartig.

Warum sollten Studierende und Absolvent:innen gerade bei EY einsteigen?
Bei EY arbeitet man am Puls der Zeit und kann tatsächlich etwas bewegen – und die Work-Life-Balance passt auch. Durch vielfältige Angebote und flexible Arbeitszeitmodelle werden die körperliche und geistige Gesundheit sowie das soziale Engagement der Mitarbeitenden gefördert. Außerdem kann man den eigenen Karriereweg individuell gestalten. So macht beispielsweise das Buddy-System den Einstieg bei EY sehr angenehm. Mithilfe des Feedbacks und der Ratschläge eines Counselors kann man sich stets weiterentwickeln, was mit regelmäßigen Beförderungen belohnt wird. Und wenn man sich neben der Projektarbeit mit einem bestimmten Thema näher beschäftigen möchte, wird auch das möglich gemacht. Dazu kommt die starke internationale Ausrichtung: Ich selbst hatte schon Einsätze in Spanien, Russland, Norwegen, Großbritannien, Belgien, Frankreich, den Niederlanden, der Schweiz, Schweden, Polen und den Vereinigten Arabischen Emiraten.

Welche Eigenschaften und Fähigkeiten sollte man mitbringen, um im Consulting bei EY durchzustarten?
Es geht nicht darum, von Anfang an alles zu wissen. Viel wichtiger ist ein gewisses Tempo im Kopf: Zusammenhänge schnell erkennen können, die richtigen Fragen stellen. Zudem braucht es Neugier, Offenheit und Zielstrebigkeit. Unsere Projekte sind sehr vielfältig – auch innerhalb eines Teams. Lebenslanges Lernen ist hier also nicht nur ein Buzzword, sondern wird aktiv gelebt und gefördert. Mit Blick auf die Soft Skills empfehle ich, selbstbewusst, aber nicht überheblich aufzutreten. Seid bereit, zuzuhören und zu lernen, aber auch mal eigene Vorschläge einzubringen!

Wenn du deinem jüngeren Ich rückblickend einen Tipp mit auf den Weg geben müsstest – welcher wäre das?
Ich würde mir sagen: „Mach dir weniger Sorgen und tritt selbstbewusster auf. Du weißt, wovon du sprichst, also steh dazu!"

Ist Karriere ein Weg oder ein Ziel?
Deine Laufbahn ist kein vorbestimmter Pfad, sondern ein Weg mit immer neuen Perspektiven – und dein Einstieg bei EY der optimale Startpunkt.
www.de.ey.com/karriere
#BuildersWanted
The better the question. The better the answer. The better the world works.
EY
Building a better working world
„EY" und „wir" beziehen sich auf alle deutschen Mitgliedsunternehmen von Ernst & Young Global Limited, einer Gesellschaft mit beschränkter Haftung nach englischem Recht. ED None.

EY-Parthenon
Unternehmens- und Wachstumsstrategie

Standorte in Deutschland: Düsseldorf, Hamburg, München, Berlin

Standorte weltweit: 35

Tätigkeitsschwerpunkte: Consumer & Retail, Advanced Manufacturing & Mobility, Digital, Technology, Media & Telecoms, Government & Infrastructure, Health Sciences & Wellness, Private Equity, Payments, Insurance, Banking

Beschäftigte weltweit: ca. 1.600

EY-Parthenon gehört zu den weltweit größten Topmanagement-Beratungen. Wir haben dedizierte Teams für Strategieberatung, Restrukturierung sowie strategisches/operatives Transaktionsgeschäft. CEOs managen heute komplexe Ökosysteme. Wir unterstützen sie dabei, diese aus neuen Perspektiven zu betrachten und Geschäftsmodelle für die Zukunft neu auszurichten. Bei Bedarf arbeiten wir von EY-Parthenon integriert mit Kolleg:innen aus anderen EY-Bereichen zusammen. So greifen wir auch in spezialisierten Nischen auf internes Know-how zurück und können bei crossfunktionalen Themen Expertenteams bereitstellen.

EY Parthenon

Neuer Zollhof 1
40221 Düsseldorf
www.ey.com/de_de/careers/ey-parthenon/unternehmens-und-wachstumsstrategie

Strategy-Multi-Sektor-Team:
Linda Kropp
Recruitment Manager GSA
+49 211 9352-11367
gsarecruiting@parthenon.ey.com

Strategy-Financial-Services-Team:
Simone Danziger
Recruitment Manager FSO
+49 40 3613215460
fsorecruiting@parthenon.ey.com

Wir denken und agieren global – du auch? Bei EY-Parthenon erwarten dich ein internationales Umfeld und spannende Aufgaben vom ersten Tag an, denn du bist sofort vollwertiges Mitglied im Team. Als Teil eines spannenden Projekts erarbeitest du eigenständig Lösungen und leistest deinen Beitrag zum Erfolg – wenn du möchtest auch über die europäischen Grenzen hinaus.

Smart. Nice. Driven. – Klingt nach dir? Dann werde Teil von uns! Mit Intelligenz, freundschaftlichem Umgang und Leidenschaft helfen wir Führungskräften dabei, Strategien zu entwickeln und umzusetzen, um Herausforderungen besser bewältigen und gleichzeitig individuelle Potenziale maximieren zu können. Auf unsere kooperative Unternehmenskultur legen wir großen Wert. Kollegialität und Respekt im Umgang miteinander schreiben wir ganz groß. Wir gehen davon aus, dass auch du weißt, dass wir nur im Team exzellente Ergebnisse für unsere Kund:innen erzielen können. Wir helfen dir gerne dabei, deine persönliche Work-Life-Balance zu entwickeln.

Jedes Jahr entscheiden unsere Berater:innen, in welchem Jahresarbeitszeitmodell sie im kommenden Jahr arbeiten möchten – „ganz normal" für zwölf Monate oder zum Beispiel nur für neun Monate mit drei freien Monaten.

Es ist deine Wahl – denn wir wollen, dass es dir rundum gut geht.

Wusstest du, dass unterschiedlichste Fachhintergründe bei uns gefragt sind? Zum Beispiel Betriebswirtschaft, Data Science, Ingenieurwesen, Medizin, Physik, Politikwissenschaften und viele mehr. So unterstützen wir unsere Kund:innen interdisziplinär, modernste Innovationen und erstklassige Ergebnisse zu realisieren. Studierende, die mindestens im dritten Fachsemester ihres Bachelorstudiums sind, können im Rahmen eines Praktikums für acht bis zwölf Wochen in die Welt von EY-Parthenon eintauchen. Während des Praktikums lernst du als „Berater:in auf Zeit" und als vollwertiges Mitglied eines Projektteams unsere Arbeitsweise und Kultur kennen. Als Absolvent:in mit Bachelorabschluss steigst du bei uns als Associate Consultant ein. Mit Master, MBA oder Promotion fängst du direkt als Consultant an. Die weiteren Karrierestufen bei uns sind Senior Consultant, Manager:in, Associate Director und Partner:in.

Du bist interessiert, aber hast noch keine Erfahrung in der Beratung gesammelt? Kontaktiere uns einfach, denn wir suchen keine geformten Berater:innen, sondern engagierte, empathische Persönlichkeiten und ideenreiche, smarte Köpfe.

Generalist:in oder Spezialist:in? Schnellspurt Richtung Equity-Partner:in oder lieber eine Fachkarriere? Spontan doch noch einen MBA absolvieren? Wunsch nach Familienzeit? Nimm dir die Zeit, die du brauchst. Du entscheidest über deine Entwicklung. Deine Karriere liegt in deinen Händen, und wir unterstützen dich in jeder Hinsicht dabei, deine Ziele zu erreichen und deine Vorstellung von Work-Life-Balance zu leben. Individuelle Unterstützung erhältst du stets durch Mentor:innen – Vertrauenspersonen für die kleinen und großen Fragen auf deinem Karriereweg bei EY-Parthenon.

Leistungen für unsere Mitarbeitenden:
- **Internationalität:** regelmäßige Projekte für global tätige Kund:innen, Zusammenarbeit in internationalen Teams sowie auf Wunsch temporäre Auslandseinsätze
- **individuelle Karriereförderung und Persönlichkeitsunterstützung:** Buddy-Programm sowie engagierte Mentor:innen
- **Weiterbildung:** internationale Trainingswoche des globalen Teams, maßgeschneiderte Trainings zu Excel, Analytics, Voice Power und Business Acting mit externen Trainer:innen, Budget für selbst gewählte Weiterbildung und vieles mehr
- **Flexibilität bei der Arbeitsgestaltung:** Unterstützung für Eltern, flexible Arbeits(zeit)modelle, selbstbestimmtes Arbeiten durch Remote-Lösungen
- **regelmäßige Team- und Firmen-Events** wie Ski-Event, Segeln und Oktoberfest
- **gelebte Diversity & Inclusiveness:** Fokus auf Chancengleichheit mit Female- und LGBTQI+-Initiativen, Trainings zur Stärkung von Minderheiten und vieles mehr
- **NGO-Unterstützung:** Pro-bono-Consulting weltweit aktiver Nichtregierungsorganisationen
- **Health:** Mitarbeitenden-Hilfsprogramm, Vitalitätstraining, Fitnesskooperationen, Augenuntersuchung

Und vieles mehr – frage uns einfach persönlich bei deinem Vorstellungsgespräch!

Folgende Eigenschaften solltest du mitbringen:
- überdurchschnittlich erfolgreich abgeschlossenes Studium
- erste praktische Erfahrungen im In- und Ausland
- ausgeprägte analytische Fähigkeiten und präzise Arbeitsweise
- effektive Kommunikation auf Deutsch und Englisch
- starken Geschäftssinn
- absolutes Teamplay
- strukturiertes Vorgehen und Organisationstalent
- kritisches Hinterfragen von Zahlen und Fakten
- allgemeine Neugierde und großen Wissensdurst
- schnelles Hineindenken in neue Themenstrukturen und Geschäftsfelder

Überzeugt? Dann werde Teil von EY-Parthenon. Du kannst dich jederzeit mit Anschreiben, Lebenslauf und Zeugnissen bei uns bewerben. Sende deine Bewerbungsunterlagen auf Englisch oder Deutsch direkt an unser Recruiting-Team (Strategy Multi-Sektor: gsarecruiting@parthenon.ey.com; Strategy Financial Services: fsorecruiting@parthenon.ey.com), am besten mindestens zwei Monate vor deinem gewünschten Einstiegstermin. Deine Bewerbung wird sofort nach Eingang von uns bearbeitet. Du bist uns wichtig! Haben uns deine Bewerbungsunterlagen überzeugt, laden wir dich zu einem unserer Recruiting-Tage ein. Der Recruiting-Tag bietet die Möglichkeit des gegenseitigen Kennenlernens und ermöglicht uns zudem, deine Fähigkeiten anhand persönlicher Gespräche und Fallstudien einzuschätzen. Nutze gerne die Chance, uns Fragen zu stellen, sodass du uns bestmöglich kennenlernst. Eine Rückmeldung sowie ein mögliches Vertragsangebot erhältst du zeitnah in den folgenden Tagen. Tipps für den Recruiting-Tag: Uns ist vor allem wichtig, zu verstehen, wie du an Herausforderungen herangehst. Höre aufmerksam zu, nimm dir Zeit, strukturiere und erläutere deine Gedanken. Komm vorbereitet zu uns und sei einfach du selbst.

Wir freuen uns auf deine Bewerbung!

As we take strategy personally, ideas are the new currency.
We develop innovative strategies for a changing world. To help our clients advance, we keep asking the right smart questions. What are your new ideas? At EY-Parthenon, we offer you a wealth of career opportunities and challenge you to bring something new into the world.
Smart. Nice. Driven.™
EY Parthenon
Building a better working world

FTI-Andersch

Standorte in Deutschland: Frankfurt am Main, Hamburg, Düsseldorf und Berlin

Tätigkeitsschwerpunkte: Turnaround, Business Transformation, Digital Consulting, Markets & Strategy, Transaction Services

Beschäftigte in Deutschland: 125

Geplante Neueinstellungen 2023:
Festangestellte: ca. 15–20
Praktikant:innen: ca. 25–35

FTI-Andersch ist die führende Beratung im Bereich Turnaround in Deutschland und Teil der internationalen FTI Consulting Gruppe. Wir sind spezialisiert auf die nachhaltige Bewältigung schwierigster Unternehmenssituationen und die Umsetzung komplexer Transformationsprozesse. Auf dem Gebiet der Business Transformation vereinen wir die Kompetenzen im Bereich Strategie, Organisation, Operations und Technologie und beraten unsere Mandanten branchenübergreifend. Wir schaffen Transparenz, schärfen die strategische Ausrichtung und setzen gemeinsam erarbeitete Maßnahmen konsequent um.

FTI CONSULTING | Andersch

Taunusanlage 9–10
60329 Frankfurt am Main
www.andersch-ag.de

Jacqueline Krüger
Recruiting
+49 69 2722995-450
+49 160 97765277
krueger@andersch-ag.de

Cornelia Deubel
Recruiting
+49 69 2722995-428
+49 175 3034187
cornelia.deubel@andersch-ag.de

Worin unterscheiden Sie sich von Ihren Wettbewerbern? Ausgezeichnet als Deutschlands führende Beratung im Bereich Turnaround verfügen wir über einen Erfahrungsschatz aus über 500 Projekten in verschiedenen Branchen, Regionen und aus unterschiedlichen Wertschöpfungsketten. Wir sind das erfahrenste und stärkste Turnaround-Team in Deutschland.

Was zeichnet Ihre Unternehmenskultur aus? Unsere Kultur lebt von einem familiären Miteinander, das den Projektalltag sowohl fachlich als auch persönlich bereichert. Wir bieten ein leistungsförderndes, motivierendes und vertrauensvolles Arbeitsumfeld, in dem Feedback und auch Kritik jederzeit Anklang finden dürfen. Durch umfangreiche Weiterbildungsmöglichkeiten sowie individuelles Mentoring schaffen wir die Basis für eine effiziente Wissenskultur. Ergänzt wird diese durch unseren einmaligen Teamspirit, der u. a. auf unseren legendären Teamevents zum Tragen kommt.

Warum sollten Studierende/Absolvent:innen gerade bei Ihnen einsteigen? Der Bereich Turnaround bietet die Möglichkeit, in kurzer Zeit sämtliche Facetten einer Restrukturierung unterschiedlicher Unternehmensbereiche und Branchen kennenzulernen. Dadurch werden unsere Einsteiger:innen schnell zu fachkundigen Generalist:innen und können sich zeitgleich ein individuelles Profil erarbeiten. Neben Turnaround bietet FTI-Andersch zudem exzellente Karriereperspektiven in den Bereichen Business Transformation, Digital Consulting, Markets & Strategy sowie Transaction Services an.

Kann man bei Ihnen auch schon während des Studiums Erfahrungen sammeln? Ein Praktikum oder eine Werkstudententätigkeit ist jederzeit möglich. Unsere Praktikant:innen sind Teil des Projektteams und in der Regel bei unseren Mandaten mit vor Ort. Wer durch Leistung und Persönlichkeit überzeugt, kann für das Talentprogramm „Inside@FTI-Andersch" nominiert werden und bleibt somit während des Studiums mit uns in Kontakt.

Tabea Adolph

Jahrgang 1994

Senior Consultant

FTI-Andersch – gemeinsam machen wir aus Herausforderungen Chancen

Nachdem ich mein Part-time-Masterstudium an der HHL Leipzig Graduate School of Management absolviert hatte, wechselte ich auf eine Empfehlung hin zu FTI-Andersch. Stets herausfordernde Projekte, ein abwechslungsreiches Aufgabenprofil und ein starkes Teamgefühl runden das berufliche Gesamtpaket bei FTI-Andersch für mich ab.

Was macht Turnaround so spannend?

Für mich ist die Restrukturierungsberatung der spannendste Bereich innerhalb der Beratung, im Wesentlichen aufgrund der Themenvielfalt. Neben klassischen Finanzthemen geht es in der Restrukturierungsberatung um die Analyse des aktuellen Marktumfelds, die strategische Neuausrichtung sowie die Verbesserung der leistungswirtschaftlichen Wertschöpfung des Unternehmens. Unsere Berichte folgen zwar einer einheitlichen Struktur, jedoch ist in der Restrukturierungsberatung jedes Projekt anders. Zu Beginn des Projekts muss man sich ein Bild über die aktuelle Ausgangslage des Unternehmens und die Ursachen der Krise verschaffen. Jedes Unternehmen weist dabei andere Faktoren auf, die zur aktuellen Situation geführt haben, wie bspw. Probleme mit Hauptkunden oder Lieferanten. So unterschiedlich wie die Ausgangslage ist am Ende auch der entsprechende Lösungsansatz für unsere Mandanten.

Was genau macht FTI-Andersch?

FTI-Andersch begleitet Unternehmen in herausfordernden Situationen. Dabei ist es besonders wichtig, sich einen Gesamtüberblick über die Ausgangslage und die Krisenursachen des Unternehmens zu verschaffen. Neben den verschiedenen Analysen, die wir während eines Projekts erstellen, ist es unsere Aufgabe, die Zukunftsfähigkeit des aktuellen Geschäftsmodells zu prüfen und ein strategisches Zielbild für das Unternehmen nach der Krise zu definieren. Hierbei unterstützen wir das Management bei der Planung von geeigneten Maßnahmen, begleiten das Unternehmen in der Umsetzungsphase und schaffen Transparenz über den aktuellen Umsetzungsfortschritt.

Durch die vielen verschiedenen Themengebiete, die wir innerhalb eines Projekts betreuen, sind unsere Projektteams so zusammengestellt, dass für die spezifischen Anforderungen des Mandanten umfangreiches Fachwissen und Branchenerfahrung vorhanden sind.

Warum FTI-Andersch?

FTI-Andersch hat mich im Bewerbungsprozess bereits sehr positiv überrascht. Der Bewerbungsablauf verlief in meinem Fall ausschließlich online, jedoch fühlte ich mich super betreut. Bereits am nächsten Tag gab es die Rückmeldungen zu den einzelnen Gesprächen. Durch den Kontakt zu Mitarbeiter:innen von FTI-Andersch konnte ich mir schon im Vorfeld ein Bild von meinen zukünftigen Kolleg:innen machen und fühlte mich ab dem ersten Tag sehr willkommen. Wenige Tage nach meinem Start bin ich bereits auf mein erstes Projekt gekommen, und mein positiver erster Eindruck hat sich weiter bestätigt. Außerdem durfte ich bereits früh Verantwortung für eigene Teilbereiche übernehmen. In stressigen Projektphasen ist die Arbeitsatmosphäre innerhalb der Projektteams durch den gemeinsamen Teamzusammenhalt geprägt, und man motiviert sich gegenseitig, um das gemeinsame Ziel zu erreichen.

FTI CONSULTING | Andersch

Gehöre zu den Besten –
auf dich warten exzellente Karrieremöglichkeiten in den Bereichen:

- **Turnaround**
- **Business Transformation**
- **Digital Consulting**
- **Markets & Strategy**
- **Transaction Services**

karriere.andersch-ag.de

„Es ist unsere Aufgabe, gemeinsam mit dem Mandanten die Zukunftsfähigkeit des aktuellen Geschäftsmodells zu prüfen und ein strategisches Zielbild für das Unternehmen nach der Krise zu definieren."

Tabea,
Senior Consultant

Horváth

Standorte in Deutschland:
Stuttgart (Zentrale), Berlin, Düsseldorf, Frankfurt am Main, Hamburg, München

Standorte weltweit: Abu Dhabi, Atlanta, Budapest, Bukarest, Dubai, Mailand, Riad, Rom, Wien, Zürich

Tätigkeitsschwerpunkt: Managementberatung mit Schwerpunkt Performance Management und Transformation

Beschäftigte in Deutschland: > 750

Beschäftigte weltweit: über 1.000

Horváth ist eine international tätige, unabhängige Managementberatung. Wir stehen für ein ausgeprägtes Branchenverständnis sowie umfassende fachliche Expertise in sämtlichen Unternehmensfunktionen – mit Fokus auf Performance Management und Transformation. Unser Ziel als Unternehmen: höchste Kundenbegeisterung zu erreichen. Doch wir sind mehr als nur ein Team! Bei uns findest du das passende Umfeld, um mit uns über dich hinauszuwachsen. Du legst großen Wert auf eine einzigartige und wertschätzende Arbeitsatmosphäre, Arbeit auf Augenhöhe, die individuelle Förderung deiner Kompetenzen, vielfältige Entwicklungsmöglichkeiten und unternehmerische Freiräume? Dann sollten wir uns kennenlernen! It's YOU! For Horváth.

HORVÁTH

Rotebühlstraße 100
70178 Stuttgart
www.horvath-partners.com
www.successfullytogether.com

Recruiting Team
+49 711 66919-0
career@horvath-partners.com

Was macht Horváth erfolgreich? Unser Anspruch als Unternehmen ist es, optimale Lösungen für komplexe Herausforderungen zu erarbeiten und damit höchste Kundenbegeisterung zu erzielen. 1981 waren wir ein Start-up und zu dritt. Heute sind wir mehr als 1.000 Horváths an 16 eigenen Standorten. Diesen unternehmerischen Erfolg verdanken wir unseren Kolleg:innen, die ihre gezielte Zusammenarbeit konsequent auf unsere Kunden ausrichten. Gegenseitiges Verständnis, Arbeit auf Augenhöhe, eine besondere Unternehmenskultur sowie hohe fachliche und methodische Expertise – das ist die Basis unseres Erfolgs.

Wofür steht Horváth als Beratungshaus? Ob in der Gesamtorganisation, in Vertrieb, Operations, Einkauf, Controlling & Finance, HR oder IT – wir konzipieren und implementieren Veränderungen auf Toplevel, mit fundierten Lösungen für neue Strategien, Geschäftsmodelle, Organisationsstrukturen, Prozesse und Systeme auf Basis modernster Technologien und digitaler Möglichkeiten.

Was zeichnet die Unternehmskultur von Horváth aus? Successfully together – nur gemeinsam sind wir erfolgreich! Unser Horváth Spirit ist geprägt durch die einzigartigen Menschen, die mit uns arbeiten. Der gemeinsame Spaß an der Herausforderung, individuelle vielfältige Stärken, Talente und Kompetenzen sowie ein vertrauensvoller, partnerschaftlicher Umgang – das zeichnet uns und unsere tägliche Arbeitsweise aus.

Wie gestaltet sich dies konkret? Wir sind mehr als ein Team. Teamwork ist für uns nicht nur ein Begriff. Unser Miteinander ist von Respekt geprägt – gegenseitig und gegenüber unseren Kunden. Wir teilen unser Wissen, sind aber keine Besserwisser:innen, sondern Bessermacher:innen: pragmatisch, praxisorientiert, hands-on und ganz ohne Ellenbogen. Bei uns zählen intelligente Argumente mehr als Titel. Uns vereint nicht nur das Streben nach Top-Performance, sondern auch der Spaß an der Herausforderung.

Welche Einstiegsmöglichkeiten gibt es? Ganz gleich, ob du mit beruflicher Erfahrung, Promotion, Bachelor- oder Masterabschluss oder während des Studiums bei uns tätig werden möchtest: Wir bieten eine Vielzahl an Gestaltungs- und Entwicklungsmöglichkeiten. Ein Direkteinstieg, Praktika oder studentische Mitarbeit sind unterjährig zu jedem Zeitpunkt möglich. Wir suchen Kolleg:innen, die andere Menschen begeistern können und Spaß an den Herausforderungen haben, die bei uns auf sie warten. Wir freuen uns auf deine Bewerbung, direkt auf eine ausgeschriebene Position oder auch gerne initiativ.

Welche Möglichkeiten bietet Horváth für Studierende? Unsere Praktikant:innen erhalten einen sehr guten Einblick in den Beratungsalltag und das Projektgeschäft mit unseren Kunden. Wir bieten sowohl Praktikumsplätze während des Semesters als auch in der Orientierungszeit zwischen Bachelor- und Masterstudium an. Studierende, die im Rahmen ihres Praktikums herausragende Leistungen erbracht haben, fördern wir mit der Aufnahme in den Horváth Student Club. Ab diesem Zeitpunkt begleiten wir unsere Student-Club-Mitglieder bis zum Ende des Studiums und bieten in diesem Rahmen exklusive Veranstaltungen, Erfahrungsaustausch sowie die Möglichkeit, als studentische Mitarbeitende weiterhin bei uns tätig zu sein oder die Studienabschlussarbeit bei uns zu schreiben. Dieser Schritt kann der Startpunkt für eine besondere Karriere sein: Viele unserer langjährigen Kolleg:innen und Partner:innen haben genau so ihren Weg zu uns gefunden.

Onboarding, Mentoring und Training. Wie gestalten sich Einstieg und Entwicklung bei Horváth? Hohe fachliche Kompetenz und die Förderung der persönlichen Weiterentwicklung sind wesentliche Bestandteile unserer Kultur und unser Anspruch. Wir bieten ein breites Spektrum an professionellen Weiterbildungsmaßnahmen. Der Einstieg bei uns beginnt mit einem professionellen Onboarding und dem Training-on-the-Job-Prinzip. Im Onboarding definierst du gemeinsam mit deiner Führungskraft Projektaufgaben und Weiterentwicklungsbedarfe. Unsere ausgeprägte Feedbackkultur ist dabei ein Garant für deine persönliche Weiterentwicklung, sowohl auf Projekten als auch bei internen Aufgaben. Und mit unserer mehrtägigen zentralen Onboarding-Veranstaltung bieten wir dir nicht nur einen Rundumblick über die Organisation, methodische und inhaltliche Impulse, sondern auch eine erste Möglichkeit zum Networking.

Wissenstransfer und Networking werden bei uns gefordert und gefördert. Unsere Kolleg:innen nehmen sich regelmäßig die Zeit, fernab von Büro, Projekten und Kundenterminen ihr Wissen auszutauschen, sich untereinander zu vernetzen sowie von externen Expert:innen zu lernen. Unsere anspruchsvollen Inhouse-Trainings, die Horváth Business School und individuelle Schulungen sorgen für kontinuierliche Weiterentwicklung und systematische Qualifizierung.

Du willst noch mehr? Mit unserem Horváth Scholarship Program fördern wir Master- und (Executive-)MBA-Programme sowie Promotionsvorhaben: sowohl finanziell als auch durch entsprechende Freistellungen.

Work. Life. Wie wird das bei Horváth in Einklang gebracht? Die Arbeit in einer Unternehmensberatung mit spannenden Projekten und Kunden ist zeitintensiv – keine Frage. Umso wichtiger sind Raum und Zeit für den privaten Ausgleich. Wir bieten viele Möglichkeiten, deine Arbeitszeit individuell zu gestalten, Teilzeitmodelle zu wählen oder Auszeiten zu nehmen. Flexible Arbeitszeitmodelle sind bei uns selbstverständlich und so vielfältig wie das Leben selbst.

Wie läuft der Bewerbungsprozess bei Horváth ab? Für die meisten Positionen im Consulting sehen wir keinen festen Einstellungszeitpunkt vor. Deine Einsatzmöglichkeiten prüfen wir dabei immer bereichsübergreifend. Hast du uns mit deiner Bewerbung überzeugt, laden wir dich zu persönlichen Gesprächen ein – je nach Erfahrungshintergrund mit verschieden Interviewrunden, fachlichen und persönlichen Einblicken. Und noch etwas: Wir freuen uns auf dich!

HORVÁTH

Horváth ist eine international tätige, unabhängige Managementberatung mit Fokus auf Performance Management und Transformation.

Wir machen den Unterschied. Mit einem einzigartigen Teamgeist, der individuellen Förderung von Kompetenzen, vielfältigen Entwicklungsmöglichkeiten und unternehmerischen Freiräumen.

It's YOU! For Horváth. Together we transform our future.

Successfully Together

www.horvath-partners.com/karriere

Investors Marketing AG

Standort in Deutschland:
Frankfurt am Main

Tätigkeitsschwerpunkt: Managementberatung für Finanzdienstleister mit Fokus auf marktorientierten Fragestellungen

Beschäftigte in Deutschland: 32

Geplante Neueinstellungen 2023:
Praktikum/Werkstudententätigkeit: ca. 3–5
Absolvent:innen/Young Professionals: ca. 5

Was uns ausmacht? Unsere Individualist:innen und mutigen Andersdenker:innen, die jeden Tag einen hohen Anspruch an sich selbst stellen und innovative Impulse einbringen. Diese Energie spürt man täglich in jedem Projekt. Dafür bieten wir unseren Mitarbeiter:innen Freiräume, Neues zu schaffen und eigene Ideen zu verfolgen. Unsere Zusammenarbeit ist von Integrität, einem zu 100 Prozent kundenzentrierten Ansatz sowie dem Engagement und der Leistungsbereitschaft jeder und jedes Einzelnen geprägt. Unsere Führungsleitlinien spielen dabei eine große Rolle, denn Respekt und Wertschätzung wollen gelebt sein, und das versuchen wir jeden Tag.

INVESTORS MARKETING
MANAGEMENT CONSULTANTS

An der Welle 3
60322 Frankfurt am Main
www.investors-marketing.de/karriere

Gabriele Hufenbach
+49 69 963158-33
bewerbung@investors-marketing.de

Warum es sich lohnt, bei Investors Marketing zu arbeiten? Ganz einfach weil wir mit großartigen Menschen großartige Arbeit leisten. Wir fördern eine Unternehmenskultur, die jeden dazu inspiriert, täglich sein Bestes zu geben, immer dazuzulernen und sich permanent weiterzuentwickeln. Gemeinsam nutzen wir Chancen, lösen Probleme, lernen Neues – und lassen uns von Rückschlägen nicht aufhalten. Neue Ideen sind willkommen, Talente werden gefördert und Spitzenleistungen honoriert. Für uns ist ein offener und direkter Austausch über alle Karriere-Level hinweg ebenso selbstverständlich wie der respektvolle und faire Umgang untereinander. Vom Einsteigenden bis zum Vorstand duzen wir uns – nicht auf Anweisung von oben, sondern als Ausdruck unserer Kultur.

Alexandra Lehmann, Principal: „Arbeiten bei Investors Marketing bedeutet für mich: ein Job, der Freude macht, herausragende Kolleginnen und Kollegen und die Möglichkeit, die Zukunft des Bankings mitzugestalten."

Investors Marketing – 100 Prozent kundenzentriert. Was bedeutet das? 100 Prozent kundenzentriert bedeutet für uns, die Ziele unserer Klienten und den Kunden im Fokus zu haben, strukturiert, fundiert und messbar zu arbeiten und praxisorientierte Lösungen zu entwickeln. Wir entwickeln Wachstums- und Ertrags-, aber auch Kosten- und Effizienzstrategien immer aus Sicht der relevanten Zielgruppe – des Kunden! Um das optimale Kundenerlebnis zu erzielen, beziehen wir die Mitarbeitenden unserer Klienten von Anfang an in die Entwicklung der Lösung mit ein. Eine umfassende, praxisorientierte Begleitung der Umsetzung ist für uns erfolgskritisch und selbstverständlich.

Wen suchen wir? Definitiv keine „stereotypen" Berater:innen, sondern individuelle Persönlichkeiten mit Überzeugungen und Charakter. Menschen, die Lust haben, Banken und Finanzdienstleister zukunftsfähig aufzustellen und unsere Ziele gemeinsam zu erreichen. Uns ist es wichtig, dass du Spaß am Durchdenken komplexer Sachverhalte hast und diese kommunikativ auf den Punkt bringst. Neben einem erfolgreich abgeschlossenen Bachelor- und/oder Masterstudium aus den Fachbereichen Wirtschafts-, Natur- oder Sozialwissenschaften verfügst du über hohe analytische und konzeptionelle Fähigkeiten und machst nicht halt vor Herausforderungen.

Julia Decker, Manager: „Persönliche Weiterentwicklung und der Freiraum, eigene Ideen einzubringen werden bei Investors Marketing großgeschrieben."

Was bieten wir? Spannende Projekte für das Topmanagement der Finanzindustrie, eine bunte und dynamische Unternehmenskultur, individuelle Weiterentwicklung, eine attraktive Vergütung sowie weitere Benefits. Investors Marketing bietet lukrative Karriereperspektiven und echte Entwicklungschancen – denn in unseren heutigen Consultants sehen wir unsere Führungskräfte von morgen. Bei uns steht daher die individuelle Förderung und Entwicklung deiner Talente im Fokus – und zwar in deinem Tempo. Das Ganze erfolgt operativ in unserem modernen Büro in zentraler Lage. Zusätzliche Benefits stellen unsere flexible Homeoffice-Regelung, auf deine Persönlichkeit und Skills abgestimmte Trainings und Weiterbildungen sowie anderweitige Zusatzleistungen wie zum Beispiel ein monatlicher Essenszuschlag, eine betriebliche Altersvorsorge und vermögenswirksame Leistungen dar.

Was erwartet dich im IM-Bewerbungsprozess? Wir lernen einander in einem dreistufigen Bewerbungsverfahren kennen, und im besten Fall heißt es am Ende: It's a Match! Zunächst starten wir mit einem kurzen Telefongespräch, um gegenseitig einen ersten Eindruck voneinander zu bekommen. Im nächsten Schritt laden wir dich nach Frankfurt am Main in unser Office ein, um mehr über dich, deinen Werdegang und deine persönlichen Erwartungen zu erfahren. Hierbei möchten wir vor allem dich als Person kennenlernen. Ist auch diese Hürde genommen, folgt zum Abschluss ein Bewerbertag. Hier erwarten dich Fragen zu deinem bisherigen Werdegang und deinen bereits gesammelten Erfahrungen. Außerdem präsentierst du deine Ergebnisse einer kurzen Case Study und zeigst uns, was wir als Consultant von dir erwarten dürfen.

Wie geht es nach deinem Einstieg bei Investors Marketing weiter? Du startest mit einer Trainings- und Onboarding-Woche, um das Unternehmen sowie deine neuen Kolleg:innen kennenzulernen und die notwendigen Beratungs-Skills vermittelt zu bekommen. Parallel versuchen wir, dich von Anfang an als vollwertiges Teammitglied in Projekten auf Topmanagement-Level einzubinden, damit du schnell erste wertvolle Erfahrungen sammeln kannst und unser Themenportfolio sowie unseren Beratungsansatz kennenlernst.

Nicolas Henn, Consultant: „Investors Marketing ist mehr als ein Job – eine Gemeinschaft von Menschen und Werten, über das Berufliche hinaus."

Was spricht sonst noch für Investors Marketing? Fachexpertise seit mehr als 21 Jahren mit einem entsprechend großen Netzwerk sowie Kunden- und Projektportfolio. Investors Marketing hat sich seit mehr als 21 Jahren als Ansprechpartner für strategische Finanzprojekte etabliert. Die daraus entstandenen Kundenbeziehungen führen immer wieder zu neuen und spannenden Aufgaben, die wir gemeinschaftlich mit unseren Kunden lösen. Darüber hinaus bietet unser Unternehmen die Möglichkeit, frühzeitig Verantwortung zu übernehmen, indem du dich zum Beispiel in die diversen internen Ressorts, wie beispielsweise Hochschulmarketing oder die Betreuung der sozialen Kanäle, einbringst und diese aktiv mitgestaltest.

Mehr über Deine Karrieremöglichkeiten unter
www.investors-marketing.de/karriere

INVESTORS MARKETING
MANAGEMENT CONSULTANTS

Kemény Boehme & Company GmbH (KBC)

Standorte in Deutschland: München

Tätigkeitsschwerpunkte: Wir begleiten Unternehmen vom Mittelstand bis zum Konzern entlang komplexer Wertschöpfungsketten. Dabei gehören zu unseren Kernkompetenzen die Bereiche Entwicklung, Einkauf & Supply Chain, After Sales, Qualität, Transformation und Nachhaltigkeit.

Beschäftigte in Deutschland: 55

Geplante Neueinstellungen 2023: Wir stellen laufend neue Kolleg:innen ein.

KBC hat eine auf Vertrauen, Wertschätzung und einem guten Miteinander basierende Unternehmenskultur. Bei uns agiert niemand allein, wir sind ein Team und unterstützen einander. Wir fühlen uns wie eine Familie und spüren einen besonderen Zusammenhalt. Dabei stehen in unserem Verständnis Integrität und Zuverlässigkeit an oberster Stelle. Unsere Kultur ist geprägt von Offenheit und Gemeinschaft. Die Weitergabe von Wissen ist daher für uns nicht nur selbstverständlich, sondern auch Bestandteil der Unternehmensstrategie. Wir sind seit Jahren unter den besten Arbeitgebern Bayerns und der Consulting-Branche.

KBC
KEMÉNY BOEHME & COMPANY

Streitfeldstraße 17–19
81673 München
www.kbc-consultants.com/karriere

Constanze Schöffmann
Human Resources
karriere@kbc-consultants.com

Was sind drei Dinge, die KBC von anderen Beratungen abheben?
Teamspirit: Unser einzigartiger Teamspirit zeichnet uns aus. Deshalb fördern wir diesen in besonderer Weise. Neben gemeinsamen beruflichen Erlebnissen, einem freundschaftlichen Umgang und weiteren gesellschaftlichen oder sportlichen Events kommt bei uns das Feiern nicht zu kurz. KBC-Sommerfest, -Wiesn, -Weihnachtsfeier und gemeinsame Ausflüge tragen zudem zu einem Wirgefühl bei. Ein besonderes Highlight ist unser jährlicher Firmenausflug. Eingeladen sind alle Mitarbeitenden und deren Partner:innen und die Reise geht ins europäische Ausland. Ziel ist, allen Teilnehmenden drei bis vier unbeschwerte und erlebnisreiche Tage zu schenken.

Flexible Arbeitsbedingungen: Wir gewähren eine große Flexibilität sowohl in der Arbeitszeitgestaltung als auch in der Wahl des Arbeitsortes. Uns ist es wichtig, dass unsere Mitarbeitenden Arbeit und Privatleben gut aufeinander abstimmen können. Modernste Arbeitsmittel und deren großzügige und flexible Nutzungsmöglichkeiten und unkomplizierte Arbeitsprozesse erleichtern den Arbeitsalltag.

New Work: Unser Büro entspricht den neuesten New-Work-Standards und bietet einen großen Co-Working-Space, mehrere Gruppenräume, eine Innovationswerkstatt für praktisches Arbeiten, zahlreiche Möglichkeiten für Stillarbeit, Telefonkabinen, Auditorium für Veranstaltungen, großzügige sanitäre Räume, Tiefgarage mit E-Parkplätzen, Fahrradgarage, Garten mit Sitz- und Grillmöglichkeiten, eine vollausgestatte Küche mit den modernsten Küchengeräten sowie einen großzügigen Restaurant- und Loungebereich. Hier finden unsere gemeinsamen Feste und Feiern statt. Mitarbeitende können gemeinsam kochen und den Bereich auch für private Feste und Feiern nutzen.

Welche Karrieremöglichkeiten bietet KBC? Die Expertise unserer Mitarbeitenden ist unser Kapital – dafür setzen wir uns ein. Die kontinuierliche Ausbildung und Entwicklung sind in jeder einzelnen unserer Karrierestufen erlebbar. Wir legen bereits bei Studierenden einen Grundstein in den Fähigkeiten und Fertigkeiten einer Beraterin oder eines Beraters. Nach erfolgreichem Bachelor- oder Masterabschluss startet deine Karriere bei uns. Du erlebst einen intensiven Lernprozess durch herausfordernde Aufgabenstellungen in den vielseitigen Projekten und eine frühe Übernahme von Verantwortung. Unterstützt wirst du dabei durch individuell abgestimmte Trainingsmodule, und erfahrene Kolleg:innen stehen an deiner Seite. Die enge Zusammenarbeit sowie der hohe Zusammenhalt im Team geben dir Rückendeckung und motivierende Anreize, dein Potenzial auf jedem Level voll zu entfalten.

Wie sieht der Berufs- bzw. Projektalltag konkret aus? In den Projektteams arbeiten wir level-übergreifend vom Consultant bis hin zum Partner zusammen. Der kontinuierliche und offene Austausch und die offene Feedbackkultur ermöglichen hierbei eine effiziente Zusammenarbeit und eine schnelle persönliche Entwicklung. Bei uns ist der Umgang über alle Hierarchieebenen hinweg sehr freundschaftlich, respektvoll und humorvoll. Freitags ist in der Regel Office Day, und alle haben die Möglichkeit sich untereinander auszutauschen. Regelmäßig findet zudem unser Teamlunch mit anschließender Teamrunde statt. Hier werden Updates aus Kundenprojekten, Zentralabteilungen und direkt aus dem Team gegeben. Dadurch und durch die gezielte Nutzung von Tools stellen wir sicher, dass alle Mitarbeitenden zu jeder Zeit über Unternehmensentwicklungen informiert sind.

Juliana Schmidt

Jahrgang 1994

Senior Consultant

Im Gespräch mit Juliana Schmidt über Einstieg, Berufs- und Projektalltag sowie Nachhaltigkeit

Meine ersten praktischen Erfahrungen in der Arbeitswelt habe ich bei einem global agierenden Zulieferer der Automobilbranche und einem weltbekannten OEM gesammelt. Ich war der Überzeugung, dass ich hier die Fokussierung meines BWL-Studiums auf Industrielles Management optimal in praktische Erfahrungen verwandeln kann.

Mein Einstieg bei KBC

Allerdings haben mir die Zeit und die dort gemachten Erfahrungen gezeigt, dass meine Interessen sich eher in Richtung kleineren, flexibleren Organisationen richten. Daher entschied ich mich für ein Praktikum in der mittelständischen Unternehmensberatung Kemény Boehme & Company (KBC). Hier wurde mir schnell klar, dass mir nicht nur projektbasiertes Arbeiten sehr viel Spaß macht, sondern auch das Arbeiten in unterschiedlichen Teams. So entschied ich mich nach meinem Masterstudium bei KBC als Consultant einzusteigen. Das einzigartige Team, die steile Lernkurve, die vielseitigen und interessanten Themenschwerpunkte sowie die praxisorientierte Herangehensweise waren für mich die Faktoren, die für einen Einstieg bei KBC gesprochen haben. Egal, ob auf Projekten oder bei internen Aufgaben, ich werde stets gefordert, kann meine Stärken einsetzen und an meiner individuellen Entwicklung arbeiten.

Mein Berufs- und Projektalltag bei KBC

Mittlerweile bin ich Senior Consultant und blicke auf meine letzten zweieinhalb Jahre zurück: In meinen Projekten bin ich primär im Bereich Elektrik/Elektronik in der Automobilindustrie unterwegs: Von der Strategieentwicklung in der Integration und Absicherung über das Aufsetzen einer Analytics-Initiative zum datengesteuerten Handeln mithilfe von Entwicklungs- und Kundenfahrzeugdaten bis hin zum Qualitätsmanagement habe ich bereits eine Vielzahl an Themenschwerpunkten erleben dürfen. Auf jedem Projekt konnte ich meine fachlichen, methodischen und persönlichen Fähigkeiten weiterentwickeln. Jeder Kunde und jedes Projekt ist unterschiedlich und bringt ganz neue Herausforderungen. Das macht den Job für mich so spannend.

Mein Nachhaltigkeitsengagement bei KBC

Neben dem Projektgeschäft bin ich bei KBC Teil des Nachhaltigkeitsteams und leite das Arbeitspaket „Verankerung der Nachhaltigkeit intern“, welches auch die CO_2-Footprint-Berechnung, -Reduzierung und -Kompensation beinhaltet. Nachhaltigkeit ist bei KBC bereits seit mehreren Jahren in der Unternehmensstrategie verankert. Wir wollen nicht nur unsere Kunden individuell beraten, sondern auch innerhalb des Unternehmens ein nachhaltiges Bewusstsein schaffen. Um dieses Ziel zu erreichen, haben wir bspw. einen eigenen Podcast zu Nachhaltigkeitsthemen und berichten regelmäßig in den KBC-Teamrunden darüber. Die Berechnung unseres eigenen CO_2-Footprint findet mittlerweile mit unserem Partner Planetly softwaregestützt statt. Wir kennen somit nicht nur unseren Footprint, sondern wissen auch, wie wir diesen reduzieren und Emissionen sukzessive vermeiden können. Zudem unterscheiden wir uns von vielen anderen Beratungen darin, dass wir Emissionen in allen drei Scopes des Greenhouse Gas Protocols und direkte sowie indirekte Emissionen in ihrem vollen Umfang berücksichtigen. Aus meiner Sicht birgt das Thema noch viele Potenziale für Unternehmen. Ich freue mich, Nachhaltigkeit bei KBC noch weiter vorantreiben zu dürfen.

WIR GEHÖREN ZU DEN
TOP ARBEITGEBERN
DER CONSULTING-BRANCHE

Dein Antrieb ist Dein Beitrag!

WERDE TEIL DES KBC-TEAMS UND TRAGE BEI ZUR TRANSFORMATION

karriere@kbc-consultants.com www.kbc-consultants.com/karriere
www.linkedin.com/company/kbcconsultants

KBC
KEMÉNY BOEHME & COMPANY

★★★★★ 4,8
KUNUNU SCORE

Beste Arbeitgeber Consulting – Great Place To Work. Deutschland 2021

Beste Arbeitgeber Bayern – Great Place To Work. Deutschland 2021

Beste Arbeitgeber kleiner Mittelstand – Great Place To Work. Deutschland 2021

McKinsey & Company

Standorte in Deutschland: Berlin, Düsseldorf, Frankfurt am Main, Hamburg, Köln, München, Stuttgart

Standorte weltweit: über 130 Büros in mehr als 65 Ländern

Tätigkeitsschwerpunkte: Strategie, Organisation, operative Verbesserung, Aufbau neuer Geschäfte, Digitalisierung, Nachhaltigkeit

Beschäftigte in Deutschland: >3.100 davon Berater:innen: 2.000

Beschäftigte weltweit: 30.000

McKinsey ist eine weltweit tätige Unternehmensberatung, die Organisationen dabei unterstützt, nachhaltiges, integratives Wachstum zu erzielen. Wir arbeiten mit Klienten aus dem privaten, öffentlichen und sozialen Sektor zusammen, um komplexe Probleme zu lösen und positive Veränderungen für alle Beteiligten zu schaffen. Wir kombinieren mutige Strategien und transformative Technologien, um Unternehmen dabei zu helfen, Innovationen nachhaltiger zu gestalten, dauerhafte Leistungssteigerungen zu erzielen und Belegschaften aufzubauen, die für diese und die nächste Generation erfolgreich sein werden. Durch wechselnde Einsatzgebiete, ein breites Trainingsangebot und das tägliche Zusammenspiel mit Kolleg:innen und Klientenmitarbeiter:innen kannst du deine Fähigkeiten optimal entwickeln.

McKinsey
& Company

Christophstraße 17
50670 Köln
www.karriere.mckinsey.de

Anne Hiedemann
Recruiting
+49 221 208-7518
karriere@mckinsey.com

Was zeichnet die Unternehmenskultur von McKinsey aus? Die Unternehmenskultur von McKinsey ist stark von Werten geprägt: Wir möchten die Leistungsfähigkeit unserer Klienten substanziell und dauerhaft verbessern. Gleichzeitig möchten wir außergewöhnliche Persönlichkeiten für uns gewinnen, sie weiterentwickeln und nachhaltig begeistern. Aus- und Weiterbildung sind somit ein fester Bestandteil der Unternehmenskultur von McKinsey. Der wichtigste Grundsatz unserer Beratung ist „Client first": McKinsey nimmt einen Auftrag nur an, wenn wir überzeugt sind, wesentlich zur Lösung eines wichtigen Problems beitragen zu können. Absolute Integrität, strengste Geheimhaltung aller vertraulichen Klienteninformationen und professionelle Unabhängigkeit sind weitere wichtige Voraussetzungen für unsere Beratungsarbeit. McKinsey vertritt stets eine unabhängige, auf Analysen basierende Sichtweise gegenüber dem Topmanagement – auch wenn sie eine abweichende ist. Diese Werte bestimmen die tägliche Arbeit und das Miteinander in unserem Unternehmen.

Welche Möglichkeiten zur Weiterqualifizierung bietet McKinsey? Persönliche Betreuung, individuelles Coaching und vielfältige Trainings sorgen dafür, dass Consultants bei McKinsey ihre Fähigkeiten optimal entwickeln können. Insgesamt absolvieren Berater:innen bei uns fünf bis neun Wochen Training schon allein in den ersten zwei Jahren. Vom ersten Tag an stehen ihnen erfahrene Mentor:innen zur Seite, die ihre Entwicklung in regelmäßigen Abständen mit ihnen besprechen. Zudem bereitet sie ein Basistraining auf die speziellen Anforderungen der Beratung vor und vermittelt die bei McKinsey genutzten Methoden und Instrumente. Wirtschaftswissenschaftliche Kenntnisse sind absolut kein Muss. Die Grundbegriffe des Wirtschaftslebens erlernen alle Kolleg:innen in Trainings. Gerade die diversen Fachhintergründe machen unsere Teams aus. Bei McKinsey wird Diversität explizit gefördert. Daher freuen wir uns über Bewerbungen aller Fachrichtungen.

Welche internationalen Einsatzmöglichkeiten gibt es? Zu unseren Klienten gehören nicht nur mehr als 60 Prozent der Global-500-Unternehmen, sondern auch der wachstumsstarke Mittelstand sowie Regierungsstellen, private und öffentliche Institutionen. Eine Karriere bei McKinsey ist geprägt durch internationales Arbeiten. Der freie Austausch von Berater:innen und Know-how zwischen unseren mehr als 130 Büros in über 65 Ländern kommt unseren Klienten ebenso zugute wie unseren Consultants. Mehr als 50 Prozent unserer Berater:innen arbeiten im Laufe eines Jahres im Ausland.

Welche Karrieremöglichkeiten bietet McKinsey? Einsteigende gehören vom ersten Tag an bei McKinsey einem Projektteam an, das im direkten Kontakt zum Topmanagement unserer Klienten an der Lösung strategischer und operativer Fragen arbeitet. Die enge Zusammenarbeit mit zahlreichen führenden nationalen und internationalen Unternehmen eröffnet den Berater:innen dabei nahezu unbegrenzte Entwicklungs- und Karrieremöglichkeiten.

Wie sieht ein typischer Arbeitstag aus? In der Beratung gibt es keinen typischen Arbeitstag: Bei jedem neuen Klienten warten neue Themen und ungewohnte Perspektiven auf die Teams. Berater:innen arbeiten in der Regel von Montag bis Donnerstag beim Klienten vor Ort. Freitags haben sie ihren Office Day im McKinsey-Büro.

Welche Fachrichtungen werden gesucht? McKinsey sucht herausragende Hochschulabsolvent:innen aller Fachrichtungen, Akademiker:innen mit einem zweiten Abschluss (Promotion oder MBA) und Professionals. Absolvent:innen aus den Natur- und Ingenieurwissenschaften oder der Medizin arbeiten ebenso bei uns wie Absolvent:innen eines wirtschafts-, geistes- oder rechtswissenschafltichen Studiums.

Kann man bei McKinsey schon während des Studiums Erfahrungen sammeln? Als Praktikant:in für acht bis zwölf Wochen haben Interessierte schon vor Ende ihrer akademischen Ausbildung die Möglichkeit, als Fellow Intern bzw. Associate Intern McKinsey und die Beratungstätigkeit kennenzulernen. Fellow Interns studieren meist im Hauptstudium und stehen vor ihrem ersten akademischen Abschluss. Associate Interns haben ihren ersten Abschluss bereits hinter sich und befinden sich gerade auf dem Weg zum zweiten. Gegebenenfalls sind auch Praktika im Ausland möglich. Die Länderpräferenzen der Bewerber:innen werden von McKinsey berücksichtigt.

Was sind die Einstellungskriterien? Wir suchen Akademiker:innen, die Verantwortung übernehmen und etwas bewegen möchten. Außerdem achten wir auf exzellente Noten, sehr gute analytische und kommunikative Fähigkeiten sowie Englischkenntnisse. Ebenso sind Kreativität und Teamfähigkeit gefragt.

Wie läuft das Bewerbungsverfahren ab? Wenn uns die schriftlichen Unterlagen überzeugt haben, laden wir Bewerber:innen zu einem sogenannten Auswahltag ein. Dort haben Bewerber:innen Interviews mit McKinsey-Berater:innen und bearbeiten Fallstudien. Beispiele für Fallstudien sowie Tipps zur Vorbereitung auf den Auswahltag finden sich auf unserer Website. Wir bringen die Kandidat:innen nicht in kompetitive Situationen mit anderen Teilnehmer:innen. Vielmehr bitten wir unsere potenziellen neuen Kolleg:innen zu Gesprächen mit unseren Consultants.

Welche Deadlines gibt es für Bewerbungen? Du kannst dich bei McKinsey ganzjährig für ein Praktikum oder den Festeinstieg bewerben. Egal zu welchem Zeitpunkt du dich bewirbst, du hast immer die gleichen Chancen auf eine Einladung. Alle Bewerbungen sammeln wir bis zur nächsten Deadline und sichten sie dann unter gleichen Rahmenbedingungen. Nachdem wir unsere Entscheidung getroffen haben, hörst du von uns. Durch unsere Bewerbungsdeadlines schaffen wir bestmögliche Transparenz und Planbarkeit für deinen Einstieg. Es ist Zeit, dich zu bewerben: karriere.mckinsey.de/dein-einstieg-bei-mckinsey

McKinsey & Company
erlebeMcKinsey
Data ist dir nicht Big genug?
Change it.
Annie versteht als Mathematikerin große Datenmengen nicht nur als Herausforderung, sondern auch als Grundlage für gute Entscheidungen. Denn in Daten findet sie Zusammenhänge, die für ihre Klienten von großem Wert sind.
Was willst du verändern? karriere.mckinsey.de/change-it

PricewaterhouseCoopers GmbH Wirtschaftsprüfungsgesellschaft

Standorte in Deutschland: 21 Standorte in ganz Deutschland

Standorte weltweit: 741 Standorte in 156 Ländern

Tätigkeitsschwerpunkte: Transaktionen, Finanzierung und Investition, Sanierung, Restrukturierung, Forensic Services, Strategie, Digital Transformation, Cyber Security, Data & Analytics, Technology Partnerships, Technology Consulting, Organisation, Prozesse und Systeme, Prüfung, Rechnungslegung und Berichterstattung, Steuern, Branchenregulierung, Wissenstransfer

Beschäftigte in Deutschland: 12.000

Beschäftigte weltweit: 295.000

Du willst mit deinem Job mehr bewegen? Mit deinen Ideen einen nachhaltigen Beitrag leisten? Als Deutschlands führende Wirtschaftsprüfungs- und Beratungsgesellschaft bieten wir dir dafür alle Chancen und Möglichkeiten. Denn bei uns gestaltest du die Zukunft von Unternehmen aktiv mit. In unserem weltweiten Netzwerk hast du die Gelegenheit, als Individuum zu wachsen, flexibel zu arbeiten, dauerhafte Beziehungen aufzubauen und Einfluss zu nehmen. Dabei möchten wir dir so viel Freiraum geben wie möglich. Damit du dich entwickeln und mehr aus deinen Zielen machen kannst: nämlich eine Karriere, die dich erfüllt.

pwc

Friedrich-Ebert-Anlage 35–37
60327 Frankfurt am Main
www.karriere.pwc.de

Rebecca Bollweg
Personalmarketing & Recruiting
+49 69 95850
DE_Karriere@pwc.com

Zukunftsorientierte Beratung. Ein wichtiger Erfolgsfaktor unseres Beratungsgeschäfts sind unsere exzellenten Industrie- bzw. Branchenkenntnisse. Sie ermöglichen es uns, Trends in den jeweiligen Märkten zu identifizieren und ihre Chancen und Risiken für das Unternehmen zu bewerten und darauf zu reagieren.

Spannende Projekte. Wir helfen unseren Kunden individuell dabei, die digitale Transformation zu meistern. Dabei stehen wir Firmenlenker:innen zur Seite, um Geschäftsprozesse ins Web zu verlagern und gleichzeitig gegen Cyberkriminalität gewappnet zu sein. Unsere Teams unterstützen Führungskräfte dabei, trotz steigender regulatorischer Anforderungen die Bürokratie mithilfe von künstlicher Intelligenz zu reduzieren, und geben Mitarbeitenden zukunftsweisende Technologien an die Hand. Dafür tauchen wir tief in die aktuellen Prozesse und Systeme unserer Kunden ein, bewerten Chancen und Risiken und treiben im Team die Themen voran, um neue und innovative Lösungen zu entwickeln.

Hervorragende Entwicklungsmöglichkeiten. Unsere Mitarbeiter:innen sind unser wichtigstes Kapital. Deshalb investieren wir viel in ihre Ausbildung und Entwicklung. Auf jeder Karrierestufe bieten wir ein auf die jeweiligen Bedürfnisse zugeschnittenes Weiterbildungsprogramm an. Im Rahmen unserer „Your tomorrow"-Initiative bilden wir nicht nur in Data & Analytics-Trainings aus, sondern motivieren unsere Mitarbeitenden als Digital Accelerators, in ihren Fachbereichen digitale Ideen zu entwickeln und diese mit unseren Kunden umzusetzen.

Internationale Einsatzmöglichkeiten. Unser weltumspannendes PwC-Netzwerk bietet viele Möglichkeiten, für einige Zeit im Ausland tätig zu sein. Im Rahmen eines Secondments haben Berater:innen ab dem Karriere-Level Senior Associate die Möglichkeit, in einer anderen PwC-Landesgesellschaft zu arbeiten und dort wertvolle fachliche und interkulturelle Erfahrungen zu sammeln.

Studium und PwC. Wir bieten Studierenden die Möglichkeit, bereits während des Studiums Praxiserfahrung zu sammeln. Praktika sind das ganze Jahr über möglich und dauern mindestens sechs Wochen; gerne auch für einen längeren Zeitraum. Praktikant:innen arbeiten in interdisziplinären, oft auch internationalen Teams und unterstützen uns bei der Realisierung komplexer Projekte. Zudem gibt es die Möglichkeit, uns als Werkstudent:in bei aktuellen Projekten zu begleiten und sich mit den eigenen Ideen einzubringen.

Flexibilität. Die Welt befindet sich im Wandel: Nicht nur unser Aufgabenspektrum verschiebt sich, sondern auch unser Mindset. Der Mensch wird zum Mittelpunkt, wir gestalten unseren Arbeitsalltag flexibel, und unsere Zusammenarbeit ist geprägt von Vertrauen. Gemeinsam haben alle Mitarbeitenden eine neue Grundlage der Zusammenarbeit entwickelt, in der individuelle Bedürfnisse und gegenseitige Rücksichtnahme im Fokus stehen. Wir möchten allen Menschen, die mit und für uns arbeiten, ein attraktives Arbeitsumfeld bieten. Deshalb erhältst du bei uns viel Freiraum und Unterstützung für deine persönliche Entwicklung und Entfaltung. Dabei bieten wir dir ein hohes Maß an Flexibilität im Job: zeitlich, räumlich und inhaltlich. Du kannst z. B. deinen Arbeitsort flexibel und an deine individuellen Umstände anpassen. Ob mobiles Arbeiten, Homeoffice, Präsenz vor Ort oder eine Mischung aus allem – du entscheidest.

Caroline Harms

Jahrgang 1989

Senior Associate im Bereich Technology Consulting/ CIO Adivsory, Standort Hamburg

Technologieberatung am Puls der Zeit

Zum Zeitpunkt des Abschlusses meiner akademischen Laufbahn hätte ich nicht gedacht, dass ich heute, sechs Jahre später, in der Technologieberatung tätig sein werde – allerdings könnte ich nicht zufriedener darüber sein. Nach meinem Bachelor in Betriebswirtschaftslehre und meinem Master in Politik-/Europawissenschaften trat ich zunächst meine erste berufliche Station als Corporate Relations Manager an, bevor ich dann nach Dublin, Irland in den Vertrieb für Cloud IT eines globalen Software- und Hardware-Herstellers wechselte. Entlang dieser Stationen machte mir die Interaktion mit den Kunden und die genaue Auseinandersetzung mit ihren Bedürfnissen und Anforderungen hinsichtlich der IT immer am meisten Spaß. Die strategischen Implikationen von IT-Innovationen und die inhärenten Mehrwerte für die Kunden begeisterten mich und führten schließlich zu meinem Quereinstieg in die Welt der Technologieberatung.

Jeden Tag aktiv Mehrwert für unsere Kunden schaffen

Für PwC Deutschland steht Kundenorientierung an erster Stelle. Dies entspricht auch meinem eigenen beruflichen Credo, und so freue ich mich, Teil des Teams in CIO Advisory zu sein. Unser Ziel ist es, unseren Kunden zu einer innovativen, businessorientierten und kosteneffizienten IT-Funktion im digitalen Zeitalter zu verhelfen. Speziell im Bereich Cloud sehen sich unsere Kunden einer Vielzahl von Herausforderungen gegenübergestellt, von sich verändernden Marktbedingungen und subsequenten Anforderungen und Bedürfnissen ihrer Endkunden bis zu neuen technologischen und strategischen Möglichkeiten. In diesem Themenfeld sind meine Kolleg:innen und ich jeden Tag für und mit den Kunden unterwegs, um Mehrwert zu schaffen und gemeinsam den Weg im neuen Technologiezeitalter zu beschreiten. PwC ist hier in vielen verschiedenen Projekten bei Kunden aus den verschiedensten Industrien tätig, was das Arbeitsumfeld spannend und abwechslungsreich macht.

Innovativ, vielseitig und niemals langweilig

PwC als Arbeitgeber weist für mich viele Parallelen zu meiner täglichen Beratungsarbeit beim Kunden auf. Auch intern dreht sich alles darum, Innovationen und Wissensaustausch zu fördern und somit am Puls der Zeit zu bleiben. Teams und Abteilungen arbeiten grenzübergreifend zusammen, um sich gemeinsam im Netzwerk weiterzuentwickeln, und jeder kann sich mit Ideen und Vorschlägen einbringen. Dies eröffnet mir die Möglichkeit, mich beruflich weiterzuentwickeln und mit PwC zu wachsen. Und genau diese Flexibilität und Perspektive wünsche ich mir in der heutigen Zeit von meinem Arbeitgeber – gemeinsam arbeiten wir an der Welt von morgen.

The opportunity of a lifetime!

Du bist auf der Suche nach einer Chance, dein Potential zu nutzen, zu wachsen, neue Skills zu entwickeln und mit einem richtig guten Team an interessanten Projekten zu arbeiten?

Dann starte deine Karriere in der Transaktionsberatung, im Consulting oder in der IT-Beratung bei PwC Deutschland und ergreife deine Chance, die Transformation der deutschen Wirtschaft mit zu gestalten?

pwc

The opportunity of a lifetime
pwc-karriere.de

© 2022 PricewaterhouseCoopers GmbH Wirtschaftsprüfungsgesellschaft. Alle Rechte vorbehalten.

Roland Berger

Standorte in Deutschland: Berlin, Düsseldorf, Frankfurt am Main, Hamburg, München, Stuttgart

Standorte weltweit: 51 Offices in 35 Ländern

Tätigkeitsschwerpunkte: Wir beraten international führende Industrie- und Dienstleistungsunternehmen sowie öffentliche Institutionen in allen Branchen und Funktionsbereichen – von der Strategieberatung bis zur erfolgreichen Umsetzung.

Beschäftigte weltweit: 2.700

Geplante Neueinstellungen 2023:
Neue Kolleg:innen für verschiedene Karrierestufen: ca. 350
Praktikant:innen als „Berater:innen auf Zeit" für unsere Projektteams: 150

Roland Berger, 1967 gegründet, ist die einzige weltweit führende Unternehmensberatung mit europäischen Wurzeln. Von Beginn an haben wir in unterschiedlichen Sprachen und Kulturen gearbeitet. Wir schätzen unterschiedliche Sicht- und Herangehensweisen und setzen auf die Vielfalt unserer Mitarbeiter:innen. Wir suchen und fördern authentische Persönlichkeiten mit Unternehmergeist. Wenn Sie gern die Initiative ergreifen und im Team etwas bewegen wollen, sind Sie bei uns richtig.

Roland Berger

Sederanger 1
80538 München
www.join.rolandberger.com

Lisa Stryz
Human Resources
+49 89 9230-8778
lisa.stryz@rolandberger.com

Was zeichnet Roland Berger aus? Wir suchen Talente, die mit uns innovative, maßgeschneiderte und nachhaltige Lösungen für unsere Kunden entwickeln und umsetzen. Wir sind verantwortungsvolle Berater:innen, die in Projekten eng mit dem Kunden zusammenarbeiten und diesen als Partner verstehen. Unternehmergeist ist seit unserer Gründung fest in unserer Kultur verankert. Das bedeutet für Sie, dass Sie vom ersten Tag an Ihre eigenen Ideen einbringen und schnell Verantwortung übernehmen.

Unser Beratungsspektrum bauen wir kontinuierlich aus: Neben Strategie- und großen Infrastrukturprojekten, die unsere Zukunft prägen, unterstützen wir unsere Kunden auch bei den Herausforderungen im Zeitalter der digitalen Transformation. In unserem Digital Hub „Spielfeld“, den wir zusammen mit Visa in Berlin betreiben, arbeiten Unternehmen, Digitalexpert:innen und Start-ups mit unseren Berater:innen zusammen, um Innovationen zu entwickeln, zu lernen und Ideen umzusetzen. „Spielfeld“ bietet dabei ein kreatives Umfeld, das Unternehmen dabei unterstützt, die Digitalisierung zu meistern. Es ist ein Ort, an dem der digitale Wandel real wird.

Wie international ist Roland Berger? Bei uns arbeiten Kolleg:innen aus über 60 Nationen. Mindestens 75 Prozent unserer Projekte schließen internationale Fragestellungen ein. Es ist bei uns an der Tagesordnung, dass Sie in internationalen Projektteams arbeiten. Neben Projekteinsätzen im Ausland haben Sie auch die Chance, im Rahmen unserer Transferprogramme in eines unserer weltweiten Offices zu wechseln.

Welchen Studienhintergrund haben Ihre Mitarbeitenden? Um für unsere Klienten die bestmöglichen Lösungen zu entwickeln, setzen wir unsere Projektteams interdisziplinär zusammen. Wir glauben, dass nur durch Vielfalt kreative und innovative Lösungen entstehen. Andersdenken ist bei uns gefragt! Deshalb stellen wir Kolleg:innen mit verschiedenen Studienhintergründen, unterschiedlichen Stärken und Talenten ein.

Was bieten Sie Ihren Talenten? Als Neueinsteiger:in lernen Sie durch ein 14-tägiges Kick-off-Training unsere Arbeitsweise und Ihre Kolleg:innen kennen. Für jede Karrierestufe bieten wir zahlreiche Seminare für Ihre persönliche und fachliche Weiterentwicklung an – von agilen Arbeitsmethoden über Leadership-Themen bis hin zu Data Analytics. Bachelorabsolvent:innen bieten wir eine Förderung für das Masterstudium. Durch unsere Doktoranden- und MBA-Programme unterstützen wir Sie bei Ihrer Promotion und öffnen Ihnen die Türen zu renommierten Universitäten und Business Schools.

Im Rahmen unserer Fellowships können Sie mehrere Monate in einem Start-up verbringen, Ihre Unternehmensgründung vorantreiben oder sich sozial engagieren. Mit einem Sabbatical ermöglichen wir Ihnen eine Auszeit vom Beraterallltag. Ein bis sechs Monate haben Sie Zeit für Ihre persönlichen Projekte – sei es eine Weltreise oder mehr Zeit mit der Familie. Dank verschiedener Teilzeitmodelle können Sie Familie und Beruf vereinbaren. Wir sind stolz darauf, bereits 2005 mit dem Zertifikat „beruf und familie“ ausgezeichnet und regelmäßig erfolgreich rezertifiziert worden zu sein.

Laura

Project Manager

Moderne Strategieberatung abseits der alten Klischees – Lauras Weg bei Roland Berger

Laura, mit welchem Roland-Berger-Klischee würdest du gern aufräumen?
In der Strategieberatungswelt gibt es in der Tat immer noch viele Klischees – viele sind ja auch ganz lustig. Manchmal bin ich überrascht, von Studierenden zu hören: „Ach Mensch, ihr seid ja viel netter, als ich dachte!" Die Aufräum-Klischees wären wohl ein Dreiklang aus dominanten Nachtschicht-liebenden Ellenbogentypen. Ich habe in meinen Teams noch nie erlebt, dass sich Teammitglieder ausstechen. Teamarbeit und Einander-zugewandt-sein gehören zum Herzstück unseres Jobs, ohne das es nicht geht. Durchsetzungsstärke ist zwar eine wichtige Eigenschaft von uns Berater:innen. Doch das hat noch lange nichts mit Dominanz zu tun. Wir müssen unseren Kunden und einander gegenüber sehr empathisch sein und gut zuhören, um Sorgen und Wünsche zu verstehen. Das geht nicht mit Dominanz, und schon gar nicht mit dem Kopf durch die Wand. Zu guter Letzt die Liebe zur Nachtarbeit: Unser Beruf ist ein sehr fordernder, ja – mental, zeitlich, durch das viele Reisen oft auch physisch. Aber die Arbeit ist klar auf Effizienz und Ergebnisorientierung und nicht auf „Face Time" ausgerichtet. Ich gebe meinen Teams immer als Erstes mit, dass sie mich nicht mit nächtlichen Mails beeindrucken – und lebe das auch aktiv vor. Leistungssportler:innen legen schließlich auch immensen Wert auf Schlaf und Erholung. Das macht aus uns bessere Berater:innen – bei unseren Kunden erwirken tiefe Augenringe ja auch nicht gerade den Eindruck von Souveränität.

Welche Beratereigenschaft wird aus deiner Sicht am meisten unterschätzt?
Unterschätzt wird oft die menschliche und politische Kompetenz. Die Beweggründe der Kunden zu antizipieren ist das Wichtigste, um Wert zu schaffen und auch um Blindleistung zu vermeiden. Es ist immens gut investierte Zeit und Mühe, sich im Team und im Dialog mit Klienten zu fragen, wo wirklich der sprichwörtliche Schuh drückt. Eine Strategie, eine Analyse, ein Foliensatz können noch so fachlich brillant sein – wenn man die Klienten damit nicht „abholt", ist nichts gewonnen. Dazu gehört auch, die politischen Kontexte der Unternehmen zu lesen und die Agenden zu erkennen – übrigens habe ich den Eindruck, dass Beraterinnen darin tendenziell besonders stark sind.

Womit kannst du dich bei Roland Berger in deiner Individualität verwirklichen?
Entrepreneurship ist bei Roland Berger nicht nur ein Unternehmenswert auf der Website, sondern täglich Programm. Eine „Bergerin" oder ein „Berger" zu sein, heißt, gern die Ärmel hochzukrempeln, einfach zu machen und dabei authentisch zu sein. Das erlebe ich in vielfältiger Weise in den Projekten, aber auch darüber hinaus. Da wäre z. B. die Mitgestaltung der Recruiting-Veranstaltungen und unserer Bewerbertage, in die ich mich sehr gern einbringe. Das gilt auch für die Aktivitäten unserer Beraterinneninitiative „Women @ Roland Berger Industrials". Hier haben wir uns als Beraterinnenkreis aller industrienahen Kompetenzbereiche vernetzt und treiben unsere Initiativen zur Rekrutierung und zum Halten der Beraterinnen voran. Fachlich konnte ich auch von Anfang an meinen Leidenschaften nachgehen und mich stark in Projekte an der Schnittstelle zwischen Technik und kaufmännischen Themen engagieren. Dafür durfte ich z. B. die Koordination eines Kompetenzclusters übernehmen, in dem wir an Artikeln und Tools zum Thema Produktentwicklung arbeiten – damals noch als Seniorberaterin und trotzdem auf Augenhöhe mit den Partner:innen.

join.rolandberger.com
Roland Berger
Be
the Original You.
By joining Roland Berger, you choose an employer who values diversity. Great ideas and new perspectives are inspired by diverse teams from a variety of backgrounds, enriching us with new insights, interests and ways of looking at things. Every colleague is unique. Just like you.
That's why we want you, for the real you in you.
Be authentic. Be yourself. Be the Original You.
www.rolandberger.com/BeTheOriginalYou

thyssenkrupp Management Consulting

Standort in Deutschland: Essen (thyssenkrupp Hauptquartier)

Standorte weltweit: in 56 Ländern (thyssenkrupp Unternehmensgruppe)

Tätigkeitsschwerpunkt: weltweit tätige interne Managementberatung

Beschäftigte in Deutschland: ca. 75

Geplante Neueinstellungen 2023:
Absolvent:innen, Young Professionals und erfahrene Berater:innen: 10–15
Praktikant:innen: 5–10

Wir sind die interne Managementberatung von thyssenkrupp. Unser Ziel? Hand in Hand mit unseren Kunden, dem Konzernmanagement, die Unternehmensgruppe nach vorne zu bringen – jetzt und in Zukunft. Mit unserer breit gefächerten Expertise unterstützen wir immer dort, wo wir gebraucht werden – weltweit und in allen Geschäftsbereichen sowie auf Corporate-Ebene. Insbesondere bei den zukünftigen strategischen Schritten von thyssenkrupp spielen wir als interne Beratung eine maßgebliche Rolle, sind hautnah bei den anstehenden Veränderungen dabei und gestalten diese aktiv mit.

thyssenkrupp

thyssenkrupp Management Consulting

thyssenkrupp Allee 1
45143 Essen
www.thyssenkrupp-management-consulting.com

Elisabeth Remm
Talent Acquisition
+49 201 844-534942
TKMCrecruiting@thyssenkrupp.com

Wie genau sieht Ihr Projektportfolio aus? TKMC ist dort, wo die Neuausrichtung von thyssenkrupp entwickelt, definiert und umgesetzt wird. Wir unterstützen die Unternehmensgruppe bei der neuen Strategie „newtk" und fokussieren uns hierbei auf die Themenbereiche Performance, Strategy & Markets, Transformation und Execution sowie Digitalisierung. Unsere Projekte reichen von Wettbewerbsanalysen, Wachstumsstrategien und organisatorischen Neuaufstellungen bis hin zur nachhaltigen Verankerung von Strategien, der Begleitung und Umsetzung von Transformationsprogrammen sowie der Erarbeitung von Digitalisierungsstrategien.

Welche Möglichkeiten zur Weiterentwicklung bietet TKMC? Durch „learning on the job" und die direkte Arbeit mit den Kolleg:innen auf dem Projekt lernt man eine Menge, doch für uns ist es selbstverständlich, dass wir unseren Mitarbeitenden notwendiges Know-how und entsprechende Tools zur Weiterentwicklung der Fähigkeiten an die Hand geben. Dies stellen wir durch maßgeschneiderte Skill-Trainings, Coachings und Weiterbildungsangebote entsprechend der Karrierestufe sicher. Zudem steht jedem Mitarbeitenden ein:e erfahrene:r Mentor:in zur Seite. Wer bei uns nach dem Bachelor als Junior Consultant einsteigt, bekommt die Weiterbildung inklusive: Denn nach 24 Monaten im Beratungsjob geht es zurück an die Uni für den Master. Durch uns finanziell unterstützt und mit der Garantie, nach der Rückkehr zum Consultant befördert zu werden. Zudem bieten wir unseren Mitarbeitenden an, sich bei Interesse an einem PhD oder MBA eine 12- bis 24-monatige Auszeit dafür zu nehmen.

Welchen Abschluss sollten Bewerbende mitbringen? Bei uns sind alle Abschlüsse herzlich willkommen! Als Praktikant:in solltest du dich im fortgeschrittenen Bachelorstudium oder im Master befinden. Für den Einstieg als Junior Consultant im Rahmen unseres Career Up-Programms ist ein Bachelorabschluss ausreichend. Und wenn du einen Master, MBA oder eine Promotion mitbringst, steigst du bei uns als Consultant ein. Je nach Vorerfahrung im Consulting-Bereich ist natürlich auch ein Einstieg als (Young) Professional möglich.

Wie läuft das Bewerbungsverfahren ab? Wenn uns dein Profil überzeugt, laden wir dich zu einem unserer Recruiting-Tage ein. Hierbei kannst du uns in Persönlichkeits- und Case-Interviews zeigen, dass du die Fähigkeiten sowie den Personal Fit besitzt, die eine:n Berater:in bei TKMC ausmachen. Praktikums-Bewerber:innen erhalten im Erfolgsfall noch am gleichen Tag unser Vertragsangebot. Bist du für einen Festeinstieg im Prozess, geht es für dich nach einer erfolgreichen ersten Runde noch weiter in eine zweite Gesprächsrunde mit unserer Geschäftsführung. Stellen wir abschließend fest, dass wir gut zueinander passen, erhältst du zeitnah unser Angebot und deinem Start bei TKMC steht nichts mehr im Wege.

Was zeichnet die TKMC-Unternehmenskultur aus? So unterschiedlich unsere kulturellen Hintergründe oder beruflichen Vorerfahrungen auch sind, eine Sache möchten wir alle: gemeinsam vorankommen. Sei es, gemeinsam als Team thyssenkrupp voranzutreiben oder auch persönlich an ständig neuen Herausforderungen zu wachsen. Dafür sind wir bereit, das ein oder andere Mal auch die berühmte „Extra-Meile" zu gehen. Wir sind ein junges Team, für das „flache Hierarchien" keine Floskel ist, sondern gelebt wird. Wir legen Wert auf regelmäßiges Feedback und individuelle Förderung. Wir feiern Erfolge – die kleinen und großen. Und bei TKMC wird nicht nur der berufliche Alltag miteinander verbracht; neben der Arbeit stehen eine Vielzahl an gemeinsamen Events und Freizeitaktivitäten an, sodass der Spaß nie zu kurz kommt.

thyssenkrupp Management Consulting

Sina Wellinghorst

Jahrgang 1997

Junior Consultant

Vom Homeoffice ins Ausland und zurück an die Uni – meine Zeit bei TKMC als Junior Consultant

Genauso wie bei vielen anderen jungen Kolleg:innen war mein Berufseinstieg natürlich vor allem eines: virtuell! Jedoch ist dies nicht die einzige Besonderheit, die meinen Einstieg auszeichnete: Ich bin zugleich als Erste in das Junior-Consultant-Programm von TKMC gestartet. Als Junior Consultant bei uns einzusteigen bedeutet, dass man seinen Bachelor absolviert hat, das Masterstudium jedoch noch ansteht. Meinen Peers und mir wird mit diesem Programm die einzigartige Möglichkeit geboten, den Beratungsalltag für zwei Jahre kennenzulernen und anschließend ein Masterstudium zu absolvieren. Während meines Studiums wird TKMC mich finanziell sowie persönlich unterstützen, und durch die Teilnahme an internen Events und Trainings wird sichergestellt, dass ich durchgehend im Kontakt zum Unternehmen bleibe. Als Bachelorabsolventin bringe ich zwar weniger Vorerfahrung mit und bin teilweise jünger als die meisten meiner Kolleg:innen, nichtsdestotrotz wurde ich von Tag eins an vollständig in das Projektgeschehen integriert. Ich habe spannende und verantwortungsvolle Themen wie beispielsweise die Zukunft des Stahlgeschäftes von thyssenkrupp mitgestaltet und die strategische Ausgestaltung gesetzeskonformer Prozesse zur Einhaltung der Sorgfaltspflichten des Unternehmens innerhalb der Lieferketten (LkSG) begleitet.

Vom Homeoffice nach Brasilien

Als unternehmenseigene Inhouse-Beratung – angesiedelt in Essen und dennoch überall dort tätig, wo es thyssenkrupp-Standorte gibt – bringt TKMC natürlich den Charme mit sich, dass Projekte rund um den Globus möglich sind. Dies ist einer der Gründe, weshalb die Beratung von thyssenkrupp für mich einen Favoriten unter den Inhouse-Beratungen dargestellt hat und ich mich für einen TKMC-Einstieg entschieden habe. So ergab sich für mich die Möglichkeit eines Auslandsprojekts in der Nähe von São Paulo. Ich durfte zusammen mit einem TKMC-Kollegen drei Monate lang in Brasilien bei dem „CFO Ramp-up" unterstützen, das heißt: Prozess- und Wissenstransfer rund um verschiedene Finanzthemen von der Cash-out-Planung bis hin zum Risikomanagement. Da das Projekt davon lebte, den Austausch zwischen der deutschen und der brasilianischen Organisation zu intensivieren und zu optimieren, spielten insbesondere auch soziale und kulturelle Aspekte eine zentrale Rolle. Diese Erfahrungen und das ausschließliche Arbeiten beim Kunden vor Ort stellen für mich zwei bedeutende Meilensteine meiner jungen Karriere dar.

Beraterin goes „back to school"

Neben dem Projektalltag beschäftigt mich aktuell ein weiteres Thema, welches für meinen Werdegang von zentraler Bedeutung ist: die Planung meines Studiums. Aufgrund der Freistellung von der Arbeit sowie des finanziellen Supports durch TKMC ist es möglich, den Master in Vollzeit zu studieren. Anschließend steige ich als Consultant wieder bei TKMC ein und profitiere von der bisher gewonnenen Arbeitserfahrung sowie von dem neuen Wissen aus dem Studium. Eines ist hierbei für mich sehr wichtig: Das Studium ist zwar eine „Auszeit" vom Berufsalltag, da ich mich bewusst unabhängig weiterentwickeln möchte. Dennoch sehe ich diese Zeit nicht als eine Auszeit von TKMC, da ich den engen Kontakt zu meinen Kolleg:innen aufrechterhalten möchte. Außerdem kann ich auch während meines Masters von der Unternehmenszugehörigkeit sowie meinem Netzwerk profitieren, da hierdurch beispielsweise die Möglichkeit besteht, meine Abschlussarbeit in der Unternehmensgruppe zu schreiben.

thyssenkrupp Management Consulting

#GENERATIONTK
Neue Wege? Gehen wir.
Mit Empathie, Know-How
und guten Projekten.
Gut beraten? Genau unser Ding! Als Inhouse Consultants entwickeln und realisieren wir bei thyssenkrupp Management Consulting immer wieder neue nachhaltige Lösungen, um die thyssenkrupp Gruppe für die Zukunft zu stärken. Dafür beraten wir nicht nur unsere internen Kund:innen im Hauptquartier in Essen, sondern weltweit. Werde auch du ein Teil der #GENERATIONTK und kreiere gemeinsam mit uns individuelle Lösungen für eine sichere Zukunft:
karriere.thyssenkrupp.com/tkmc
thyssenkrupp

v. Rundstedt & Partner GmbH

Standorte in Deutschland: 17
darunter: Berlin, Düsseldorf, Frankfurt am Main, Hamburg, Hannover, Köln, München, Nürnberg, Stuttgart

Standorte DACH: 27

Tätigkeitsschwerpunkte: von Rundstedt ist einer der führenden Experten für Personalveränderungen im Rahmen umfangreicher Transformationsprozesse sowie der deutsche Marktführer im Outplacement. 79 Prozent der größten deutschen Unternehmen vertrauen uns. Wir beraten Unternehmen aller Branchen und Größen.

Beschäftigte in Deutschland: 186

Beschäftigte DACH: über 400

Neueinstellungen: Wir wachsen kontinuierlich und suchen ganzjährig Praktikant:innen, Werkstudierende sowie erfahrene Berater:innen und Young Professionals.

Seit über 35 Jahren helfen wir Menschen und Unternehmen dabei, berufliche Veränderungen als Chance zu meistern. Wir wissen, Veränderung ist niemals Routine, und gestalten Personalveränderungen smart, verantwortungsvoll und zukunftssicher. Wir sind ein Familienunternehmen, das Anstand, Meisterschaft und Verantwortung lebt. Wir schaffen für alle Mitarbeitenden ein Umfeld und eine Kultur, in der sie ihre Talente, Fähigkeiten sowie ihre Innovationskraft optimal einsetzen und ausbauen können, um einen nachhaltigen Beitrag für unsere Gesellschaft zu leisten.

VON RUNDSTEDT

Bleichstraße 20
40211 Düsseldorf
www.rundstedt.de/karriere

Anna-Lena Kunz
Recruiting – People Development
+49 211 8396245
akunz@rundstedt.de

Was zeichnet von Rundstedts Unternehmenskultur aus? Unsere Werte sind die Kompassnadel, nach der wir unsere Arbeit ausrichten. Anstand, Innovation, Meisterschaft und Verantwortung stehen nicht nur bestandlos auf unserer Website – Führungskräfte und Mitarbeitende machen sie durch ihr tägliches Handeln erlebbar. Wir handeln verbindlich und verlässlich, kommunizieren transparent und haben den Anspruch, dass jedes Projekt, um das wir uns kümmern, ein neues Meisterstück wird. Unsere Kultur bietet unseren Mitarbeitenden Lernwege an, um ihren Gestaltungsspielraum zu erweitern und ihre persönlichen, sozialen und fachlichen Kompetenzen ausbauen zu können. von Rundstedt gilt als ein „People Business" – und das nicht nur bei unseren Kunden. Daher sind uns das Entdecken, die Bindung und die Entwicklung von Talenten ein besonderes Anliegen.

Worin unterscheidet sich von Rundstedt von Wettbewerbern? Kolleginnen und Kollegen schätzen im Vergleich zu anderen Arbeitgebern insbesondere die Transparenz und das wertschätzende Miteinander in unserem Familienunternehmen. Das Management ist transparent und nahbar und tritt bestehenden sowie neuen Kolleginnen und Kollegen offen, herzlich und hilfsbereit gegenüber. Durch die hohe Eigenmotivation der Mitarbeitenden und die gemeinsame Vision ist bei von Rundstedt ein Spirit erlebbar, der in größeren Unternehmen selten zu finden ist.

Welchen Menschentyp sucht von Rundstedt? Wer passt nicht zu von Rundstedt? Wir sind eine agile Organisation mit offener Feedbackkultur und messen unsere Arbeit an definierten Werten, die unsere Basis einer nachhaltigen Zusammenarbeit sind. Wir sind davon überzeugt, dass jede Veränderung auch eine Chance mit sich bringt, und entwickeln uns entlang von Marktveränderungen und Kundenbedürfnissen stetig weiter. Unsere Mitarbeitenden gestalten den stetigen Wandel mit Eigeninitiative und Veränderungsfreude. Denn wir bei von Rundstedt leben eine Mitunternehmer-Kultur. Um außergewöhnliche Lösungen zu finden, setzen wir auf Vielfalt und Innovation in Denken und Handeln. Unsere Teams sind darum interdisziplinär mit Talenten aus den verschiedensten Ausbildungshintergründen, Studienrichtungen und Altersstrukturen besetzt.

Warum ist dir von Rundstedt vielleicht noch nicht begegnet? Das Unternehmen von Rundstedt ist seit 1985 Pionier des Outplacements und Marktführer in Deutschland und ist bei HR-Verantwortlichen bekannt als Partner für die Workforce Transformation. Unsere Kunden stehen meist vor schwierigen betriebswirtschaftlichen Rahmenbedingungen und Entscheidungen. In solch sensiblen Reorganisationsphasen bleibt die Öffentlichkeit gezielt ausgeschlossen. So bleiben wir während der vertrauensvollen Betreuung der Transformation eher im Hintergrund, wobei unser Ansatz berichtenswert bleibt. Denn im Vergleich zu Strategieberatungen oder Wirtschaftsprüfern fokussieren wir uns zuerst auf die Begleitung von Menschen. Mit unserer Unterstützung in der Planung und Umsetzung der Workforce Transformation kann die Personalveränderung so effizient, fair und verantwortungsvoll realisiert werden.

Maximiliane Dogan

Jahrgang 1987

Regional Project Consultant

Hier bin ich in meinem Element – Maxis Karriere bei von Rundstedt

Maxi, wie würdest du deinen Karriereweg bei von Rundstedt beschreiben?
Mein Weg bei von Rundstedt ist wunderschön vielfältig. Wir haben das Glück, dass unsere Führungskräfte neben dem klassischen Karriereweg die Mosaikkarriere fördern. Dafür bin ich wahrscheinlich das perfekte Beispiel. Hier ist der Mensch mit seinen individuellen Stärken und Fähigkeiten der zentrale Baustein. Regelmäßige Karrieredialoge haben mir die Möglichkeit geboten, nicht nur als „Beifahrerin" auf meinem Karriereweg mitzufahren, sondern als Fahrerin das Steuer zu übernehmen - ich habe mich aktiv in meine Entwicklung eingebracht. von Rundstedt ist ein dynamisches Unternehmen, immer am Puls der Zeit. Das ruft oft interne Veränderungssituationen und damit neue Chancen hervor, sich als Mitarbeitende einzubringen. Zu Beginn bin ich als Sales Consultant eingestiegen, später wurde ich als Recruiting Specialist eingesetzt und durfte in eine Management-Assistant-Rolle schlüpfen - ein richtiger 360-Grad-Rundumblick. Während meiner zwei Elternzeiten hat sich unser Beratungsgeschäft stark weiterentwickelt. Unser Projektgeschäft fand ich schon immer faszinierend. Für mich schließt sich dort der Kreis, wieder nah am Kunden zu arbeiten. Also habe ich mich intern auf die Stelle des Regional Project Consultant beworben und das dazugehörige interne Development Center durchlaufen - und das mit Erfolg.

Zehn Jahre Betriebszugehörigkeit ist in deinem Alter eher selten. Was ist für dich das Besondere an von Rundstedt?
Wirklich einzigartig sind die Freiräume und Möglichkeiten. Ich könnte mir nicht vorstellen, jeden Tag das Gleiche auszuüben, und hier, bei von Rundstedt, gibt es keinen Stillstand. Wenn du mehr Verantwortung übernehmen möchtest, bekommst du die Möglichkeit dazu, ohne dabei auf dich allein gestellt zu sein. Ich durfte von Anfang an mitgestalten, neue Wege aufzeigen, in Diskussionen gehen und mich aktiv in Themen einbringen. Ich empfinde die Zusammenarbeit über alle Hierarchiestufen hinweg als sehr unkompliziert. Ein Pläuschchen mit der Geschäftsführung auf dem Flur ist bei uns selbstverständlich und gewünscht. Gleichzeitig bietet mir von Rundstedt die Flexibilität in der Arbeitseinteilung und Familienfreundlichkeit, die mich als Mama den Spagat zwischen Familie und Arbeit bewältigen lässt. Für uns zählen Ergebnisse, nicht der Ort oder die Zeit, wann sie erreicht werden. Das habe ich wirklich selten so erlebt.

Was glaubst du, welche Eigenschaften und Skills brauchen Consultants bei vR?
Grundsätzlich suchen wir Generalist:innen mit einem gesamtunternehmerischen Verständnis und Wissen für eine Organisationsentwicklung. Unser Kerngeschäft ist das People Business: Es geht um Personalveränderungen im Rahmen umfangreicher Transformationsprozesse unterschiedlichster Branchen und Unternehmen. Vermutlich hilft es hier, einen individuellen Schwerpunkt im Bereich Change-Management, HR-Management (Personalentwicklung und Skill-Management) und ein gewisses juristisches Verständnis mitzubringen. Der Arbeitsalltag ist sehr abwechslungsreich. Die Individualität der Kundenbedürfnisse erfordert es, ständig neue Lösungsansätze zu definieren. Jedes Projekt ist unterschiedlich und daher auch unsere Aufgaben. Hier sind ein hoher Gestaltungswille und Kundenorientierung gefragt. Aber auch die Fähigkeit, sich abzugrenzen. Sollte ein Kunde Anforderungen stellen, hinter denen wir nicht stehen, sollte man in der Lage sein, dies transparent zu kommunizieren und bestmögliche Alternativen aufzuzeigen.

VON RUNDSTEDT
WIR GEBEN KARRIEREN
EINE NEUE RICHTUNG
VIELLEICHT BALD AUCH IHRER?
www.rundstedt.de/karriere

zeb.rolfes.schierenbeck.associates gmbh

Standorte in Deutschland: Berlin, Frankfurt am Main, Hamburg, München, Münster

Standorte weltweit: Amsterdam, Kiew, Kopenhagen, London, Luxemburg, Mailand, Oslo, Stockholm, Warschau, Wien, Zürich

Tätigkeitsschwerpunkt: Unternehmensberatung, Strategie- und Managementberatung für Financial Services, mit Schwerpunkt auf Banken, Versicherungen und FinTechs

Beschäftigte in Deutschland: ca. 850

Beschäftigte weltweit: ca. 1.000

Geplante Neueinstellungen 2023:
Festeinstellungen: ca. 150
Praktikant:innen: ca. 110

zeb ist eine der führenden, auf den Finanzdienstleistungssektor spezialisierten Strategie-, Management- und IT-Beratungen in Europa. Egal, ob in Münster, Amsterdam oder Stockholm – wir von zeb sprechen überall auf der Welt die gleiche Sprache: Klartext. Ein ehrliches Arbeitsumfeld, verbindliche Aussagen und offene Kommunikation sind dabei Teil unserer Unternehmenskultur. Wir glauben daran, dass nur ein partnerschaftliches Miteinander den langfristigen Erfolg sichert. Deshalb legen wir Wert auf flache Hierarchien und eine Kommunikation auf Augenhöhe nach dem Grundsatz „Argument schlägt Hierarchie".

zeb

Hammer Straße 165
48153 Münster
zeb-career.com/de

Fabian Schmitt
Talent Attraction – Employer Branding
+49 251 9712-8211
fabian.schmitt@zeb.de

Worin unterscheiden Sie sich von Ihren Wettbewerbern? Wir bei zeb legen Wert auf Grundsätze wie Bodenständigkeit, Respekt, Vertrauen und Teamgeist. Dies findet sich zum einen auf Kundenebene wieder: In der Zusammenarbeit mit Unternehmen pflegen wir ein partnerschaftliches Miteinander, um langfristigen Erfolg zu sichern. Zum anderen haben wir diese Grundsätze auch in unseren Teams verankert. Das zeb lebt vom Austausch auf Augenhöhe unter allen Kolleginnen und Kollegen, hier wird überzeugend argumentiert und aufmerksam zugehört. Dieser Grundsatz spiegelt sich auch in unserer Duz-Kultur wider. Ab der ersten Sekunde ist man Teil des Teams, wobei wir viel Wert auf eine gute Einarbeitung und Betreuung legen. Buddys und sogenannte Career Development Counselor, kurz CDC, sind Ansprechpartner:innen bei Fragen und Herausforderungen aller Art. Besonders neue Beschäftigte profitieren so vom Erfahrungsschatz und Netzwerk des CDC und kommen schnell im zeb an.

Wie sieht das Projektportfolio von zeb konkret aus? Unser Schwerpunkt liegt auf beratenden Tätigkeiten für Banken, Versicherungen und FinTechs in ganz Europa. Dazu gehören nicht nur Regionalbanken wie die Sparkassen, sondern auch Groß- und Privatbanken. Diese unterstützen wir auf jeglicher Ebene, von der Strategie über den Vertrieb bis hin zu Organisation, Human Capital und IT. Dazu gehören auch Projekte zu Agile Work, Digitalisierung und Diversität, die immer größer werdende Bedeutung für unsere Kunden gewinnen.

Warum sollten Bewerber:innen gerade bei zeb einsteigen? Weil bei uns die Karriere jeder einzelnen Person im Fokus steht. Bei uns gilt das Motto „stay and grow“: Wir möchten unseren Mitarbeitenden einen langfristigen Karriereweg mit individuellem Entwicklungspotenzial bieten. Jede:r kann diesen mit einem eigenen Karrierecoach nach persönlichen Wünschen, Fähigkeiten und Engagement gestalten – dafür bieten wir zahlreiche Weiterbildungsprogramme für persönliches und fachliches Wachstum.

Was bedeutet Diversity für zeb? Mit 17 Standorten in 13 Ländern beschäftigen wir Mitarbeiter:innen unterschiedlicher Nationalitäten und Kulturen und bauen unser Projektportfolio auf internationaler Ebene kontinuierlich aus. Auch Gender Diversity hat für uns eine besondere Bedeutung. Denn trotz zunehmender Aufmerksamkeit und eines starken Bewusstseins für das Thema sind die Consulting- und Financial-Services-Branche weiterhin männerdominiert. Um dies Schritt für Schritt zu verändern, verfolgen wir das Ziel, jährlich mindestens 35 Prozent Frauen einzustellen, und achten bei der Zusammenstellung von Projektteams explizit darauf, dass mindestens eine Mitarbeiterin ihre Perspektive in die Teamarbeit einbringt. Außerdem haben wir unsere Initiative FemaleExcellence geschaffen, die intern und extern Raum zum Netzwerken, Mentoring und für grundsätzliche Awareness innerhalb zeb bietet. Doch dies ist nur einer von vielen kleinen Schritten, denn Diversität betrifft so viel mehr als die Vielfalt der Geschlechter.

Wo gibt es Infos zu Veranstaltungen, bei denen man zeb treffen kann? Unser Ziel ist es, die führende Strategie-, Management- und IT-Beratung für Finanzdienstleister in Europa zu sein. Damit talentierte und engagierte Kandidat:innen auf uns aufmerksam werden, sind wir ganzjährig Organisator oder Teilnehmer von Veranstaltungen, Messen und virtuellen Formaten wie Webinaren. Mehr dazu findet man auf unserer Karriereseite und auch das Recruiting-Team steht bei Fragen jederzeit zur Verfügung.

Projektarbeit im „New Normal" – Work-Life-Balance und flexible Arbeitsmodelle bei zeb

Sandra Lübke

Jahrgang 1992

Managerin
Regional Banks OPEX

Wie haben die letzten zweieinhalb Jahre deine Beratungstätigkeit verändert?
Für mich persönlich haben sich durch die Pandemie viele positive Änderungen ergeben. Natürlich mussten wir uns auch neuen Herausforderungen stellen, die wir im zeb und im Team kontinuierlich angegangen sind. Im Vergleich zu früher arbeite ich jedoch viel mehr im Homeoffice und habe so mehr Zeit für mein Privatleben. Zudem finde ich es toll, dass unsere Kunden weiterhin nach Möglichkeiten fragen, Projektarbeit und Termine digital umzusetzen. Wenn ein neues Projekt beginnt, klären wir mit ihnen im Vorfeld, für welche Termine Präsenz notwendig ist und welche virtuell stattfinden können. Auch aus Gründen der Nachhaltigkeit finde ich diese Entwicklung sehr positiv.

Wie sieht deine Work-Life-Balance aus?
Die Arbeit bei zeb ist nicht auf Anwesenheit, sondern darauf ausgerichtet, dass wir gute Ergebnisse bei unseren Kunden erzielen. Gute Ergebnisse können wir nur erreichen, wenn wir ausgeschlafen, gesund und zufrieden sind. Wir müssen nicht rund um die Uhr erreichbar sein. Das sage ich auch immer neuen Kolleginnen und Kollegen, die bei uns starten. Besonders bei Neueinsteiger:innen merken wir immer mehr, dass sich die Prioritäten im Arbeitsalltag verschieben. Es wird mehr Wert auf Sinnerfüllung sowie Zeit für Familie, Freund:innen und Hobbys gelegt.

Mir ist es zum Beispiel auch wichtig, dass ich mittags etwas Vernünftiges esse und nicht vor meinem Rechner sitzend ein Brötchen in mich hineinschlinge, während ich mit der anderen Hand tippe. Genauso ist Sport für mich als Ausgleich zur mentalen Arbeit essenziell. Wenn ich bei Kunden vor Ort bin, gehe ich fast immer morgens oder abends joggen oder ins Fitnessstudio des Hotels. Auf einem länger laufenden Projekt hatte ich ein halbes Jahr lang jeden Montagabend Tennistraining. So unterschiedlich die Bedürfnisse von uns Mitarbeitenden sind, so individuell geht zeb darauf ein. Es ist beispielsweise kein Problem, Arbeitszeit zu reduzieren, um seine persönlichen Ziele zu erreichen. Mehrere Kolleg:innen haben ihre Arbeitszeit auf 80 Prozent reduziert, um mehr Zeit für sich zu haben oder sich einem Leistungssport zu widmen.

Wie ist die Vereinbarkeit von Familie und Beruf bei zeb?
Diese Frage wird mir immer wieder von Studentinnen auf Recruiting-Veranstaltungen gestellt. Leider hat mir diese Frage noch kein männlicher Student gestellt, was vielleicht auch daran liegt, dass dieses Thema für Männer zwischen Anfang und Mitte 20 noch weit entfernt ist. Allerdings liegt meistens genau dort, nämlich bei der Aufteilung der Aufgaben im Haushalt und der Kinderbetreuung, das Problem, dass Familie und Beruf für Frauen nicht gut vereinbar sind. Natürlich ist die Organisation in einem Job mit Reisetätigkeit schwieriger, als wenn man vor Ort arbeitet. Aus meiner Sicht ist es aber tatsächlich eine Frage der Organisation in der Partnerschaft. Bei zeb werden flexible Arbeitsmodelle ermöglicht, um Mitarbeitende mit Kindern zu unterstützen. Zudem gibt es ein Working-Parents-Netzwerk, in dem wir uns untereinander austauschen. Auch vor einem Karriereknick braucht man bei zeb keine Angst zu haben. Ich habe mein erstes Kind mit 27 Jahren auf dem Level eines Senior Consultant bekommen und wurde zwei Jahre später während der zweiten Schwangerschaft zur Managerin befördert.

zeb

DU HAST DAS FORMAT, JEDES FORMAT ZU SPRENGEN.

Größer denken, Grenzen überwinden, Formate sprengen.
Das ist dein Ding? Dann bist du bei zeb richtig, der
Strategie- und Management-Beratung für Financial Services.
Durchbrich alte Muster und gestalte mit uns den Wandel.
zeb-karriere.de

shape spaces

Perspektive Jura

Aktuelle Ausgabe: Perspektive Jura 2023
ISBN (Print): 978-3-946706-87-8
ISBN (E-Book): 978-3-946706-88-5

Zielgruppe: Studierende, Doktorand:innen und Referendar:innen der Rechtswissenschaften
Inhalt: Das Buch bietet einen Überblick über Karrierewege für Jurist:innen in Justiz, Wirtschaft und (internationalen) Institutionen. Neben Expertentipps zu Bewerbung und Einstieg ermöglichen zahlreiche Erfahrungsberichte einen Einblick in interessante Berufsbilder. Namhafte Kanzleien und Unternehmen stellen sich als Arbeitgeber vor.
Nächster Erscheinungstermin: September 2023

Der LL.M.

Aktuelle Ausgabe: Der LL.M. 2022
ISBN (Print): 978-3-946706-84-7
ISBN (E-Book): 978-3-946706-85-4

Zielgruppe: Studierende, Doktorand:innen und Referendar:innen der Rechtswissenschaften
Inhalt: Ist der LL.M. die richtige Wahl? Das Buch hilft bei der Entscheidung und der Suche nach dem geeigneten LL.M.-Studium. Persönliche Erfahrungsberichte und Praxistipps für die Bewerbung an Unis und für Stipendien helfen Leser:innen bei der Planung des Studiums. Namhafte Hochschulen und große Kanzleien stellen ihre Angebote für Jurist:innen vor.
Nächster Erscheinungstermin: März 2023

Perspektive Patentanwalt

Aktuelle Ausgabe: Perspektive Patentanwalt
ISBN (Print): 978-3-941144-29-3
ISBN (E-Book): 978-3-941144-34-7

Zielgruppe: Naturwissenschaftler:innen und Ingenieur:innen
Inhalt: Was verbirgt sich hinter dem Beruf der Patentanwältin oder des Patentanwalts? Wer kann überhaupt Patentanwältin oder Patentanwalt werden, und wie läuft die Ausbildung ab? Das Buch liefert Antworten auf diese Fragen. (Werdende) Patentanwält:innen berichten von ihren Erfahrungen, und Patentanwaltskanzleien zeigen auf, welche Perspektiven sie Naturwissenschaftler:innen und Ingenieur:innen bieten.

Perspektive Investment Banking & Asset Management

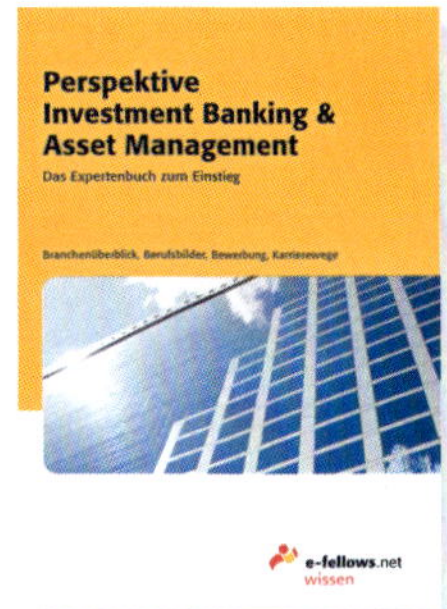

Aktuelle Ausgabe: Perspektive Investment Banking & Asset Management
ISBN (Print): 978-3-941144-20-0

Zielgruppe: Wirtschaftswissenschaftler:innen
Inhalt: Das Buch bietet umfassende Informationen zu Berufsbildern, Bewerbung und Karrierechancen im Investment Banking und im Asset Management. Stipendiat:innen, Alumnae und Alumni von e-fellows.net berichten von ihren Erfahrungen und geben Tipps für die erfolgreiche Bewerbung. Player aus beiden Branchen stellen ihre Praktikums- und Einstiegsprogramme vor.

Traumjob IT

Aktuelle Ausgabe: Traumjob IT 2021
ISBN (Print): 978-3-946706-64-9
ISBN (E-Book): 978-3-946706-65-6

Zielgruppe: Informatiker:innen, Mathematiker:innen und IT-Affine
Inhalt: Das IT-Studium ist abgeschlossen, die Jobmöglichkeiten sind nahezu unbegrenzt, doch wie geht es jetzt weiter? Dieses Buch liefert praxisnahe Antworten: Informatiker:innen aus verschiedenen Branchen schildern ihren Arbeitsalltag und stellen Projekte vor, die für ihren Beruf typisch sind. Alumnae und Alumni von e-fellows.net berichten von ihrem beruflichen Werdegang, und Expert:innen geben Tipps zu Einstieg und Bewerbung.

Weiblich, erfolgreich, MINT

Aktuelle Ausgabe: Weiblich, erfolgreich, MINT 2021
ISBN (Print): 978-3-946706-68-7
ISBN (E-Book): 978-3-946706-69-4

Zielgruppe: Studentinnen und Absolventinnen der Mathematik, Informatik, Naturwissenschaften und Technik
Inhalt: Absolventinnen von MINT-Fächern werden in nahezu jeder Branche gesucht. Dieses Buch hilft bei der Entscheidung für den persönlichen Traumjob: Praktikerinnen aus verschiedenen Wirtschaftszweigen erklären, was ihre Branche speziell für Frauen zu bieten hat. Außerdem gibt es viele Tipps zu Einstieg, Bewerbung und Vereinbarkeit von Beruf und Familie sowie Erfahrungsberichte von e-fellows.net-Alumnae.